経済学方法論の多元性

歴史的視点から

只腰親和・佐々木憲介 編著

只腰親和	佐々木憲介
原谷直樹	松本哲人
上宮智之	江頭　進
久保　真	廣瀬弘毅
石田教子	中澤信彦
松井名津	

蒼天社出版

凡　例

一、カタカナの人名については、とくに必要な場合を除いて、本文ではファミリー・ネームのみの表記とし、本書末尾の人名索引において、原綴りおよび生没年を示した。

一、本文中の文献表記では、「p.／pp.／ページ」などを省略した。たとえば「Jones 1852, 85/ 訳 110」は、参考文献「Jones, R. 1852」における原書 85 ページ、訳書 110 ページを表す。

一、再刊された版を使用する場合は、最初の版と再刊された版の刊行年を併記した。たとえば「Schumpeter [1926]1993, 97」は、「1926 年」に最初の版が刊行されたこと、本書で使用しているのは「1993 年」に再刊された版であること、「97 ページ」は後者のページであることを表す。

一、訳書に原書の対応ページが示されていて、訳書の参照が容易な場合は、訳書のページを省略した。

一、訳文は必ずしも訳書のとおりではない。

一、引用文中の〔　〕は、とくに断らない限り、引用者の挿入を表し、／は改行を表す。

目次

序 …………………………………………………………………… 1

第1部 経済学方法論の哲学的次元

第1章 経済理論における因果関係と相互依存関係
　　　──シュンペーターはどのように考えたのか──

はじめに ……………………………………………………………17
第1節 『本質』と『発展』………………………………………19
第2節 経済発展論 ………………………………………………30
第3節 景気循環論 ………………………………………………37
第4節 道具箱としての経済理論 ………………………………41
おわりに ……………………………………………………………45

第2章 存在論はなぜ経済学方法論の問題になるのか
　　　──方法論の現代的展開──

はじめに ……………………………………………………………51
第1節 経済学の存在論とは何か？ ……………………………52
第2節 経済学における実在論の問題 …………………………58
第3節 経済学方法論における存在論 …………………………68
おわりに ……………………………………………………………72

第2部 経済学方法論の自然科学的次元

第3章 宗教・哲学・経済学
　　　──J・プリーストリーにおける自然哲学と道徳哲学──

はじめに………………………………………………81
第1節　ユニテリアニズムと哲学的必然論　……………………83
第2節　二つの哲学体系と知識の拡大　………………………90
第3節　道徳哲学と哲学的必然論──国制論と経済論に着目して……93
結　論　………………………………………………101

第4章　数理経済学者たちの数学導入に対する認識
　　　──ジェヴォンズ主義、マーシャル主義とエッジワース──
はじめに………………………………………………109
第1節　ジェヴォンズとマーシャルの数学導入構想　……………112
第2節　エッジワースの初期二著作にみられる数学導入　………118
第3節　ジェヴォンズ、マーシャルのエッジワースへの反応　……124
第4節　エッジワースは「マーシャル主義」となったのか　………126
結語にかえて　………………………………………130

第5章　経済学実験の位置付け
はじめに………………………………………………141
第1節　ポパーの批判の意味　………………………145
第2節　経済学史上の理論と実在の距離　……………149
第3節　経済学における実験の現場　…………………154
第4節　構成主義的理論構築と厚生経済学　……………165
まとめ…………………………………………………169

第3部　経済学方法論の社会的次元

第6章　1830年代イギリス統計運動における経済学の方法的刷新
　　　──経済学と統計学はどのような関係にあったのか──
はじめに………………………………………………177
第1節　イギリス科学振興協会1831―1833　………………180

v

第2節　アドルフ・ケトレ、ケンブリッジ、「社会力学」と経済学 … 184
　　第3節　統計部会設置（1833）──ケンブリッジのクーデター　…190
　　結びに代えて …………………………………………………………196

第7章　ウェイトリのカタラクティクスとスミス分業論の関連
　　第1節　経済学史上におけるカタラクティクス ………………………209
　　第2節　スミスの分業論的学問論とウェイトリ ………………………214
　　第3節　ウェイクフィールド『国富論』註解とウェイトリ …………219
　　第4節　ウェイトリ『講義』の分業論 …………………………………223
　　第5節　ウェイトリにおけるカタラクティクスの方法論的意義 ……229
　　第6節　ウェイトリ経済学方法論の社会的背景 ………………………239

第8章　現代経済学における方法論的対立
　　　　──マクロ経済学を中心に──
　　はじめに ……………………………………………………………………247
　　第1節　ケインズ反革命 …………………………………………………248
　　第2節　二段階の革命 ……………………………………………………252
　　第3節　方法論の転換がもたらしたもの ………………………………269
　　結　語 ……………………………………………………………………273

　　　　　　　　　第4部　経済学方法論の実践的次元

第9章　「経済人」という人間本性概念を乗り越える
　　　　──ヴェブレンの経済学リハビリテーション・プラン──
　　はじめに ……………………………………………………………………281
　　第1節　経済学における人間本性の再考 ………………………………284
　　第2節　人間の社会性と社会の動態性 …………………………………289

第3節　経済のダイナミクスと歴史の相対性 …………………292
第4節　因果関係認識を質的な範疇によって補完する …………297
おわりに ……………………………………………………………305

第10章　政府の「なすべきこと」と「なすべからざること」
　　　　──ケインズはムーアとバークから何を学んだのか──
はじめに ……………………………………………………………313
第1節　ケインズとムーア ………………………………………316
第2節　ケインズとバーク──『バーク論』(1904)をめぐって …320
第3節　ケインズとバーク──『自由放任の終焉』(1926)をめぐって …328
結びにかえて ………………………………………………………333

あとがき ……………………………………………………………343

序

只腰　親和

　本書は、経済学方法論という共通のテーマについて、経済学史のさまざまな時代の専門研究者がそれぞれの立場から課題に取り組んだ書物である。
　一般に個別科学の方法論の研究意義に関しては、一方で「方法論が学問の最初にあるのは、それがないと学問がうまく進まぬからである」（内田 1988, 247）として、その存在価値を積極的に認める立場がある。と同時に他方でたとえば碩学ラートブルフがその『法学入門』で、「方法論などに手を出す学問は大抵どこかに疾患をもつ学問である」（Radbruch,G. 1952, 242, / 碧海訳 285）といっているように、個別学問における方法論的考察への深入りをむしろとがめるような、上とは異なった手厳しい評価が存在していることも否定できない。これらいわば正反対の見解のいずれをも単純に拒否できないように思えるところに、方法論研究の一筋縄ではいかない独自の個性があろう。諸学における方法論一般ではなく、本書の問題により近い経済学史と方法論の関連について、「方法論の問題は学史のなかでももっともむつかしい問題に属します」（内田 1989-1, 9）という感想がもらされるのも故なしとしない。
　本書が「経済学方法論の多元性」と題しているのも、最も広い意味では、方法論を取り扱う際にはつきものの、上にみたような難しさを自覚してのことであるが、しかし本書のタイトルは経済学方法論にともなうそうした一般的な難しさだけをたんに暗示しているのではない。それは、現代における経済学方法

論の歴史的な動向をある程度ふまえたうえでのテーマ設定である。

　一つのディシプリンとしての経済学方法論については、「経済学方法論――少なくとも20世紀後期の経済学方法論――は、科学哲学からの部分的な借用という手法を通じて発展した」(Davis, Hands, and Maki 1998, xv) あるいは、「経済学方法論は科学哲学のすべての主要な発展から影響を受けてきており、これら二つの言説部門間の進展と相互作用が…どんな〔研究上の〕貢献もそこに位置づけられねばならない文脈を提供している」(Boylan and O'Gorman 1995, 9) といわれている。すなわち、一つのディシプリンとしての経済学方法論を考えるためには、科学哲学というもう一つのディシプリンの存在を抜きにそうすることはできない。経済学方法論と科学哲学という相異なる二つの領域を密接な関係の下にとらえるこうした認識は、20世紀における大部分の期間の経済学方法論に関してはこれまでほぼ共通のものであったといえよう。

　科学哲学とは、「本来は歴史哲学や社会哲学などと並ぶべき哲学の一領域を指すはずの言葉」(野家 1993, 1) であり、一つの学問分野の一般的名称である。だが20世紀、草創期の経済学方法論の分野においては、科学哲学の一つの立場としての論理実証主義が、「『公認の』方法論」(Dow 1997, 78) とみなされたのであった。そして経済学方法論の最初期の具体的担い手としては、『経済理論の意義と基本公準』(1938、以下では『基本公準』と略記) の著者ハチスンが「経済学に論理実証主義のいくつかの中心思想を導入」(Boylan and O'Gorman 1995, 12) した経済学方法論者として挙げられる。後述するように、ハチスンは経済学方法論に論理実証主義を導き入れた先導者であるのみならず、それ以後、比較的最近にいたるまでの経済学方法論の動向にも一つの見識を保持していたエキスパートとして、ここでの考察にとっては相応しい存在と判断できるので、以下でも彼の発言を参照することにしたい。

　ハチスンの主張の要点をごくかいつまんで述べれば、哲学や芸術等の非科学と区別される科学の命題の特質は、経験的事実による検証可能性あるいは反証可能性にあるという点で、そのような立場からロビンズの経済学を始めとする[1]、当該条件を満たさないハチスンのいう「純粋理論」を方法論的に批判

したのが『基本公準』の骨子であった。ハチスンが経済学において科学と非科学の区別を主張したのは、経済学において「科学的命題が満足しなければならない明確な基準に従った」(Hutchison 1938, 5) 議論が行われるべきだという、自己の専門分野を科学として権利づけようとする切迫感によるものであったと推測できる[(2)]。言い換えれば、自己の専門とは異なる他分野の一つとしての科学哲学へのハチスンの関心は、経済学における科学性への希求という、経済学に内在する問題に発しており、一定の必然性を有していた。しかし、その後の経済学方法論の歴史的展開は、科学哲学との密接な関係という点では基本的な変化がなかったが、ハチスンのような経済学と科学哲学との内在的連関という特色を必ずしも維持しているとはみなし難い。その点ハチスン自身、経済学方法論の20世紀における歴史的展開をめぐって、われわれが参照すべき分析をしている。

　ハチスンは『基本公準』で、経済学方法論の歴史に関して次のようにいっていた。「経済学と論理学が密接に関連していたミル、ジェヴォンズ、J. N. ケインズ、ジョンソンの時代以降、科学の分業が起こったが、いや増す専門化の利益と引き換えになる損失があったかもしれない」(Hutchison 1938, 6)、と。ハチスンはここで、経済学者自身が同時に論理学と深くかかわっていた過去の時代——例えばミルは『論理学体系』の著者でもあった——を回顧して、20世紀の経済学あるいは経済学方法論における専門化が利益のみをもたらしたのではなく、専門特化が進展する以前の経済学分野が有していた長所を語っている。この著は戦前に書かれており、現代ほど諸科学の分化・細分化は進んでいなかった時期での一種の予見的展望を語ったものであるが、ずっと後年には現実の学問状況を目の当たりにして以下のような感想を述べている。

　すなわち20世紀の最終盤に、経済学や経済学方法論の世界の戦後の変化を振り返ってハチスンは次のようにいっている。第二次大戦後、大学で経済学を専門にする学生や教師の数が非常に増えただけではなく、企業や政府での「経済学の『実践家』(economic 'practitioners')」も同様に増えたので、そのことが、「経済学の分科や下位分科 (the branches or subspecialisms of economics) の多くで——経済学方法論という学問的な下位分科をも結局ふくむ——きわめて

顕著な専門化をもたらした」(Hutchison 2000, 7)。その結果、経済学方法論者をふくむ多くの経済学者は、「彼ら自身の専門分野の研究者仲間との閉鎖的な交流をますますするようになった」(Ibid., 8) としている。このような専門化の進行は経済学や経済学方法論の分野に限った現象ではないが、専門分化・細分化が極度に進んだ結果、その分野「『以外の』専門家集団 communities に属する人々」(Ibid., 8) との交流がますます少なくなってきた事実を指摘しているのである。

この指摘は、すでに先にみた、現代の経済学方法論が異分野である科学哲学と密接に関係しているという事実とけっして矛盾しない。すなわち、かつての経済学が、前述したハチスンのいうように論理学との学問的分業関係を前提にしつつ相互に有機的連関を保っていたのに対し、20世紀晩期における経済学方法論は、科学哲学の概念装置を借用しているとはいえ、経済学者の現場での知的作業とは独立に、他所から借用してきた概念装置の甲乙を狭い専門家集団の間で競うような仕儀に陥っているありさまを示唆的に表現している。私自身、別の機会にそのような現代における経済学方法論の現状を瞥見したことがあるが（只腰 2010）、ここでは本稿の視点から必要な限り経済学方法論の現代的動向を振り返ってみたい。

ダウは上のハチスンとほぼ同時期の20世紀の終盤に（1997年）、「主流派経済学方法論」と題する研究史論文を書いている。この論文が意図するところは題名から知られるように、当時の主導的な立場の方法論を中心に研究史を叙述することで、それが「主流派（mainstream）」という言葉に込められている。ところが、この論文の冒頭で彼女は、「〔経済学〕方法論の本質と役割に関する主流派の理解は、過渡期の状態にある」(Dow 1997, 73) として、主導的方法論の立場を一つに特定しがたい現況を述べている。

彼女によれば、「主流派経済学方法論の現在の状況は…方法論の役割についての立場の両極化を反映している」(Ibid., 78) のであった。両極とは、一方で方法論の役割を「良い科学的実践のための普遍的規則を設定する」(Ibid., 85) ことにありとする規範的な「守旧派」(Ibid., 80) と、他方、経済学方法論の役割は、「経済学の理論形成に暗黙裡にふくまれている方法論を記述する」

(傍点、引用者)ことにあるとする、「革新派」(Ibid., 80)のことである。要するに、前者は論理実証主義やポパー等に倣って、どの理論が勝義の科学的な理論であるかという「理論評価」(Ibid., 75)を目的に、「良い科学的実践のための規則」を探求するのが経済学方法論の役割だとみなす伝統的立場であり、後者は、そのような「伝統的科学哲学への直接的な挑戦」(Ibid., 77)であったとされるクーンの『科学革命の構造』の影響をうけた、科学者の「現実の実践」(Ibid., 78)を記述的に叙述する見地である。

　この両極は、科学哲学と科学史と単純に図式化できると分かりやすいが、記述的な立場は狭義の科学史にとどまらない。ダウが指摘しているように、良い科学のための規則を設定することではなく、「経済学者が何をし、どのように議論するか」(Ibid., 78)に分析の力点が置かれることによって、経済学者が経済学的言説でじっさいに行っている「説得性」を重視するマクロスキー[3]や、方法論の規範的役割自体を否定するポストモダンの立場も革新派に連なるものとみてよい。

　ダウが論文執筆時の経済学方法論の状態を「過渡期」にあるとしたのは、上述のような「規範と記述というメタ方法論的立場同志の解決できない論争」(Ibid., 80)の現況に基づいてであった。ダウ自身の真意は、このような規範と記述との「二元論的な思考様式」(Ibid., 80)からの脱却にあると思われるが、このダウの論文から10年以上を経て上梓された、「経済学の学部レベルの学生」(Boumans and Davis 2010, 6)への講義を基盤にした教科書的著作『経済学方法論——科学としての経済学を理解する』のある個所には、「経済学方法論の…最近の歴史」についての説明がある。それによると、その書物では、「先験的な規則に基づく推論から離れて…より記述的な型の方法論」(Ibid., 121)の説明に力点がおかれている旨が説明されている。その意味では、ダウの時点での過渡期は終わって、経済学方法論における「規範から記述」への移行は完了したと思われるが、この書物の内容を覗いてみると、論理実証主義やポパー、ラカトシュの叙述にも相当の紙幅がさかれており、書物の内実は20世紀末の類書と大きな変化はない。「近代科学の経験的実践を直接の手本」(Ibid., 121)にする(規範ではなく記述の重視)という、この書物の言に忠実に従ったとし

ても、近年の経済学方法論が、科学哲学はともかく科学史に大きく依拠しているのは明らかである。すなわち、現代の経済学方法論が、科学哲学あるいはそれの姉妹科学といってよい科学史を前提にしている現実に大きな変化はない。

経済学方法論の領域で科学哲学、科学史がこのように優位になった少なくとも一つの原因として考えられるのは、経済学方法論のディシプリンとしての自立性の要請である。先にみたハチスンは第二次大戦後の経済学の世界における専門分化の進展について述べていたが、一つの領域が専門化して学問的共同体でいわばその「主権」が認められるにはそれなりの条件が必要である。その専門分野に固有の領域の画定や固有の概念装置の定礎が、一つの要件と考えられる。経済学の下位学科の一つとしての経済学方法論では、そうした条件を満たすための概念装置が科学哲学や科学史によって提供されたのであった。「科学史としての経済学史」(Shabas 1992, 188) を標榜するシェイバスの主張にその点が表れている。

シェイバスは、「私は、経済学史を科学史の一部門とみなす熱心な支持者」(Shabas 2002, 209) だと公言している。彼女が直接に語っているのは一つのディシプリンとしての経済学史についてであるが、彼女の主張が経済学史家の「科学哲学や科学史への関心」(*Ibid.*, 188) を主題としているので、その言説は経済学方法論をめぐるここでの議論と密接に関係している。彼女は、われわれ経済学史家は、主流派経済学者から距離をとり、より独立した名声を獲得すれば、経済学の専門家からじっさいにより多くの尊敬を得ることだろう」と述べている。さらに続けて、「もしわれわれが自分自身の言葉で経済学史を書き始めた時には、現代の経済学者はわれわれのもっとも貴重な受け皿になるであろう」と主張している。「成熟とはいつでも自立をめぐってである」(*Ibid.*, 219) というシェイバスは、みられるように、経済学史や経済学方法論という学問分野は、経済学から離れて科学史の一部門となることによって、成熟、自立を果たすと考えている。

シェイバスのこうした立場が、「哲学史や政治理論史にはなお認められている大学カリキュラムでの評価を、経済学史が受けていないのは周知である」(Shabas 1992, 187) という自分の専門領域への現実的な危機意識から発して

いることは理解できるが、科学史を「真似る…一手段として」、「経済思想史に替えて経済学史という名称を推奨」(Shabas 2002, 211, 傍点原文イタリック)するのが自分の目的だと主張するのを聞くとき、経済学史あるいは経済学方法論のディシプリンとしての自立性を保つための科学史への過度の依存を見て取ることができよう。上にみた現代の学界状況にかんするハチスンの評言の典例をシェイバスは提供しているといえる(4)。

　本書は研究グループ「経済学方法論フォーラム」の共同研究の所産(科研費課題番号 25285066「経済学方法論にみる社会科学の多面的構造」)であるが、経済学方法論を論じる本書においては、これまでのこの分野の定型のように科学哲学や科学史の一つまたは複数の立場を所与の前提としたり、科学哲学・科学史それ自身の説明に力点をおく叙述の仕方はとっていない。もとよりそれは、これまでの科学哲学や科学史の研究成果を無視したり、否定したりするのを意味しないが、それらに囚われることなく各自はその考察対象をそれに相応しい手立てで追及することを本書は目指している。上述のようにシェイバスは、「経済思想史ではなく経済学史」という立場であったが、本書ではそのような狭隘な姿勢をとることなく、むしろ経済学の歴史の研究者にとっては特有の役立つ武器といえる思想史的なアプローチも必要なかぎり積極的に採用することにしている。

　このように本書は既存の経済学方法論研究の手法に縛られることのない方向を目指しているが、とはいえ本書は執筆者がそれぞれの独立した問題関心にしたがって書き上げた論文をただ事後的に寄せ集めたものでもない。また、規範ではなく記述が優勢になることによって、雑多な立場が混在しているかにみえる経済学方法論の現実をそのまま踏襲するのでもない。たしかに経済学方法論のさまざまな研究を単純に一括するのは困難であるのみならず必ずしも有効とはいい難いが、いくつかの類型に分類することは可能でもあり必要であると考える。そこで本書では、哲学的次元、自然科学的次元、社会的次元、実践的次元という、経済学法方法論に関する四つの研究次元をあらかじめ設定し、それらの次元に基づいて執筆者各自が問題に接近することを試みた。このよう

な次元設定は、けっして——これまでの科学哲学と経済学方法論の関係のような——新たなくびきを持ちこむことを意図するものではない。したがって各次元それぞれの内容規定にはあいまいな部分があるかもしれないが、仮にあいまいであったとしても、従来の網の目では十分に掬いきれなかった、開かれた方法論研究を導くための道標の一つを提起するのが目指すところである。以下、それぞれの次元とそれに属する論文について説明しよう。

哲学的次元は、経済学方法論の研究的諸次元のなかでも最も正統的、伝統的なものといってよかろう。それは何より、上にみたように現代の経済学方法論が「科学哲学」という哲学の一分野と密接な結びつきで研究を進捗させてきた事実が、雄弁に物語っている。だが、哲学と経済学方法論の関係は20世紀ににわかに始まったわけではない。

ハチスンによればイギリスでは「17世紀の近代的経済学の当初以来、主要な哲学者は、経済学という新興の学問主題への主要な貢献者でもあった」(Hutchison 2000, 8)。ハチスンはそのような人々のなかでもロック、バークリー、ヒュームの経験論トリオの名前をあげているが、そのうちヒュームの『人間本性論』にかんして、坂本達哉は、「『本性論』の出発点には『政治学』、すなわち社会科学の革新という問題関心があり、ヒュームはその目的に合致した『論理学』の構築を企てた」(坂本 2011, 32)と述べている。つまり、固有の意味での哲学の古典として今日においても専門家の間で研究のたえないヒューム『人間本性論』が、経済学をふくむ社会科学の革新を意図していたことが語られている。

イギリスではさらに19世紀のJ・S・ミルの『論理学体系』は代表的な方法論の業績であって、かつ哲学的に経済学方法論を論じているとみなしうる。またイギリスに限らずドイツでは、ヘーゲルが『法哲学』で、スミス、セー、リカードウの名前をあげて、経済学は「大量の偶然事にかんしてもろもろの法則を見出すのであるから思想の栄誉」(Hegel 1821 347 / 訳 422)になるとしていた。

このように、経済学、あるいは経済学方法論と哲学とは長い間、関係をもっており、本書で哲学的次元を設定するのもそうした背景に基づいている。

佐々木論文は、因果関係というアリストテレス以来の哲学上の根源的問題を

取り上げ、20世紀の代表的経済学のひとりであるシュンペーターにおいてこの哲学的概念がどのように扱われているかを、「静学」、「動学」、「企業者」等、彼の経済学の基本概念に即して検討している。原谷論文も哲学における伝統的な根本問題である存在論との関連で、現代の実在論の主張者マキを取り上げている。現代の経済学方法論の文脈において実在論が論点として浮上する必然性や実在論における存在論、意味論、方法論の三つの側面を説明したうえで、マキ存在論的分析の特質を分析している。

　自然科学的次元も、経済学方法論を考察するときには欠かせない研究次元である。先に述べた現代経済学方法論が出発点で依拠した論理実証主義自体がもともと、「自然科学的知識を真正な知識（エピステーメー）の正嫡と認知し、その基準を満たさないもろもろの知識」（野家 1993, 1）を斥ける立場にあった。したがって、こうして出発した現代の経済学方法論を考察するのに自然科学的次元を抜きにそうすることはできないが、経済学と自然科学との結び付きにはさらに深い歴史的経緯がある。

　17世紀イギリスのペティや18世紀フランスのケネーは経済学者であると同時に医師であった。またアダム・スミスが、古代からニュートンに至る天文学の歴史にかんして興味ある考察を遺していることもよく知られている。こうして経済学史の当初より、経済学方法論にかんして、「自然諸科学は最初から経済学者に、従うべき模範として提供された」（Maas 2014, 2）というのは否定しえない事実である。経済学の歴史のうえでは、「経済学が一つの科学とみなされうるならば、経済学が模倣すべき模範は物理学であるとごく普通に考えられてきた」（Dow 1997, 75）[5]というようにときに物理学が、あるいはまた「経済学を快楽、苦痛の微積分学として扱う」（Jevons 1871, xxviii. / 訳 xii）とするジェヴォンズのようにある場合には数学が、また別の時代や人には生物学が、経済学がその方法論を学ぶべき手本の学とされてきた。このように、「自然諸科学の科学性と言われるもの」（Boumans and Davis 2010, 59）が通時的に経済学の範型であった歴史的背景をふまえて自然科学的次元を設定した。

　松本論文は、18世紀イングランドの独自の「哲学者」プリーストリーを取り上げ、当時の宗教と科学の関係を背景にして、彼の経済論が、神学を媒介と

しながら自然科学の方法を経済学に応用した特徴をもっていることを論じている。上宮論文は、エッジワースの経済学への数学導入に関して、同時代のジェヴォンズとマーシャルを比較の座標軸に用いて考察し、経済学への数学導入についてのエッジワースの見解が、後期になって次第に慎重になったことを論じている。経済学では自然科学のような実験が可能ではないというのが経済学方法論を考察するうえでの長い前提的定説であったが、江頭論文では、近年の経済学の現実にそくして、フィールド実験、実験室実験、コンピュータ・シミュレーション等の実験的手法について検討を加えている。そして経済学が、「哲学」から自然科学へと接近する可能性を示唆している。

「科学は社会的な活動であり、その文脈の中で理解されるべきである」(Hacking 1999, 66／訳151) といわれるように、経済学が一つの科学であって、一定の歴史的・社会的条件のなかでの知的営為である限り、それをとらえる際には諸学説のたんなる純論理的分析だけではなく社会的次元の考察を欠かすことができない。上のハッキングの発言は現代的なものだが、経済学にとって社会的次元はもっと長い歴史をもっている。すなわち、経済学の諸理論を論理内在的に分析したり批判したりするだけではなく、その政治的・社会的機能という面から分析・批判するのはイデオロギー論としてマルクス以来、存在している。

その点で、方法論の社会的次元での考察は経済学が他領域に先行しているといえなくもないが、経済学の部門でのこうした動向とは独立に、科学史の分野での内部史と外部史という類別、その後者は社会的次元に相当する。トマス・クーンの言葉によれば、諸科学の歴史を分析するのに「知識としての科学の実質に関心をもつ」のが「内部史」で、「より広い文化のなかの社会集団としての科学者の行為に関心をもつ」のは「外部史」(Kuhn 1968, 76) である。クーンのいう「科学者集団」は科学の社会的側面を表す代表的なカテゴリーであり、科学の制度化の研究が諸科学をめぐる社会的・外的契機を追及する外部史の代表的な成果であるが、もっと最近ではこの方向の研究は、科学に影響を与えるそのような外在的契機のみならず、科学的知識自体の社会性をも問題するにいたっている。すなわち、「科学的知識と見なされるものは、それを生み出す

社会制度の所産である」(Backhouse 1994, 11) という、「科学知識の社会学」がその立場である。

　科学哲学・科学史の分野でのこうした知見が、経済学史、経済学方法論の分野でどの程度、有効な成果を生んでいるか否かは——経済学の制度化についての成果を別にすると——必ずしも判然としない。本書でいう経済学方法論の社会的次元は、これまでの科学の社会（学）的側面の研究に限定されるものではなく、より広い意味合いをもっている。すなわち、対象とする論者における、経済学方法論と経済社会像との関連というかたちでの問題も社会的次元と考えた。

　久保論文は、1830年代にイギリス科学振興協会に設立された「統計部会」をめぐって、ケトレ、ヒューウェル等の部会設立に関与した人々の立場や思惑を仔細に追っているが、それは経済学が一つのディシプリンとして社会的に認知されるべく努めた人々の様相を描いたものといえよう。廣瀬論文は、現代において競合している経済学を分析するのに、経済像と方法論というふたつの枠組みをもって接近し、スタグフレーション以後のいわゆる反ケインズ革命が、経済像と方法論の二段階を経るものであったことを論じている。只腰論文では、ウェイトリが自己の経済学方法論を作り上げるのに、アダム・スミスに由来する経済学的概念としての分業論を下敷きにしていた論理的連関が分析されている。経済像の一つとしての分業論と方法論の関連が解明されているのである。

　すでに述べたように、20世紀以降の経済学方法論は、科学哲学との関連を強くもっている。そこでの議論は、現場の経済学者たち（practicing economists）の実践を置き去りにした、机上のメタレベルでの議論になりがちであり、経済学者が直面する生の現実と方法論との肉迫した関係はしばしば見過ごされる。しかし、経済学の実際の歴史には、そのように経済学者にさまざまな問題を投げかける現実との接点——「真実に人間が接近していく現場」（内田 1989b, 16、傍点原文）——で、経済学方法論が鍛えられ，創り上げられてきた例があるのも事実である。また、リカードウに代表される「古典派の演繹法とは、主として自由競争の帰結を考察する方法だった」（佐々木 2013, 240）というように、一定の方法論が実践的な主張や政策とある種の密接な関

連を持っていることもけっして珍しいことではない。そのような現実の経済学の歴史における経済学方法論の実態に鑑みて、経済学方法論の実践的次元という研究次元を設定した。

　石田論文は、新古典派の精緻化した人間把握や効率概念が主流となりつつあった歴史的状況にあって、アメリカというヨーロッパとは違う文化的空間に身をさらす現実と、当時の人類学等の知見を踏まえて、新古典派とは異なった人間観、社会観を独自な手法で打ち出したヴェブレンを描いている。中澤論文はケインズに関して、経済政策という最も実践的な局面に着目し、事柄が政策という状況的判断を必要とされる局面だけにバークとムーアという時代も資質も異なる二人の学者を組み合わせて、政策の目的と手段といったウェーバー的な方法論的課題にケインズが対応した様を分析している。

　本書は、既述のように研究グループ「経済学方法論フォーラム」の共同研究の所産であり、同グループとしては二冊目の刊行物である。本著においても前作と同様に、共同研究の実を示すために各章末にグループ成員相互のコメントを付すことにした。

注

(1)　ワイズマンによれば、ハチスンの『基本公準』は、「ロビンズの立場への直接の攻撃であるとは主張していないが、実際にはロビンズの『経済科学の本質と意義』の逐条批判であった」(Wiseman 1985, 149)。
(2)　ラトシスによれば、ハチスンによる反証主義の導入は、「経済学において厳格な批判的基準が明らかにないことに対する高まるもどかしさを反映していた」(Latsis 1976, 7)。
(3)　マクロスキーは、「科学をポパーやラカトシュの鋳型に押し込んで、われわれは何を得たのか」と疑問を呈している (McClosky 1988, 56)。
(4)　シェイバスについては、Kates (2013 ch.3)、高見 (2014)。
(5)　ダウはその例として、Mirowski (1989) を挙げている。

序

参考文献

(洋書)

Backhouse, R. 1994. Introduction: New Directions in Economic Methodology In Backhouse, R. ed. *New Directions in Economic Methodology*, London and New York:Routledge, 1-24.

Boumans, M. and J.Davis. 2010. *Economic Methodology—Understanding Economics as a Science.* London : Palgrave.

Boylan, T. A. and P. F. O'Gorman, eds. 1995. *Beyond Rhetoric and Realism in Economics—Towards a Reformulation of Economic Methodology.* London and New York:Routledge.

Davis, J.B., D.W. Hands and U.Maki, eds. 1998. *The Handbook of Economic Methodology.* Cheltenham: Edward Elgar.

Dow, S. 1997. Mainstream Economic Methodology. *Cambridge Journal of Economics* 21: 73-93.

Hacking, I. 1999. *The Social Construction of What?*, Massachusetts: Harvard University Press. 出口康夫・久米暁訳『何が社会的に構成されるのか』岩波書店、2006年。

Hands, D.W. 2001. *Reflection without Rules: Economic Methodology and Contemporary Science Theory.* Cambridge: Cambridge University Press. 高見典和・原谷直樹・若田部昌澄監訳『ルールなき省察―経済学方法論と現代科学論』慶應義塾大学出版会、2018年。

Hegel, G. W. F. 1821. *Grundlinien der Philosophie des Rechts oder Naturrecht und Staatswissenshaft im Grundrisse.* G.W.F. Hegel Werke 7. Frankfurt am Main: Suhrkamp. 藤野渉、赤沢正敏訳『法の哲学』中央公論社、1967年。

Hutchison, T. 1938. *The Significance and Basic Postulates of Economic Theory.* London: Macmillan.

―― 2000. *On the Methodology of Economics and the Formalist Revolution.* Cheltenham: Edward Elgar.

Jevons, W. [1871]2013. *The Theory of Political Economy.* New York:Palgrave Macmillan. 小泉信三、寺尾琢磨、永田清訳、寺尾琢磨改訳『経済学の理論』日本経済評論社、1981年。

Kuhn, T. 1968. Science. The History of Science, In Shills, D. L.ed. *International Encyclopedia of the Social Sciences*, Vol.14, New York: Macmillan.

Kates, S. 2013. *Depending the History of Economic Thought.* Cheltenlam: Edward Elgar.

Latsis, S. J. ed. 1976. *Method and Appraisal in Economics.* Cambridge: Cambridge University Press.

Maas, H. 2014. *Economic Methodology—A Historical Introduction.* London and New York: Routledge.

McClosky. D.N. 1988. McClosky Paper, In N.De.Marchi ed. *The Popperian Legacy in Economics.* Cambridge: Cambridge University Press, 56-57.
Mirowski, P. 1989. *More Heat than Light.* Cambridge: Cambridge University Press.
Radbruch, G. 1952. E*infuhring in die Rechtswissenshaft.* Stuttgart: K.F.Koehler Verlag. 碧海純一訳『法学入門』東京大学出版会、2005 年。
Shabas, M. 1992. Breaking Away: History of Economics as History of Science. *History of Political Economy* 24(1): 187-203.
——2002. Coming Together: History of Economics as History of Science. *History of Political Economy* 34(5) : 208-225.
Wiseman, J. 1985. Lionel Robbins, the Austrian School and the LSE Tradition. *Research in the History of Economic Thought and Methodology* 3: 147-159.

（和書）

内田義彦（1988）『内田義彦著作集　第六巻』岩波書店。
——（1989a）『内田義彦著作集　第二巻』岩波書店。
——（1989b）『内田義彦著作集　第八巻』岩波書店。
坂本達哉（2011）『ヒューム　希望の懐疑主義』慶応義塾大学出版会。
佐々木憲介（2013）『イギリス歴史学派と経済学方法論争』北海道大学出版会。
高見典和（2014）「欧米での科学社会論を用いた経済学史研究」『経済学史研究』55(2):109－115。
只腰親和 （2010)「経済学方法論の現在」只腰親和、佐々木憲介編『イギリス経済学における方法論の展開』昭和堂。
野家啓一（1993）『科学の解釈学』新曜社。

第1部　経済学方法論の哲学的次元

第 1 章　経済理論における因果関係と相互依存関係
―シュンペーターはどのように考えたのか―

佐々木　憲介

はじめに

　因果関係をどのように考えるかということが、哲学における重要問題の一つであったことはいうまでもない。事物を成り立たせる原因とは何であるのか。出来事の間に因果関係があるといわれる場合、それは何を意味するのか。われわれが、存在や知識そのものを考えようとするならば、こうした問いを避けることはできない。「万学の祖」アリストテレスは、事物の存在の原因を、形相因・質料因・始動因（作用因）・目的因とする「四原因説」を唱え（『形而上学』第1巻第3章）、近代の因果論を先導したヒュームは、因果関係は出来事間の実在的関係というよりも、出来事が恒常的に連接して現れるときに生ずるわれわれの習慣と信念によって、対象間に因果関係があるとみなされるのだと主張した（Hume [1739-1740]1978, 22 / 訳① 55）。因果関係は、自然現象だけではなく、人間行為についても問題にされてきた。動機、欲求、意志、信念などを行為の原因と考えることはできるのか。それとも、人間の行為は因果関係とは別種のものとして捉えるべきなのか。こういった問題は、現代の行為論においても係争点の一つとなっている。さらに、人間を個人としてではなく、集団として研究するさいにも、つまり社会現象を研究するさいにも、因果関係の問題は重要な論点となる。ここに、経済学方法論の哲学的次元の一項目として、因果関係をめぐる問題を取り上げる所以がある。経済学においても、経済現象の原因と結果について語ることは、普通に行われることである。経済学方法論は、

第1部　経済学方法論の哲学的次元

たんに研究手続きに関わるだけではなく、経済学そのものについての哲学的な反省をも意味する。経済現象における原因・結果とはどういうことなのか、またこれに関連する問題には何があるのか。本章で取上げるのは、こういった問題である。

　経済学は伝統的に、経済現象の因果関係を解明することを課題の一つとしてきた。たとえばそれは、アダム・スミスの著書の表題『諸国民の富の性質と諸原因に関する一研究』*An Inquiry into the Nature and Causes of the Wealth of Nations* にも表れている。この表題は、国富を増加させる原因を研究することが、著作の目的であると宣言しているのである。しかし19世紀の末になると、経済学では因果関係だけではなく相互依存関係も問題になるということが、有力な経済学者によって主張されるようになった。たとえばマーシャルは、経済学の機能は「経済的事実を収集・整理・分析することであり、観察と経験から得た知識を応用して、原因の種々なグループの直接および究極の結果がどのようになりそうかを判定することである」(Marshall [1890]1961, v-vi / 訳 1-2) と一方で述べながら、他方では、経済問題においては、「AがBを決定し、BがCを決定する等々のように因果の連鎖において互いに決定しあうのではなく、すべての要素が相互に決定しあう関係にあるという困難な問題に直面する」(*Ibid.,* ix-x / 訳 6) ことを認めたのである。

　われわれは、経済学における因果関係について、またそれに関連する相互依存関係について、どのように考えればよいのであろうか。この問題を考えるための手掛かりとして、ここでわれわれが注目したいのが、シュンペーターである。シュンペーターは、経済理論と方法論の両方で、この問題を追究した主要な経済学者の一人だからである。本章では、シュンペーターの議論をもとにして、経済学における因果関係と相互依存関係という問題について考察を進めることにしたい。以下、第1節では、問題の所在を明らかにし、第2節では、シュンペーターの因果概念を考察する。第3節では、経済発展論・景気循環論における因果連関を追究する。そして第4節では、シュンペーターの方法論と道具主義との関係を検討する。

第1章　経済理論における因果関係と相互依存関係

第1節　『本質』と『発展』

1.　問題の所在

　シュンペーターは、最初の著書『理論経済学の本質と主要内容』(1908年、以下『本質』)では、経済現象間の相互依存関係に注目し、それを数学的に表現した関数関係を重視して、「原因」および「結果」という概念をできるだけ回避するという立場を取った。しかし、第二の著書『経済発展の理論』(初版1912年、実際の発行は1911年；第2版1926年、以下『発展』)では、因果関係の解明が経済学の課題であると主張している。はたしてシュンペーターは、経済理論における両者の役割について、その見解を変えたのであろうか。

　この問題に関する先行研究として、マッハルプ(Machlup [1951] 1978)および塩野谷祐一(1995)がある。マッハルプは、シュンペーターが見解を変えたと主張し、塩野谷はマッハルプの解釈は間違っていると批判する。

　マッハルプは次のように述べている。

> 初期の著作の中で、シュンペーターは「因果性」という概念把握が経済理論に関連性のあるものだということを否定しようとした。……この点について、シュンペーターは自分の考えを変えた。後に、因果関係の概念についての「認識論的告発」は、その常識的な意味にまで拡張する必要はない、と考えるようになった。……シュンペーターは、はやくも1911年には、因果関係の概念に対する反感を捨てた。たとえば、彼は次のように述べている。「二つの現象の間に一定の因果関係を見出すことに成功した場合、この因果関係において『原因の』役割を演ずる現象がもはや経済現象でない場合には、われわれの問題は解答を与えられたことになる」。
>
> 　　　　　　　　　　　　　(Machlup [1951] 1978, 466 / 訳 268-269)

これに対して塩野谷は、次のように反論する。

マハループは間違っている。シュンペーターが『本質と主要内容』において意味したことは、経済体系における内生変数の間では関数関係（一般的相互依存関係）のみが存在するということであった。シュンペーターにおいても、これらの変数が体系の外にある1組の外生変数によって一義的に決定されるという意味では、因果関係を語ることができるのである。彼が『経済発展の理論』において述べていることは、まさに経済的要因と非経済的要因との間の因果関係であって、考えを変えたわけではない。

(塩野谷 1995, 382)

はたして、シュンペーターの真意はどこにあったのか。われわれは、彼の著作に即して、この問題を考えなければならない。

2. 実用主義的アプローチ

(1) 方法論争の評価

シュンペーターは『本質』において、自分が採用するのは「実用主義的」なアプローチであると述べる（Schumpeter [1908] 1970, XVIII / 訳㊤ 21）[1]。ここで実用主義的なアプローチとは、ある目的にとって有用な方法や理論を採用するということである。たとえば、理論的方法と歴史的方法、力学的アナロジーと生物学的アナロジーなどは、一方が普遍的に正しく他方が完全に誤っているというのではなく、所期の目的にとってどちらが有用なのかということが問題なのである。したがって、シュンペーターによれば、いわゆる「方法論争」における対立も、歴史的方法と理論的方法の適用範囲が異なることを理解すれば、解消されるはずであるというのである（Ibid., 6-7 / 訳㊤ 50）[2]。

シュンペーターが遺憾に思うのは、方法論的著作においては、その論議が一般的な主張の域を出ることがなく、具体的問題が話題にされることがない、ということであった。具体的な諸問題を取り扱うべき著作の序文に見られる方法論的論述でさえ、こうした性格を帯びている。すなわち、本論とは無関係の一般的な議論が行われるだけで、たいていの場合、実際の叙述はそれとの関連が

示されないまま展開されることになる。方法論の研究は具体的な問題の研究から切り離すことはできないのであって、ただ後者に関連してのみ前者は意味をもちうる。重要なのは細部であって、大きな一般的問題はほとんど無内容である。「方法論は一つの体系の最初の章に置かれるべきではなく、最後の章に置かれるべきであろう」(Ibid., XVI-XVII / 訳㊤ 19-20) というのが、シュンペーターの考え方であった。

　したがって、ある方法が特定の問題を扱うさいに有用であったとしても、その方法が普遍的に有用であるということにはならない。「もとよりわれわれは、その方法をより広範囲に適用すべく試みるであろう。けれどもこの試みは、あるいは成功し、あるいは失敗するかもしれない。しかしいずれの場合にあっても、われわれの方法が一般的に良く、一般的に悪いということはない」(Ibid., XVI / 訳㊤ 19)。シュンペーターのこのような立場は、われわれの課題にとって、きわめて重要な示唆を与えるものである。

(2) 静学の方法

　考察する問題が違えば、それに相応しい方法も違うというアプローチは、歴史的および理論的方向という大きな領域の違いに対して当てはまるだけではない。抽象理論の内部でも同様のことがいえる。実用主義的アプローチは、経済理論の内部でさまざまな方法が用いられることを許容するのである。『本質』で採用される方法は、そこで取上げられる問題に即して選ばれたものにほかならない。シュンペーターは、『本質』で考察される問題について次のように述べている。

　　私の叙述は国民経済の「静学 (Statik)」と「動学 (Dynamik)」との間の根本的な分離に基づいている。この点の重要さはいかに強調してもなお十分ということはない。純粋経済学の方法はさしあたり、ただ前者に対してのみ十全であり、また前者に対してのみ、その最も重要な諸成果が妥当する。「動学」はいずれの点からいっても、方法的にも内容的にも、静学とはまったく異なっ

たものである。……本書でわれわれが取り扱おうとするのは静学のみである。動学の領域については、たんにその展望と、折にふれての注解が当然与えられるであろう。(Ibid., XXI-XXII／訳㊤ 26-27)

静学の中心にあるのは均衡理論であり、均衡理論はすでに精密な取扱いを許すほどに成熟している（Ibid., XXI／訳㊤ 24）。では静学は、経済現象のどのような側面を捉えているのか。これについては、次のように述べている。

われわれがいずれかの国民経済を展望するならば、各経済主体がある一定財の一定量を所有しているのを見いだす。さて経済学の基礎には次の認識が横たわっている。すなわち、われわれが簡単に「経済的諸量」と呼ぶこれらすべての諸量は、その一つが変動すればそれに従って他のすべての諸量も変動するといった形で、相互に依存関係にあることである。……これらの諸量が次のような結合関係、すなわち、一つまたは若干の諸量の所与の大きさに、他の諸量の所与の大きさが、しかもただ一つの大きさのみが所属するといった関係にあることを見いだすならば、われわれはその体系を一義的に規定されていると呼ぶ。……そして、ひとたびその大きさが生じたならば、それ以上の変動への一切の傾向が体系内に存在しないということである。われわれはこうした状態を均衡状態と呼ぶ。(Ibid., 28／訳㊤ 80頁)

つまり、静学が取り扱うのは、経済的諸量が相互に依存関係にあるという側面であり、そうしたなかで、変動への傾向が存在しない状態を均衡状態と呼ぶ。『本質』で取上げられるのは、まさにこのような問題にほかならない。実用主義的アプローチによれば、考察する問題に即して方法を選ばなければならないのだが、静学が取り扱う問題を考察するのに適した方法とはどのようなものか。それが、関数概念を用いる方法であるというのである。

これに関連して私はまた――精密な思考過程においては――「原因

（Ursache）」および「結果（Wirkung）」という概念をできる限り回避して、より完全な関数概念（Funktionsbegriff）によって置き換える。

（*Ibid*., XVIII／訳㊤22）

ここで「精密」というのは、数量的に正確に決定できるということであり、「精密な思考過程」においては、因果概念ではなく関数概念が必要になるというのである。一般的な理由はまったく別として、とくに静学という主題にとって、因果概念の回避は望ましい(3)。というのは、ある経済主体が特定の財の特定の量を所有するのはなぜかということを、その最後の原因（letzte Gründe）まで追究することは、不可能だからである（*Ibid*., 47／訳㊤100）。静学が取り扱うのは、経済的諸量が相互依存関係にある状態であるから、これを表現するためには、ワルラスが行ったように、多数の関数を組み合わせた体系によらなければならない。たとえば、ワルラスの交換の一般均衡理論においては、各交換者の各財についての交換量、および各財の市場価格が相互依存関係にあるものとされ、それらを未知数とする連立方程式が立てられる。そして、それらの解が同時に求められるというかたちで、各数量が正確に決定されるのである。ところが、因果的なアプローチではそうした精密な取扱いができない。

実際には、ほとんど常に、相互作用の一つあるいは少数のみが、たぶん重要であり顕著であるにすぎない。そしてこれが通常、経済学者に、この点にのみ重きを置かせ、ある種の単純な因果連鎖を打ち立てさせるのである。

（*Ibid*., 136／訳㊤235）

相互依存関係にある諸量を考察するさいに因果概念を用いるとすれば、精密性を犠牲にしなければならない。ある経済主体が所有するパンの量は、パンの価格だけではなく他のすべての財の価格からも影響を受けるし、価格はすべての経済主体の取引量から影響を受ける。このような相互依存関係があるなかで、ある経済主体が所有するパンの量を決める原因を追究することは不可能である。

因果概念は、軽微な作用を無視し、主要な作用だけに注目するときに成り立つ。たとえば、他の事情が同じであると仮定して、先行するパンの価格の変化と後続するパンの需要量の変化との間の因果関係を語る場合などがそうである。しかし、シュンペーターによれば、静学の課題はそのような主要な作用だけに注目することではない。静学の目的は、あくまでも経済的諸量間の相互依存関係を明らかにすることなのであり、その目的にとっては、関数概念が適しているのである。そして、こうしたアプローチには、実際上の意義もあるとする。「たとえば、一定の財貨に対する関税あるいは租税の影響の研究にあたり、もし経済的諸量の一般的相互依存を見落とすならば、人はたやすく迷路に入り込む」（*Ibid.*, 137 / 訳㊤ 236-237）というのである。

しかし、静学の分野で因果概念を回避して関数概念を用いるからといって、他の分野でも同じ方法を採用しなければならないということはない。実用主義的アプローチによれば、考察する問題が違えば、用いられる方法が違うのは当然なのである[4]。

3. 静学と循環・発展

シュンペーターは、『本質』では経済理論を「静学」と「動学」に区分し、そこでの主題は静学であると述べていた。『発展』でも当初はこの用語法を踏襲し、その主題は動学であるとしたのであるが、『発展』英訳版（1934 年）では、この動学という表現を避けるのが望ましいと述べるにいたった。すなわち、「私は最初、これらの二つの構造に『静学』と『動学』という用語を充てたが、今は（フリッシュ教授を支持して）それらをこの意味で使うことをきっぱりと止めた」（Schumpeter [1934] 1983, lxiii）。シュンペーターは、「静学」と「動学」という区分を、当初は二義的に用いていた。つまり、時間を考慮するか否かという区分と、経済発展があるかどうかという区分である。『発展』英訳版以降、「静学」と「動学」という言葉については、時間を考慮する分析というフリッシュ流の規定を適用し、発展があるかどうかという経済状態の区分については、「循環（Kreislauf, circular flow）」と「発展（Entwicklung, development）」と

いう表現を用いるように努めることとなった。言葉を多義的に使用することを控えるようになったのである。たしかに、『発展』の議論を、第1章の「循環」と第2章以下の「発展」とに区分し、静学・動学という言葉を使わなければ、用語上の混乱を回避することはできるであろう。しかし、『本質』の静学と『発展』の循環・発展とは、理論の区分としてどのような関係にあるのかという問題は残る。われわれは、次節で『発展』の内容を考察するのに先立って、この問題を検討しておかなければならない。

　実用主義的アプローチによれば、考察する問題に応じて方法が異なるのであるから、まず問題の種類を考える必要がある。そのためには、シュンペーターが「経済理論」というものをどのように捉えていたのかということを、明らかにしなければならない。はたして、シュンペーターは経済理論の性格について、どのように考えていたのであろうか。この点について、彼はまず、経済理論が現実の一面を抽象するものであることを指摘する。シュンペーターは、『発展』の冒頭で次のように述べる。

　　社会事象は一つの統一的現象である。その大きな流れから経済的事実をむりやりに取り出すのは、秩序を立てる研究者の腕である。われわれがある事実を経済的と名づけることはすでに一つの抽象であって、それは現実を思考の上に再現する技術的必要からやむをえず行われる数多くの抽象の最初のものである。　　　　　　　　　　　　　　　　　（Schumpeter [1926] 1993, 1）

　そして経済的事実は、財の獲得を目的とする行為、すなわち経済的行為の結果として生ずる事実として定義される。そのなかでも、われわれにとって重要なのは生産および交換を通じて財を獲得する行為であるから、この種の獲得方法に考察が限定される。このようにしてむりやり取り出される経済的事実が、そのまま考察の対象になるわけではない。『発展』においては、経済的事実がさらに二つの過程に分離されることになる。それが循環と発展なのであるが、これらは経済過程に生ずる二種類の変化を分離して取り出すものにほかならな

い。シュンペーターは、『発展』英訳版の注で、次のように述べている。

> 本書の第一版において、私はこれ〔発展〕を動学（dynamics）と呼んだ。しかしここでは、この表現を避けるのが望ましい。なぜなら、この言葉のもつさまざまな意味に関連した連想がわれわれを迷わすことが多いからである。そこで、われわれの意味するところを簡単に次のように言ったほうがよい。経済生活は変化するものであり、一部分は与件の変動のために変化し、経済はこれに対して適応する傾向がある。しかし、経済の変化はこれだけが唯一のものではない。このほかに、与件に対する経済体系外からの影響によっては説明されないで、経済体系内から生ずる変化がある。この種の変化は多くの重要な経済現象の原因であって、それについて一つの理論を樹立するに値すると思われ、そしてそのためには、この現象を他の変化の要因から孤立させるべきであろう。著者自身が使い慣れている別のいっそう正確な定義を付け加えておきたい。われわれが取り扱おうとしている変化は経済体系の内部から生ずるものであり、それはその体系の均衡点を動かすものであって、しかも新しい均衡点は古い均衡点からの微分的な歩みによっては到達しえないようなものである。郵便馬車をいくら連続的に加えても、それによってけっして鉄道をうることはできないであろう⁽⁵⁾。
> （Schumpeter [1934] 1983, 64 / Schumpeter [1926]1993 / 訳㊤ 179-180）

つまり、経済体系に生ずる変化には、体系外からの影響によって与件が変動し、経済がそれに適応しようとして生ずる変化と、体系内から生ずる変化とがある。前者の変化を考察するのが循環論、後者の変化を考察するのが発展論である。それらはいずれも、全体としての経済体系から抽象される副次的な体系ということになる。

では、循環過程の変化は、どのように考察されるのか。シュンペーターは、与件が変化しないときの帰結を明らかにしたうえで、与件が変化するときの適応の仕方の考察へと進む。シュンペーターによれば、循環論において、「理論は、

経済主体が与えられた条件に対してどのように反応するかという様式を記述し、この様式が一義的に決定されることを証明する」(Schumpeter [1926] 1993, 75)。つまり、与えられた条件のもとで、各経済主体が自己の利益を最大化しようと努めることによって、もうそれ以上の利益が得られない均衡状態が帰結する。すなわち、「与えられた外的条件と経済主体の欲望とは経済過程を決定する二つの要素であり、経済過程の結果を生み出すさいに協働する二つの要素である」(Schumpeter [1926] 1993, 46)。これに続いて、与件が変動する場合の各経済主体の適応の仕方が考察されるが、そこには本質的な相違はないとされる。

> たとえそれらが変化するとしても、われわれにとって本質的に新しいものが生ずるのではなく、経済主体は、その場合、むしろまさにこの新しい与件に順応するにすぎない。この仮定を用いれば、これまでに取り扱った諸要因が経済の原動力である限り、経済の画像は年々歳々あるがままの状態を続けるであろう。与えられた条件を基礎として最大の欲望満足を求めるつねに同一の経済的行為――われわれの画像が描くものはこれである。それゆえにわれわれは一つの静止的な、受動的な、事情によって制約された、定常的な、すなわち静態的経済 (statische Wirtschaft) について語るのである。
> (*Ibid.*, 75)

ここで定常的あるいは静態的経済と呼ばれているものは、『発展』第1章で考察される循環的経済のことである。静態的経済は静止しているのではなく、経済生活が年々歳々同じような経過をたどる、つまり循環すると仮定されている。循環には時間の経過がともなうけれども、その時間を無視して全過程が同時に行われるとみなすならば、そこには各財の供給と需要が均衡している状態が現れる。こうして、静態論あるいは循環論は、均衡論として取り扱うことができる。静態と均衡との関係は、『景気循環論』では次のように述べられる。

不変の価格と数量とに対する経済的な理論的根拠があるすべての場合（われわれは今後定常的という言葉をこの場合に限るだろう）には、この理論的根拠は均衡概念によって与えられる。したがってこのような場合には、定常的フロー（stationary flow）と均衡とは分析的には同じであり、事実の同じ集団を記述しているのだから、同じ経験的基礎——その統計的部分は主として消費の型の大きな時間的安定性についての周知の発見にあるのだが——をもっている。 　　　　　　　　　　　　　　　（Schumpeter 1939, 42／訳 59）

　このように考えるならば、われわれは、『発展』第1章と『本質』との関係をより明確にすることができる。つまり、定常・静態・循環的経済を考察対象として、時間を考慮することなしに均衡状態を分析する方法が、『本質』で静学と呼ばれていたものである。同じく定常・静態・循環的経済を考察対象とする場合であっても、時間を考慮に入れて、均衡へと向かう変化の過程を分析することもできる。この分析方法は、時間を考慮に入れるという意味で、動学と呼ばれるべきである。つまり、『発展』第1章の循環論は、分析方法としては静学と動学の両方を含んでいて、『本質』はそのうちの静学に対応するものということができる[6]。『発展』第1章の静態的経済は、時間を無視して均衡状態に注目する限りで、分析方法としては、『本質』の静学と同じものになるのである[7]。
　しかし、時間を考慮するかどうかという静学・動学の区別は、『発展』ではほとんど問題にならない。先に述べたように、Statik・Dynamik という言葉は、当初は二義的に使われていたのであるが、シュンペーターは、異なる経済状態についての理論という意味での Statik・Dynamik、すなわち静態論・動態論について次のように述べている。

　　われわれの発展理論は……国民経済がある与えられた重心から他の重心へ移る転換の理論（『動態論（Dynamik）』）であって、循環そのものの理論、変転する均衡の中心に対する経済の不断の適応の理論、したがってまたこれ

らの変転のもたらす影響の理論(『静態論(Statik)』)とはまったく対立するものである。 (Schumpeter [1926] 1993, 99)

『発展』で問題にされるのは、時間を考慮するか否かという静学・動学の区分ではなく、あくまでも発展があるかどうかという経済状態の区分であった。そこでは、循環そのものの理論である静態論と対比して、循環軌道変更の理論である動態論が考察されるのである。

しかし、注意しなければならないのは、シュンペーターの発展論は循環軌道の変更をすべて取り扱うのではなく、そのなかの一側面を取り上げるにすぎないということである。彼は自分のいう「経済発展」を次のように限定する。

> それは循環運動とは違って、循環を実現する軌道の変更であり、またある均衡状態に向かう運動過程とは違って、均衡状態の推移である。しかしこのようなすべての変更あるいは推移を指すのではなく、第一に経済から生まれた変化、第二に非連続的な変化を指すにすぎない。
> (Ibid., 98)

シュンペーターの発展理論は、循環軌道が変更される経済状態についての特殊な考察方法であるというのである。すなわち、経済内部からの変化、非連続的な変化という限定された意味での循環軌道の変更の理論であり、このような独特の意味での動態論であった。

われわれの問題との関連でいえば、相互依存関係・因果関係も、静学と動学の区別に対応するものではない。相互依存関係は静学に適合するものであるが、因果関係が重要な役割を果たすのは、静学と対比される動学においてではなく、静態論・循環論と対比される動態論・発展論においてである。したがって、相互依存関係と因果関係が採用される領域は、ねじれていることに注意しなければならない。因果的なアプローチが有効になるのは、独特の意味での循環軌道の変更の理論においてなのである。このことを確認して、経済発展論の考察に

進むことにしたい。

第2節　経済発展論

1. 因果概念

　シュンペーターによれば、あらゆる科学がその研究対象について行うことは、研究されるべきもの、「未知なるもの」を、比較的に「既知なるもの」に還元することである。このような観点からすると、経済学の任務は次のようなものとなる。

　　二つの現象の間に一定の因果関係（Kausalzusammenhang）を見出すことに成功した場合、この因果関係において「原因（Grund）」の役割を演ずる現象がもはや経済現象でない場合には、われわれの任務は果たされたのである。……これに反して、この「原因」自体がさらに経済的な性質のものであるならば、われわれはさらに非経済的原因に到達するまで説明の努力を続けなければならない。……われわれの問題はつねに経済的事実を非経済的事実に結びつける因果関係の一般的形式を叙述することである。　　　　　　（*Ibid.*, 3）

　では、ここでシュンペーターがいう「原因」とは、どのような概念なのであろうか。彼は、一方の要因が他方の要因を決定するけれども、その逆にはならない場合、つまり非可逆的な決定関係がある場合に限って、因果関係を語ることができるとする。

　　いっそうの正確を期するためには、非可逆的な因果関係が存在する場合にのみ、原因および結果を云々することができるということを、ここではっきりと明らかにしておきたい。この意味において、われわれは財貨の使用価値がその交換価値の原因であるというのである。これに反して、たとえば階級構成と財産分配との間のように、二つの事実群の間に交互作用の関係が存在す

る場合には、原因および結果を云々することはできない。……すなわち、ある経済現象に対する原因として挙げられるべきものは、その説明原理すなわちその現象の本質を理解せしめるような要因に限られなければならない、ということである。　　　　　　　　　　　　　　　　　　　　　　　　（*Ibid.*, 97）

　このような意味での因果関係は、循環の領域にはない。循環論で取り扱う経済的事実は相互に制約し合っていて、一方が他方を決定するという関係にはない。この場合には、他の要因によって決定されるよりもむしろ他の要因を決定するような要因は見出しえないというのである。すでに指摘したように、『発展』第1章の循環論で考察されている静態的経済は静止しておらず、したがって、時間を考慮に入れた分析も行われるのであるが、時間を考慮に入れるからといって、直ちに因果関係の観点が導入されるわけではない。このような場合には、一方が他方を決定するという非可逆的な関係は成り立たないのである。

　経済生活において考慮される諸々の数量のこのような連鎖と相互関連は、われわれのつねに見るところであって、それは現れているあらゆる連関の糸のどの一つを追及してもまったく同じである。……われわれはこの場合、自然的な終点に突き当たることもなければ、また何らかの「原因（Ursache）」——すなわち、他の要因によって決定されるよりもむしろより多く他の要因を決定するような要因——に突き当たることもないのである。　　（*Ibid.*, 6）

　すなわち、シュンペーターにとって「原因」とは、「他の要因によって決定されるよりもむしろより多く他の要因を決定するような要因」のことであった。このような意味での「原因」は、『発展』第1章の循環論では問題にならない。それが問題になるのは、あくまでも経済発展の過程においてなのである。

2. 原因としての企業者

では経済発展論において、「他の要因によって決定されるよりもむしろ他の要因を決定するような要因」とは何であろうか。それが、シュンペーターのいう企業者にほかならない。周知のようにシュンペーターは、経済発展の契機として、新結合、信用および企業者の三つをあげる。なかでも重要とされるのが企業者であった。

> いまやわれわれの分析に用いる諸契機のうちの第三のもの、すなわち企業者機能とその担当者である経済主体の行動との本質に到達する。すでに述べた他の二つのものは、それぞれこれにとっての対象と手段に他ならない——第一は新結合の遂行であり、第二は社会形態のいかんにより強権的命令であったり信用であったりする。これらの三つのものがあいまって一つの統一を形づくるのであるが、これこそが経済発展の本来的根本現象（das eigentliche Grundphänomen）と名づけることができるものである。　　　(*Ibid.*, 110)

『発展』において、「根拠（Grund）」という言葉は「原因（Ursache）」という用語と代替的に使われており、企業者の活動が原因で、経済発展が結果という関係にある。企業者は、他の要因によって決定されるよりもむしろ他の要因を決定するような要因、すなわち非可逆的な原因ということになる。『発展』の課題は、企業者活動にともなって生ずる経済発展という現象を叙述することにある。すなわち、「企業者の『群生的』出現——これはその付随現象とともに好況期の唯一の原因（Ursache）である」(*Ibid.*, 320)。この企業者は、経済体系の内部においては、他の要因から影響を受けることなく、他の要因に影響を及ぼすのである。

問題になるのは、経済体系の外部から企業者が受ける影響である。先に見たように、シュンペーターは、「二つの現象の間に一定の因果関係を見出すことに成功した場合、この因果関係において『原因』の役割を演ずる現象がもはや経済現象でない場合には、われわれの任務は果たされたのである」(*Ibid.*, 3)

と述べていた。経済発展という現象の原因を遡っていくと、経済体系の臨界部で企業者に辿りつく。シュンペーターの考える経済発展は経済体系のなかから起こるものであるから、企業者は経済体系のなかにいるはずである。したがって、企業者を動かす原因となるものが経済体系の外にあって、これに辿りついたときに、経済学者の任務が終わることになる。経済学者が探究を終えるためには、経済体系に接する非経済的なものを明らかにしなければならない[8]。

3. 経済体系の外部
(1) 心理学

もはや経済現象ではない原因とは何か。シュンペーターが念頭に置いていたのは、なによりもまず企業者の動機であったと思われる。企業者の動機を研究することは、もはや経済学とはいえない。生産要素の新たな組み合わせ、それを可能にする金融、後者を手段として前者を遂行する企業者活動は、経済現象といえるであろう。しかし、企業者の動機についての研究は心理学の課題である。心理学といっても、専門の心理学者が行う研究ではなく、経済学者が必要に応じて取り上げるものであってもよい。いずれにせよ、心理の研究は、本来の経済学の領域の外にあるものとして位置づけられるのである。

この部分については、ケアンズの議論が参考になる。「二つの現象の間に一定の因果関係を見出すことに成功した場合、この因果関係において『原因』の役割を演ずる現象がもはや経済現象でない場合には、われわれの任務は果たされたのである」というシュンペーターの言葉は、ケアンズを彷彿とさせる。ケアンズによれば、

> 経済学の諸前提は、他の知識分野の結論であり、他の知識分野に最も近い現象（proximate phenomena）である。　　　　　　（Cairnes 1875, 87-88）

富の現象をこの種の原因にまで遡ったときに、経済学者の探究は、その本来

の終着点に達したことになる。したがって、そのような原因を、経済科学に関する「究極的なもの」とみなすことは正当である。　　　　　(*Ibid.*, 54)

ケアンズの場合には、経済学的探究の終着点、他の科学との接点となるものは、「人間本性の諸原理および外的世界の物理的諸法則、そしてそれぞれの人間社会の政治的・社会的諸条件」(*Ibid.*, 71) であった。これらは、経済主体の動機や合理性、人口の原理の基礎となる人間の生理的条件、土地の収穫逓減の法則、政治的・社会的な制度として、古典派経済理論の外側に位置するものにほかならない。ケアンズとシュンペーターは、経済理論の外側で接するものの種類は違うけれども、その考え方には強い類似性が認められるのである。

シュンペーターは、『本質』では経済主体の心のなかに立ち入ることに反対していたのであるが (Schumpeter [1908] 1970, 65 / 訳㊤ 133)、『発展』ではそうではなかった。

> われわれは上述した類型の行動——しかもわれわれの叙述の特別な目的から見れば、とくに私的資本主義的企業者の行動——を、この行動を特徴づける動機に立ち入るという方法によっていっそう明らかにしたい。これは実際生活においても科学においても、人間の行動をいっそう明らかにする方法である。　　　　　(Schumpeter [1926] 1993, 131)

このように述べて、シュンペーターは、典型的な企業者というものは、獲得された財貨の消費が与える快楽を求めているのではないとして、その動機を三つの種類に整理した。すなわち、(1) 私的帝国の建設、(2) 勝利者意志、(3) 創造の喜びや行為そのものに対する喜び、という三つの種類である (*Ibid.*, 138-139)。

注意しなければならないのは、こうした動機の地位である。シュンペーターは、経済主体の動機に立ち入ることには、認識論上の難点があるということを知っていた。『本質』では、主観的価値説との関連で、この問題が論じられて

いる。誰かがある物に高い価格をつけるのは、その事物を高く評価するからであるということは、何の説明にもならない。というのは、まさにその人が高い価格を支払うということからのみ、その価値感情を推理しうるのであって、その推理の基礎は強固ではないからである。また、内観（Introspektion）によって自分自身の心の作用を直接観察することができると想定しても、問題はたんに私の価値感情ではなく、他のすべての経済主体のそれでもあるから、私がもし内観の結果を一般に利用しようとするならば、他のすべての人の評価過程が、私のそれと同様に行われるという仮説を設けなければならないからである。そこでシュンペーターは、企業者の動機を道具とみなす立場を取る。

> 動機というものは道具（Instrument）にすぎないのであって、観察者はこれを用いることにより社会生活における原因と結果の経過を、自分自身や他人に対して、これを用いない場合に比べていっそう明らかにすることができるのであり、またこれを用いることによりこの経過を「生命なき自然」における経過の場合と違って、理解する（verstehen）ことができるのである。簡単に言えば、それはしばしば価値ある発見的手段（heuristisches Mittel）であり、またしばしば有用な「認識根拠（Erkenntnisgrund）」でもある。ここではこれを「実在根拠（Realgrund）」として利用しているのではない。 （*Ibid*., 131）

ここで道具とは、現象の背後にある実在を表現するものではなく、これを用いて現象を説明あるいは予測するためのものにすぎない。企業者の動機を原因とし、その活動を結果とするにしても、その因果関係は実在する関係と考えられているわけではない。つまり、ここで列挙されている動機とは異なる動機にもとづいて活動している企業者がいるかもしれない。また、動機という心の状態と身体動作との間に、実在的な作用があると主張するわけでもない。「いかにして評価過程が経済的行為に変化するか、殊に、前者が後者の『原因』と見なされうるか否かは、依然として極めてさまざまな見解を許す問題であろ

う」。なぜなら、精神の状態である評価過程が身体動作の原因であるというのは、一つの形而上学的立場であり、「われわれの科学がそれとは無縁な問題に対する一定の立場に依存し、おそらくは何らかの形而上学的前提を持つと言わねばならぬほど不快なこと」はないであろう、というのである（Schumpeter [1908]1970, 66 ／ 訳㊤135）。

　経済発展論においては、企業者の動機が他の経済主体の動機とは異なること、企業者の動機を考えることは企業者活動の特徴を明らかにするうえで有用であること、こうした有用性の観点から心理学的考察が導入される。静学においても経済主体の動機を道具として扱うことはできるのであるが、有用性の観点から、その必要はないとされた[9]。つまり、静学理論においては、動機を取り上げることは有用ではないから、動機についての考察が行われなかったが、発展理論においては有用であるから取上げられた。実用主義的なアプローチがここでも採用されているのである。

(2) 経済社会学

　企業者に作用する非経済的原因としてもう一つ考えられるのが、制度である。動機が心理学の対象であるのに対して、経済行為に影響を及ぼす制度は経済社会学の考察対象となる（Schumpeter 1954, 21）。企業者がなぜ現れるのかということは、経済学によっては説明できない。企業者の登場を促したり阻害したりする制度的条件は、非経済的要因というべきである。はたして、企業者の登場を促すような制度、あるいはそれを妨げる制度というのはあるのだろうか。残念ながら、この点についてシュンペーターは詳しく論じてはいない。わずかに語っているのは、制度が企業者の登場を妨げる働きをする場面である。企業者は普通の人がしないことをするのであるから、慣行の外に出ることを意味する。これに対して、固定的な思考習慣が新しいことをしようとする態度を妨げる。また、社会環境からの抵抗がある。

　この抵抗は、まず第一に、法律的または政治的妨害物の存在として現れる。

しかしこの点を別にしても、社会集団の一員が他と異なる態度を取ることはすべて批難の的となる。もちろん、その程度は、社会集団がこれに慣れているかどうかに応じて異なっている。　　　（Schumpeter [1926] 1933, 126）

　企業者の登場を促進したり妨げたりする制度の作用については、シュンペーターの叙述を越えて研究を進めるべき分野であるといえるであろう。なおシュンペーターは、景気循環の局面との関係で企業者が出現する条件に言及しているが、その条件は経済体系の内部にあるものなので、ここではなく景気循環の過程を論ずるところで取り上げることにする。

第 3 節　景気循環論

1. 理論上の仮定

　シュンペーターによれば、資本主義において、経済発展は景気循環という形態を取る（*Ibid.*, 321）。つまり、好況と不況を繰返しながら経済発展が実現するというのである。注目すべきは、この過程が因果の連鎖として考察されることである。『本質』で静学が相互依存関係の観点から論じられたのに対して、景気循環という形態を取る経済発展は、因果関係として語られる。本項では、シュンペーターが景気循環の議論をするさいにどのような仮定を置いているのかを確認し、次項で具体的な因果関係の追跡に進むことにしたい[10]。

　シュンペーターの経済発展の理論あるいは景気循環の理論は、現実に起こっている経済変動をそのまま記述するのではなく、その一面を抽象するという意味で、文字どおり「理論」である。シュンペーターは、景気循環が非常に複雑な過程であるということを理解していたが、副次的な要素を捨象して、主導的な要素のみを抽象する「理論」を創り出した。すなわち、現実の経済変動のすべてが考察の対象になるのではなく、その一部だけが取り上げられるのである。

　第一に、非経済的な出来事が原因となって生ずる擾乱は捨象される。ここで経済外的な影響とされているのは、たとえば凶作や戦争などである。また、経

済的な出来事が原因となって生ずる変動であっても、その出来事が経済外的な影響によって生ずるものであるときは、これもまた理論から排除される。たとえば、保護関税が突然撤廃されたために、恐慌が惹き起こされることがあるが、これは権力の介入によるものであるから、外部からの影響とみなされる。注目すべきは、シュンペーターの理論では、新結合の失敗による攪乱も捨象されるということである。たとえば、品質優良と認められた新しい食料品が発明されて、多くの企業者がその生産に向かい、かなりの量の資本がそれに投下されるにもかかわらず、期待された需要が現われないときには恐慌が起こりうる。つまり、「われわれの使い慣れた表現を用いれば、『新結合の遂行』はいずれも実際には難破する危険に曝されている」(Ibid., 330-331)。この種の恐慌は純粋に経済的な現象ではあるが、ただこうした恐慌は非常にわかりやすいので、人々はそのなかに問題を見出すことはない。また、そのような失敗がなぜ生ずるのかということは、経済体系内の問題ではない。「簡単にいえば、それもまた単なる不幸な出来事にすぎないのであって、たとえその実際上の意義がどんなに大きくても、それに原理上の興味は与えられないのである」(Ibid., 331)。新結合の失敗は、企業者の計画と銀行の審査の失敗を意味するが、これらは原理上の問題ではないとされる。原理上の興味を惹き起こすのは、新結合が成功し、それを妨害する要因が何もないとしても、そこから経済変動が生ずるのはなぜかということである。これこそが経済の本質から生ずる変動であるというのである。

　第二に、景気循環の波を増幅したり緩和したりする原因も捨象される。好況の波を増幅するものとして、たとえば「第二次的景気の波」がある[11]。シュンペーターの景気循環理論では、好況の原因は「企業者の群生的出現」であるとされる。企業者の直接の需要による好況は第一次的な景気の波であるが、企業者から支払いを受けた生産手段生産者や労働者が、消費財などを購入することによって好況が拡大し、経済生活のあらゆる部面に浸透していく過程が、第二次的な景気の波である。シュンペーターはこの二つの波を分離し、ここでは第一の景気の波だけを取り上げるというのである。そのために「非現実的であるという印象が生じ易いのはやむをえない」と認めつつ (Ibid., 337)、このよ

うにして経済の本質から生ずる因果関係を絞り込んでいくのである。また、不況の出現および経過にとって著しい役割を演じるものとして「誤謬（Irrtum）」があるが、こういった要因も、経済の本質には含まれないものとして捨象される。シュンペーターは、現実の景気循環過程の複雑さを十分に知っており、景気の変動には予測の失敗や楽観・悲観などの心理が作用することを認めながら、これらを景気循環の原理の理解にとって不可欠なものではないと述べるのである（Ibid., 338-339）。

このように攪乱原因を排除することによって、景気循環の正常な過程が見やすいものとなる。次項では、景気循環の正常な過程がどのようなものであるのかを考察することにしよう。

2. 正常な経過

シュンペーターによれば、経済発展の原因は企業者の活動である。資本主義における経済発展は景気循環の形態を取るのであるから、当然のことながら、景気循環の原因も企業者ということになる。すなわち、「企業者の『群生的』出現――これはその付随現象とともに好況期の唯一の原因である」（Schumpeter [1926]1993, 320）。われわれにとって重要なのは、景気循環が因果関係として語られることである。シュンペーターによれば、企業者の群生的出現という事実にもとづいて、「この事実の結果およびこの結果によって惹き起こされる因果関連（Kausalnexus）の経過が分析されなければならない」（Ibid., 334）。『本質』の静学とは異なって、経済発展論は因果関係を追跡するアプローチなのである。

その因果関連の出発点は、企業者による生産手段の購入であるとされる。因果関連はまず「資本によって購入される」収益財に始まり、好況はなによりも設備財（工場、鉱山、船舶、鉄道など）の生産において実現される（Ibid., 321）。すなわち、信用によって新しい購買力が企業者に与えられ、その新しい購買力は企業者の手から物的生産手段の所有者に、また労働者に達し、それから次第に経済生活のあらゆる水路に浸透する。企業者の直接の需要によって

惹き起こされる好況は第一次的な景気の波であり、それが次第に経済生活のあらゆる水路に浸透する間接的な過程は第二次的な景気の波である。先に述べたように、シュンペーターはこの二つの波を分離し、景気の本質およびメカニズムの説明にとって重要なのは、第一の波であるとする (Ibid., 337)。不況の過程もまた、因果関連を追跡するという観点から論じられる。つまり、「上述のことから直接に導かれるものは、不況期のあらゆる第一次的および第二次的特徴の理解であって、その特徴はそこでは統一的な因果関連の紐帯によって貫かれたものとして現われる」(Ibid., 349)。ここで不況期の第一次的特徴というのは、好況を惹き起こした企業者活動の直接の結果とみなされるものである。すなわち、企業者は生産手段を購入することによって好況を惹き起こしたのであるが、一定期間後には生産設備の建設を終えて、新生産物を市場に供給するようになる。この新生産物の大量供給が、価格低下を惹き起こす。シュンペーターによれば、「好況が終わりを告げ不況が始まるのは、新企業の生産物が市場に現われるまでに要する時間の経過した後である」(Ibid., 320)。さらに、新生産物を市場に供給するようになった企業者は、銀行に対して負債を返済するようになる。これによって、新しく創造された購買力が銀行に回収され、デフレーションがもたらされる。以上の過程が不況期の第一次的特徴をなす。不況期の二次的な特徴というのは、企業者活動から間接的に生ずるものであり、第一次的特徴を強める作用をする。たとえば、企業者による投資が減退するために、生産手段産業が沈滞する。生産手段に対する需要の低下にともなって、利子率や労働者の就業率が低下する。しかし、これらは問題の本質には影響しないとして、正常な因果の連鎖からは除外される。

　シュンペーターによれば、不況の正常な過程は、経済発展にとって必要不可欠なものである。不況は均衡状態に復帰する過程であり、再び好況に転換することを可能にする過程であるという。不況期には多くの企業が損失を出すわけであるが、彼らは好況によって変革された与件に適応するように反応しなければならない。そして、大体において生産費を償う価格で再生産することを意味する「安定的均衡」に向かって進む。均衡状態が回復して始めて、次の好況が

可能になる。なぜならば、均衡状態が回復すると、生産要素をどのように組み合わせれば利益が出るのかという「新結合の計算」ができるようになり、企業者が利潤を得る機会が再び現れることになる。このようにして、景気が反転するというのである。ここで重要な役割を果たすのが企業者の動機である。各生産者が既存の技術のもとで利潤最大化を目指すことによって、もうそれ以上の利益が得られない均衡状態にいたる。このような動機から行動する「単なる業主」は、均衡を破るような活動を始めることはない。ところが、不況末期に均衡状態が回復すると、そこから企業者が再び現れる。この二つの現象をつなぐのが、企業者の動機である。「単なる業主」とは異なる企業者の動機を仮定することによって、景気の反転を有効に描写できるのであれば、それは有用な道具であるということになる。

第4節　道具箱としての経済理論

　われわれは、ここまで、経済理論における「因果関係と相互依存関係」について、シュンペーターがどのように考えていたのかを検討してきた。本章を締めくくるにあたって、これら二つの分析の舞台となっている「経済理論」の性格について、考察することにしたい。すでに見たように、シュンペーター自身は、自分が採用するのは「実用主義的」なアプローチであると述べていた。すなわち、経済理論を評価するさいに重要なのは、ある目的にとって有用であるかどうかということであると述べていた。シュンペーターの理論観を考えるうえで問題となるのは、この実用主義的アプローチと「道具主義（instrumentalism）」と呼ばれる立場との関係である。というのは、「シュンペーターは自分の方法論的立場を単に『実用主義的（プラグマティック）』と呼んでいるが、それは『道具主義的』と呼ぶのが適切である」（塩野谷 1995, 113）という有力な解釈があるからである。塩野谷によれば、道具主義とは、理論は実在を表現するものではなく、有益な結果を導くための道具であって、それ自身は真でも偽でもないと主張する立場である（塩野谷 1995, 107）。はたしてシュンペーター

は、このような道具主義の立場をとっていたのであろうか。

たしかに、彼の叙述のなかには、道具主義の立場を示唆するものが含まれている。本章第2節第3項(1)で述べたように、シュンペーターは企業者の動機は道具であると述べていた。われわれは、企業者の動機を観察することはできない。道具主義の観点からすると、このような観察不可能な理論的対象は、実在の構造を表現するものではなく、ある観察可能な現象から他の観察可能な現象を導くための道具であるということになる[12]。先に述べたように、不況末期に均衡状態が回復されると、そこから企業者が再び現れる。既存の技術のもとで利潤最大化を目指す「単なる業主」は、均衡を破るような活動を始めることはないから、この二つの現象をつなぐためには、別種の動機を仮定しなければならない。それが企業者の動機であり、景気の反転を導くための理論的な道具としての役割を果たすのである。

さらに、シュンペーターは『経済分析の歴史』のなかで、端的に「経済理論は道具箱である」と述べている（Schumpeter 1954, 15）。その箱には、二種類の道具（instruments or tools）が入っている。第一の種類の道具は、「実在のある側面を描写し、また研究手続きの一定の規則に従って他の事柄を立証するためにある事柄を当然のこととみなすように意図された、単純化のための図式（schemata）ないしはモデル」であり、仮説、公理、公準、仮定、あるいは原理とも呼ばれる。また容認される手続きに従って立証されたと考えられる事柄（命題）は定理と呼ばれる。第二の種類の道具は、仮説から結論を引き出しうるような装置（gadgets）であり、すべての（たとえば『限界代替率』、『限界生産力』、『乗数』、『加速度因子』のような）概念、概念の間の関係、これらの関係を処理する方法である（*Ibid.*, 15）。

どちらの種類の道具も、適用される時間・空間を特定しない一般的な仮定や概念であることに注意しなければならない。個別的出来事は、一方では、個々的な出来事として、それ自身に特有な特殊性を示すが、他方では、ある種の特質ないし側面を共通にもっている。したがって、「もしわれわれが、これらの特質ないし側面や、これらが提起する問題を、決定的に一度に処理してしまえ

ば、精神的努力の非常に大きな節約になる」(*Ibid.,* 16)。それぞれの場合に共通に現れる概念を用い、また価格形成、所得形成、景気循環、国際取引等々に関する一般的図式（general schemata）を用いることによって、それに関係する個別的出来事を一緒に処理することができる。たとえば、「A ならば B」という一般的な図式があれば、この図式に当てはまる個々の出来事を一つひとつ取り上げる必要はない。シュンペーターによれば、こうした考え方は、「あらゆる（理論的）科学は思考努力の節約（economy of effort, Denkökonomie）を実現するための工夫であるとするマッハの学説を簡略化して表現したものである」(*Ibid.*)[13]。マッハによれば、「最小の思考の出費で事実をできるだけ完全に記述する」ことが、科学の課題にほかならない（Mach [1912]1988, 501／訳 445）。理論的対象や一般法則は、思考努力を節約して事実を記述するための手段なのである。

　模写（Nachbildung）こそが物理学の目標・目的なのであって、原子や力や法則は模写を容易ならしめる手段たるにすぎない。原子、力、法則、等々は、それが模写の援けとなる限りにおいて、しかもその範囲においてのみ、価値を有するにすぎないのである。　　（Mach [1922] 1991, 257／訳 256-257）

　原子や力や法則を直接観察することはできない。これらは、現象の完全な記述を援けるための手段、すなわち道具であるとされる。同様に、経済理論においても、観察可能ではない企業者の動機や、一般的概念および図式は、経済現象を考察するための道具とみなされる。

　ここまでの議論の範囲内では、理論を有用性の観点から評価するという点で、実用主義的アプローチと道具主義との間に大差はないといってよいであろう。問題となるのは、「真理」についての考え方である。アリストテレス以来の伝統的な考え方は、「真理とは実在との一致である」とする真理の対応説と呼ばれるものである。道具主義の立場は、真理の対応説との関係でいえば、道具としての理論が実在と一致するかどうかを問題とせず、理論は真でも偽でも

ないと主張する。しかしシュンペーターは、実用主義の観点から、重要なのは道具としての理論の有用性であると語るけれども、さらに踏み込んで、理論は真でも偽でもないと主張するわけではない。むしろ「真理」という問題について、自分の旗幟を鮮明にするのではなく、特定の立場への関与を避けようとしたように思われるのである。

　シュンペーターは『発展』第4版の序文で、プラグマティズムの真理概念に言及する。ジェイムズが提唱するプラグマティズムの真理概念は、「真理とは有用であるということである」というものであり、真理についての伝統的な考え方を転換するものであった（James 1907, 204 / 訳 203）。プラグマティズムの真理概念は哲学の伝統を逸脱するものであるから、シュンペーターによれば、真と偽という述語についてプラグマティズムの立場をとると、哲学者は激怒するけれども、その立場をとっていることを自覚しているのであれば、そのように使っても構わない、というのである（Schumpeter [1935] 1993, XV）。この言及について塩野谷は、「彼のいうプラグマティズムとは道具主義のことであって、シュンペーターはここで道具的有用性の意味であれば、理論の真偽という言葉を使ってもよいと言っているのである」と述べる（塩野谷 1995, 146）。こうして塩野谷は、シュンペーターの方法論は一貫して道具主義の立場にあったと解釈するのである。

　しかし、ここでシュンペーターは、もしプラグマティズムの立場をとるのであれば、その立場から真偽について語ることができると述べているだけである。道具主義とプラグマティズムとでは真理についての考え方が同じではないことを考慮すると、道具主義の立場をとりながら、同時にプラグマティズムの立場も支持したと考えることには無理がある。シュンペーターは、理論は真でも偽でもない、あるいは有用であるということが真である、と積極的に主張しているのではなく、むしろ道具主義やプラグマティズムといった既成の哲学上の陣営に自分の方法論を帰属させようとはしなかった、と解釈するべきであると思われるのである。彼の議論のなかには、さまざまな先行学説の影響を示唆する叙述が夥しく含まれている。そうであるからこそ、シュンペーターの学説は、

そのいずれか一つに還元することができないのである。本章においてわれわれは、シュンペーターの方法論を、既成の立場に帰属させるのではなく、あくまでも彼自身の方法論を明らかにするという観点から考察してきた。その方法論を一言でいうならば、独自の「実用主義的アプローチ」であったとする以外にはないのである。

おわりに

本章の冒頭に掲げた「経済学における因果関係について、またそれに関連する相互依存関係について、どのように考えればよいのであろうか」というテーマに回答するならば、少なくともシュンペーターの考えでは、それらは取り上げる問題によって使い分けられるということである。実用主義的アプローチに従って、それらは有用性の観点から評価される。したがって、シュンペーターが『本質』と『発展』で因果概念に対する見解を変えたとするマッハルプの解釈には同意できない。実用主義的な観点は一貫しており、静学理論では関数概念が有用で、発展理論では因果概念が有用であるという判断にもとづいて、使い分けられているのである。シュンペーターが考えを変えたわけではないと解釈する点で、われわれは塩野谷と同じであるが、その根拠は異なる。「経済体系における内生変数の間では関数関係（一般的相互依存関係）のみが存在する」のであって、「『経済発展の理論』において述べていることは、まさに経済的要因と非経済的要因との間の因果関係」であるという塩野谷の解釈には同意できない。景気循環論について見たように、経済体系の内部でも因果概念が用いられている。また塩野谷は、企業者を内生変数であるとともに外生変数であると位置づけるが、われわれは、企業者はあくまでも経済体系内に位置するものであり、その非経済的原因として動機と制度を考えるからである。

注

（1）　ドイツ語では pragmatisches Vorgehen。英訳版で pragmatic approach と訳されている（Schumpeter 2010, xv）。

第 1 部　経済学方法論の哲学的次元

(2)　方法論争に対するこうした評価は、すでにアシュレーに見られる（Ashley 1893, 7-8）。
(3)　シュンペーターが因果概念を避けて関数概念を用いることになった背景として、マッハの影響があげられる。たしかにマッハは、要素Ａ Ｂ Ｃ…の特有な連関を探究すべき科学研究の課題は、「F (A, B, C, …) = 0 という形の方程式を見出すこと」（Mach [1922] 1991, 37 / 訳 40）であると主張し、因果概念は不適切であると断じていた。因果概念が不適切であるというのは、第一に、自然における連関は、ある与えられた場合に、一つの原因と一つの結果とを指摘できるほど単純なことは稀である（Ibid., 74 / 訳 77）、第二に、因果概念の起源はアニミズムにあり、自分の行為が自分の目的にしたがって行われるように、自然界の現象も何ものかの目的にしたがって現れるとする考えに由来する（Ibid., 79-80 / 訳 82-83）、という理由からであった。シュンペーターが一貫してマッハに従っていたのであれば、因果概念を用いることはなかったであろう。しかしシュンペーターは、マッハの考えをそのまま経済学にもち込んだわけではなく、考察する問題に即して方法を選択するというアプローチの一部に組み込んだのである。
(4)　『経済分析の歴史』では、因果関係と相互依存関係の叙述は、どちらも経済分析の一種とされている。官房学者ゼッケンドルフを取り上げた箇所では、次のように述べられている。「しかし明示的な分析、すなわち因果または相互依存の諸関係を述べようとする意識的な努力は、これを彼の著書に発見し難い。またたとえこれがあったとしても、たいしたものではあるまい」（Schumpeter 1954, 169）。より一般的にいうと、そもそも経済分析とは、「事実ないしはいくつかの事実の間の関係の観察」（Ibid., 55）のことである。
(5)　傍点は原文がイタリックであることを示す。以下同じ。
(6)　この点は、楠木敦（2015）から示唆を得た。
(7)　この込み入った区分は、次のように整理できるであろう。
(8)　塩野谷は、企業者そのものが内生的要因であるとともに外生的要因でもあると述べる。「企業者は経済領域に属するという意味では内生的要因といってよいけれども、それ以上に経済の領域において遡ることのできない究極的な要因であるという意味では、外生的要因といわなければならない。企業者はいわば経済体系内における外生的要因である」（塩野谷 1995, 205）。しかし、企業者そのものが内生的要因であるとともに外生的要因でもあるという解釈には、無理があると思われる。本章では、塩野谷説とは違って、①企業者

	経済状態	分析方法	
『発展』第 1 章	静態・循環	静学（相互依存関係の分析）	『本質』
		動学	
『発展』第 2 章以降	動態・発展（因果関係の分析）	動学	

第1章　経済理論における因果関係と相互依存関係

　　　は経済体系内に位置する、②企業者の動機および制度が経済体系外の原因である、と解釈している。
（9）「均衡体系は動機に対するあらゆる顧慮なしに記述することができるから、……循環に関する経済理論にとっては、『単なる業主（Wirt schlechtweg）』の動機を研究することの意義はきわめて小さい」（Schumpeter [1926] 1993, 132）。
（10）　周知のように、シュンペーターは『発展』のあとに大著『景気循環論』（1939年）を出版しているので、シュンペーターの景気循環論そのものを論じるためには後者の詳細な検討が不可欠である。後者では、たとえば、景気循環の局面は好況・景気後退・不況・回復の四段階に区分され、景気循環の波はコンドラチェフ循環・ジュグラー循環・キチン循環の三循環に分けられる。しかし、本章の課題は『本質』と『発展』の方法論上の関係の考察にあるから、景気循環論そのものの更訂に立ち入ることは控えることにする。
（11）『景気循環論』では、第二次的な景気の波が第一次的な景気の波に重ねて扱われるが、先に述べたように、本章では『発展』の考察に専念する。
（12）　道具主義の見解によれば、「理論は、経験全体の中の特定の素材を分析したり、記号的に表現したりするための規則あるいは原理であり、それと同時に、観察言明を他の観察言明から推論するための技術の中にある道具であると考えられている」（Nagel 1961, 129 /訳① 173）。「理論についての適切な問いは、それらが真であるか偽であるかではなく、それらが実験的現象を表現し推論するための有効な技術であるかどうか、ということである」（*Ibid.*, 133 /訳① 178）。
（13）　マッハは、思惟経済の原理について次のように述べている。「思惟の経済（Die Ökonomie des Denkens）、つまり事実の経済的叙述、これが科学の本質的な課題である」という見解は、「決してまったく新しい思想だというわけではない。アダム・スミスに遡ることができるし、P. フォルクマンもいうように、発端を尋ねればニュートンにまで遡ることができる」（Mach [1922] 1991, 40-41 /訳 44）。アダム・スミスとの関係については、佐々木憲介（2001、第1章）を参照されたい。

参考文献

（洋書）

Ashley, W. J. [1893] 1966. On the Study of Economic History (An Introductory Lecture Delivered before Harvard University, 4th January 1893). In W. J. Ashley. Surveys, Historic and Economic, New York: Augustus M. Kelley.

Cairnes, J. E. 1875. *The Character and Logical Method of Political Economy*, 2nd ed. London: Macmillan.

第 1 部　経済学方法論の哲学的次元

Hume, D. [1739-40]1978. *A Treatise of Human Nature*, edited by L. A. Selby-Bigge and P. H. Nidditch, Oxford: Clarendon Press. 大槻春彦訳『人性論』全 4 冊、岩波書店、1948-52 年。

James, W. 1907. *Pragmatism, A New Name for Some Old Ways of Thinking, Popular Lectures on Philosophy*. New York: Longman Green and Co. 桝田啓三郎訳『プラグマティズム』岩波書店、2010 年。

Mach, E. [1912] 1988. *Die Mechanik in ihrer Entwicklung, Historisch-kritisch dargestellt*, 7. Auflage. Berlin: Akademie-Verlag. 伏見譲訳『マッハ力学――力学の批判的発展史』講談社、1969 年。

――. [1922] 1991. *Die Analyse der Empfindungen und das Verhältnis des Physischen zum Psychischen*, 9. Auflage. Darmstadt: Wissenschaftliche Buchgesellschaft. 須藤吾之助・廣松渉訳『感覚の分析』法政大学出版局、1971 年。

Machlup, F. [1951] 1978. Joseph Schumpeter's Economic Methodology. In F. Machlup, *Methodology of Economics and Other Social Sciences*. New York: Academic Press: 461-474. 坂本二郎訳「シュンペーターの経済学方法論」、同訳『社会科学者シュムペーター』東洋経済新報社、1955 年、所収。

Marshall, A. [1890] 1961. *Principles of Economics*, 9th（Variorum）ed. 2 vols. With annotations by C. W. Guillebaud, London: Macmillan. 永沢越郎訳『経済学原理』全 4 冊、岩波ブックセンター信山社、1985 年。

Schumpeter, J. A.――. [1935] 1993. Geleitwort zur vierten Auflage. In Schumpeter [1926] 1993. 大野忠男・木村健康・安井琢磨訳『理論経済学の本質と主要内容』全 2 冊、岩波書店、1983-1984 年。

――. [1926]1993. *Theorie der wirtschaftlichen Entwicklung*, 2. Auflage. Berlin: Duncker & Humblot. 塩野谷祐一・中山伊知郎・東畑精一訳『経済発展の理論』全 2 冊、岩波書店、1977 年。

――. [1934] 1983. *The Theory of Economic Development*, translated by R. Opie, New Brunswick and London: Transaction Publishers.

――. [1935] 1993. Geleitwort zur vierten Auflage, In Schumpeter [1926] 1993.

――. [1937] 1977. Preface to the Japanese Edition. 塩野谷祐一・中山伊知郎・東畑精一訳『経済発展の理論』上、岩波書店、1977 年、所収。

――. 1939. *Business Cycles: A Theoretical, Historical, and Statistical Analysis of the Capitalist Process*, 2 vols. New York: McGraw-Hill Book Company. 吉田昇三監修・金融経済研究所訳『景気循環論――資本主義過程の理論的・歴史的・統計的分析』有斐閣、1958 年。

――. 2010. *The Nature and Essence of Economic Theory*, English edition and new introduction by B. A. McDaniel, New Brunswick and London: Transaction Publishers.

Smith, A. [1776] 1976. *An Inquiry into the Nature and Causes of the Wealth of Nations*, 2 vols. edited by R. H. Campbell, A. S. Skinner and W. B. Todd, Oxford: Clarendon Press. 水田洋・杉山忠平訳『国富論』全4冊、岩波書店、2000-2001年。

(和書)
アリストテレス（1959-1961）『形而上学』全2冊、岩波書店。
楠木敦（2015）「シュンペーターの経済発展論における時間概念」経済学史学会北海道部会、2015年12月12日、北海学園大学。
佐々木憲介（2001）『経済学方法論の形成――理論と現実との相剋 1776-1875』北海道大学図書刊行会。
塩野谷祐一（1995）『シュンペーター的思考』東洋経済新報社。

第 1 章　経済理論における因果関係と相互依存関係
へのコメント

石田教子

　1880年代に始まる方法論争は、動態をいかに捉えるかという問題を経済学者に強く意識させた。一方の陣を構え、この問題の重要性を説いた歴史学派の功績は大きい。論争が収束に近づいた20世紀初頭には、この認識自体は、その理論的咀嚼の如何を別にすれば、正統派の経済学者にも共有されていった。シュンペーターの議論もこうした円熟期の立場表明の一つと見なせるだろうし、後に進化経済学や制度派経済学の現代的展開を牽引していくこととなる。

　そして、19〜20世紀転換期には、我々は同時進行的にもう一つの認識論的問題が生じてきたことに注意しなければならない。カッシーラーが引いたマッハの思想にも見られるように、現象を因果関係ではなく関数関係として記述しようとする問題意識が醸成されてくる。出来事間の実在的関係と思われる関係は実際には認識しえないのであり、それゆえ、人間は究極原因ないし第一原因へと遡ることはできないというヒューム以来の認識論上の了解は、この時代に至ってはこうした哲学的反省によって消化されることになる。現象の理解において、有用性の観点から関数概念と因果概念という二つの「道具」を巧みに使い分けようとしたシュンペーターの因果論も、当時の新思潮の経済学的受容の一端と位置づけられるだろう。

　本章の議論が間接的に示唆しているのは、経済的要因と非経済的要因の区別、経済体系の外部と内部の境界をどのように定めるべきかという問題が、経済学方法論にとって依然として意義深いということではないだろうか。言い換えれば、佐々木論文において浮き彫りにされたシュンペーターの実用主義的アプローチを経済学史上に位置づけることによって見えてくるのは、経済学が取り組むべき「具体的な問題」が、各々の経済学者によって異なりうること、そして時代や地域によっても多様でありうることである。例えば、ヴェブレンであれば、行動の動機のみならず経済行為に影響を及ぼす制度や習慣も経済学分析の対象となるし、非経済的な攪乱要因として捨象されやすい戦争などの問題も経済体系の内部の項目として位置づけられた。直面する時代の課題に応じるためには、我々はそうした境界線の引き方を常に再考しなければならないし、各々が取り組むべき「具体的な問題」を反省により選び取らなければならないということになるだろう。

第2章　存在論はなぜ経済学方法論の問題になるのか
──方法論の現代的展開──

原谷　直樹

はじめに

　1990年代以降、経済学方法論の分野において注目を集めているトピックの一つに「存在論」がある。ウスカリ・マキやトニー・ローソンらによって主導されているこれらの論議は大きな研究潮流を成しながらも、その含意はいまだその専門家の外部には不明瞭なままといってよいであろう。とりわけ、ローソンやその信奉者であるスティーヴ・フリートウッドから彼らの思想的先駆者のロイ・バスカーまで、批判的実在論と呼ばれる立場の著作の多くが日本でも翻訳され、徐々に紹介されて来ているのに対して、もう一方の立場を代表するマキの研究は国内ではほとんど言及すらされていない。本章の目的は、経済学方法論における存在論的次元の議論に着目し、とりわけマキの主張を中心に、なぜそれが方法論の問題になるのか、そしてそうした議論のもたらす意義とは何かを明らかにすることにある。存在論はもとより哲学の主要分野の一つであり、経済学方法論の哲学的次元として検討されるべきであろう。

　とはいえ、存在論に焦点が当たっているのは経済学方法論に限った話ではない。近年では科学哲学全体において、科学的実在論を主張する立場が勢いを増してきており、それを批判する立場も含めて、存在論に関する議論が大きな関心を呼び起こしている。もちろん、こうした潮流の背景には、それまでの科学哲学の一義的な目的であった、科学と非科学の間に線引きを行う基準を示すことがどうやら達成できないと結論づけられてきたという現状がある。主に自然

科学においては線引きされるのが科学と非科学の間であったのに対し、経済学においては正しい経済理論と誤った経済理論との間であったという違いはあるものの、方法論の次元でそうした線引き基準を探し求めていた点では状況は同じである。したがって、存在論への着目やその背景、それらがもたらす含意についても、これまでの経済学方法論の展開と同様に、科学哲学におけるそれと対比させながら理解することができるし、またそうすべきであるといえよう。

　本章の構成は以下のとおりである。まず、科学哲学と経済学方法論の現代にいたる歴史的展開のなかに存在論的研究の出現の理由を見出し、歴史的な位置付けを行う。そのうえで科学的実在論の主要な特徴を明らかにし、そのメタ理論的探求における意義と経済学方法論にもちうる含意を明らかにする。また、経済学方法論に固有の問題として存在論が果たす役割も指摘する。続いて、経済学における実在論の問題をマキの研究に則して、実在論の諸相と相互関係、実在論と現実性の区別、現実性とその種類、存在論的分析のツールとその用法といった観点から解明する。最後にマキやローソンらの実在論者の立場とレトリック論者の立場を存在論的次元に配置して対比させ、これらの分析を通じて、経済学方法論において存在論が果たしうる役割を提示したい。

第1節　経済学の存在論とは何か？

1.　科学哲学の歴史的展開

　今節ではまず経済学方法論と関連する科学哲学の歴史的展開を簡潔に示すことで、存在論が注目を集めるようになった背景を明らかにすることを試みる。そもそも、近代科学の方法論として最初に採用されたのは帰納主義から発した経験主義あるいは実証主義である。そこでは、観察が科学的知識を導き出したり検証したりするための客観的基礎をなすと考えられた。そして観察から得られた事実から法則や規則を帰納し、その法則から演繹して予言や説明を行うことが科学の実践であるとされた。論理実証主義や論理経験主義もこうした経験主義の系譜に位置づけることが可能である。このような科学観は、一般の人々

第2章　存在論はなぜ経済学方法論の問題になるのか

が科学に対してもつ、予言力や説得力、客観性などへの信頼を説明しうるため、広く浸透していると考えられる。

しかしながら、こうした帰納主義的方法論には多くの問題点が含まれていることが、その後にさまざまな論者から指摘されてきた。そのうち、最も深刻な問題と考えられるのが観察の理論負荷性であろう。そもそも帰納とは、演繹とは異なり、それ自体を論理的に正当化することが不可能である。「多様な条件下での多数の観察」という帰納の正当化の要件は、状況についての理論的知識なしに判断することはできない。したがって、理論は観察に先行しており、観察自体の可謬性は、観察を知識の確実な基礎と考えることを不可能にするのである。

このような帰納主義的方法論の困難に直面し、カール・ポパーによって考案されたのが反証主義である。反証主義においては、観察の理論負荷性や理論の恣意性は当然のものとみなされる。しかしながら、単称観察命題から論理演繹によって普遍命題が偽であることを示すことは可能であると主張される。したがって、仮説が科学的であるためには反証可能であること、すなわち、仮説と矛盾する観察言明が論理的に可能であることが要求される。反証による理論の棄却と、それに代わる新しい理論の出現といった繰り返しのプロセスが、反証主義者の考える科学の進歩なのである。

しかし、反証主義においても、素朴帰納主義のもつ問題点が完全に解決されたとは言い難い。観察の理論負荷性は、完全に確実な観察言明の入手が不可能であることを意味するのであるから、理論の決定的な反証もまた不可能ということになるはずである。またもう一つ、より困難な問題として、決定不全性の問題が挙げられる。つまり、反証主義者の想定とは異なり、実際の科学理論は普遍言明の複合体から成り立っており、仮に現在の理論に対する反証例が発見されたとしても、どの前提が誤っていたのかを特定することはできないのである。

このように、理論の科学性の判断に単一のルールを用いる方法はさまざまな困難に直面してしまうということが明らかになり、トマス・クーンのパラダイ

ム論や、イムレ・ラカトシュの科学研究プログラムといった、科学理論の構造全体から科学の善し悪しを判断しようとする科学論が新たに提案された。両者は科学の発展が常に合理的なものか否かという点では異なるものの、その方向性を決定づけるメカニズムが単純で合理的に示しうる基準に従っているとは考えない点で似通った立場であると考えられる。さらにはロバート・マートンやブルーノ・ラトゥールらによって代表される科学知識の社会学（SSK）と呼ばれる立場も出てきた。彼らは科学的知識とはそれを生み出す科学者集団や科学制度、そしてそれらに対する社会的影響によって生成されるものと捉え、正しい信念も誤った信念も共に社会的要因による説明を必要とすると主張した。

このような科学論の展開は、科学史の示す科学的実践の実情に合致するという意味では、より現実的な主張に近づいたということができるが、その基準の複雑さと曖昧さは、当初の目的であった、正しい科学の判断基準としての科学（方法）論という役割をより困難にしてしまったといえよう。つまり、この段階にいたって、科学哲学や科学方法論の目的は、正しい科学と誤った科学との間に線引きをするための合理的基準を提供することであるという主張自体に疑問符がついてしまったのである。

以上のように、科学哲学に関する思索と科学方法論に関する基準の精緻化が進むにつれ、単純な線引き基準となるルールは存在しないこと、そして科学理論や科学的実践の複雑さが徐々に理解されるようになり、相互に対立するさまざまな立場が引き続き混在してはいるものの、当初の目論見に反して、やや相対主義的な科学観が優勢になりつつあるというのが、近年までの科学哲学の歴史的展開であるとまとめることができる。そして、こうした状況のなかで注目を集めるようになったのが、科学的実在論（scientific realism）を中心とした存在論（ontology）の議論なのである。

2. 科学的実在論と存在論

前節で見たように、科学哲学および科学方法論の議論において、方法の次元で科学理論間の優劣を判断することが非常に難しいという理解が広まるなかで

第2章　存在論はなぜ経済学方法論の問題になるのか

再び焦点となってきているのが科学の存在論である。誤った科学から正しい科学を区別する方法、あるいはよい科学とは何かを判別する基準といったものをわれわれが入手できないとしたら、現在、われわれが科学と捉えているものをどのように評価すればよいのか、また現実の科学理論やそこからの含意がさまざまな成果をもたらすことをどのように考えたらよいのか。こうした疑問に答えうる観点として、あらためて存在論が浮かび上がってきたのである。

　しかしこれは方法論が頓挫したから存在論、というような単純かつ消極的な話ではない。そもそも近代科学方法論の嚆矢である論理実証主義からして、理論文を観察文に還元することで、理論文の示す対象の実在を問う必要をなくすという、科学理論における反実在論の取り組みであったと理解することができる。それまで前面に出てこなかったというだけで、科学の存在論は科学のメタ分析において一つの重要な領域であり続けてきたといえよう。

　本来、科学的実在論とは、現実世界に実在する対象と科学理論が記述する内容とが正しい対応関係にあると考える立場を指す。とはいえ、単一の確固とした実在論的主張が受け入れられているということではなく、科学的実在論の内部にも多様な見解と論点が存在している[1]。そのなかでも広範な意見の合致がみられるであろう主要な論点をまとめると、第一に科学の認識論的な目的が挙げられる。科学的実在論者にとって、科学の目的は世界のあり方や働き方を理解し説明することに他ならない。さまざまな科学理論はそれぞれの探求対象の存在そのものを明らかにすることを目指さなくてはならないのである。これは反実在論の一種である道具主義者が、科学理論の生み出す予測に代表される実践的応用可能性を重視し、そうした有用さをもたらすことを科学の目的とするのとは大きく異なる。第二に、科学的主張の評価基準が挙げられる。科学的実在論者は、科学理論は科学者の認識や科学的実践とは独立に存在するものごとについて何らかの主張をしており、したがってその主張の真偽についても、科学者の認識とは独立に評価すべきであるし、そうした真偽判断の検討に大きな科学的意義があると考えている。これは、一般社会や科学者共同体の内部における合意を科学の評価や理論選択の基準として捉えている、社会構成主義者

55

やレトリック論者などの科学的非実在論の立場と対照的な点であろう。第三に、実際の科学的実践に対する批判的評価という観点が指摘できる。科学的実在論者にとって、科学の説明目的は何らかの実在であり、その真実である。したがって、現行の科学的実践がそうした観点に照らして正しい目的を目指しているか、実在に関する言明をもたらしているかといった基準から、方法論的な評価を下すことが可能となる。場合によっては、特定の専門領域において採用されている科学方法論やそれにもとづいた実践が、科学本来の目的と不適合であるとの批判がもたらされる可能性もある。

もちろん、こうした科学的実在論の諸論点は、科学の一分野である経済学にも適用されうる。マキはとりわけ、経済学の実在論として問われるべき諸問題を以下のように列挙している。

> 理論的存在は実在するのか？　すなわち、理論用語は事実に言及するのか？　探求対象は探求とは独立に存在するのか？　科学理論の法則的言明は真であったり偽であったりするのか？　成功した理論の法則的言明は真実なのか？　最も新しい理論は真実なのか？　科学は真実を目指しているのか？　真実を目指すべきなのか？　真実は非認識的なのか？　証拠や議論を超越しているのか？　受容は信念を含意するのか？　科学は収束するのか？　科学的実在論が真実でないならば科学の成功は奇跡なのか？　(Mäki 1998, 219)

そのうえで、経済学においてはこれらの実在論に関する論点が検討される以前に、論点の多様性自体が認識されておらず、他の科学領域の状況と比べて大きく遅れを取っていると、経済学者ならびに経済学方法論者を批判している。しかし、それではなぜ、科学的実践やその方法論的評価に関してとりわけ自然科学の動向に比較的俊敏に対応してきた経済学分野において、実在論に関してだけこのような相違が見られるようになったのであろうか。そこには経済学という学問領域に固有の問題があったとマキは指摘している。

実際のところ、経済学においてもリアリズムの問題は一貫して大きな論点の

第 2 章　存在論はなぜ経済学方法論の問題になるのか

一つであった。しかし、それはミルトン・フリードマンの「実証経済学の方法論」（Friedman 1953: 以下 F53 と表記）に代表されるように、実在論ではなく現実性をめぐる論争であったといえよう。とりわけ F53 以後の一連の論争では、経済理論あるいはそこに含まれる仮定の非現実性が問題になるか否かが議論されてきた。とはいえ、F53 のように、非現実的な仮定が含まれていてもそこから正しい予測が生み出されるならば優れた経済理論であるとする「仮定の非現実性は問題ではない」という立場も、非現実的な仮定を含む経済理論は現実を正しく記述することができないと批判する「仮定の非現実性は問題である」とする立場も、非現実的な仮定を含む経済理論は現実的ではないと考える点では同一である。これに対しマキは、問いを「仮定のどのような非現実性がどのように問題となりうるのか」と精緻化する。すなわち、経済学を含むあらゆる科学理論は、それが実在そのものを描き写して現実と完全に一対一対応する記述ではない以上、何らかの点で実在とは異なり、その意味では非現実的な要素を必ず含む。問われるべきは、それがどのような意味で実在とは異なり（現実性の種類）、その相違がどのような目的・手段によって生じ（仮定やモデルの存在論的役割）、その非現実性によっても損なわれない実在との関係はどのようなものと経済学者が考えているか（存在論的前提へのコミットメント）、といった問題群なのである。

　たとえば、F53 の立場でも、仮定の非現実性を巡る議論の背後にある存在論的前提は、経済理論が生み出す予測と現実の結果が合致するという意味で、優れた経済理論と実在とは対応関係をもつはずという見解であると解釈できる。その意味でマキからすれば、通常は反実在論的な道具主義の立場であると考えられている、F53 におけるフリードマンの主張でさえも、科学的実在論のうちの特徴的な一形態であると評価されるのである（Mäki 1992c, 2000a）。この例が典型的に示すように、マキにとって経済学における存在論的問題とは、実在論対反実在論という構図で示されるものではなく、ましてやローソンのように特定の実在論的立場から他の存在論や反実在論の立場を批判するようなものでは全くない[2]。「優れた科学理論は真であるか、真実に近いか、あるいは我々

が真実に近づくよう助けることができる（Mäki 2004b, 19）」と考えることを実在論者の要件と捉えるならば、多くの（ほぼすべての）経済学者は何らかの意味で実在論者であり、それぞれがどのような特徴をもった実在論者なのかを検討することこそが、存在論的探求のテーマとなるのである。

第2節 経済学における実在論の問題

1. 実在論の諸相——存在論、意味論、方法論

それではなぜ、非現実的要素を含む経済理論を擁護する経済学者が実在論の立場を取ることが可能となるのであろうか。この節ではまず、経済学における実在論者の取りうる立場の種類と相違点、そして相互関係を明らかにすることで、実際の経済学者のスタンスを解明する足がかりを提供したい。なお、先に指摘したように、ここで検討されるのは経済学者の用いるリアリズム＝現実性ではなく、科学哲学におけるリアリズム＝実在論であることに注意が必要である。両者を区別するためにマキは、前者に対しては「realiticness」の語を用いることを提唱している[3]。もちろん、用語法のみならず、両者の対象とする位相も峻別されるべきである。「多くの経済学者の認識する「リアリズムの問題」とは哲学者がそれと認識するものとは異なっている。経済学における「リアリズムの問題」とは「理論の性質としての現実性（realisticness）」のことであり、哲学におけるリアリズムの問題（の一部）とは科学論としての実在論（realism）のことである」（Mäki 2003, 90）。つまり、あくまで理論全体やその部分、あるいはそうした理論に含まれる仮定やモデルといった構成要素に付随する性質としての現実性ではなく、科学理論に対する哲学的主張でありメタ理論的な分析のための理論（theory of theories）の一つの取りうる立場としての実在論をここでは論じたい。以下、存在論、意味論、方法論という三つの異なる位相から実在論を分類し、それぞれに含まれる諸論点を明確化することを試みる[4]。

(1) 存在論的実在論

最も基本的な実在論の立場は当然ながら、存在論に関する主張である。この

第 2 章　存在論はなぜ経済学方法論の問題になるのか

根本的なテーゼをマキは、存在論的実在論（ontological realism）とは、「X が存在する」、あるいは「X たちが存在する」という主張であると定式化している（Mäki 1989, 177）。しかし、この一見シンプルにみえる存在論的実在論の含意すら、一意に確定することは困難である。もちろん、X にどのような対象が入るかによって、それぞれ違った実在論的主張となり、その実質的意味内容は大いに異なることになる。しかし、それだけではなく、存在 X の性質ならびに「存在する」という語の意味の置き方によって、同じ X に関する主張「X が存在する」がそれぞれに全く異なった実在論的含意をもちうるのである。

たとえば、X に観察可能な現象を当てはめるならば、その主張はより現象主義的なものとなり、観察可能性がその実在論的主張を左右するポイントとして強調されることになる。さらに X には観察可能なもののみが入ると主張するならば、観察可能性に関する強い立場を取るものと解釈されるであろう。あるいは、観察可能な事象の背後に対象の本質が存在すると主張する、本質主義的な立場も考えられる。対象の観察可能性や観察不可能な本質といった論点は経済学方法論においても長く議論されてきたトピックであり、実在論という観点からも新たな貢献が可能になることが期待できる。

また、「存在する」の含意に着目することで、異なった実在論的主張が導出できる。その存在が普遍的なものか否か、必然的なものか否かによって、それぞれの主張は変化する。つまり、存在の性質と様相とがここで新たな観点となるのである。普遍的特性に関する存在論であれば、普遍論争に連なる実在論と唯名論の対立を科学的実在論に読み込むことが可能となる。存在の必然性といった様相もまた、その存在論的主張の内実を大きく左右するファクターとなるであろう。

さらには、存在の独立性も非常に重要な論点である。存在 X は人間精神とは独立に実在するといえるのか、人間の精神の外部に独立して存在すると考えられるのか、人間精神の働きかけを全く構成要素として含まずに存在しているのか、あるいは必然的に人間の主観的要素、つまり期待や予測や評価や価値づけといった認識的要素に依存して存在しているのか、といった諸論点がそれに

あたる。措定される存在Xが物理的存在なのか、社会的存在なのか、あるいは精神的存在なのかによっても、またそれぞれの立場は異なってくるであろう。とりわけ、主観主義と客観主義の対立は経済学においても論点となってきたが、論理一貫性という観点からは誰もが存在論的主観主義と存在論的客観主義に関して、いずれかの立場を選択しなければならないことは明らかである。

(2) 意味論的実在論

続いて、実在そのもののあり方ではなく、その言語使用という観点から存在について考える意味論的実在論（semantic realism）を検討したい。つまり、ここで問題となるのは理論全体やそこに含まれるさまざまな主張や記述となる文章、そしてそのなかで用いられる独自であったり専門的であったりする科学用語といったさまざまな言語表現である。

最もイメージしやすい意味論的観点は、ある存在に対する科学的言明が、その実在に本当に言及しているかどうかという言及的実在論（referential realism）であろう。言語表現の対象が実在すると考えられるのか否かは、その言語表現を含む科学理論への評価を大きく変える要因となる。また、言及とは若干異なる観点として、ある存在に対する科学的言明が、その実在の性質を本当に表象しているのかという表象的実在論（representational realism）も指摘できる。

言及と表象のいずれもが対象の性質に関わる問題であり、その存在の事実に照らして真偽判断が可能な要素である。したがって、言及的実在論も表象的実在論も、純粋に存在論ではなく意味論に属する立場であるが、存在論の主要な争点である真実（truth）に関連性が高いことが理解できるであろう。したがって、真実主義的実在論（veristic realism）は以下のように定式化できるとマキは主張している。

　真実主義的実在論は、一定の言語表現（あるいは文章や理論）が、その言及するものがどのようなものであるかによって、言い換えれば、世界の作動の仕方によって、真か偽かの表象となる、という主張である。

第 2 章　存在論はなぜ経済学方法論の問題になるのか

(Mäki 1990c, 20)

　真実主義的実在論は言及的実在論と表象的実在論の両者の結合であると同時に、存在論的実在論とならざるをえないことが指摘できる。つまり、意味論的実在論は意味論に関する立場ではあるけれども、その用語法が示すように、存在論にも強く結びつけられた観点なのである。逆にいえば、意味論的実在論に反する立場をとろうとするならば、客観的存在に対する言及も表象も避ける必要があり、その科学理論の言語表現が実在に言及しているか否か、表象しているか否かの真偽判断もできてはいけないことになる。このような立場を経済学において採用することは実際の科学的実践に照らして非常に難しいことが容易に想像できるであろう。

(3) 方法論的実在論

　最後に、厳密には科学的実在論には分類されないが、経済学方法論に密接な関係をもつ観点として、方法論的実在論（methodological realism）と呼びうるような諸論点について検討を行う[5]。まず、措定される存在 X が日常的経験によって認識可能な存在なのか、あるいは科学理論によって記述されるか科学的探求によってのみ知覚可能な存在なのかという観点が指摘される。前者のような存在をマキは常識的存在（commonsensibles）と名づけ、科学的対象とは区別している。前者は一般に日常のなかでわれわれが自然とその実在性を受け入れ、前提として振る舞うような事物のことであり、当然のことながら、通常の社会生活のなかでその存在が知覚され言及されるような日常的概念を意味する。一方で、科学的対象はわれわれの日常生活においては存在しないか、存在したとしてもその性質が日常的な含意とは異なる事物であったり、あるいは科学的ツールを用いずには知覚できないか、現行のあらゆる手段を用いても直接的な認識が不可能な理論的仮構物のことである。

　続いて、実在論の主張を記述的なものとして捉えるか、それとも規範的なものとして捉えるかという観点もある。この実在論における規範と記述の二分法は単独で成立するものではなく、これまで見たようなさまざまな実在論の立場

に関して、その主張をどちらに捉えるかによって二種類の解釈を可能にする視点であるといえよう。そして規範的実在論の一種として、それを科学的探求の指針として要請する価値論的実在論（axiological realism）が考えられる。この立場は実質的に、科学的実践の方法論として実在の追求を求める、狭義の方法論的実在論の主張であると捉えることができる。

　また、もう一つの方法論への含意として、個々の経済学者がもつ実在論的スタンスに対して、存在論的観点から分析を行うメタ科学的な方法が提案できるであろう。経済学者はその科学的実践において、存在や真実に関するさまざまな信念や選好、意図を不可避的にもつはずである。したがって経済学者自体に対して、さまざまな実在論を帰属させ、その批判的評価を行うことが可能であると考えられる。そしてそれこそが、経済学において実在論を論じる意義であり、それが果たす役割であるといえよう。

2. さまざまな現実性の種類とその含意

　続いて今節では、実在論と区別される現実性に着目し、その多様な用法と含意を明らかにすることで、存在論的前提に関する探求が経済理論のよりよい理解をもたらすことを示したい[6]。

　先に指摘したように、経済理論における現実性あるいは非現実性という問題は、これまで用語法自体が混乱していたため、詳細に検討される機会が少なく、結果として混同されたままになっている多様な観点が存在する。経済理論に含まれる（非）現実性はそれが理論やモデルのなかでどのように位置付けられ、どのように機能することが期待されるかによって、その善し悪しが判断されるべきである。しかし、そうした（非）現実性を非難するにせよ擁護するにせよ、その前にどのような意味でそれらが指示されているのかを解明する必要があるであろう。もちろん、多様な用法のすべてをカバーすることは容易ではないが、代表的な観点としてマキはこれまでに以下の七つを挙げている。

　第一に理論あるいは仮定が、ある実在を指示・言及しているかどうかという指示性（referentiality）の観点がある[7]。指示対象が何らかの意味で現実的な

第2章　存在論はなぜ経済学方法論の問題になるのか

ものと考えられるか否かは、その言及自体の現実性に大きく影響を及ぼす。指示・言及と記述そのものが異なる場合もあり、それ自体も現実性という点で評価の対象となるであろう。指示と記述が異なる場合には、ある存在に言及しながらその特徴について誤った記述をしている可能性もあれば、何らかの理由により意図的に記述的な相違を生じさせている可能性もあると考えられる。

　第二にある存在が観察できるかどうかという観察可能性（observability）の観点がある。観察可能な対象に関する言明は一般的に現実的と判断されやすく、逆に観察不可能な対象を含む言明は非現実的と判断されやすくなる。ここではツールとして何を用いることを観察可能とするかという古典的な論点もあれば、理論全体として観察できない要素をどの程度導入しているかという論点もある。もし強い経験論の立場を取るならば、あらゆるタイプの観察不可能性を拒否することになるであろう。また、観察可能性は科学実在論争においても重要な役割を果たした概念であり、議論の蓄積が援用できる。一方で社会科学に特有な論点として、観察可能性を常識的世界観にまで拡張すれば、通常の経験主義的立場からは観察不可能なものまでも観察可能な概念として捉えられることになる[8]。

　第三に現実性が真か偽かの真実性（truth）の問題を指し示しているケースも多い。しかし、こうした現実性の問題としての真偽はそれ自体として多様な意味をもつことに注意が必要である。真偽判断は検証的な問題の場合もあれば、論理的整合性の問題の場合もあるであろう。理論や仮定が真なる存在をもちうるか否かという観点になれば、存在論的コミットメントの問題により密接に近づくことになる。また、真偽の範囲によってもその含意は大きく異なってくる。全体としての真を重視するならば、字義どおり、あらゆる非現実性が排除されなければ現実的とはいえなくなる。一方で、より範囲を絞って真偽を見るならば、他の用法における非現実性を含みながらも真なる言明として判断できるケースも出てくるであろう。

　第四に、理論が世界のいかなる部分をどの程度カバーしているかという部分性（partiality）の観点がある。もちろん先に述べたように、世界そのものを

写す理論は存在しえないため、あらゆる理論に部分性は指摘できる。したがって、部分性としての（非）現実性は、理論が現実をどの程度、そしてどの範囲をカバーすべきかという検討なしには意味をなさないであろう。問題は部分的に抽出された対象と排除された対象それぞれの意義付けである。また、水平的範囲のみならず、垂直的な部分性として抽象性の問題もここに含まれるであろう。もちろん、対象の抽象化は科学に不可欠の要素であり、その適切さの判断がしばしば現実性の観点から評価されている。これもまた存在論的前提と強く結びつく論点であるといえよう。

　第五に、検証や反証を含む、さまざまな経験的テストにどれほど成功してきたか（success in empirical tests）という経験的妥当性とも呼びうる観点がある。もちろん、これまでの実証主義、反証主義に関する議論が示しているように、経験的テストにおける成功を即座に真実性と同一視することはできない。しかし、経験的テストにかけること、そしてその成否がわれわれの経済理論に対するコミットメントに影響することは明らかである。また、経験的テストが論理的に可能か否かもこの観点に含まれる。そしてこの観点は存在論的基準として機能すると同時に、経験的基準とも結びつくことを指摘しておくべきであろう。

　第六に、ある理論が信ずるに足るかどうかという信頼性（plausibility）の観点がある。もちろん、信頼に単一の尺度があるわけではなく、理論自体がもつ説得力や説明力、すでに信じられている他の理論体系と合致するかどうかなど、信頼性を判断するためのさまざまな評価ポイントが存在する。歴史上、ある時点で人々に信じられていたことが後に誤りと考えられるようになったことなど枚挙にいとまがない。したがって、信頼性の判断には主観性が働くことは容易に想像され、この観点が社会的基準と強く関連することも明白である。

　第七に、ある理論がその目的を達成しうるかどうか、あるいは何らかの用途に対してその実現のために役立つかどうかという実用性（practical usefulness）の観点がある。非実在論者、とりわけ道具主義者が用いることの多い観点であるが、その基準は非常に曖昧である。また、より世俗的なレベルで、「その研究が何の役に立つのか」という疑問を寄せられる際にはこの意味

での現実性が問われていると考えてよいであろう。上記の例からわかるように、これも先の観点と同様、社会的基準と親和性が高いと考えられる。

　これら七つの観点は、それぞれがいずれも経済学方法論および存在論における探求が必要となる重要かつ相互に独立した論点であるにもかかわらず、これまでは現実性／非現実性の問題という単一のレッテルを貼られてきた。しかし、上記分類で示したように、それぞれの当否判断はそれぞれに異なる観点による検討が求められることは明らかである。これまでのような混同を避けて、このような基礎的概念の内実とその多様性を明らかにすること、そして分別された個々の概念や前提の意義を解明することこそ、存在論的研究の果たす積極的役割であるということができるであろう。

3.　マキの存在論的分析の特徴

　次に今節では、先に示した多様な実在論や現実性を存在論的に分析するツールとしてマキが用いる特徴的な概念と、実際に特定の経済理論を存在論的に分析した結果を紹介することで、マキの分析の特徴を明らかにすることを試みる。

(1) WWWと存在論的コミットメント

　最初にマキの分析の特徴的視点として挙げられるのは、存在論的コミットメントへの注目と、その記述的表現としてのWWWである。マキによれば、科学者の理論選択には経験的、社会的、存在論的という三つの異なる位相の基準が存在する（Mäki 2001c）。そしてとりわけ経済理論の選択に大きな役割を果たしていると考えられるのが存在論的基準である。「世界の作動の仕方（The Way The World Works: WWW）」という標語で示されるような、非常に根底的な存在論的前提が、経済学者の抱くコミットメントとして理論選択や領域設定を決定する。そして、仮定やモデルに含まれる非現実的想定や条件は、この根底的なWWWと矛盾しない限りにおいて存在論的な問題とはならず、それらはむしろWWWをサポートするために積極的に援用されているとマキは主張している。したがって、経済理論や方法論の背後にある存在論的前提に着目し、それに対する経済学者のコミットメントや確信を明らかにすることこそが、

経済学の存在論的研究が果たすべき役割であり、そのためには基礎的概念の詳細な分析が必要となると考えられる（Mäki 2001b）。

(2) 科学的説明と存在論

マキの第二の特徴は、科学的説明に関する科学哲学の議論を実在論的に再解釈して存在論の問題に落とし込む試みである。三種の代表的な科学的説明の立場のなかから、マキは基本的にキッチャーの統合（unification）としての説明説を採用するが、その際に存在論的統合と論理的統合を区別する必要があると主張している。ここでの存在論的統合とは、数少ない存在論的前提から多くの現象を説明するということであり、理論的再記述（theoretical redescription）に近いと考えられる。すなわち、少ない前提から一見多様な現象を統合的に説明しうるかという、科学理論の説明力の問題として統合の可否を捉えるのである。したがって、ある科学的説明が、統合としての説明の形式を満たしていても、それが単なる論理的統合では意味がなく、存在論的統合となっている必要があるとマキは考えている。こうした統合説の読み替えによって、科学的説明を実在論のフィールドで検討することが可能になるが、その存在論的含意に関してはマキの主張は揺れているといえよう。論文によって、存在論的統合が科学の規範的目標になると主張している場面もあれば、それは実在が許す範囲に限定されるというように記述的な要件として述べているケースもあり、この条件がどこまで強く要請されるかは明らかではない。もちろん、マキ自身の規範的主張を確定せずとも、さまざまな経済学者による科学的説明を実在論的に解釈するツールとして有用であることは間違いないといえよう。

(3) オーストリア学派経済学の存在論的分析

さて、最後にマキによる存在論的分析の具体例を紹介したい。マキ自身はこれまでさまざまな経済学者や学説、理論を取り上げて実際に分析を行っているが[9]、最も多いものはオーストリア学派経済学に対する分析であろう。カール・メンガーを単独で扱った研究（Mäki 1990a）、並びにメンガーを始めとしてミーゼス、ハイエクからロスバード、カーズナーといった現代オーストリアンまで包括的に取り上げた研究（Mäki 1990b）のいずれでも、オーストリア学派経

済学の存在論的特質を存在論的本質主義（ontological essentialism）と見ている。これは先に示した実在論の種類のなかでは本質主義的実在論に該当する立場と考えてよいであろう。こうした解釈は主流派経済理論の非現実性を強く批判し、仮定の現実性を重視するオーストリア学派の方法論的特徴に親しんだ者にとっては意外な評価といえる。一方で、普遍的特性に関する普遍主義的実在論としてオーストリアンを解釈する場面もあり（Mäki 1990e）、実在論の観点からオーストリア学派の新たな側面を露わにしていると評価できるであろう。

また一方で、上記の研究において、説明の形式という観点では、先に示した存在論的再記述による説明的統合に合致する実際の経済学者による試みとしてオーストリア学派の経済理論を解釈している。しかしその後、ミーゼスやカーズナーを主に扱った論文（Mäki 1992a）においては、オーストリア学派の説明のタイプをサモン（W. Salmon）の因果的説明説に合致するものとして捉えている。マキによれば、現代オーストリア学派の市場プロセス論（ミーゼスからハイエクを経て、カーズナーにいたる系譜）では、因果的生産と因果的伝播という、サモンによる因果プロセスの区別の両者を満たしており、因果プロセス理論として十全な構造を有している。また、カーズナーによる企業家モデルは因果的行為者がもちうる四つの因果的パワーをすべて備えるよう理念化されており、行為者の措定という点でも問題がない。しかし、伝播する対象については論者によって相違が見られ、価格情報のみか、それに付随するさまざまな知識か、ノウハウや科学技術を含めた幅広い情報なのか、定かではないとマキは指摘している。とはいえ、因果的構造の追求はWWWに直結する存在論的コミットメントであり、因果プロセス理論として解釈されるオーストリア学派もまた、実在論的な探求による特徴の解明ということができるであろう。

さらにマキは、因果プロセス理論としてのオーストリア学派の説明を、ヘンペル的なDNモデルを目指しつつもそれに失敗している主流派の説明と対比させている。因果プロセス理論では必須となる存在論的想定はモデル理論では必要とされない。そして両者の説明モデルの違いは、現象の本質的傾向を記述するのか、あるいは仮構的状態を記述するのか、という両者の説明目的の相違を

もたらしていると主張している。つまり、オーストリア学派と主流派の相違点についても、経済理論や方法論のみならず、存在論的観点から明らかにされているのである。

第3節　経済学方法論における存在論

ここまで、経済学における実在論的探求の内容と意義に関して、マキの議論を中心に明らかにしてきた。この最終節では、マキと、現代経済学方法論における存在論をめぐる議論において中心的な役割を果たしている他の二者、すなわち批判的実在論者のローソン、レトリック論者のディアドラ・マクロスキーとアリオ・クラマーらを対比して検討することで、現在の議論の展開を示すとともに、マキの存在論の特徴をさらに解明したいと考えている。

1.　経済学方法論における存在論のタイプ

まずは三者の特徴をそれぞれが依って立つ存在論的立場から明らかにすることを試みる。同時に、他の二つの立場に対するマキの評価も示すことで、マキとの相違点を浮き彫りにしたいと考えている。

(1) ローソンの批判的実在論

まず、ローソンの批判的実在論はバスカーの超越的実在論を社会科学に適用したものと捉えることができるであろう。ローソンの基本的な立場は、世界は経験や認識に還元できない構造や力、傾向によって構成されている、とするある特定の存在論的コミットメントを引き受けるものである。そして、こうした存在論的コミットメントにより、科学的方法として取りうる立場は、認識独立的な対象をリトロダクション（あるいはアブダクション）によって説明する批判的実在論のみということになる。つまり、ローソンの存在論的議論はあくまで不可避的に結びつけられた特定の存在論＝方法論＝理論的立場の擁護を企図したものであり、メタ理論的次元として存在論の探求を行うものではない。このような特定の存在論的立場から方法論や理論の在り方まで一元的に

規範的基準を提供するローソンの批判的実在論に対しては、マキの立場を擁護するクオリコスキとイリコスキから実在論の厚い構想（Thick Conception of Realism）であり、その正当性が明らかではないという批判が投げかけられている（KuolikoskiとYlikoski 2012）。またマキ自身も繰り返しローソンの方法をトップダウン式であると批判的に評し、自らの立場こそいわば真正な批判的実在論（authentic critical realism）であると述べるなど（Mäki 2011b）、ローソンとの相違を強く表明し続けている。

(2) マクロスキーとクラマーによる真理の整合説

続いて、マクロスキーやクラマーに代表される、経済学のレトリック論であるが、科学者コミュニティにおける説得や合意、それらを獲得するためのレトリックを重視する彼らの立場はそもそも反実在論的立場あるいは非存在論的議論であると捉えられることが多く、存在論的立場として分類されることを奇異に感じられるかもしれない。実際に、マクロスキーは経済学者が真実に訴えることすらレトリックの一種であり、それが本当に真であるか否かは問題とならないと断じている（McCloskey 1998, 179-183）。また、クラマーは真実性という判断基準が科学的会話において用いられることがあるという事実とその意義自体は否定しないものの、それが科学者間の説得に対してあくまで補助的な役割しか果たしえないと主張している（Klamer 2007, 70-76 / 訳 180-190）。こうした主張を受けて、マキとレトリック論者たちの間では経済学における真実とレトリックの地位、および経済学方法論における存在論の位置付けに関して長らく批判的応酬が繰り広げられてきた。しかし、経済学のレトリック論を科学哲学における構成的経験主義の一種とみなすならば、彼らによる批判とは裏腹に、それは決して存在論的次元の否定などではなく、むしろ真理の整合説という実在論に関する一つの立場を取っていると理解することができるであろう。実際にマキはマクロスキーとの論争において、マクロスキーの立場が彼女自身の見解に反して、存在論的なものとして解釈可能であり、その点においては実は両立可能なのであると主張している。これは科学的実在論者が社会構成主義者に対してもちかける共通点の議論とパラレルに理解することができる。

(3) マキの言及的実在論と存在論的実在論

さて、三番目にマキの存在論的主張であるが、実はマキ自身のスタンスは必ずしも明確に示されているとは言い難い。それはここまでの議論で明らかになったように、彼の問題関心が特定の「正しい」存在論的立場を擁護するということにはなく、各経済学者や経済理論のもつ「隠された」存在論的前提を明らかにしたり、それらの依って立つ実在論の整合性を検討したりすることにあるということが最大の理由である。一方で、膨大な彼の論文のなかで、同様の論点についても時代や文脈によって彼の主張が異なっていると考えられることも原因の一つであろう[10]。しかし、さまざまな存在論的前提に対する彼の規範的判断を読み解くことにより、マキが経済学に対してどのような存在論的特徴あるいは状態を見い出しているのかを浮かび上がらせることができる。そのように定式化されたマキの立場は弱い言及的実在論と呼ぶのが最適であろう。言及的実在論は2節で示したように意味論的実在論の一種であり、理論の要素あるいはそれらが構成するモデルや説明が現実に存在する何らかの実在の在り方に言及していると考える立場である。とりわけマキの立場を「弱い」とするのは、それが通常の実在論者たちがもつ、成功した科学へのコミットメントがないからである。マキは現在の主流派経済理論が他の異端派等の経済理論と比べて、実在への言及という点でより成功しているとは捉えていない。しかし、経済理論は実在するメカニズムや性質に言及することを目指すべきであり、実際に多くの経済学者達はそれを目指しており、その意味で何らかの存在論的コミットメントを有していると考えるマキは、やはり意味論における言及的実在論と、存在論的実在論に自らコミットしていると解釈しうる。もちろん、こうしたマキの実在論的立場をローソンと対比させて、実在論の薄い構想と呼ぶこともできるであろう。

2. 存在論的次元における相違点

最後に、上記三者の見解を存在論的次元における相違点によって再記述することを試みる。ここまでに明らかになったように科学的実在論といっても単一

第2章　存在論はなぜ経済学方法論の問題になるのか

の立場ではなく、そこにはさまざまなタイプの実在論があり、相互に共通点をもち共存可能な場合もあれば、相反する主張となる場合もある。それでは、無数に想定される実在論 R_x に対し、今節で検討してきた三種の主張はどのようなメタ存在論的立場をとると考えられるのであろうか。

　おそらくローソンの見解が最も明らかである。批判的実在論 R_c が唯一の正しい存在論的立場であり、主流派経済学の経験主義的実在論 R_e を含めた他のあらゆる実在論 R_x よりも優れている。これに対し、マキの見解はより複雑である。個々の経済学者は主流派も異端派も含めて、それぞれが自覚するにせよしないにせよ、個別の実在論 R_0, R_1, R_2, R_3, R_4・・・に依っている。主流派経済学において非現実的仮定が多く用いられていることとは無関係に、それぞれに実在論として解釈可能である。とはいえ、これらのうちいずれの実在論 R_x が最も優れた立場であるかは一意には決定できない。しかし、個々の経済学者が依って立つ R_x を明らかにすることは可能であり、また有意義なメタ理論的探求であるというのがマキの見解になるであろう。また、部分的にはそれぞれの実在論の間で、実在への言及の程度の差を示すことは可能であるかもしれないと考えられる。そしてマクロスキーとクラマーの見解はさらに相対的なものとなる。彼らはあらゆる R_x に関して、その実在との対応関係を実際に明らかにすることは不可能でありかつ不必要と考えるであろう。つまり、言及や表象といった意味論的実在論の立場は取らないということになる。

　以上のように、三者の立場は実在論に対するメタ存在論的立場という観点からも相違を指摘することができる。しかし、当然のことながらこれらの相違は議論の断絶を意味するものではない。本章で明らかにしてきたように、他の科学と同様、経済学においても実在論の立場は多様に開かれており、近年の方法論における代表的な三種の立場はそれぞれ、存在論的タイプ分けによって分類可能である。したがって、存在論的次元においてさらなる議論の展開を期待することができるといえよう。

おわりに

　ここまでの議論をまとめてみよう。科学哲学はとりわけ自然科学を対象に、科学と非科学の間、成功した科学とそうではない科学との間の線引き基準を提出することを目指し、経済学方法論もまたそうした議論の展開に従ってきたが、その試みは失敗に終わった。そうした状況のなか、科学的実践をよりよく理解するための観点として、科学的実在論を中心とする存在論的研究が注目を集めるようになった。科学的実在論の議論を経済学に援用する試みの代表例がマキであり、彼によって重要な論点が整理されてきている。本章では彼の議論に即して、経済学における実在論の諸相を、存在論、意味論、方法論という三つの観点から検討し、それぞれに含意される多様な実在論的主張の意味と相互関係を明らかにした。また、経済理論における現実性の機能についても、指示性、観察可能性、真実性、部分性、経験的妥当性、信頼性、実用性という七つの観点から、その果たす役割の検討を行った。続いて、マキが存在論的分析に用いる代表的なツールとその意義を示したうえで、存在論的探求に占めるマキの位置付けを、批判的実在論者のローソン、レトリック論者のマクロスキーとクラマーとの対比を通じて試みた。

　これらの分析を通じて、科学的実在論と経済学方法論との間の関連を示し、存在論が経済学方法論の問題になる理由を明らかにするとともに、経済学のメタ理論的探究において今後さらに存在論が重要になる可能性を示すことができたと考えられる。

注

(1) 科学的実在論に関するさまざまな論点や特徴については、Psillos（1999）や戸田山（2015）を参照。とくに経済学方法論との関係という観点からは Kuorikoski & Ylikoski（2012）を参照のこと。

(2) 同じ実在論者として括られることもあるローソンの立場との差異を、マキ自身は前者をトップダウン式の実在論、自らをボトムアップ式の実在論と評して区別している（Mäki 2009a）。

第 2 章　存在論はなぜ経済学方法論の問題になるのか

(3) 現実性（realisticness）の詳細な分析は次節にて行う。マキによる定義やその用法に関する議論についてはとりわけ Mäki（1989, 1998c, 1998c）などを参照。
(4) もちろん、科学的実在論の取り得る位相のすべてがこれら三つの領域に限られているわけではない。戸田山（2015）では、科学的実在論の取り得る主張の局面として、意味論、認識論、形而上学、価値論といった四分類が提示されている。本章ではとりわけ経済学を含む社会科学との関連性という観点から、あくまで便宜的に今回の三分類を採用した。
(5) 広義の方法論の観点から科学的実在論を検討する試みはマキだけにとどまらない。たとえば、Ladyman & Ross（2007）では有意義な科学的実在論の要件として投影可能性（projectibility）と非冗長性（non-redundancy）の二点を挙げている。投影可能性は説明対象の実在の持続性に関する条件であり、非冗長性は説明対象の性質が他の学問領域に還元されえないことに関する条件である。いずれの条件も科学的説明の方法論的制約として機能すると考えられている。
(6) 以下の議論の詳細については、Mäki（1989, 1998b, 1998c, 2000b, 2009b）などを参照。
(7) 現実性の代表的用法としてマキが指示性の代わりに「について性（aboutness）」を挙げているケースもある（Mäki 1994）。これは指示性の志向的役割を強調するように意味を限定するという意図によるものと考えられるが、代表的用法の適用範囲を広く取るために今回は指示性を採用することにする。
(8) 常識的存在が実在論において果たす役割に関しては前節で検討を行った。経済学における常識的存在については Mäki（2000b, 111）などを参照。
(9) ロナルド・コース（Mäki 1998a, 1998d）やオリバー・ウィリアムソン（Mäki 2004）といった新制度学派、ポール・クルーグマン（Mäki and Marchionni 2009）やゲーリー・ベッカー（Mäki 2002b, 2009b）のような広義の主流派、そしてミルトン・フリードマン（Mäki 1992c, 200a, 2003）など、対象は多岐にわたる。
(10) レティネンはマキの研究の包括的把握を試みた結果、マキ自身が現在、どのような実在論的立場にコミットしているかを読み取ることは不可能であると結論づけている（Lehtinen 2012, 6-10）。

参考文献

（洋書）

Bhaskar, R. [1979] 1998. *The Possibility of Naturalism: A Philosophical Critique of the Contemporary Human Sciences*. London: Routledge. 式部信訳『自然主義の可能性―現代社会科学批判』晃洋書房、2006 年。

Black, M. 1962. *Models and Metaphors: Studies in Language and Philosophy*. New York:

Cornell University Press.

Blaug, M. 1992. *The Methodology of Economics: Or How Economists Explain*, 2nd ed. Cambridge, UK: Cambridge University Press.

Boylan, T. A. and P. F. O'Gorman. 1995. *Beyond Rhetoric and Realism in Economics: Towards a Reformulation of Economic Methodology.* London and New York: Routledge.

Caldwell, B. J. 1982. *Beyond Positivism: Economic Methodology in the Twentieth Century.* London: George Allen and Unwin. 堀田一善・渡部直樹監訳『実証主義を超えて―20世紀経済科学方法論』中央経済社、1989年。

Cartwright, N. 1983. *How the Laws of Physics Lie.* Oxford: Oxford University Press.

――. 1999. *The Dappled World: A Study of the Boundaries of Science.* Cambridge, UK: Cambridge University Press.

――. 2009. If no Capacities then no Credible Worlds. But can Models Reveal Capacities? *Erkentnis* 70 (1) : 45-58.

Davis, J. B., D. W. Hands and U. Mäki. eds. 1998. *The Handbook of Economic Methodology.* Cheltenham: Edward Elgar.

Deichsel, S. 2011. Against the Pragmatic Justification for Realism in Economic Methodology. *Erasmus Journal for Philosophy and Economics* 4 (1) : 23-41.

Devitt, M. 2014. Realism/anti-realism. In Curd M., and S. Psillos eds. *The Routledge Companion to Philosophy of Science,* 2nd ed. London and New York: Routledge, 256-267.

Hacking, I. 1983. *Representing and Intervening.* Cambridge, UK: Cambridge University Press. 渡辺博訳『表現と介入―科学哲学入門』筑摩書房、2015年。

Hands, D. W. 2001. *Reflection Without Rules: Economic Methodology and Contemporary Science Theory.* Cambridge, UK: Cambridge University Press. 高見典和・原谷直樹・若田部昌澄監訳『ルールなき省察―経済学方法論と現代科学論』慶應義塾大学出版会、2018年。

Hausman, D. M. 1992. *The Inexact and Separate Science of Economics.* Cambridge, UK: Cambridge University Press.

――. 1998. Problems with Realism in Economics. *Economics and Philosophy* 14 (2) : 185-213.

Hindriks, F. 2005. Unobservability, Tractability, and the Battle of Assumptions. *Journal of Economic Methodology* 12 (3) : 383-406.

――. 2012. Saving Truth for Economics. In Lehtinen, A., J. Kuorikoski and P. Ylikoski eds., 43-64.

Klamer, A. 2007. *Speaking of Economics: How to Get in the Conversation.* London and New York: Routledge. 後藤和子・中谷武雄監訳『経済学は会話である―科学哲学・レトリック・ポストモダン』日本経済評論社、2010年。

第 2 章　存在論はなぜ経済学方法論の問題になるのか

Kuorikoski, J. and P. Ylikoski. 2012. How to be Critical and Realist about Economics. In Lehtinen, A., J. Kuorikoski and P. Ylikoski eds., 255-273.

Ladyman, J. and D. Ross. 2007. *Every Thing Must Go: Metaphysics Naturalized.* Oxford: Oxford University Press.

Lawson, T. 1997. *Economics and Reality.* London and New York: Routledge. 八木紀一郎監訳、江頭進・葛城政明訳『経済学と実在』日本評論社、2003 年。

Lehtinen, A. 2012. Uskali Mäki's Realist Philosophy of Economics. In Lehtinen, A., J. Kuorikoski and P. Ylikoski eds., 1-40.

Lehtinen, A., J. Kuorikoski and P. Ylikoski. eds. 2012. *Economics for Real: Uskali Mäki and the Place of Truth in Economics.* London and New York: Routledge.

Mäki, U. 1989. On the Problem of Realism in Economics. *Ricerche Economiche* 43: 176-198.

―. 1990a. Mengerian Economics in Realist Perspective. *History of Political Economy, Annual supplement* 22: 289-310.

―. 1990. Scientific Realism and Austrian Explanation. *Review of Political Economy* 2（3）: 311-344.

―. 1990c. *Studies in Realism and Explanation in Economics.* Helsinki: Suomalainen Tiedeakatemia.

―. 1992a. The Market as an Isolated Causal Process: A Metaphysical Ground for Realism. In Caldwell, B., and S. Boehm. eds. *Austrian Economics: Tensions and New Directions.* Dordrecht: Kluwer Academic Publishers, 35-59.

―. 1992b. On the Method of Isolation in Economics, In Dilworth, C. ed. *Intelligibility in Science.* Atlanta and Amsterdam: Rodopi, 319-354.

―. 1992c. Friedman and Realism. *Research in the History of Economic Thought and Methodology* 10: 171-195.

―. 1994. Reorienting the Assumptions Issue. In Backhouse, R. E. ed. *New Directions in Economic Methodology.* London: Routledge, 236-256.

―. 1998a. Against Posner against Coase against Theory. *Cambridge Journal of Economics* 22 (5): 587-595.

―. 1998b. Realism. In Davis, J. B., D. W. Hands and U. Mäki eds., 404-409.

―. 1998c. Realisticness. In Davis, J. B., D. W. Hands and U. Mäki eds., 409-413.

―. 1998d. Is Coase a Realist? *Philosophy of the Social Sciences* 28 (1): 5-31.

―. 1998e. Aspects of Realism about Economics. *Theoria* 13 (2): 301-319.

―. 2000a. Kinds of Assumptions and Their Truth: Shaking an Untwisted F-twist. *Kyklos* 53 (3): 317-335.

―. 2000b. Reclaiming Relevant Realism. *Journal of Economic Methodology* 7 (1): 109-

125.

―. ed. 2001a. *The Economic World View: Studies in the Ontology of Economics*. Cambridge, UK: Cambridge University Press.

―. 2001b. Economic Ontology: What? Why? How? In Mäki, U. ed., 3-14.

―. 2001c. The Way the World Works (www): Towards an Ontology of Theory Choice. In Mäki, U. ed., 369-389.

―. 2002a. Some Nonreasons for Nonrealism about Economics. In Mäki, U. ed. *Fact and Fictions in Economics: Media, Realism and Social Construction*. Cambridge, UK: Cambridge University Press, 90-106.

―. 2002b. Explanatory Ecumenism and Economics Imperialism. *Economics and Philosophy* 18 (2) : 235-257.

―. 2003. 'The Methodology of Positive Economics' (1953) Does Not Give Us the Methodology of Positive Economics. *Journal of Economic Methodology* 10 (4) : 495-505.

―. 2004a. Theoretical Isolation and Explanatory Progress: Transaction Cost Economics and the Dynamics of Dispute. *Cambridge Journal of Economics* 28 (3) : 319-346.

―. 2004b. Some Truths about Truth for Economists, Their Critics and Clients. In Mooslechner, P., H. Schuberth and M. Schürz eds. *Economic Policy Under Uncertainty: The Role of Truth and Accountability in Policy Advice*. Cheltenham: Edward Elgar, 9-39.

―. 2005. Models are Experiments, Experiments are Models. *Journal of Economic Methodology* 12 (2) : 303-315.

―. 2008. Realism form the "lands of Kaleva": An Interview with Uskali Mäki. *Erasmus Journal for Philosophy and Economics*, 1: 124-146.

―. 2009a. Realistic Realism About Unrealistic Models. In Kincaid, H. and D. Ross eds. *Oxford Handbook of Philosophy of Economics*. Oxford: Oxford University Press, 68-98.

―. 2009b. Models and Truth: The Functional Decomposition Approach. In Suárez, M., M. Dorato and M. Rédei eds. *EPSA Epistemology and Methodology of Science*. Dordrecht: Springer, 177-187.

―. 2009c. MISSing the World: Models as Isolations and Credible Surrogate Systems. *Erkenntnis* 70 (1) : 29-43.

―. 2009d. Economics Imperialism: Concept and Constraints. *Philosophy of the Social Sciences* 39 (3) : 351-380.

―. 2011a. Models and the Locus of their Truth. *Synthese* 180 (1) : 47-63.

―. 2011b. Scientific Realism as a Challenge to Economics (and vice versa). *Journal of Economic Methodology* 18 (1) : 1-12.

Mäki. U. and C. Marchionni. 2009. On the Structure of Explanatory Unification: The Case of

Geographical Economics. *Studies in History and Philosophy of Science* 40 (2): 185-195.

McCloskey, D. N. [1985] 1998. *The Rhetoric of Economics*, 2nd ed. Madison, WI: University of Wisconsin Press. 長尾史郎訳『レトリカル・エコノミクス―経済学のポストモダン』ハーベスト社、1992 年。

Morgan, M. S. and M. Morrison. eds. 1999. *Models as Mediators: Perspectives on Natural and Social Science.* Cambridge, UK: Cambridge University Press.

Morgan, M. S. 2005. Experiments versus Models. *Journal of Economic Methodology* 12 (2): 317-329.

Peter, F. 2001. Rhetoric Vs Realism in Economic Methodology: A Critical Assessment of Recent Contributions. *Cambridge Journal of Economics* 25 (5): 571-589.

Psillos, S. 1999. *Scientific Realism: How Science Tracks Truth.* London and New York: Routledge.

Quine, W. V. O. 1951. *From a Logical Point of View.* Cambridge, MA: Harvard University Press. 飯田隆訳『論理的観点から―論理と哲学をめぐる九章』勁草書房、1992 年。

Reiss, J. 2013. *Philosophy of Economics: A Contemporary Introduction.* London and New York: Routledge.

Ross, D. 2012. Mäki's Realism and the Scope of Economics. In Lehtinen, A., J. Kuorikoski and P. Ylikoski eds., 181-202.

（和書）
戸田山和久（2015）『科学的実在論を擁護する』名古屋大学出版会。

第 2 章　存在論はなぜ経済学方法論の問題になるのか
へのコメント

廣瀬弘毅

　経済学における方法論の問題は、その理論の当否に関する以上、非常に重要であり続けた。ところが、かつてのように経済学研究の最前線に位置していたサミュエルソンやフリードマン、マハルップらが、自らの研究プログラムの意義をかけて方法論争を繰り広げていた時代から見れば、最近の経済学における方法論の状況は少し低調なのかもしれない。

　本章では、冒頭で方法論哲学のこれまでの状況をざっと眺め、科学と非科学の線引きというもともとの課題が達成されていない現状、そしてそれが故の科学的実在論への興味関心の増大をスケッチしてみせる。そうすることで、筆者の言うとおり存在論自体が、実はこれまで前面に出てこなかっただけで「科学の存在論は科学のメタ分析において一つの重要な領域であり続けてきた」ことが理解されるであろう。さらに、存在論の中でも実在論が注目を集めてきている状況で、日本において比較的紹介が進んでいるトニー・ローソンらの批判的実在論だけではなく、重要な貢献ではあるがあまり知られていないウスカリ・マキの枠組みが紹介される。ただし、本章は単なるマキの紹介ではない。マキが経済学方法論において、注目されるべき理由が示されているのである。

　本文に詳述されるように、マキの展開する議論は、非常に包括的なものである。従来であれば反実在論と見なされる道具主義やレトリック論の立場さえ、実在論的枠組みに分類されているのである。このような扱いは、単に新しい用語の案出や便利な方法論マップの提供にとどまらない。マキの枠組みを使って、「問いを精緻化し」、「WWW（世界の動作の仕方）」を明らかにすることによって、彼らの存在論的前提にまで遡れることができれば、他の方法論的立場とも比較可能になるのである。つまり、再びメタレベルでの科学論の枠組みが提供されたと言えるのである。

　マキ自身は、オーストリア学派を中心に分析を行っているが、本章で示されたように豊穣な成果が期待できるのであれば、他の学派も含め、さらに経済学の方法論的分析が進むことが望まれるだろう。そうすることで、無用な対立を避け、生産的な論争が可能になると思われる。

第2部　経済学方法論の自然科学的次元

第3章　宗教・哲学・経済学
――J・プリーストリーにおける自然哲学と道徳哲学――

松本　哲人

はじめに

　経済学の方法論と自然科学の方法論とはどのような関係にあるのか。この問題は、経済学方法論の歴史において、繰り返し問われてきたものであった。本章は、この問題を経済学の黎明期に遡って考察しようと試みるものである。18世紀に経済学が一つの学問領域として登場するとき、新興の分野であった経済学は、先行して発展していた自然科学との関係で、どのように考えられていたのか。本章は、こうした疑問に答えるために、18世紀後期イングランドにおいて活躍した科学者であるプリーストリーを取り上げ、その科学方法論を道徳哲学とりわけ経済学と関連させて論じ、経済学方法論の自然科学的次元を明らかにするための一歩にしたい。

　彼の自然哲学研究において明らかに見られるように、その背後にはキリスト教をいかに理解するのかといった神学的議論がある。彼は、その神学的議論を神の摂理による因果法則として捉え、哲学的必然論を主張するにいたった。そして、その哲学的必然論を基盤として自然哲学研究を開始し、そのような方法を道徳哲学のさまざまな分野に対しても適用しようとしたのであった。つまり、彼は経済学を考える際にも、神学的議論をその背景にもっていたということができる。これは宗教と科学の分離過程としてではなく、それらの融合問題として捉えることができるのである。

　18世紀後期イングランドの科学的知識の蓄積は、イングランドに世界最初

の産業革命を引き起こす契機となった。プリーストリーはその科学的知識を提供した科学者集団のなかで著名な人物として現在においても記憶されている。また、経済学の歴史において、スミスやJ. ステュアートによる経済学の学問的な自立は、19世紀のリカードウやマルサスに引き継がれたと論じられることが一般的である。だが、必ずしもそのように単純なものではなく、スミスやJ. ステュアートの経済学を当時のイングランド的な方法で理解しようとした人物としてプリーストリーは注目するに値する。そのイングランド的な方法とは、科学と宗教の調和を目指す考え方であった。神が世界を創造し、監督者としてその制度を統治するというデザイン論を自然世界だけに適用するのではなく、人間が織りなす社会にも適用しようとしたのであった[1]。神学者でもあり、酸素の発見者として知られる自然哲学者であったプリーストリーが、自然哲学的な方法を道徳哲学に適用しようとしたことは当然のことでもあった[2]。このように18世紀後期イングランドにおける宗教、科学、経済学の三者関係を理解するうえで極めて重要な示唆をプリーストリーは与えているのである。

　これまで先行研究において、プリーストリーの自然哲学と道徳哲学、とりわけ当時新興科学として理解されつつあった経済学の方法的類似性を結びつけて論じられることはなかった。これまでのプリーストリー研究の中心は哲学や神学であった。彼の膨大な著作のほとんどが神学や哲学であることを考慮すれば、その結果は当然であり、哲学と神学を結びつけて理解しようとすることは彼の思想体系を理解するうえで重要である。たとえば、杉山忠平（1974, 101）は「『必然論』とソシヌウス主義とそして『唯物論』、この三つをかれは……かれ自身の体系の中に確立した。そしてこの体系は以後かれの立場としてゆらぐことがなかった」と彼の哲学を解釈している。しかしながら、杉山はプリーストリーが確立したこれらの体系が道徳哲学、とりわけ経済学においてどのように生かされているかを論じていない。また、マケヴォイ（McEvoy 1978; 1979）は、プリーストリーの科学思想の背景には神学があると論じている。しかしながら、スコフィールドが出版した2巻本の伝記（Schofield 1997; 2004）においても彼の経済学や経済思想への言及がほとんどないことに鑑みれば、プリー

ストリーにおける経済認識ないし経済思想を理解することは、彼の自然哲学はもとより、彼の思想全体を知るためには重要なことである[3]。プリーストリーが経済学を科学の一分野として認識していたのであれば、彼の社会理論やその一部をなすであろう経済思想が彼の神学の影響下にあったと考える方がより自然である[4]。

本章ではこのような観点から、プリーストリーが自然哲学の方法を道徳哲学にいかに適用しようとしたのかについて考察する。まず、彼の宗教的立場を明らかにし、彼の宗教的信条が彼の哲学的必然論に立脚していること、およびそのような彼の宗教的信条を作り上げた推論方法ないし推論過程がある種のニュートン的方法にあったことを明らかにする（第1節）。次に、彼の自然哲学と道徳哲学における考えがどのようなものであり、とりわけ自然哲学の分野における体系化とその体系化された知識がどのように拡大するとプリーストリーが考えていたのかについて概観する（第2節）。そして、その自然哲学的な方法がどのように道徳哲学、とりわけ国制論と経済学に適用されたかについて、彼の奴隷制批判などを利用して考察する（第3節）。最後に本章の結論を提示する。

第1節　ユニテリアニズムと哲学的必然論

プリーストリーの宗教的立場は、ユニテリアニズムと呼ばれるものであり、当時としては異端的であった。その特徴は、キリスト教の徹底的な合理的解釈であり、それは1770年に出版した『キリスト教の真剣かつ率直な告白者たちへの訴え（*An Appeal to the Serious and Candid Professors of Christianity*）』においてまとめ上げられている。ユニテリアニズムは、プロテスタントの一派であり、三位一体の教義を認めず、神を唯一なりとし、キリストの神性を否定し、キリストを宗教的に偉大なメッセンジャーとしてみなす教義を信奉する。三位一体（Trinity）とは、創造主としての父なる神、贖罪者キリストとして世に現れた子なる神、信仰経験に顕示された神聖なる神の聖霊が唯一なる神の三つ

のペルソナであるという説を指す。ユニテリアニズムという名称は、この三位一体（トリニティ）説を拒否し、唯一体（ユニティ）説を信奉したことに由来している[5]。しかしながら、当時のイングランドは国教会制を採用していた。イングランド国教会は、1534年、イングランド国王ヘンリー8世のローマ教皇支配からの分離、独立によって成立した。イングランド国王はローマ教皇に集中するような権威や権限をもち合わせないが、イングランドの唯一の首長であり、宗教的最高権威者であった。イングランド国教会は、教義上の立場を39の信仰箇条として1563年に定義し、カトリックとプロテスタントの中道的立場をとった[6]。プリーストリーがこの39の信仰箇条の第1条に明示されている三位一体を否定したことが、彼が当時、異端派として認識された最大の要因であった。

　それでは、そのキリスト教の徹底的な合理的解釈はどのようになされたのか。それは、彼の哲学的必然論への傾倒によるところが大きい。哲学的必然論は近代的な概念であり、ホッブズによってまず基礎が築かれた。その特徴は、因果関係による決定を完全に神に跡づけるところにある[7]。プリーストリーの哲学的必然論は、直接的にはホッブズに由来しハートリーから引き出されている。プリーストリーはハートリーと同じように神を世界における唯一の行為者とみなした。何らかの行為を行うときに人間は最初の行為を行う力をもっていない。行為をするとすればその行為を行う動機が何らかの先行する事象によって起こされているのである。人間がまったく自由に神の自然法則から離れて行為することはありえない。ハートリーはあらゆる出来事は先行する出来事によってすべて決定されていると考え、すべての現象を機械的な法則によって説明することができると考えた。それはニュートンが地上の物理法則を理解するために適用したのと同じ方法であった（Allen 1999, 191; Harris 2005, 161-162 参照）。実際、ハートリーは以下のように説明している。

　　人間の行為のメカニズムは、機械的な原因から結果が生じるのと同じような方法かつ同じような確実性で、それぞれの行為が肉体と精神のそれ以前の状

況から生じることを意味している。　　　　　　　　　（Hartley 1775, 334）

　たとえば、ハートリーは観念連合論を必然的な法則とみなした。それは、どのように感覚印象が道徳原理になるのかというハートリーの精神作用理論であり、ハートリー自身は、その概念をロックに帰した。心地よい結合は観念を強化し、不快な結合は観念を拒絶する。観念や感覚は、もしそれらが同時か連続的に起これば結びつけられることができる。「私たちの感情と情動〔強力な感性と感情〕は、結合によって結びつけられた単純な観念の結合体にすぎない（Ibid., 202）」とハートリーは書いたし、先天的にではなく、状況によって形成される道徳感覚はそのような結合体から生じる。プリーストリーもまた、観念の結合は快苦の認識ないし感覚によって引き起こされると考えていた。「精神が快苦の感覚に作用するまで、すべての対象が精神に対して同じように関与することはない。快楽の認識と同時にしばしば生じる結果は私たちを気持ちよくさせ、苦痛の感覚と同時に生じる結果は、私たちを不快にさせる。このような結果を生じさせるために、あるものと好ましい感情や観念、別のものと好ましくない感情や観念の結合以外に必要なものは何もない（Priestley 1777b, 477）」。また、何らかの特定の経験と結びついた快楽ないし苦痛は「愛の対象」や「危害を与えるもの」といった観念の結合を生じさせるためには必要であると彼は考えていた[8]。ニュートンの引力の法則が物理世界を説明することを可能にしたように、ハートリーや彼を引き継いだプリーストリーの観念連合論は、道徳原理の起源と結合を説明することを可能にしたのであった。

　プリーストリーはハートリーの観念連合論の背後にある哲学的必然論から、因果関係こそが自然法則であると考えた。動機という原因がなければ、行為という結果はない。私たちの心の状態から生ずる何らかの動機なしに私たちが決断を下すことはできないので、その動機は「行為の原因と呼ばれるべきである（Ibid., 55）」と彼は論じる。杉山忠平（1974, 91-101）が適切に論じたように、神が人間を含むすべての自然を創造し、律するための法則を作り上げた以上、その自然法則と無関係に自然が何がしかの運動を開始することはできないはず

であり、そうであるならば、創造主としての神もまた物質と何ら無関係な存在ではないはずである。よって、キリストもまた物質的であり、霊的な存在ではありえない。プリーストリーはすべてを物質的要素に還元することで哲学的必然論の議論をより強固なものにするとともに、精神と肉体の二元論を前提とする三位一体論を破棄し、ユニテリアニズムの立場をとることが可能となった。

このようにユニテリアニズムを作り上げていくうえで、プリーストリーは必然論と物質（唯物）論（materialism）を混合させることが可能となった。それは物質論者ではなかったハートリーに対する批判へとつながった。プリーストリーはあらゆる因果関係を神の法則に還元するハートリーの考えを支持したが、彼の考えのすべてを受けいれたわけではなかった。ハートリーの二元論に対するプリーストリーの批判がそれであった。その理由をプリーストリーは次のように説明している。

> あれほど多くのものを物質に帰せしめ、人々の中にある非物質的なものにあれほどわずかしか帰せしめることのなかったハートリー博士でさえ、…魂と全肉体の中間項には何かがあると想定している。それを彼は、『ごくわずかの基本的な肉体』という名によって識別した。しかし、私のハートリー博士への賞賛は大きいけれども、彼の中にあるあらゆるものを私の中に導入しようとは決してしない。この事例において、彼の言葉は、私の精神に明白な考えをもたらさなかったし、私は、彼の『中間的な肉体』と非物質的な魂いずれも彼の体系にとって不必要なものだと考えている。彼の体系は、その他の点においては、全く申し分ないほど単純なのであるが。
>
> （Priestley 1777a, 279）

プリーストリーのハートリーへの批判は、それだけではなかった。ハートリーが仮説的に論じた振動理論がその対象であった。ハートリーの仮説は、「エーテル」と呼ばれた微小で弾力的な流体が空洞な神経を満たしており、その「エーテル」が脳へ光や音を振動として伝達するというものであった。この伝達が観

念の結合を助ける役割を担うのである。しかしながら、プリーストリーは「脳が神経流体のこの動きによって影響されているという方法に関して耐えられうる仮説が提示されていない（Priestley 1775, 175）」としてハートリーの振動理論を棄却し、彼自身が編集したハートリーの『人間論』において、その部分を削除し出版することにした。また、彼は、当時一般的に受け入れられていた「エーテル」仮説だけでなく、フランクリンによって考えられていた電気は流体であるという仮説をも棄却した。

　プリーストリーはこのように振動理論を利用せずとも、哲学的必然論における因果関係を考察することで観念連合論は十分に説明することができると考えた。たとえば、自然法則の因果関係を見ることで哲学的必然論は理解可能である。ハリス（Harris 2005, 169）が論じるように、以前と同じ状況であった場合、人間は同じ行為を行うということが真であれば、その人間の行為は自然の一般法則の支配下に入ることとなり、もしこれまでになされたことのない行為が、これまであった状況と並行して演じられるならば、そこには自然法則の妨害が存在することになるからである。プリーストリーはハートリーの仮説を棄却し、物質論を貫徹させることによって、より単純に因果関係を見ることが可能となり、哲学的必然論を強固にすることができるようになった[9]。

　事実、プリーストリーは仮説形成を重視しなかった。このような彼の態度はニュートンと似通っている。よく知られているように、ニュートンもまた、仮説を重要視しなかった。実際にニュートンは以下のように書いている。

　　私は仮説を作り上げない。というのも、現象から何も引き出されないあらゆるものは仮説と呼ばれることができるであろうし、形而上学であろうが物理学であろうが、超自然的な性質のものであろうが機械的な性質のものであろうが、仮説は経験哲学において立場を持ち合わせていない。この哲学において、特定の定理は、その現象から推論されるし、その後、帰納によって一般化されるのである。したがって、物体の貫通不可能性や流動性、衝撃力と動作の法則と重力の法則が発見された。そして、私たちに対して重力が実際に

存在し、私たちが説明した法則にしたがって動くということで十分なのである。　　　　　　　　　　　　　　　　　　　　　（Newton 1850, 506-507）

このようなニュートンの立場をプリーストリーはよりいっそう促進した。仮説からの推論ではなく、プリーストリーにとっても重要なのは観察や経験から引き出される推論であった。プリーストリーは書いている。

したがって以前の状況がまさに同じときに、私たちはその証明の過程を帰納と呼ぶのである。しかし、もしそれが正確に同じではなく、なんらかの特定の現象を生み出したように思われる状況とよく似ているだけならば、私たちはその議論を類推と呼ぶ。そして、それは以前の状況と似通う程度に応じて、高い説得力をもつのである。　　　　　　　　　　　　　（Priestley 1777a, 16）

このように彼にとって何らかの想定された原因である仮説から導き出される結果よりも、すでに目の前に現れている結果からその原因へと推論することが重要であった。そのような推論方法は、クレマスチとダスカルの共著論文（Cremaschi and Dascal 2002, 507-508）が指摘するように、ニュートン的推論方法を採用した結果であった。プリーストリーは『物質と精神に関する論考』において、ニュートンの推論規則のうち、とりわけ最初の二つの規則を引用し、論じる。よく知られているように、ニュートンの第一規則とは、「自然界の事物の原因として、真実でありかつそれらの〔発現する〕諸現象を説明するために十分であるより多くのものをみとめるべきではない[10]」、第二規則とは、「自然界の同種の結果は、できるかぎり同じ原因に帰着されねばならない」。ニュートンの推論規則の最初の二つの継承は、「18世紀以降のニュートン受容の仕方の一典型であった」という只腰親和（1995, 37）の指摘に照らせば、プリーストリーもその典型的な一人であったということができる。

しかしながら、ハリス（Harris 2005, 172-174）が指摘するように、プリーストリーはこのようなニュートンの推論規則を字義どおりにそのまま採用した

わけではなかった。プリーストリーは、その推論規則を以下のように論じている。

　アイザック・ニュートン卿によって定められたように、〔推論〕規則の第一は、私たちは外観を十分に説明するもの以外に事物の原因を認めるべきではない。そして、第二は、同様の結果に対し、私たちはできる限り同じ原因に帰着させなければならない。　　　　　　　　　　　　　（Priestley 1777a, 221）

　プリーストリーは、第一規則についてニュートンをそのまま引用しているわけではない。彼はニュートンが論じていた「真実であり」という部分を意図的に削除している。彼にとって、真実であるかどうか問う必要すらなかった。ある現象が真実であるかどうかを確認することは、原因の原因を推論することを意味し、神の存在そのものを疑うことを意味していたし、神の御業に対する冒涜であった。それゆえ、現象を説明するのに十分でありさえすれば、その現象の原因を特定し、神の御業を見ることが可能である。他方、真実であるかどうかを問うことは神の摂理を否定し、神の自然法則から離れて何らかの現象が生じることであると彼は考えた。言い換えれば、真実であるかどうかを問うことは、神の摂理の展示である因果性の秩序を否定することに繋がることとなる。したがって、ある現象を説明するときに、その原因を追究することでプリーストリーは満足したのであり、そうすることによって彼は哲学的必然論を因果関係論として捉えることができたのであった。

　本節の議論をまとめよう。仮説はある原因を人為的に創設し、何らかの結果を引き出すために存在するのであり、プリーストリーにとっては結果からある現象が十分に説明されれば推論として正しいことになる。それゆえ、仮説は推論過程において必要ないものであった。ニュートンが「私は仮説を作り上げない」と論じたときの一つの意味は、重力の原因についての仮説を作らないということである。つまり、重力の原因→重力の作用→物体の運動という因果関係のなかで、重力の原因は問わないということを意味する。重力は、離れた対象が作用するという遠隔作用なので、そのような遠隔作用がなぜ存在するのか、

ということについて仮説を立てることは可能である。たとえば、エーテル的媒質の目に見えない渦動によって作用が及ぶとする仮説などが提案された。しかし、物体の運動から推論されるのは、その原因としての重力だけであり、原因の原因を推論することはできない。プリーストリーの推論規則の第一が意味するのは、「外観〔物体の運動〕を十分に説明するもの〔重力〕以外に事物の原因を認めるべきではない」ということであり、重力の原因を問うべきではないということである。重力によって物体の運動が説明でき、そうした因果性の秩序——哲学的必然論——があるということだけで、神の摂理や神の存在を証明するのに十分であるとプリーストリーは考えていたのであった。

このように、プリーストリーはニュートンからの影響を強く受けていたが、プリーストリーはより神の摂理にもとづいた哲学的必然論の議論に対してニュートンやハートリー以上に力点をおくことができた[11]。このような神学にもとづいた哲学的必然論を前提とした推論方法を、自然哲学だけでなく、道徳哲学に対してもプリーストリーは利用したのであった。

第2節 二つの哲学体系と知識の拡大

本章の目的はプリーストリーの哲学的必然論が彼の哲学全般を支える方法であったことを明らかにすることであるが、プリーストリーは哲学全般をどのような視点で見ていたのか。プリーストリーは明示的に、自然哲学と道徳哲学を区別し、前者を自然世界のメカニズムを、後者を人間および人間が構成する社会の構造に関するメカニズムを明らかにするものであると論じている。

> 自然哲学とは外的世界についての知識を意味するが、道徳哲学とは私たち自身の精神構造およびその様々な状態や作用についての知識を意味する。後者に関しては、まだほとんど知られていないと認められなければならないものの、私たちはいくばくかの知識を獲得し始めている。特に、ホッブズ氏、ロック氏、なかんずくハートリー氏の考察からである。人間本性に関するこうし

た知識は、政治的知識と呼ばれるあらゆるもの、もしくは、社会の中で互いに結合している限りでの人間の関心や行動についての知識と呼ばれるあらゆるものに対しての、しかるべき基礎をなすべきものなのである。

（Priestley 1788b, 19-20）

彼自身、明示的には論じていないが、この区別は現代的な意味において、自然科学と人文・社会科学の分類に相当し、当時の多くの哲学者がそうしていたように、プリーストリーは哲学と科学という用語を同義として利用していた。

このような区別をしながらも、自然哲学と道徳哲学の方法的類似性を指摘し、それらの哲学の目的は神の御業 works を明らかにすることであると論じる。つまり、自然哲学と道徳哲学の「両方の方法は、彼〔神〕がそれらについて私たちに残している様々な足跡によって、神の完全性と摂理を同様に描き出す試み（Priestley 1803, 423）」なのである。

このようにプリーストリーにとって哲学は、宗教—とりわけキリスト教—と密接な関係をもっていた。「神の御業ないし行為のあらゆる部分の考察」を通して、「私たちの知的作用」が「適切かつもっとも高貴に利用」されるのであり、神の御業そのものや神の御業を摂理として私たちに示している自然法則を人々が理解しようとする行為そのものが信仰の表れであり、理解された自然法則を適切に利用することが可能となる（*Ibid.*）。言い換えれば、哲学ないし科学は、その自然法則を理解するための営為であり、それを理解することができる人間のみが可能な営みなのである。プリーストリーはまた、「世界が統治者すなわち監督者を持っていることは、世界が創造者を持っていたことのまさに証拠である（*Ibid.*, 44）」と神の摂理が神による創出であると考えていた。その神によって創造され、統治されている自然の御業には「完全な調和と均一性があり…デザイン全体の完全な均一性があるに違いない（Priestley [1772-1774] 1782, 16)」と論じる。プリーストリーはとりわけ自然哲学がいかに体系化されるかを次のように論じる。

第2部 経済学方法論の自然科学的次元

自然の力を人工的に組み合わせることによって自然に改良を加えることが可能となるため、自然の法則を理解しておかなければならない。そして、実際にそれらの法則の結果として生じるものに対する注意深い観察によって初めて、それらを理解することができるのである。これらの観察を煎じ詰めたものが、自然哲学の体系を形成しているのである。　　　（Priestley 1762, 197）

　その自然法則の理解の結果得られる知識の体系化によって、人々は自然を支配することができるようになる。哲学ないし科学の進展は、その自然法則がもたらすさまざまな現象に関する知識の増加を引き出す。知識は、生活の便利さをもたらし、人間の能力そのものの向上やさらなる生活水準の向上をもたらし、最終的に人類の進歩の原動力となる[12]。プリーストリーはフランシス・ベーコンを引き合いに出し、次のように述べる。

　知識は、ベーコン卿が述べるように、力であるので、人間の能力は、実際に、〔その力を用いることによって〕大きくなるであろう。物質であれ法則であれ自然を、今以上に、私たちの指揮下に置くことができるであろう。〔そして、〕人は、現世での自分たちの状況をより容易かつ快適にするであろう。
（Priestley [1768] 1771, 9）

彼は哲学ないし科学の進展により人間が自然を理解し、支配し、管理することが可能となり、このような状況が際限なく続くと楽観的に考えていた。それゆえに、知識が無限に増え、神が創造した自然のすべてを人々が適切に理解し、あらゆる自然を支配することができたとき、楽園状態が到達すると信じていたのであった。プリーストリーはこの楽園状態を次の有名な一節において論じる。

　この世界の始まりがどのようなものであろうとも、その終局は、私たちの想像力が今、思いつくことができるもの以上に輝かしく、楽園的であろう。
（*Ibid.,* 9）

プリーストリーは知識を楽園状態に至るための手段として認識していたのであった。

このようにプリーストリーは自然哲学の体系化について論じているが、自然哲学と道徳哲学に方法的差異を認めなかったように道徳哲学も同様に体系化することが可能であると考えていたに違いない。そのような彼の確信は、彼の神に対する信頼が前提となっていた。彼が論じるように、さまざまな自然の御業が神によって均一的に創造されているならば、ある事象が生じたときに、条件が同じであれば、同じ結果が必ず得られることになる。それでは道徳哲学の体系化はいかにして可能となるのか。節を変えて考察しよう。

第3節　道徳哲学と哲学的必然論——国制論と経済論に着目して

先に見たように、自然哲学において結果から原因を推論することで、神の御業である何らかの一般規則を得ることが可能であると考えたプリーストリーは、自然哲学だけでなく道徳哲学にも同様の方法を適用した。言い換えれば、自然哲学において、ある現象の結果から経験と観察によってその原因を引き出すのと同じように、道徳哲学においても同様の方法によって推論すれば、人事に関する神の御業を明らかにすることができると彼は考えたのであった。

しかしながら、道徳哲学が自然哲学と決定的に異なるのは、自然哲学ほど道徳哲学は経験や観察が容易ではなく、実生活における経験を「非常にゆっくり（Priestley 1803, 29）」としか獲得することができない。それゆえ、プリーストリーは自然哲学における経験や観察にあたるものとして、歴史を道徳哲学に利用することが有益であると考えた。フィクションの歴史とは異なる「真の歴史」は神の行為を展示しており、「空気ポンプによってなされる実験に似ている。復水機関と電気機械は自然の作用と自然という神そのものを示しており、神の仕掛けは人間の精神にとってもっとも高貴な沈思の対象であり、もっとも広範囲かつ有用な理論の基礎であり資料である（Ibid., 28）」と彼は論じた[13]。そして、そのときには、結果として生じる出来事そのものに着目するのではな

く、その原因を考察し、なぜその出来事が、つまり結果が起こったのかを考察する必要があると彼は考えていたのであった。

> もし私たちが哲学者と同じように歴史を読むならば、私たちは人事の大きな変更すべてにおける原因と結果の関係に原理的に関心を払わなければならない。私たちは単に〔過去に起こった〕出来事を知ることだけに満足するべきではなく、〔その出来事を〕生み出し促進するのに貢献した、あるいは早めたり遅らせたりするのに貢献した事物の状態におけるすべての状況を跡付けるようにしなければならない。それによって私たちは未来の政治状態に関する判断をよりよく形成することができるようになるだろうし、より大きな英知と成功のより理性にかなった見込みをもって措置を講じることが可能となるのである。　　　　　　　　　　　　　　　　　　　　　　　　(*Ibid.*, 203)

このように歴史は過去の出来事の因果関係を考察することにその主な目的がある。その歴史を学ぶことで人々の知性や判断力が向上し、生活のなかで歴史上起こったことと同じような状況に出くわしたとき、よりよい判断を下すことが可能となる。それゆえ、「歴史は…予見された経験 anticipated experience と呼ばれるであろう (*Ibid.*, 29)」とプリーストリーは論じる。同じ状況でかつ同じ原因であれば同じ結果が生じるという必然的な因果関係は神の御業であり、神が展示している摂理に従ってその出来事は生じるとプリーストリーは考えたからこそ、歴史研究が道徳哲学を進展させるのに役立つと彼は考えたのであった。

たとえば、国制論において、彼は封建制を批判する。政府そのものについてプリーストリーは「神の摂理の手中にあり、完成へ向かっての人類のこの進歩の手中にある偉大な手段が社会であり、結果としての政府である (Priestley [1768] 1771, 8)」と論じ、政府の存在そのものが神の摂理によって導かれるものであると考えていた[14]。プリーストリーは完成へといたる途上にいる不完全な人間が完全にさまざまな問題を解決することができないと考えていたの

であった⁽¹⁵⁾。

　それゆえ、人々の完成をもたらすための手段として政府は機能しなければならないが、封建制は人々の安全を脅かし、自由を制限し、科学や商業の発展を阻害する結果、人々に完成をもたらすことはできないため自由な国制を人々は求めるようになるのである。それは「事物の自然的なりゆき」と彼は論じる。

> 封建制に関して何よりも注目すべきことは、〔封建制が〕社会のもっとも価値ある目的を確保するのに非常にまずく策定された政府形態であり、安全と自由に完全に矛盾した国制であり、そして商業と科学にまったく友好的でないことであって、いくつかの例においては、事物の自然的なりゆきによって、人々が最大の安全をすべての望ましい自由とともに享受する——技芸、製造業、商業、科学の拡大を通じて人々の才能に最大の余地が与えられる——政府に帰結すべきであった。　　　　　　　　　　（Priestley 1803, 285）

しかしながら、ヨーロッパにおいて封建制はドイツやポーランドにおいて残存していた。自由な国制であるほうが、国家に繁栄がもたらされるとプリーストリーは考えていた。封建制は自由な国制へと「帰結するべきであった」と彼は書いているが、「事物の自然的なりゆき」によって封建制は最終的に消滅し、自由な国制へと転換させられると確信していたに違いない。その確信は神に対する信頼とそこから引き出される彼の哲学的必然論に由来している。つまり、状況が同じであれば「事物の自然的なりゆき」は常に同じ結果をもたらすことになると彼が考えていたからであった。

　先の引用の封建制は「安全と自由に完全に矛盾した国制であり、そして商業と科学にまったく友好的でない」とプリーストリーが論じた部分に着目しよう。彼は人々が幸福となるための手段として、自由な経済取引が必要であり、そのためには世界が平和でなければならないと論じた。それは「事物の自然的なりゆき」であり、それによって人々の幸福は達成させられるのである。プリーストリーは次のように書いている。

> ひとつの大きな共同体としてのすべての国民の幸福は、…すべての国民の貿易の嫉妬を放棄し、お互いの国が、もっとも利益をもたらすことのできる生産物や製造業を育てることによってもっとも促進されるだろう。そして、経験は、完全な自由の状態において、そうなることをすぐに彼らに教えるだろう。この事物の状態においては、利点は、勤勉と創造力の側にのみあるであろうし、どの人もどの国民も、それがどこか別のところにあることを望むべきではない。
>
> 事物のこの自然的なりゆきにおいて、人類の結びつきが好都合であるとわかった結果、〔その結びつきは〕非常に増加させられるだろうから、お互いが平和である状態に共通の利益を、敵意を持っている状態に共通の損失を見出すであろう。
> 　　　　　　　　　　　　　　　　　　　　　　　　　　　(*Ibid.,* 325)

プリーストリーによれば、人々の幸福は神が「私たちを幸福にするために作った」ためであり、彼の幸福概念もまた神学的意味を持っていた。

> 神の善性は、全般的なものであり、偏見のないものであり、その結果、彼は個人のあらゆる幸福よりも全体の幸福を好むに違いないので、他人の幸福を犠牲にして、私たちが自分たちの利益を考慮に入れるべきであるということが彼の喜びであるはずがない。それゆえ、バラバラの個人としてではなく、社会の構成員として自分たちを考えれば、私たちが考慮しなければならない他の目的は、全体としての、私たちの同胞および人類の繁栄である。
> 　　　　　　　　　　　　　　　(Priestley [1772-1774] 1782, 26-27)

それゆえ、カノヴァン（Canovan 1984, 441-442）が適切にまとめているように、プリーストリーは全宇宙が慈悲深い摂理によって管理された調和のとれた構造物、言い換えれば神により作り上げられた必然的な道徳的秩序が存在する構造物であると認識していた。国民全体の幸福は神によって祝福されるものであり、そのために個々人だけでなく、世界全体が繁栄することもまた神によっ

て祝福されることなのであった。すなわち、この世界は神による必然的な法則によって支配されている世界とみなしていたし、これらの法則は、慈悲深い神により、すべての被造物の幸福を促進するために創出されたものであった。したがって、プリーストリーが「事物の自然的なりゆき」と論じた背景には明らかに神学的な要素が存在しており、封建制批判もそのような視点から理解されなければならない。

　また、プリーストリーが、「経験」によって国民の幸福がこのような方法で「促進される」と論じていることも、これまで論じてきたような彼の哲学的必然論が前面に出ている証左である。言い換えれば、他者や他国と関係をもちながら経済活動を営むことでこそ幸福は最終的に達成することが可能であると彼は考えていたのであった。とりわけ貿易の嫉妬に関して、「まるである人の利得が必然的に他者の損失である」と考えるような「国民の嫉妬」と同じように「他国の犠牲のもとである国家を裕福にする」という考えは、「決して真実ではない」と彼は考えた。そうではなくて、「実際には、…あらゆる公正な売買は、その当事者両方に利益の出る取引であり、結果的に、すべての国民は、彼らの商業取引によって利益を得る」からである（Priestley 1803, 325）。公正でない取引であるならば、それは損失を被った人々が、余分に利得を得ている人々に対して嫉妬や敵意を抱くこととなる。彼は日本の鎖国に言及し、日本が中国とオランダに貿易を限定し、イエズス会に対して反感を抱いていること、また、中国とオランダが日本との貿易から非常に大きな利益を得ていると指摘している（*Ibid.,* 1803, 323）。

　また、個々人の経済活動に関しては、彼の『統治論』から一貫している視点である。彼は、自然状態では、個人の注意の対象が分散し、すべての人々が同じように働くこととなる。それゆえ、技術進歩や改良が「非常にゆっくりであり、不確実である」。他方、政府が存在する社会状態について、彼は以下のように論じる。

　より完全な社会状態では、人間の注意の対象の適切な分配と分割の余地があ

る。そのような状態では、人々はお互いに結びつき、従属しあうことになる。その結果、ある人は自分自身を単一の対象に限定する一方、別の人は他の対象に同じように専念するであろう。　　　　　　　　　　（Priestley 1774, 9）

このように彼は、個人レベルでの対象に対する専念を国単位の議論にそのまま援用していた。個々人がお互いに積極的に「従属しあう」、現代的な意味で積極的な用語を用いるとすれば補完しあうことによって、「敵意」ではなく友好的な関係を築くことが重要であり、またそうするために、神の摂理の手段としての政府を人々は創出するのであるから、このような互恵的な制度は政府を創出したときから神の御業のなかに存在するものなのである。

　先の引用でプリーストリーは「人間の注意の対象の適切な分配と分割の余地がある」と論じていたが、経済的な側面における分業がこのような点にあたるとみなし、分業によって製造業はより発展することが可能であると考えた。事実、「技芸の改良された状態の大きな利点は分業から生じる（Priestley 1803, 305）」とプリーストリーは論じている。プリーストリーは「科学（science）」＝「理論（theory）」と「技芸（art）」＝「実践（practice）」を明確に区分し、前者を基礎として、後者に応用していくことを考えた。プリーストリーにおける分業は、先の引用でも明らかなように、工場内分業に留まるものではなく、社会的分業をも含む概念である。また、「科学」を用いた広範な「技芸」に対して当てはまるものである。たとえば、「数学的知識は労働を節約する機関（engine）の製造に非常に有益である（*Ibid.*, 311）」とプリーストリーが論じたとき、「数学的知識」が科学に、「労働を節約する機関の製造」が「技芸」に該当する。「数学的知識」をもっている人物は、「それ〔分業〕によって彼の注意を1つに限定し、より大きな完成やすさまじい迅速さでそれ〔その機関の製造〕を行う（*Ibid.*, 306）」ことが可能となる。当然、「数学的知識」は「労働を節約する機関の製造」以外にもさまざまなことに適用することができるので、「数学的知識」の進展は、より大きな分業を引き起こすことを可能とするのである。基礎部分をなす「科学」の進展が、分業を通して「技芸」を改良し、

第3章 宗教・哲学・経済学

結果的に生産力をより増幅させることができると彼は考えていた[16]。

　分業が生産力の向上を引き起こすという結論部分において、プリーストリーとスミスの類似性を見ることができる。しかしながら、プリーストリーの論理は必ずしもスミスと同じではなかった。プリーストリーは知識の増加が、分業や分業による生産性の向上に先行すると考えていた。プリーストリーにとって知識の増加が社会の進歩を引き起こすのと同じように、富の向上を引き起こすと考えていたのであった。したがって、「神の摂理の手中にあり、完成へ向かっての人類のこの進歩の手中にある偉大な手段」である政府は、個々人を結びつけ、分業を促進するために機能することが求められた。

　このようにプリーストリーは自然哲学の方法を使って道徳哲学に関する事項を明らかにしようとした。それはニュートン的方法をプリーストリーが単純化し、実験と観察にもとづく因果関係の推論から引き出される哲学的必然論によって、自然だけでなく社会において神の御業を明らかにする試みであったということができる。人々の幸福という最終的な結果をもたらすための手段としてどのような原因を見出すことができるのかを彼は考えた。政府の存在は人々の関係を容易に密にする。しかしながら、政府が人事に過剰に介入する封建制は「事物の自然的なりゆき」に反する。それゆえ、政府は、「事物の自然的なりゆき」にかなうように運営されなければならない。富裕は最終的に、生活を快適かつ便利にし、人々の幸福を達成するための手段となる。富裕になる方法を経済学は提供することができるとプリーストリーは考えたのであった。

　このようなプリーストリーの国制論と経済論は、彼の奴隷貿易を含む奴隷制に関する議論においてもみることができる[17]。彼は、奴隷制に明確に反対したうえで、その批判を人道的見解と経済的見解に分け、人道的見解が経済的見解に優先すると論じている。人道的見解とは、奴隷の境遇は非常に残酷なので、彼らは解放されるべきであるという議論であり、他方、経済的観点とは、奴隷は費用が嵩むため彼らを自由人とし、労働者として雇用するほうが結果的に費用が安く済むという経済的合理性の観点からの議論である。彼が人道的観点を経済的観点よりも優先すると考えたのはなぜであったのか。

第 2 部　経済学方法論の自然科学的次元

　先に見たように、神は被造物である人が幸福となることができるように創造したのであるから、どのような人であったとしても、肌の色や信仰する宗教を理由に支配・被支配関係を形成するべきではないし、ある人物が別の人物を支配することは対等な関係ではない。それゆえ、人々は対等に扱われるべきであるとプリーストリーは考えた。「神の摂理の賢明さと正しさ（Priestley 1788a, 364）」に従えば、「すべての悪を最終的に根絶することが摂理の目指すもの」であり、奴隷制は悪であるから摂理によって、言い換えれば神によって創造された秩序によって廃止に導かれることになる。その観点から見れば、奴隷制は封建制に対する批判と同様、「事物の自然的なりゆき」に反している。奴隷制や封建制といった支配―被支配関係が生じた段階で、人々の安全等は危険に晒されることとなる。封建制が歴史上、残念な結果を生み出してきたし、これからもそうであるように奴隷制もまた残念な結果を産み出すこととなるとプリーストリーは考えたに違いない。つまり哲学的必然論にもとづいて彼の奴隷制の人道的見解は導かれていた。

　他方、プリーストリーは奴隷を本国に戻し、彼らと取引をするほうが結果的に消費者は安くさまざまな商品を手にすることができるという可能性まで論じ、国際分業にまで視野を広げている。なぜなら先に見たように、貿易の嫉妬を彼が考慮していたからであり国際分業による互恵的な自由貿易こそが、あらゆる取引参加国の国富を増加させることができると考えていたからであった。だから、「この国〔イングランド〕の製造業者たちは、全体的にシステムの変更から非常に大きな利益を見出すだろうし、彼らのだれもが敗者とはならないであろう（*Ibid.*, 382）」と結論づけることができた。しかしながら、その前提には個人が奴隷から解放され自由な労働者となる必要がある。それゆえプリーストリーは経済的観点よりも人道的観点を優先させたのであった。

　このように彼の奴隷制批判の論理はまさに神学に支えられた必然論――哲学的必然論――を基礎に歴史的な考察と新たに興りつつあった経済学の論理を組み合わせたものであったということができる。それゆえに、従来の神学上の枠組みからなされる批判だけでなく、歴史上の出来事から確認することのでき

る哲学的必然論を、経済上の因果関係を考察するための方法とすることで、その批判をより強固なものとすることができると彼は考えていたのであった。

　結　論

　プリーストリーは少数の周知の原理によって現象全般を因果的に結合することに成功したニュートン体系を学問の理想と考えた。しかしながら、彼はニュートンの推論規則をより単純化し、哲学的必然論を採用した。その背後には神の摂理にもとづく哲学的必然論の存在があった。神の摂理は神の御業として展示されている。彼にとって、哲学とはその御業を発見することであり、それを因果関係によって説明することで神ないし神の摂理の存在を証明しようとしたのであった。自然哲学と道徳哲学の方法的差異が生じないのはこのためであったし、哲学を支える宗教があったからこそ、プリーストリーは一貫した論理を構成することが可能となったのである。

　その哲学を彼は便宜的に分類した。自然哲学は自然のなかに示されている神の御業を明らかにすることが主目的であった一方、道徳哲学は人間ないし人間が織りなす社会における神の御業を明らかにすることが主目的であった。本章ではとりわけ後者に着目し、その具体的な考察を国制論、経済論、奴隷反対論に見た。これらはすべてある人物が他の人物を拘束することから生じる不便が自由をもたらすことで生活を改善することができるという観点から総じて論じられている。神の摂理が示す「事物の自然的なりゆき」に従えば、拘束から自由へと社会や人間関係はより良い方向に変化していくであろうし、神の祝福を受けるであろう社会において、幸福の総量は増加するとプリーストリーは考えていたのであった。

　注

（1）　ウォーターマン（Waterman 1991）やクレマスチ（Cremaschi 2014）のように、宗教と経済学の関係は、マルサスを起点とする「キリスト教経済学 Christian Political Economy」として論じられることが通常であり、反フランス革命とイングランドのアン

第 2 部　経済学方法論の自然科学的次元

シャンレジーム体制（国家と教会の一致）を支持する人々に焦点が当てられている。言い換えれば、経済学とイングランド国教会ならびに教会を基礎とするイングランド国家との関係にその考察対象を限定している。だが、18 世紀後期イングランドにおいて科学の進展を支えた多くの人々は、イングランド国教徒ではなく非国教徒であった。ウォーターマンやクレマスチらが国教会の支持者たちを主要な研究対象としていたのに対して、本研究は国教会に反対した人々を主要な研究対象としており、宗教と経済学の関係をより広い視野から捉え直す端緒となりうるはずである。また、経済学と自然神学に着目し、マルサスの前史としてスミスを読み込む研究としてオスリントン（Oslington 2017）が本章執筆過程において出版されたが、彼の研究もまた 18 世紀後期イングランド非国教徒に対して関心を示しているとは言い難い。

(2)　ブルック（Brooke 1991, 180 / 訳 198-200）はその点を啓蒙という観点から明らかにしている。「啓蒙時代の特徴を科学的唯物論と宗教的価値観の対立図式とする構図は、あまり上手な素描ではないのである。フランスで真実らしかったことが必ずしもブリテンには当てはまらない」。

(3)　プリーストリーは経済学を Political Economy と表記している。以下で見るように彼は政府に関連する事柄として広義の政治学を定義づけ、その系として経済学と狭義の政治学を位置づけた。

(4)　また、エシェット（Eshet 2001, 132）は、これまでのプリーストリー研究において、哲学を中心にプリーストリーを理解しようとしたスコフィールドの一連の研究を批判し、プリーストリーを理解するためには、彼の時代に生じた政治的背景や、その背景から生じた政治学にも焦点を当てる必要があると論じている。本章は、エシェットの問題意識を受け継ぎ、政体論や正義論、権利論といった狭義の政治学だけではなく、経済学の観点からプリーストリーの思想をひも解くための論考と位置づけることができる。また、エシェットは、マケヴォイの研究を「広範な背景にプリーストリーを位置づけようとしたもっとも首尾一貫した試みである（Ibid., 130）」と高く評価しているが、エシェットが評価したマケヴォイ（McEvoy 1978; 1979）はプリーストリーの経済学に関する考察はいっさい行っていない。本章は、その間隙を埋めるための研究ともいうことができる。

(5)　プリーストリーの宗教観については杉山忠平（1974, 73-82）参照。

(6)　キリスト教の宗派の相違については、八木谷涼子（2001）が詳細かつ平易に論じている。また、イングランド国教会の史実を忠実に探った（とくに後期ステュアート朝期の宗教政策を考察した）著作として青柳かおり（2008）がある。

(7)　プリーストリーは直接的にホッブズの著作からその原理を学んだわけではなく、アンソニー・コリンズを経由し、ハートリーからその原理を学んだ（Dybikowski 2008, 91-92 参照）。

(8)　プリーストリーは別の著作で次のような例を与えている。一度火傷した犬は火を避け

る、もしくは、ある子供がその手をキャンドルのフレームの痛みから——それが快楽と結びついたものに達しない以外——引くといったものである（Priestley 1774, 19）。
(9)　プリーストリーはヒュームの因果論を名指しで批判している。プリーストリーの理解したヒュームの因果論は、原因から結果を考察することで神の摂理がなくとも因果関係を成立させることができるので、プリーストリーからすれば無神論的なものであった。プリーストリー自身は、結果から原因を考察することによって発見できる「知的な原因」を神に帰させることによって、神の存在や神の摂理を説明することができるというヒュームと真逆の因果論理解を示していた（Priestley [1772-1774] 1782, 3）。「ヒューム氏は、私たちの推論のまさに基礎を結果から原因へとひっくり返すことで、私たちが自分たちの周りで見たものから知的な創造主を確信をもって推論することができないのである（*Ibid.*, 87）」。プリーストリーのヒューム理解が正しいかどうかをここで論じることは難しい問題であり、別途論じられる必要があるのであろう。
(10)　傍点強調は松本による。
(11)　このようなプリーストリーの態度から、クレマスチとダスカルの共著論文（Cremaschi and Dascal 2002）はプリーストリーの科学論の根底には一種のベーコン的ニュートン主義 Baconian Newtonianism があると結論づけている。また、プリーストリーにとって、次節で見るように、思索と仮説は事実上同義をなすものであった（McEvoy 1983, 65 参照）。他方、ニュートンとプリーストリーの宗教的相違に関しては判然としない。プリーストリーはニュートンをユニタリアンとみなし、宗教的立場の同一性を強調しているが（Priestley [1780]1787, 315 参照）、実際にニュートンの立場がユニタリアンであったかどうか判然としない。
(12)　プリーストリーは以下のように論じている。「神の力、英知、善性が生み出したものについての思索に費やされた生涯は、信仰心の生涯であろう。私たちは、世界の素晴らしい構造や自然法則を目にすればするほど、すべての知覚力ある創造物を幸福にするためにそれら構造や法則を申し分なく利用する方法を、さらに明確に理解するのである」（Priestley 1767, 351）。
(13)　プリーストリーは当時まだ実用化されていなかった機械の電化に期待していたことがこの一節から窺い知れる。電気に対するプリーストリーの期待と電気学におけるその実際の展開についてはクラウザー（Crowther 1962, 訳 186-194）において簡潔に論じられている。
(14)　永井義雄（2000、145）はプリーストリーの神学から引き出される哲学的必然論や観念連合論が『統治論』に「顔を出さない」ので、「彼の神学は社会理論を制約しない」と論じている。たしかにプリーストリーは『統治論』において明示的に彼の神学的立場や意見を表明していない。だが、それはあくまでも表面的なことにすぎない。彼の推論方法は、哲学的必然論に依拠しており、推論方法そのものが神学的側面を基盤として用い

られている。また、彼の国制論における封建制批判に見られるように、彼にとって人々が幸福になる政府が良い政府なのであって、幸福という概念そのものが神学的に引き出されているものであった。このような観点から見たときに、プリーストリーが社会理論を論じるときにその背景に直接的に論じられることがなかったとしても神学が明らかに存在している。また、プリーストリーは『統治論』初版において哲学的必然論を想起させる文章を書いていたが、2版に改訂するときにその部分を削除している。そのために、神学的議論が前面に出ていないように見えたのかもしれない。『統治論』の改訂問題については、他日を期したいが、「彼の神学は社会理論を制約しない」という永井の主張は、プリーストリーによる改訂がもたらした誤解であったのかもしれない。

(15) 神の摂理の存在が政府を必要としなくなることを示唆したスミスとプリーストリーの政府の存在そのものが神の摂理によって導かれるものであるとの考えは、彼らの政府観における決定的に異なる点であるが、詳細な考察については今後の課題とする。

(16) 先に見たように、彼による哲学の自然哲学と道徳哲学への明確な分離は、彼自身が明確に論じていたことではないが、彼の分業への考えが背景にあったからであろう。研究者がそれぞれの分野に特化することで——つまり、分業することで——知識の拡大スピードがいっそう促進され、楽園状態により早く達することが可能になるであろうと彼が考えていてもそれは不思議なことではないように思われる。

(17) 本章は松本哲人（2014）においてその詳細を論じたが、その段階では、プリーストリーの方法論と奴隷制の議論を結びつけるところまでいたらなかった。

参考文献

（洋書）

Allen, R. C. 1995. *David Hartley on Human Nature*, Albany: State University of New York Press.

Brooke, J. H. 1991. *Science and Religion: Some Historical Perspectives*, Cambridge: Cambridge University Press. 田中靖夫訳『科学と宗教―合理的自然観のパラドクス』工作舎、2005 年。

Canovan, M. 1984. The Un-Benthamite Utilitarianism of Joseph Priestley, *Journal of the History of Ideas* 45（3）: 435-450.

Cremaschi, S. 2014. *Utilitarianism and Malthus' Virtue Ethics: Respectable, Virtuous and Happy*, Abingdon: Routledge.

Cremaschi, S. and M. Dascal. 2002. The Unitarian Connection and Ricardo's Scientific Style, *History of Political Economy* 34（2）: 505-508.

Crowther, J. G. 1962. *Scientists of the Industrial Revolution*. 鎮目恭夫訳『産業革命期の科学者たち』岩波書店、1964 年。

Dybikowski, J. 2008. Joseph Priestley, Metaphysician and Philosopher of Religion. In Rivers, I. and D. L. Wykes, eds. *Joseph Priestley, Scientist, Philosopher, and Theologian,* Oxford and New York: Oxford University Press.

Eshet, D. 2001. Rereading Priestley: Science at the Intersection of Theology and Politics. *History of Science* 19: 127-159.

Harris, J. A. 2005. *Of Liberty and Necessity: The Free Will Debate in Eighteenth-Century British Philosophy,* Oxford: Clarendon Press.

Hartley, D. 1775. *Hartley's Theory of the Human Mind,* Joseph Priestley ed. London: J. Johnson.

McEvoy, J. G. 1978. Joseph Priestley, "aerial Philosopher": metaphysics and methodology in Priestley's chemical thought, from 1762 to 1781, Part1-3, *Ambix* 25: 1-55, 93-116, 153-75.

——. 1979. Joseph Priestley, "aerial Philosopher": metaphysics and methodology in Priestley's chemical thought, from 1762 to 1781, Part4, *Ambix* 26: 16-38.

——. 1983. Enlightenment and Dissent in Science: Joseph Priestley and the Limits of Theoretical Reasoning, *Enlightenment and Dissent* (2): 47-67.

Newton, I.; Chittenden, N. W. 1850. *Newton's Principia: The Mathematical Principles of Natural Philosophy,* New York: G. P. Putnam.

Oslington, P. 2017. *Political Economy as Natural Theology: Smith, Malthus and their followers,* Abingdon: Routledge.

Priestley, J. 1762. A course of Lectures on the Theory of Language, In ed. with notes by Rutt. J. T, Bristol, *Theological and Miscellaneous Works of Joseph Priestley,* 1999, Vol. 23.

——. 1767. 'Preface to "The History and Present State of Electricity, with Original Experiments",' In *Ibid.*, Vol. 25.

——. [1768] 1771. An Essay on the First Principles of Government, In *Ibid.,* Vol. 22.

——. [1772-1774] 1782. Institutes of Natural and Revealed Religion, In *Ibid.,* Vol. 2.

——. 1775. Introductory Essays to Hartley's Theory of the human Mind, In *Ibid.,* Vol. 3.

——. 1774. An examination of Dr. Reid's Inquiry into the human mind on the principles of common sense: Dr. Beattie's Essay on the nature and immutability of truth, and Dr. Oswald's Appeal to common sense in behalf of religion, In *Ibid.,* Vol. 3.

——. 1777a. Disquisitions Relating to Matter and Spirit, In *Ibid.,* Vol. 3.

——. 1777b. The Doctrine of Philosophical Necessity Illustrated, In *Ibid.,* Vol. 3.

——. [1780] 1787. A Free Address to Those who have Petitioned for the Repeal of the Late Act of Parliament in Favour of the Roman Catholics, In *Ibid.,* Vol. 22.

——. 1788a. A Sermon on the Subject of the Slave Trade, In *Ibid.,* Vol. 15.

――. 1788b. Miscellaneous Observations Relating to Education, In *Ibid.*, Vol. 25.
――. 1803. Lectures on History, and General Policy, In *Ibid.*, Vol. 24.
Schofield, R. E. 1997. *The Enlightenment of Joseph Priestley: A Study of His Life and Work from 1733 to 1773*, Pennsylvania: The Pennsylvania State University Press.
――. 2004. *The Enlightened Joseph Priestley: A Study of His Life and Work from 1773 to 1804*, Pennsylvania: The Pennsylvania State University Press.
Waterman, A. M. C. 1991. *Revolution, Economics and Religion: Christian Political Economy, 1798-1833*, Cambridge: Cambridge University Press.

（和書）
青柳かおり（2008）『イングランド国教会』彩流社。
杉山忠平（1974）『理性と革命の時代に生きて―J・プリーストリ伝』岩波新書。
只腰親和（1995）『「天文学史」とアダム・スミスの道徳哲学』多賀出版。
永井義雄（2000）『自由と調和を求めて―ベンサム時代の政治・経済思想』ミネルヴァ書房。
松本哲人（2014）「ジョセフ・プリーストリと後期イングランド啓蒙」田中秀夫編『野蛮と啓蒙―経済思想史からの接近』所収、京都大学学術出版会。
八木谷涼子（2001）『知って役立つキリスト教大研究』新潮 OH! 文庫。

第3章　宗教・哲学・経済学
へのコメント

松井名津

　「宗教・哲学・経済学」と題された本章は、18世紀後半のプリーストリーを取り上げながら、特定の世界観からなる方法論が神学・自然科学・社会科学に通底していることを論証しているものである。プリーストリーとってこの世界観とは「ユニテリアニズム」すなわちキリスト教の徹底的合理的解釈と哲学的必然論であり、信仰とは創造主である神のデザインを知性によって理解することであった。こうした世界観を基礎としてプリーストリーは自然科学及び社会科学に共通する方法論として、ニュートン的方法を採用した。ニュートンの運動法則と同じく、人間に関する哲学（道徳哲学・社会科学）にも神の定めた不変の法則があり、人間の行為はその因果法則の結果として生じるのである。が、彼が重要視したのは観察や経験から引き出される推論であり、原因から結果を導くことよりも、結果から原因を推論することに重きを置いていたと論じられている。

　自然科学だけでなく、社会科学特に経済学的議論においても、プリーストリーは神の御技を明らかにする知性の発展・増加を求める。知性は神が創造した法則を明らかにし、技芸を発展させ、国を豊かに、人々を幸福に導く。それゆえ知性の自由な発展を妨げるような国制、例えば封建制は神の定めた「事物の自然なりゆき」に反している。また嫉妬や敵意を生むような制度は、人々が他者の営みを前提として、自分固有の領域に専念することで開かれる豊かな世界を妨げる制度である。それは神の意図である人類の繁栄や幸福に反する制度である。それゆえプリーストリーは宗教に対する「知的で自由な討議」の必要性と「市場での自由な活動」の必要性をアナロジーとして論じ得たのである。

　以上のように本稿は、プリーストリーの議論が彼の知性的世界観に基づいていたことを明らかにしたと考える。そしてその議論は徹底的ともいえる合理主義に基づいていた。そしてその合理主義は彼の後も経済学を支える主柱となって行ったといえよう。その一方でプリーストリーと同世代のエドマンド・バークのprescription論や、次世代に属するマルサスの『人口論』初版にみられる「神の試練の場」としての現実社会には、プリーストリーが全体とした知性的世界観・知性的信仰とは異なる世界観に基づいていると考える。だとすれば、現代経済学もまた特定の世界観を前提として成立していると考えられるのではないか。科学方法論を検討する際に、方法論を支える世界観あるいはパラダイムをも検討するべきであることを、本稿は示唆していると考える。

第4章　数理経済学者たちの数学導入に対する認識
――ジェヴォンズ主義、マーシャル主義とエッジワース――

上宮　智之

はじめに

『ガリヴァー旅行記』（*Gulliver's Travels* 1726）の主人公ガリヴァーは、数学という表現方法に固執するラピュータの人々を滑稽であると笑った（Swift [1726] 1958, 128 ／訳 255）。彼は現代の経済学徒に同様の感想を抱くかもしれない。というのも今日の経済学は、「社会科学のなかでは他に例を見ないほど数学に汚染（？）された学問」（中山 1995, 57）だからである。定評ある経済数学テキストの著者、サイモンとブルームによれば、「数学は『経済学の言語』となっていった。今日、経済学者たちは数学を……あらゆる段階の研究にとってすこぶる有益な道具とみなしている」（Simon and Blume 1994, 3）。このように、経済学は自然科学と同様に数学を用いている。

また別の定評あるテキストの著者、チャン（Chiang 1967, 3-4 ／訳 5）は、経済学に数学を用いる利点として、⑴ 数式による簡潔かつ正確な表現、⑵ 数学定理の自由な使用、⑶ 予期せざる仮定の無意識的な使用の回避、⑷ より一般的な事例への拡張という四点を挙げ、これらは、強調点などは異なっても、ヘンダーソンとクォント（Henderson and Quandt 1958, 4-5 ／訳 5-7）やサイモンとブルーム（Simon and Blume 1994, 3-4）、神谷・浦井（2006, 4-11）などの著作においてもおおよそ認められている。しかし、その欠点――数理経済学者と非数理経済学者との対話不成立、数学利用が可能な問題のみへの研究の限定や縮小――をも同時に挙げているのはチャン（Chiang 1967, 4 ／訳 5）のみである[1]。

数学を用いるとしても、その長所のみを強調するのは公平性を欠いた一種の盲目的崇拝ではないか。実際、その意義にいっさい触れずに、経済学を学ぶからには数学との付き合いは避けられない、と述べるテキストまで存在する[(2)]。このような印象をもつのは筆者のみではない。たとえば、統計学者の竹内啓も、経済学を含む社会科学全体において、数学利用の意義や有用性、限界について顧みられることが減った、と述べている（竹内 2013, i）。

しかし、経済学への数学導入の試みは、その端緒から順調に受け入れられてきたわけではない。フィッシャーによれば、幾多の失敗を経て、経済学における「数学的方法は事実上 1871 年にジェヴォンズによってはじめられ」(Fisher [1892] 1965, 109／訳 136)、数理経済学の文献はこれ以降に増えた。また、その数理経済学に熱心なエッジワースとマーシャルが各々オックスフォードとケンブリッジの経済学教授職を占めた 19 世紀後半に、ようやく数学的方法はその地位を固めるにいたったのである（*Ibid.*, 109／訳 137）。

それゆえ、この時代に経済学への数学導入を図った者にとっては現代のテキストの説明は驚きかもしれない。彼らはみずからの試みの根拠や意義、使用方法について説明しなければならなかったうえ、その説明が必ずしも一致したわけでもなく、さらにはその欠点をも自覚的に認めなければなかったからである。

本章は、現代の極限定理やゲーム理論にも通じる数学的・理論的貢献を残したエッジワースの見解を、同じく経済学への数学導入を先導したジェヴォンズやマーシャルのそれと比較し、その異同について考察する。エッジワースは、代表作『数理精神科学』(*Mathematical Psychics*, 1881) の冒頭にて、経済学を含む道徳科学全体への数学的方法導入を推奨した。その内容は、「あらゆる経済文献のなかで数学適用にたいするエッジワースの情熱的答弁に匹敵する弁明をしたものはおそらく他に存在しない」(Creedy [1986] 1992, 51) とも評される。ジェヴォンズやマーシャルからも「まさに非凡な書物」(Jevons 1881, 581) や「天才の明らかな到来」(Marshall [1881] 1975, 265) と讃えられ、エッジワースは第一級の数学的方法唱導者の地位を確立していった。このことは、のちに彼がパルグレイヴ編『経済学辞典』(*Dictionary of Political*

Economy, 1894-9)に「経済学における数学的方法」(Mathematical Method in Political Economy, 1896) という記事を寄稿していることからも明らかであろう。しかも、この記事は現在の『新パルグレイヴ経済学辞典』第2版 (*The New Palgrave Dictionary of Economics,* 2008) にまで引き継がれている (Edgeworth 2008)。現代においてもこのように評価されるエッジワースの見解には、現代の経済学と数学との関係、つまり、経済学の自然科学的次元を内省する鍵が隠されているに違いない。

　このエッジワースについて、ホイティカーは、数理経済学を推奨したとはいえ、その使用に慎重さをみせたマーシャルに比して、「ジェヴォンズとエッジワースのふたりは、抽象的論理という世界のなかに悠々と住まわった」(Whitaker 1975, 5) という。クリーディーも、「エッジワースの数学は相当な速さで展開され、迷子になる危険性のある人々に道順を示すために減速することは滅多になかった」(Creedy [1986] 1992, 14) と述べている。さらに、ワイントロープも、「エッジワースにとって、経済学という科学への数学的推論の適用は……数理物理学を模倣すること」(Weintraub 2002, 30) であり、『数理精神科学』における議論を1889年のイギリス科学振興協会F部会（経済科学・統計学）会長講演でも繰り返した、と評した。これに対して、シェイバスは、エッジワースがこのF部会会長講演のなかで、「数学は経済学の発展にとって絶対的に本質的なものではなく、単に価値ある道具である」と考えるようになり、この点では「マーシャル主義であった」と指摘している (Schabas 1990, 125-6)。本章では、これらの評価の妥当性についても検討する。

　このため、次節において、まずジェヴォンズとマーシャルの数学導入構想について整理する。第3節おいて、初期の著作にみられるエッジワースの数学導入についての認識を、第4節において、これに対するジェヴォンズやマーシャルの反応を考察する。第5節においては1890年代前後における講演や著作、書評からエッジワースの認識異同について検討し、最終節に当たる「結語にかえて」においてこれらを総括する。

第1節　ジェヴォンズとマーシャルの数学導入構想

本節前半においてはジェヴォンズ、後半においてはマーシャルの経済学への数学導入に対する認識を明らかにするため、彼らの主要な著作を中心に、その言説を概観する。

1.　「数量で作られた世界の的確な表現」としての数学

ジェヴォンズは、周知のとおり、『経済学の理論』（*The Theory of Political Economy*, 1871）において、経済学を「快楽および苦痛の微積分学」と位置付け、その量的性質がゆえに、経済学への数学導入を宣言した（Jevons *TPE*, vi／訳 xii）。もっとも、彼は 1858 年頃にはすでに経済学を「数学の一種」と考えており、「数学の経済学との関係は、力学、天文学、光学、音響学、熱学やあらゆる他の分野、つまり多かれ少なかれ物理諸科学と純粋数学との関係に類似している」（Black 1973-81, vol. 2, 321）と表明していたほどである。

ジェヴォンズによれば、科学は同一性の発見から発生し、従来異なる分野と考えられていたものの間に思わぬ類推を発見することで急速に発展した。化学や力学、天文学などはその好例であった（Jevons *PS*, vol.2, 284-97）。そして、精神・社会現象の研究においても、「推論のそのもののなかに見出すことのできる思考や行為のある一様性を誰も否定できない」（*PS*, vol.2, 457）ため、彼は類推が科学全般に適用可能であるとみなした。

それゆえ、数理科学の先行者たる物理学が量的科学へとその歩を進めたのであれば、「あらゆる科学も、発達するにつれて、次第により一層量的科学となっていくことはほとんど疑いの余地がない」（*PS*, vol.1, 317）。このような主張は、ジェヴォンズがニュートン力学を高く評価し、この世界——自然現象や精神・社会現象——のすべてを要素還元的に一つの量によって把握できると考えていたことにもとづく（井上 1987, 143: Schabas 1990, 85-6）。彼は、将来的には、脳のメカニズムの解明によって、何らかの物質量の計測——たとえ

第 4 章　数理経済学者たちの数学導入に対する認識

ば、窒素やリンなど——によって人間の思考を把握できるようになり、物質と精神とを一つの法則に統合することすら期待した（*PS*, vol.2, 427-8）。

　上述のような認識に基づけば、他の科学同様に量的科学と考えられる経済学においても、数学による推論は当然のこととなる（*TPE*, 5 / 訳 4）。実際、効用概念や交換理論を数学的に分析・表現しようとしたジェヴォンズの眼前に現れたのも、経済学と静力学との類似、交換理論とテコの均衡法則との類似であり（*TPE*, vii / 訳 xii）、彼の科学観に沿うものであった。それゆえ、彼は力学がエネルギー概念のうえに成立するのと同じく、経済学で扱う富や価値の性質が快楽や苦痛の概念のもとに成立し、前者で用いられる数学、とりわけ代数学や幾何学、微積分学の経済学への導入を図ったのである。

　さらに、ジェヴォンズは、世界が諸量によって構成されており、その法則は数学的であるため、把握された諸概念や諸関係の表現方法として、本質的には言語とかわらない数式や記号の使用が不可避であるとの理解を示した。これは、たとえ卓越した才能の持ち主であっても、複雑な概念や関係を言葉でうまく表現することが難しく、むしろ数式のほうが正確であるという彼の考えによる。それゆえ、数学者や自然科学者たちが数式や記号を放棄し、通常の言葉で記述する試みを彼はまったく評価しなかった（*TPE*, 4-5 / 訳 3-4）。経済学においても、数式を積極的に用いたクルノーの『富の理論の数学的原理にかんする研究』（*Recherches sur les Principes Mathématiques de la Théorie des Richesses,* 1838）は賞賛したものの、この著作が注目を集めなかったために記号を使わず発表した『富の理論の原理』（*Principes de la Théorie des Richesses,* 1863）に対しては厳しい評価を与えた（*TPE*, lii / 訳 xxix）。

　ジェヴォンズがこのように経済学における数学導入を唱導した 1870 年代は、経済学の非数学性を指摘した統計学者ゴールトンがイギリス科学振興協会 F 部会の廃止論を唱えたと同時に、経済学への数学導入を他の経済学者たちから反対された板挟みの時代でもあった。数学導入反対論は、ジェヴォンズがみずからの経済学の基礎に据えた快楽や苦痛を具体的数値で表現できないことを問題視した。たとえば、『サタデー・レビュー』（*The Saturday Review*）誌は、「数

113

学的方法を導入するには、何らかの方法を用いて快楽の数的表現が可能でなければならない」(Saturday Review [1871] 2002, 195) と批判した。ケアンズは、人間本性から導出される経済学の前提は自然科学における諸力のように測定ができないため、数学的に表現することはできない、と主張した (Cairnes [1875] 2004, 109-10)。イングラムも、限界効用を測定する手段がないためにジェヴォンズの試みが成功するとは思えない、と断じた (Ingram [1888] 1893, 233-4)。

　数学導入は数字的測定が可能なもののみに限られるというこれらの批判は、ジェヴォンズにとっては大きな誤解であった。彼によれば、大小関係やおおまかに比率を把握できる場合には量的性質をともない、数学の使用を許すからであった (PS, vol.1, 317)。

　さらに、惑星や恒星の位置を測定できるという点で天文学は精密な科学であるが、それはあくまで近似的な方法に頼り、仮説をも含んでいる。そもそも、自然科学は精密なデータを完全に得てから発展したわけではなく、それ以前に数学理論を有した (TPE, 5-6 / 訳 4-5)。この数学理論を構築することこそが『経済学の理論』の目的であり[3]、これに数字的データがともなうようになったとき、精密科学としての経済学が完成するとジェヴォンズは期待したのである。

2.「世界をより理解するための道具」としての数学

　マーシャルも経済学への数学導入をその研究の出発点とした。クラークに宛てた 1900 年 7 月 2 日付の書簡がそれを物語っている。彼はクラークに、1860 年代にミルの経済学を微分方程式で表現しようとし、それが不可能なミルの学説については拒絶した、と書き送った (Whitaker 1996, vol.2, 282)。

　このクラークへの告白にあるように、マーシャルは経済学における数学導入を承認した。彼は『経済学原理』(Principles of Economics, 1890) 執筆準備にあたり、「経済学のいくつかの部門ではいまや数学を避けて通れない」(Ibid., vol.1, 237) ことを認めている。また、その『経済学原理』では、自然科学の問題を数学的方法で取り扱う経験が経済的変化の相互作用の把握に役立つこと、

第4章　数理経済学者たちの数学導入に対する認識

数学の使用によって迅速かつ簡潔、そして正確に書きくだすことができ、結論に対して十分な前提があるかの確認にも利用できること、さらにそれによって前提条件の確認を経済学者たちが慎重に行うようになったことを数学使用の長所として強調した（Marshall 1961, vol.1, x／訳① 7; 84／訳① 121; 781／訳① 314）。ただし、それは無制限のものではない。

マーシャルは、ジェヴォンズとは対照的に、経済学と力学との類推には消極的であった——むしろ、より複雑な生物学的類推を目指した。これは、経済学が考慮すべき諸要因が力学のそれよりも多様で不正確にしか把握できないと考えたからであった（Ibid., 772／訳① 297）。彼によれば、そもそも比較対象の力学にしても、実験室での出来事に対してのみ「演繹的な推論の長い連鎖」を適用できるのである。諸要因の多様さとそれを把握することの不正確さをともなう経済学において、長い推論の適用は不可能であり、部分的な短い推論のみが許される（Ibid., 771／訳① 296）。それゆえ、彼はあらゆる経済的事実をあらわすような複雑な数学的定式化の実現が疑わしいことを認め（Ibid., 84／訳① 122）、ジェヴォンズが夢想したような精密な数学的方法の達成を目指すことは「時間の無駄である」（Whitaker 1996, vol.2, 306）との認識も示した。

マーシャルもクルノーを高く評価した。それは経済学における多数の要素が相互決定関係にあり、一本の連続した関係として理解できないことをクルノーが示したとの理由からであった（Marshall 1961, vol.1, ix-x／訳① 6）。他方、ジェヴォンズは数学使用に熱心なあまりに経済学の諸作用を一本の長い列のように描こうとしたとして、クルノーや同様の理由で賞賛したチューネンよりも一段低い地位に位置づけられた（Marshall [1872] 1966, 99／訳 77）。

数学によって世界を表現できると考えたジェヴォンズとは対照的に、マーシャルが数学を部分的にでもよりよく世界を理解する道具と数学をみなしていたことは明らかであろう。

上述したように、マーシャルは数学が簡潔さや正確さをもち合わせていることを認めたものの、記号や数式をそのまま経済学の表記方法とすることは否定した。それは、記号や数式がその「筆者を除いてすべての読者にとってきわめ

て退屈なもの」(Marshall 1961, vol.1, x-xi／訳① 7)であり、「経済学の理論は一般大衆に理解できる言葉で表現しなければならない」(*Ibid.*, 51／訳① 71)ためである。彼にとって、代数学よりもむしろ、特別な知識を必要とせず容易かつ正確に理解ができる図形、すなわち幾何学の使用が経済学には好ましかった。また、やむを得ず記号や図形を用いる場合には、『経済学原理』の構成にみられるように、それらを付録のなかに収めたのである。

　このようなマーシャルの立場は、他の証拠や証言からも明白である。彼は、ジェヴォンズの『経済学の理論』に対して、「この本が数学を省き、図形を残せば、もっと良いものになるだろう」(Marshall [1872] 1966, 99／訳 169)と評した。経済問題に数学を適用した推論や結論はほぼ例外なく通常の言葉で述べることができ、図形も数学的表現とおなじくらい簡潔かつ明快に表現可能であることをマーシャルはその理由に挙げている。彼は弟子のボーリーにも、「経済学の仮説を扱う有用な数学の定理が有用な経済学となることはまったくありそうもない」、「数学言語での説明と同じように短く言葉で説明できる場合には、人びとが数学を使わずにすむようにできるだけのことをすべきだ」と書き送っている(Whitaker 1996, vol.3, 130)。マーシャルが図形を用いて講義したというメイナード・ケインズの証言は、彼の姿勢が揺るぎないものであったことを示している(Keynes [1933] 1972, 188／訳 251; 192fn／訳 256)。

　さらに付け加えておくべきは、数式によって経済学を綴ることをマーシャルが忌避したのは、必ずしも読者の理解のためだけではなく、現実との対応の検証という観点もあったということである。彼は上述のボーリー宛の書簡において、みずからの数学利用が次の六段階の方法にもとづくことを告白している。ここに経済学への数学導入を認めつつも、その実際の利用には相当に慎重な彼の姿勢が読み取れるであろう。

(1) 研究の動力としてではなく、むしろ省略表現として数学を用いる。(2) これを自分が解き終わるまで保管する。(3) これを言葉に翻訳する。(4) 実際の生活における重要な事例によってこれを説明する。(5) 数学を取り

払う。(6) うまく第4段階をおこなえない場合、第3段階を焼却する。この最後のことは、よくあることです。　　　　　(Whitaker 1996, vol.3, 130)

3.「ジェヴォンズ主義」と「マーシャル主義」

これまで概観してきたように、ジェヴォンズ、マーシャルはともに経済学における数学導入を肯定した。しかし、両者の見解はその細部において大きく異なる。

ジェヴォンズは、諸現象が数量的に理解できるとの考えから経済学への数学導入を試みた。他方、マーシャルは、経済学が把握しようとする現象において諸要因の作用は複雑であるため、これを部分的にでも理解する道具として用いるために数学を推奨した。

さらにこの両者は経済学をいかにして綴るかについても意見を違える。ジェヴォンズは数量的関係の表現に正確さを期すため、経済学においても数式による記述が不可避であると主張したが、マーシャルは読者の理解のみならず、現実世界との対応確認という意味でも、数式を図形や通常の言葉に置き換えることを推奨した。

同時代にはローザンヌのワルラスも経済学への数学導入を試みた。彼の場合、経済学を純粋経済学と応用経済学とに分けて考え、絶対的自由競争を仮定したもとでの交換理論を扱う前者は数学の一分野、あるいは物理数学的科学（sciences physico-mathématiques）に類似した科学であるとみなした。そのため、純粋経済学ではより正確な表現のために数学的用語を使用すべき、とも主張した（Walras [1874-77] 1926, xi / 訳 x; 29-30）。ただし、彼はジェヴォンズとは違い、経済学が最終的に精密科学となるかどうかには関心がなかった（*Ibid.*, xx / 訳 xix）。実際にはその数学導入の想定範囲が自分よりも限定的であったにもかかわらず、ジェヴォンズは、自分たちの理論が類似していることを認めると同時に、この経済学の数学理論についての優先権を主張するほどに、ワルラスの見解を評価した（Black 1973-81, vol.4, 40）。他方、マーシャルは、ワルラスに純粋経済理論について研究するように勧められた経験がある

が、純粋経済学、あるいは数学の一分野には関心がなく、むしろ高度な分析を用いずに諸事実を説明することに関心があるために、これを拒絶したという（Whitaker 1996, vol.2, 256）。ワルラスに対する態度にもジェヴォンズとマーシャルの立場の違いは如実に現れている。

このように、経済学への数学導入に関する両者の認識は大きな隔たりが存在する。ここではそれぞれを「ジェヴォンズ主義」、「マーシャル主義」と位置づけ、次節以降において、エッジワースの経済学への数学導入の立場がいずれに近いものであったかを考察する。

第２節　エッジワースの初期二著作にみられる数学導入

本節においては、エッジワースが 1877 年から 1881 年にかけて公刊した 2 冊の著作の検討を通じて、経済学研究に着手しはじめた前後における彼の世界理解とそれにともなう数学導入に対する認識を明らかにする。

1. 倫理学における数学導入とその意義

エッジワースは、1887 年に、第一著作『倫理学の新方法と旧方法、あるいは「物理倫理学」と「倫理学の諸方法」』（*New and Old Methods of Ethics, or 'Physical Ethics' and 'Methods of Ethics'*, 1877）を出版した。経済学研究を開始する契機となったジェヴォンズとの交流開始（1879 年秋）以前に出版された同書は経済学的著作ではないが、経済学者による最初期の使用とされるラグランジュ未定乗数法を含むことからも（Creedy 1980, 371）、彼の科学方法論を探るうえで検討に値するであろう。

同書の副題にある『物理倫理学』と『倫理学の諸方法』は、バラットが 1869 年に、そしてシジウィックが 1874 年に出版した倫理学書の表題をそれぞれ指す。当時、この両者は倫理学の方法や人間の実践理性をめぐる論争の最中にあった。この論争への論評こそ同書の目的であり、「功利主義に数学的方法を応用しようとしたもの」（Keynes [1933] 1972, 257 / 訳 370）であった[4]。

第 4 章　数理経済学者たちの数学導入に対する認識

　バラットは、空気の振動という物理的基準によって音の異同を判断する音響学のように、倫理学も客観的基準に依拠すべきであると主張した。このため、倫理学における快楽や苦痛は感覚組織への物理的刺激であり、これらの刺激は究極的には化学法則や電気法則へと還元できるとの理解を彼は示した（Barratt [1869] 1991, 290）[5]。これに対して、シジウィックは、倫理学に物理的方法は存在しえず、「倫理学の結論は倫理学的前提から出発することでのみ論理的に到達できる」（Sidgwick 1877, 412）と反論した。

　エッジワースは、生理学の将来的な発展を条件に、バラットの方法にも可能性を認めた。たとえば、会話をつかさどる脳の部位の欠損が知的後退につながるとの研究があるように、「義務」をつかさどる物質的条件を確かめられるようになるかもしれない（Edgeworth 1877, 16）。実際に行為者の脳をその場で解剖することはできないが、比較解剖学では知性や意志作用と脳の大きさとを関連づける研究もなされている（Ibid., 21）。白色光が小さな穴を通るとスクリーンに明確な順序で色を映し出すように、心理学法則も物理法則や精神物理法則の奥底に隠された基礎を有することがありうる。少なくともドイツの精神物理学においてはフェヒナーが物理的刺激から人間の感覚量を演繹している（Ibid., 19）。このような事情に鑑みると、「音響学が音楽を少しも貶めないように、物理学も道徳を貶めない」（Ibid., 22）のである。それゆえ、彼は、物理的方法が倫理学研究の未知なる部分を明らかにする潜在力を認めたが、それが必ずしも十分可能な段階にないことも承知していた（Ibid., 22）。

　このため、エッジワースは、「人間の感覚量は物理的刺激量の対数に比例する」という心理法則を定式化した「フェヒナー法則」（Fechnerian Law）に注目した。この法則は、刺激量を y、丁度可知差異を k、刺激閾を β、人間の感覚量を γ とした場合、$\gamma = k(\log y \text{-} \log \beta)$ とあらわすことができる[6]。なお、フェヒナーは k や β を定数として処理したが、のちにヘルムホルツやデルブーフらが、個人差に注目し、これらを変化しうる係数へと修正した。

　聴覚に伝わる空気の振動が音の印象と結びつくように、異なる現象に関する法則から中間命題を数学によって演繹できる、つまり、数学が異分野間の橋渡し

119

第2部　経済学方法論の自然科学的次元

を可能にすると考えたエッジワースは、「フェヒナー法則」に類似した法則によって快楽の把握、そして所与の刺激から生じる快楽の最大化条件の演繹が可能になると主張した（Ibid., 18-9）。これは物理的条件を獲得する前に概念（理論）を示すことになるが、ニュートンやベーコンもそれらを手にする前に音や熱についての明確な概念を有していたとの事実を強調することでエッジワースはこの方法を肯定した（Ibid., 21）――これはまさに前節で取り上げたジェヴォンズの自然科学の発展についての説明と同じである。

エッジワースが実際に提示した「疑似フェヒナー法則」（quasi-Fechnerian Law）は、所与の快楽から快楽最大を生じるための諸条件を演繹するもので、快楽需要能力を k'、快楽刺激を y'、快楽刺激の刺激閾を β'、快楽刺激に対する感覚量を π とした場合、$\pi = k' \mid f(y') - f(\beta') \mid$ で表現される（Ibid., 42）。この式は、y' についての一階微分が正、二階微分が負という性質をもつ。なお、快楽の受容能力や刺激閾にも個人差があると考えられるため、「疑似フェヒナー法則」においても、k' や β' は変化しうる係数として処理された[7]。このような式のもとでは快楽の「質」の違いが問題となりうるが、この問題について、エッジワースは、桁が異なるほどの大きな快楽量の差が「質」の違いにみえるだけで、同一単位による計測は可能であるとの理解を示した（Ibid., 26）。すなわち、質の問題も結局は量の問題へと還元できると表明したのである。

この「疑似フェヒナー法則」を前提に、エッジワースは功利主義的分配問題を検証した。より詳しくは、(1) 所与のすべての個人の間で分配する場合、(2) 必ずしも所与の個人全員の間に分配しなくてもよい場合、という二つの事例に関して、快楽最大を得るために一定量の刺激をどう分配するかを彼は演繹的に導出しようとしたのである。

ラグランジュ未定乗数法はまさにこの検証のために用いられた[8]。エッジワースは k'、および β' の両係数が諸個人間で等しい場合にのみ「平等分配」がふさわしく、そうでない場合には「より大きな快楽受容能力をもつ者により多くの快楽をもたらす手段を分け与えるべき」（Ibid., 47）ことを導き出した。平等分配は快楽最大の特殊解であるため、彼は「最大多数の最大幸福」の標語

のもとに「すべての人を同じと数える」ベンサム主義とは異なる「精密功利主義」（exact utilitarianism）を確認するにいたったのである。

　この「精密功利主義」は「財産と労働の分配による快楽最大問題」というより経済学的なテーマのもとに発表した1879年の論文「快楽主義的計算法」（Hedonical Calculus）においても取り扱われ、この論文はのちに「功利主義的計算法」（Utilitarian Calculus）と題を変えて『数理精神科学』第二部のなかに再録された。

　これまで考察したように、脳内物質と感情との関係を将来的に把握できる可能性を期待し、ジェヴォンズとは独立的に世界を数学へ還元できると捉えたエッジワースは、「フェヒナー法則」からの類推によって倫理学に数学を導入した。この数学導入は、エッジワースみずから行ったように普遍原理や特殊例の確認を可能とするため、彼は、「倫理学における数学的推論は無駄ではない」（*Ibid.,* iv）と主張した。しかし、『倫理学の新方法と旧方法』を献呈したうちのひとり、物理学者ストークスから、「倫理学という分野のなかで数学に出会うことは奇妙に思えます」（*NUEP* D2 /7）との書簡が届いたように、エッジワースの考えはそのモデルであるはずの物理学者にすら疑問視された。

　やがてジェヴォンズとの出会いによって「疑似フェヒナー法則」が限界効用理論と類似することを理解し、経済学にもその視野を広げたエッジワースは、『数理精神科学』において再び数学的方法の意義を説くこととなる。

2.「幾何学を知らざるもの」批判：『数理精神科学』における数学導入

　『数理精神科学』は、「道徳科学への数学適用にかんする一試論」（*An Essay on the Application of Mathematics to the Moral Sciences*）という副題を冠した書物である。この書物には経済学的な貢献も含まれるが、同書本来の目的は、バラットとシジウィックとの論争を底流として、人間の行動原理が利己主義と功利主義との間の混合であることの証明——これは純粋に利己的な取引契約の仲裁原理が功利主義であることから証明される——、さらに功利主義におけるベンサム主義が普遍的原理ではないと証明することにあった。これらの証明が

複雑であるがゆえに数学の助力を必要とするとエッジワースは考え[9]、「道徳科学への数学適用」について弁明せねばならなかった。これは、道徳科学と数理科学との間の類似性を指摘することによってなされた。

エッジワースによれば、たとえ数字的データがなくとも、量的関係さえ把握できれば、数学的推論は可能である。たとえば、a>b, b>c ならば a>c という三段論法、あるいは、x の増加に対する P の逓減的増加をあらわす式、

$$\frac{dP}{dx} > 0 \text{ かつ}, \frac{d_2P}{dx^2} < 0$$

からもこれは確認できる。このため、数字的に把握できない現象には数学的原理が適用できないとの考えは、「数学の限界にかんする通俗的な考え」なのである（Edgeworth MP, 2; 84-5）。

この量的データにもとづく数学的推論は、流体力学や電気額などの最大・最小問題に用いられているが、経済学は個人の、政治学や倫理学は社会全体の効用（快楽）最大化を研究対象とするため、エッジワースによれば、道徳科学も数学を用いるべきなのである（MP, 7）[10]。最大・最小問題は「ある量の増減率の減少」（MP, 6）に注目し、これに関する正負符号で判断できるが、経済学における収穫逓減法則、限界効用逓減法則、疲労逓増法則の本質もこの問題の範疇にある。

上述のように「快楽最大化」が道徳科学の研究対象である一方、「エネルギー最大化」は数理物理学の研究対象である。この両科学における「快楽」と「エネルギー」が果たす役割は同じといえる（MP, 9; 11）。あるメカニズムの作用量を力学法則で一つの関係性へと結びつけ、多くの未知を一つの未知に、そして一つの未知を既知へとつなぐ――つまり、長い推論の連鎖が可能である――エネルギーの蓄積概念は快楽の蓄積概念に類似する。その理由こそ明らかにしていないものの、類推を科学の方法として浸透した有力なものとみなすエッジワースは、「社会力学」（Mécanique Sociale）と「天体力学」（Mécanique Celeste）とが「最大原理」を共通項とする同一科学と考えられるようになることすら期待した（MP, 11-12）。彼は、最終的には、人間を快楽というエネ

ルギーで動く「快楽機械」とみなすことができるため、道徳科学にも数学的推論が可能と結論づけた（MP, 15）。

このように数学導入を数理物理学との類推の観点から推奨したエッジワースは、道徳科学における記号使用の意義についても次のように説明した。

第一に、エッジワースによれば、数学における記号は抽象的真実へと近づくための簡潔な言葉である（MP, 86）。もっとも、「社会科学における数学的推論の唱導者は、物理科学におけるのと同様、社会科学における数学的推論が記号をはずすことを拒もうとは〔せず〕」（MP, 3）、通常の言葉でも表現できることをエッジワースも認めたが、簡潔さ、適切さにおいて劣り、実用性にも欠ける。また、この数学的表現を通常の言葉に置き換えて安全に論理説明できるかは数学で判断せざるをえないと強調し、エッジワースはジェヴォンズと同様の見解を示したのである（MP, 3; 86）。

第二に、非記号的推論は演繹的推論の利点を見失いやすいとエッジワースはいう（MP, 3）。たとえば、数学を用いる者は条件が与えられていないことに気づき、必要条件や十分条件を確認し修正できるが、そうでない者はこれに気づかず、修正できない。このように数学を用いずに誤りを犯す人々を彼は「幾何学を知らざる者」（ἀγεωμέτρητός, MP, 83）と呼んだ[11]。また、結論を数学的に証明できない者は、みずからの考えの骨子をあまり理解しておらず、少しでも条件が変わった場合に対応できなくなる（MP, 3）。遠回しな表現ながら、彼は数学の使用が、仮定の無意識的使用の回避、一般事例への拡張を可能にすると指摘したのである[12]。

エッジワースは実際に『数理精神科学』付録Ⅵ「幾何学を知らざる者の誤謬」において、数学を用いないために間違いをおかした学者たちを名指しで批判した。ここでは、功利主義を数学的に理解できなかったために結論を誤ったと評されたベンサム、シジウィック、ミルを取り上げよう。

ベンサムやベンサム主義者たちは「最大多数の最大幸福」をその標語とし、暗黙的に人々の快楽受容能力を等しく考え、平等分配を最大幸福の条件とした。しかし、エッジワースが確認したように、快楽受容能力に差異があれば、その

分配物の大部分が快楽受容能力の高い人々に渡ることによって最大幸福が達成される。つまり、ベンサムたちは最大幸福の必要条件をしっかりと把握していなかったのである（MP, 117-8）。

シジウィックは、快楽受容能力の差異を考慮し、各人の分配物ではなく、幸福が平等となる分配を推奨した。しかし、実際に差異を認める場合、より快楽受容能力の高い者に優先的に分配することになるため、分配物の不平等分配とそれにもとづく幸福の不平等によって最大幸福を実現できる。このシジウィックの誤解は彼に数学的思索がなかったためとエッジワースは断じた（MP, 124-5）。

ミルは、課税の原理として、平等犠牲（均等犠牲）を主張し、「同等の力での負担」が同時に全体の最小犠牲をもたらすと述べたが[13]、エッジワースはこのふたつの犠牲原理は一致しないという。実際に、全体が負担する犠牲を最小化するのは限界犠牲の平等である——エッジワースは、のちの論文「課税の純粋理論」（The Pure Theory of Taxation, 1897）において、「同等の力」を「均等犠牲」と理解する場合は「最小犠牲」と一致しないため、これを「同等の力」は「同等の限界犠牲」と解釈すべきであると主張した（Edgeworth [1897] 1925, 115）。ミルは数学を用いなかったために、均等犠牲と限界均等犠牲という二つの概念を混同したのである（MP, 118）。

われわれは、「数学的主題に非数学的言語を用いる場合、あやふやな説明や不確かな名声を覚悟しなければならない」（MP, 119）。それゆえ、数学的方法は正しい論理を導くために不可欠なものなのである。このように考えるエッジワースは、ジェヴォンズ同様、自然科学との類推から社会科学における数学的処理の重要性を認め、数式的表現にも積極的であった。

第3節　ジェヴォンズ、マーシャルのエッジワースへの反応

前節で考察したエッジワースの考えに対して、ジェヴォンズやマーシャルはどのように反応したのであろうか。両者が彼の初期二著作に目を通したことは

第 4 章　数理経済学者たちの数学導入に対する認識

間違いない。というのも、前者は当時大学に職を求めたエッジワースに寄せた推薦状にこれらの業績を「ここ数年でなされたもっとも卓越した社会科学への独創的貢献」（Black 1973-81, vol.5, 145-6）と綴り、後者もこの二著作を読んだことを契機にエッジワースとの交流を開始したからである（Whitaker 1996, vol.1, 124）。しかも、このふたりは『数理精神科学』の書評を残している。われわれはこれらの資料から彼らの反応を知ることができる。

　ジェヴォンズは、『数理精神科学』における数学使用の根拠付けに異論はなく、数理物理学の概念や手法を用いたエッジワースの方法が科学的基礎や精密性を欠くと考えるのは誤りであると擁護した（Jevons 1881, 581）。彼はまた、「幾何学を知らざる者の誤謬」を含む付録を「示唆に富む見解に満ちており、概してこの試論の本論よりも即座に理解できる」（*Ibid.*, 583）と評価した[14]。

　マーシャルは、エッジワースの二著作を読み終えた 1880 年 2 月、人間行動に関する科学における数学の役割について自分の考えと似ている、との書簡をエッジワースに送った（Whitaker 1996, vol.1, 124）。しかし、見解の相違はすぐさま細部に現出した。翌月には、経済学の数学的推論において幾何学を利用できる場合には自分は解析学を使わないといい、さらにその翌年には、平均的読者の理解を考慮して難解な数式よりも文章で説明するようにマーシャルはエッジワースに勧めた（*Ibid.*, vol.1, 136）。

　マーシャルは書評においてもこれらの勧告を繰り返した。その冒頭こそ、『数理精神科学』を「天才の明らかな到来」（Marshall [1881] 1975, 265）と褒めながらも、その数学使用に不満が示された。その不満は、第一に、数理物理学との類推にもとづいて数学的推論が可能かどうかではなく、道徳科学について考えるうえで有益かどうかが重要であること、第二に、数学的推論によって経済的問題を解いたのちは人々が理解できるよう言葉に置き換えて表現すべきことの二点にあった。数式の取りはずしに否定的であった『数理精神科学』は、マーシャルの目にはあまりにも数式を多用しすぎたものに映った。マーシャルは、抽象度の高すぎるこの著作はもっと十分に作り込まれるまで公刊を待つべきであった、とも述べた（*Ibid.*, 267）[15]。

エッジワースは、1887 年から 1889 年にかけて、イギリス科学振興協会 F 部会において、マーシャルらと「貨幣本位の価値変化の確定とその測定にかんする最適方法調査」委員会に属した。彼は同委員会の「覚書」を作成したが、この際、マーシャルは一般読者に配慮し、その覚書から「数学的表現や力学的類推に野心的なものは何でも取り除いた」(Edgeworth [1925a] 1966, 67-8) という。実際、マーシャルはエッジワースに、この覚書は論文ではなく報告書であるため、簡潔かつ賢明に、仮にそうなったとしても平凡すぎて失敗するぐらいでなければといけないと助言している (Whitaker 1996, vol.1, 234)。

このように、初期のエッジワースはジェヴォンズ主義であった。すなわち、彼は数理物理学との類推から経済学における数学導入を肯定し、経済学の理解にとってそれが有用か否かを真の問題——つまり、数理物理学との類推は重要ではない——とみなしたマーシャルからは不満を示されたのである。また、数式表現に関しても、エッジワースはマーシャルと見解を違えたのである。

第 4 節　エッジワースは「マーシャル主義」となったのか

前節までに見てきたように、数学導入に関して初期のエッジワースはマーシャルと見解を一致していたわけではない。しかし、シェイバスは、のちにおそらくマーシャルから受けた影響によって 1889 年 9 月のイギリス科学振興協会 F 部会会長講演「経済学への数学の適用」(On the Applications of Mathematics to Political Economy)、および 1891 年 9 月のオックスフォード大学ドラモンド講座経済学教授就任講演「経済学の諸目的と諸方法」(The Objects and Methods of Political Economy) では数学導入に関して慎重になり、「エッジワースはマーシャル主義者であった」(Schabas 1990, 126) と結論づけた。

本節では、上述のふたつの講演論文、パルグレイヴ編『経済学辞典』への寄稿記事「経済学における数学的方法」に加え、数学的著作に対する彼の書評なども検討の範囲に入れ、シェイバスのエッジワース理解の是非について考察す

第4章　数理経済学者たちの数学導入に対する認識

る。

　エッジワースは、ふたつの講演において、経済学と数理物理学との類似性に触れながらも、その差異にも注意をはらい、経済学における数学使用について論じている。

　エッジワースによれば、経済学と数理物理学とは、「一般原理へと導きあげ、特定の結論へと導きおろす」（Edgeworth [1891a] 1925, 4）点で共通する学問である。個々人の行動は気まぐれで予測が難しいが、全体としてみたとき、一定で不変の法則の存在を認めうる。これはたしかに数字ではあらわせないが、数学を適用できる量的関係の法則である。この法則の発見を問題とする経済学は収穫逓減や限界効用逓減の法則を関数であらわし、その量的関係の把握には微分を利用するため、経済学は数理物理学と同一の道具を用いる（Edgeworth [1889b] 1925, 274; [1891a] 1925, 7; 1896, 711）。また、関数の使用は幾何学的説明も可能にし、理解を容易にすることができる（Edgeworth [1889b] 1925, 275）。

　経済学における相互作用の理解も数理物理学が参考となる。物体の運動が相互に影響しあうように、各市場の取引も相互に影響を及ぼしあう。この場合も、数理物理学と同様、他の事情が同じと仮定することで、特定部分について一次近似を得ることができる。

　しかし、経済学と類似するのは物理学のなかでも未成熟な部分であることも認めなければならない（Edgeworth [1889b] 1925, 280）。理論上、均一な圧力となるよう動く気体の家屋内での移動を実際には完全に把握できないように、経済学においても競争によって均衡価格に向かうと理解していながら諸産業の動向やさまざまな諸条件は不完全にしか把握できない。そのうえ、経験法則を得るための実験を繰り返すこともできない（Edgeworth [1891a], 1925, 8-9）。

　ワイントロープは、「この〔1889年〕講演において、エッジワースは数理物理学を引き続き参考としたが、これは1881年の『数理精神科学』の繰り返しであった」（Weintraub 2002, 29）と述べたが、かつて「社会力学」と「天体力学」とが同一科学とみなされることまで期待したのと比べれば、「繰り返し」

というには彼の態度は控えめである。いわば「楽天的」（Barbé 2010, 95）であったエッジワースは、同講演以降、より現実的な方向へと転じた。というのも、経済学における数学の役割について言及した際、数理科学との相違点―とりわけ、経済学の数学使用の限界や欠点―にも彼は触れているからである。

　第一の相違は、数字的データの欠如である。それゆえ、ジェヴォンズが期待したような経済学の精密科学化は望み薄である[16]。数学はあくまで推論の誤謬を論駁するために用いられる。さまざまな人々が学識の有無に関係なく理論をたてようとする経済学には論理的誤りが多い。数学的推論は、天文学における占星術の悪影響を払拭したように、経済学の誤りを取り除くのである（Edgeworth [1889b] 1925, 285; [1891a] 1925, 4-5; 1896, 711）。

　第二に、分析対象の要因特定化の困難さである。分析対象が複雑になれば、代数学や幾何学では扱いづらくなるため、かりに数字的データを得たとしても先験的に演繹することは不可能である。このため、経済学の推論はかろうじて短く簡潔な形にとどまり、しかも慎重な検討が求められるのである（Edgeworth [1889b] 1925, 286）。

　第三に、数学が経済学にとっては必ずしも普遍的言語でない点である。オーストリア学派が数学を用いずに限界効用理論に到達したことがこれを証明しており、エッジワースも純粋理論の洗練が言葉によってなされることを否定しなくなった（*Ibid.*, 286）[17]。このため、エッジワースは、数学を経済学研究にとって不可欠なものではなく、「有用な助手」あるいは「明快な一般概念を得るための説得力ある手段」と位置づけた（*Ibid.*, 273; 307-8: Edgeworth 1889c, 242）。

　経済学における「有用な助手」たる数学は、物理学者に対する数学や古典学者に対するラテン語と同じ位置付けではなく、ましてや一般の人々にとっては外国語のようなものである。このため、記号の節減こそ経済学者に求められることであり、経済学における「数学的構造物は科学という大建造物が完成したときに取り払う足場の一種である」（Edgeworth [1889b] 1925, 287）とエッジワースは主張した[18]。

第4章　数理経済学者たちの数学導入に対する認識

　ここでのエッジワースの考えは、シェイバスの見解のとおり、数式や記号をはずそうとしたマーシャルと同じく非常に慎重である。彼の数学が減速することは滅多になかったとのクリーディーの評価に反して、彼はブレーキをしっかり用意していたのである。同時代の他の著作においても、彼の立場は一貫している。以下で、いくつかの事例を確認しよう。

　パルグレイヴ編『経済学辞典』に寄稿した「クルノー」に関する記事では、記号をはずした彼の『富の理論の原理』（1863年）——ジェヴォンズに重要な著作ではないと評された——と『経済学説の概要』（*Revue Sommaire des Doctrines Économiques*, 1876）について、たとえ記号を外して言い換えがなされていてもなお重要な問題を提起しており、とりわけ後者は「独創的な研究の優美さをもっともよく保持しているように思う」（Edgeworth 1894, 446）とエッジワースはジェヴォンズと対極の評価をくだした。

　また、そのジェヴォンズの数学利用への評価は、『経済学のいろは』（*The Alphabet of Economic Science*, 1888）への書評に見られる。エッジワースは、記号で固められた『経済学の理論』は一般の人々には難しいものであったが、ウィックスティードの丁寧な「微分係数」の説明により、ようやく理解が可能になったと述べた（Edgeworth [1889a] 2003, 546）。

　イタリア人経済学者コッサの『経済学研究入門』（*Introduzione allo Studio dell' Economia Politica*, 1892）への書評においても、数学の有用性を認める一方で、それが常に経済学の「近道」になるわけではなく、案内役がいなければ逆に「急峻でまわりくどい道」になると非数学的読者への悪影響も指摘している（Edgeworth 1892, 686）。

　さらにエッジワースは、ワルラスの『純粋経済学要論』第2版（*Éléments d'Économie Politique Pure*, 1889）への書評では、「その簡潔な結論と比べたとき、彼の〔数学的〕推論の過剰な精工さは訝しさを募らせるように思う。さらに、抽象的推論への受けのよい偏見を正当化してしまうように数学的推論を適用しては、その〔数学的〕方法を中傷することになる」（Edgeworth 1889d, 435）とも述べた。彼は、過度の数学的推論や数式の使用が理解を難しくするために、

本来の意図とは反対に嫌疑を招くことを危惧したのである。

　このようなエッジワースの変転は、前節末尾で取り上げた「覚書」をめぐる助言に加えて、イングラム、ロッシャー、そのロッシャーに影響を受けたカウツなど歴史学派の著作をマーシャルに推薦されたことも影響しているであろう（Whitaker 1996, vol.1, 209）。

　もっとも、エッジワースがあらゆる数式や記号の除去を推奨したと考えるのは早計である。記号の不備による結論の無効性や実際に存在しえない仮定を置くことを危険視したセリグマンが、複雑な要因を簡単明瞭に説明できる図の使用にこそ数学的方法の長所があると主張した際（Seligman [1899] 1921, 213）、エッジワースはこれに反論した。数学使用の濫用を認めつつも、彼は諸要因が複数以上ある場合には図も立体幾何学も不十分で、それらに対応するには記号が適しているため、セリグマンの見解は図の力を過大視しすぎていると警告したのである（Edgeworth 1899, 310-11）。

　エッジワースは、経済学における数学導入の短所を顧みず、長所のみに注目することによってその評価が偏向することを嫌った。彼がパルグレイヴ編『経済学辞典』に寄稿した記事には、「数学的方法が陥りがちな濫用や欠点をも考慮しなければ、その評価は不完全なものであろう」（Edgeworth 1896, 712）とある[19]。また、上述の書評を発表した際、ワルラスにも彼は、「私の批判基準は常にシェイクスピアの『いささかも酌量せず、また悪意によって事を曲げずにお書きください（Nothing extenuate and set down naught in malice）』なのです」（Jaffé 1965, 398-9）と書き送ったのである[20]。

　結語にかえて

　これまでの議論をエッジワースにおける(1) 世界理解と数学導入との関係、(2) 経済学における数学的表現の是非という二点から整理することとしよう。

　(1) 世界は数量的に理解でき、そのためには数学が不可欠であるとしたジェヴォンズは、数理物理科学との類推のもと、経済学も量的科学であり、やがては数字的データをともなう精密科学となることを期待した。他方、マーシャル

第 4 章　数理経済学者たちの数学導入に対する認識

は経済学が把握しようとする世界が複雑であるため、部分的にでもこれを把握するために数学を用いればよいと考えた。

　初期のエッジワースの数学導入は、ジェヴォンズ同様に、世界を数量的に捉え、数理物理学との類推が成立するとの理解のもと、倫理学や経済学を含む道徳科学に対して行われた。彼は、その後も数理物理学を参考として経済学への数学導入を肯定したが、初期との比較において、慎重かつ謙虚な姿勢をみせた。というのも、諸要因の相互作用とその複雑性により精密科学化が難しいため、経済学における数学的推論は短いものにとどまると、マーシャルと同様に、その限界にも彼は言及したからである。かつて楽天的であったエッジワースの数理物理学への態度は変化しており、1889 年の講演が『数理精神科学』の繰り返しであったとするワイントロープの評価は認められない。

　(2) ジェヴォンズは、諸現象についての法則が数学的であるため、これを通常の言葉で表現することはむしろ難しく、数式や記号であらわすほうが的確であると考えた。他方、マーシャルは、読者の理解だけでなく、現実との対応の検証という観点から、数式や記号をそのまま経済学に用いることに反対した。

　エッジワースも、『数理精神科学』においては、ジェヴォンズと同じく記号表記を尊重する立場であった。F 部会会長講演では、これとは反対に、記号は最終的に取り払われるべき足場とみなし、経済学者らに記号の節減を求めるようになった。彼の場合、マーシャルと同じく読者の理解への配慮もあったが、行き過ぎた数式利用が数学的方法への不信につながるとの懸念もあった。

　このように、数理経済学者として名高いエッジワースは、経済学における数学導入についてその長所と短所とに目を配らないかぎり完全な評価にはならないと指摘した人物である。他方、本章冒頭で挙げたテキストのなかでその短所について触れたのはチャン（Chiang 1967）のみである。エッジワースの基準に従えば、これ以外のテキストの評価は不完全なものであろう。ラピュタの人々同様、ガリヴァーに滑稽であると笑われはしないだろうか。

第 2 部　経済学方法論の自然科学的次元

注

(1) チャン（Chiang 1967, 2 / 訳 3）は、広義では「経済数学」に幾何学的方法を含むことを認める。ただし、通常は、「簡単な幾何学よりは難しい行列代数、微積分、微分方程式、差分方程式、および集合論というような、数学上のテクニックを用いて経済学上の諸問題を記述すること」を「経済数学」と定義している。また、ヘンダーソンとクォントも数学的方法と幾何学的方法とを分ける。これは、「厳密な経済学的推論にとって幾何学は多くの場合に不十分であるという確信を反映している」（Henderson and Quant 1958, 4 / 訳 6）ためである。

　なお、経済数学のテキストについては、藤中裕二氏（関西大学）および善如悠介氏（神戸大学）に助言いただいた。この場をお借りしてお礼申し上げます。もちろん、本章の内容についての責任はすべて著者にある。

(2) 「今日、現代経済学を学ぼうとする学生諸君にとっては、経済数学は必需品であるといっても過言ではない。数学がニガ手であるがために経済学部に入学した学生諸君でも、否応なしに経済数学と付き合わされる。であれば、学生諸君は 1 日も早く経済数学の思考の仕方とか操作の仕方をマスターすることである」（ドウリング 1995, 訳者序文）。

(3) 「自然科学上のいずれの一問題といえども、その完全な解決にたいしてデータはほとんどまったく欠けているのである。もしも物理学者らが、数学の助けを借りるのに先立って彼らのデータが完全に正確になるのを待ったのであれば、われわれはいまだガリレオの時をもって終わる科学の時代にいたことであろう」（*TPE*, 6 / 訳 5）。

(4) バラットとエッジワースとの接点については上宮（2012, 59-60）、カミニッツ（Kaminitz 2013, 492）を、シジウィックとバラットとの論争については上宮（2012, 76-9）、カミニッツ（Kaminitz 2013, 492-3）を参照のこと。シジウィックとバラットとの論争は人間の実践理性についての理解の相違についても大きな論争点であった。前者は行為の究極原理を利己主義に求めたが、後者は利己主義と功利主義とが究極原理でありうると「実践理性の二元性」を主張した。

(5) ただし、生理化学（Physiological Science）が現時点では不完全との理由から、バラットは快楽や苦痛を物理的刺激のレベルで解説するにとどめた（Barratt [1869] 1991, 290）。

(6) 刺激閾（stimulus threshold）は、それよりも弱くすると人間が刺激を感じなくなる刺激量、丁度可知差異（just noticeable difference）は、その刺激閾から刺激量を少しずつ増減した場合に、人間がはじめて刺激の増減を感じる刺激の変化量を意味する。

(7) 『倫理学の新方法と旧方法』の冒頭には心理学者サリーへの謝辞がある。彼はヘルムホルツに師事し、フェヒナーの研究をイギリスに紹介した。エッジワースはサリーからこれらの知識を吸収したものと考えられる（上宮 2012, 58）。

第4章　数理経済学者たちの数学導入に対する認識

(8)　(1) は、max $k'\{f(y'_1) - f(\beta'_1)\} + k'\{f(y'_2) - f(\beta'_2)\} + \cdots + k'\{f(y'_n) - f(\beta'_n)\}$ subject to $y'_1 + y'_2 + \cdots + y'_n = given$ を、(2) は、max $\int_{x_0}^{x_l} k'\{f(y') - f(\beta')\}dx$ subject to $\int_{x_0}^{x_l} y dx = D$ を求めればよい。なお、D は分配可能な総刺激量を意味する。

(9)　「人間にかんする事柄は、数学的分析の助けが必要なまぎれもない複雑な状態に達しているのである」(*MP*, 138)。

(10)　「社会科学は、変分の計算法と比較したとき、類似したデータ―曖昧な量的諸関係―から出発し、ある類似した結論―最大の確定―へと向かうため、同じ方法、つまり数学にしたがうべきなのではないだろうか」(*MP*, 7)。

(11)　「幾何学を知らざる者」は、プラトンのアカデミアの門に掲げられたとされることで有名な言葉―実際には作り話ともいわれる―「幾何学を知らざる者、くぐるべからず」に由来する。

(12)　「社会科学における数学に何を期待できるかと尋ねられるとしばしば耳にする……しかし、数学は多数の主体の問題を―たしかに数字的でも明示的でもないが、実用的かつ哲学的に、近似的測定を与えながら、そして雄大無比な普遍化をもって哲学者の精神を満足させながら―解説することができる」(*MP*, 10)。

(13)　「政府が〔人びとや諸階級〕にたいしてどのような犠牲を要求するにしても、その犠牲は、すべての人にたいして及ぶかぎり同等の力での負担となるようにしておかなければならない。このことは、しかし、同時に全体に生じる犠牲を最小とするような方法であることに注意しなければならない」(Mill [1848] 1965, vol. 3, 806-7/ 訳⑤ 28)。

(14)　しかし、ジェヴォンズは全面的にこの著作を褒めたわけではなく、エッジワースの晦渋きわまる文章に対して読者の労力を軽減するよう忠告した。(Jevons 1881, 583)。

(15)　マーシャルはフォックスウェルにも、「〔エッジワース〕の著作は非常に迫力があったけれども、全体として私は失望しました……それは、私が思ったよりも経済学的ではなく、より抽象度の高いもので、最近再び読んでみたところ、初めて目を通したときほどには気に入らなかったのです」(Whitaker 1996, vol.1, 137) とその不満と評価を書き送った。

(16)　「複雑な体系が向かう均衡状態を先験的に演繹できることはまずない。それゆえ、ジェヴォンズがみずからに限定した抽象の極みのかなり下方に広がる具体的現象にまで数式を直接使用できるかどうかは疑わしいだろう」(Edgeworth [1891a] 1925, 281)。ネヴィル・ケインズの『経済学の領域と方法』(*The Scope and Method of Political Economy*, 1891) への書評においても、エッジワースはこの点に触れた。「経済学における数理科学の役割は、物理学者たちが期待する権利をもつような数字的帰結よりもむしろ規則的な概念のみを供することにある」(Edgeworth [1891b] 1925, 6)。

(17)　ただし、ベーム–バヴェルクの馬市の説明では1人の買い手が1人の売り手から1頭しか馬を買えない特殊事例となると指摘したエッジワースは、言葉による推論が

特殊を一般とみなしたり、冗長になったりすることも懸念した（Edgeworth [1889b] 1925, 308-10)。
(18) エッジワースは、数学を有用な道具とみなしたが、これをすべての経済学徒に強要しようとはしなかった。彼は、数学の習得を志願する学生にその道を開くことを提案しつつも、「哲学専攻の学生たちにギリシャ語を必修づけるように数学的方法をカリキュラムの一部とすべきだと言うつもりはない」(Edgeworth [1891a] 1925, 7) と述べた。
(19) 実際にエッジワースの試験問題にもこの傾向は現れている。彼は 1890 年の国家公務員任用試験（経済学）を出題したが、その試験問題全 13 問（うち 8 問を選択）の第 1 問は、「経済学における抽象理論の有用性と危険性とは何か。(1) 歴史的方法、つまり抽象理論なしで済ませようとする方法、および(2) 数学的方法、つまり曲線や記号の使用を必要とするほどの抽象的方法にも言及し、みずからの見解を解説せよ」(*NUEP* E2/17) というものであった。
(20) これは『オセロー』5 幕 2 場におけるオセローの台詞である（Shakespeare [1602] 2005, 202 / 訳 246)。

参考文献

（手稿類）

NUEP D2/7. Edgeworth Papers, Box D2/7. Nuffield College Library, Oxford.
NUEP E2/17. Edgeworth Papers, Box E2/17. Nuffield College Library, Oxford.

（洋書）

Barbé, L. 2010. *Francis Ysidro Edgeworth: A Portrait with Family and Friends.* Translated by M. C. Black, Cheltenham and Northampton: Edward Elgar.
Barratt, A. [1869] 1991. *Physical Ethics.* Bristol: Thoemmes Press.
Black, R. D. C. ed. 1973-81. *Papers and Correspondence of William Stanley Jevons*, Vol. 2-7. London and Basingstoke: MacMillan in association with the Royal Economic Society.
Cairnes, J. E. [1875] 2004. *The Character and Logical Method of Political Economy*, 2nd ed. In *John Elliot Cairnes: Collected Work*s, Vol. 1, eds. by Boylan, T. and T. Foley. London and New York: Routledge.
Chiang, A. C. 1967. *Fundamental Methods of Mathematical Economics.* New York: McGraw-Hill.
Creedy, J. 1980. The Early Use of Lagrange Multipliers in Economics, *The Economic Journal*, 90(358), 371-376.
——. [1986] 1992. *Edgeworth and the Development of Neoclassical Economics.* Aldershot and

Brookfield: Gregg Revivals.

Edgeworth, F. Y. 1877. *New and Old Methods of Ethics or "Physical Ethics" and "Methods of Ethics"*. Oxford and London: James Parker.

——. *MP*: [1881] 1967. *Mathematical Psychics: An Essay on the Application of Mathematics to the Moral Sciences*. New York: Kelley.

——. [1889a] 2003. Philip Wicksteed, The Alphabet of Economic Science, (London: MacMillan, 1888). In *F. Y. Edgeworth's Mathematical Psychics and Further Papers on Political Economy*, ed. by P. Newman. Oxford: Oxford University Press, 545-548.

——. [1889b] 1925. On the Applications of Mathematics to Political Economy. In F. Y. Edgeworth [1925b], Vol. 2. London: MacMillan, 273-312.

——. 1889c. *Untersuchengen über die Theorie des Presis*. Von Rudolf Auspitz und Richard Lieben. (Liepzig: Verlag von Duncker und Humbolt, 1889.). *Nature*, 40(1028) July 11, 1889: 242-244.

——. 1889d. Élemente d'Économie Politique Pure. Par Léon Walras. (Lausanne: F. Rougue, 1889.). *Nature*, 40(1036) Sept 5, 1889: 434-436.

——. [1891a] 1925. The Objects and Methods of Political Economy. In Edgeworth [1925b], Vol. 1. London: MacMillan, 3-12.

——. [1891b] 1925. *The Scope and Method of Political Economy*. By John Neville Keynes, M.A. (London: MacMillan and Co.), 1891. In Edgeworth [1925b], Vol. 3. London: MacMillan, 3-7.

——. 1892. *Introduzione allo Studio deli' Economia Politica*. By Luigi Cossa (Hoepli, Milan). 1892. *The Economic Journal*, 2(8):685-687.

——. 1894. Cournot, Antoine Augustin. In *Dictionary of Political Economy*, ed. by R. H. I. Palgrave, Vol. 1. London: MacMillan, 445-446.

——. 1896. Mathematical Method in Political Economy. In *Dictionary of Political Economy*, ed. by R. H. I. Palgrave, Vol. 2. London: MacMillan, 711-713.

——. [1897] 1925. The Pure Theory of Taxation. In Edgeworth [1925b], Vol. 2. London: MacMillan, 63-125.

——. 1899. Professor Seligman on the Mathematical Method in Political Economy. *The Economic Journal*, 9(34): 286-315.

——. [1925a] 1966. Reminiscences. In *Memories of Alfred Marshall*, ed. by A. C. Pigou. New York: Kelley, 66-73.

——. ed. 1925b. *Papers relating to Political Economy*. 3 vols. London: MacMillan.

——.2008. Mathematical Methods in Political Economy. In *The New Palgrave Dictionary of Economics*, 2nd ed., eds. by Durlauf, S. N. and L. E. Blume. *The New Palgrave Dictionary of Economics Online*. Palgrave MacMillan. URL: http://www.dictionaryofeconomics. com/article?id=pde2008_M000108 (accessed 6th April 2017).

Fisher, I. [1892] 1965. *Mathematical Investigations in the Theory of Value and Price*. New York: Kelley. 久武雅夫訳『価格と価値の理論の数学的研究』日本経済評論社、1891 年。

Henderson, J. M. and R. E. Quandt. 1958. *Microeconomic Theory: A Mathematical Approach*. New York: McGraw-Hill. 小宮隆太郎訳『現代経済学─価格分析の理論』創文社、1961 年。

Ingram, J. K. [1888] 1893. *A History of Political Economy*, 2nd ed. Edinburgh: Adam and Charles Black.

Jaffé, W. ed. 1965. *Correspondence of Léon Walras and Related Papers*, Vol. 2. Amsterdam: North-Holland Publishing Company.

Jevons, W. S. *PS*: [1874] 1996. *Principles of Science: A Treatise on Logic and Scientific Method*, 2 vols. London: Routledge and Thoemmes Press.

———. 1881. *Mathematical Psychics*: An Essay on the Application of mathematics to the Moral Science. By F. Y. Edgeworth, M.A., Barrister-at-Law. London: Kegan and Co., 1881. pp. viii, 150. *Mind*, 6: 581-583.

———. *TPE*: [1911] 2001. *The Theory of Political Economy*, 4th ed. In *The Palgrave Archive Edition of the Writing on Economics of W. S. Jevons*, Vol. 3, ed. by Palgrave Archive. Basingstoke: Palgrave. 小泉信三・寺尾琢磨・永田清訳、寺尾琢磨改訳『経済学の理論』日本評論社、1981 年。

Kaminitz, S. C. 2013. Economics and Ethics under the Same Umbrella: Edgeworth's 'Exact Utilitarianism' 1877-1881. *Utilitas*, 25(6): 487-502.

Keynes, J. M. [1933] 1972. *Essays in Biography*. In *Collected Writings of John Maynard Keynes*, Vol. 10, ed. by D. E. Moggridge. London: MacMillan, St. Martin's Press for the Royal Economic Society. 大野忠男訳『人物評伝〈ケインズ全集第 10 巻〉』東洋経済新報社、1972 年。

Marshall, A. [1872] 1966. Mr. Jevons' Theory of Political Economy. In *Memorials of Alfred Marshall*, ed. by A. C. Pigou. New York: Kelley, 93-100. 伊藤宣広訳「ジェヴォンズ氏の『経済学の理論』」『マーシャル クールヘッド＆ウォームヘッド』ミネルヴァ書房、2014 年、159-171。

———. [1881] 1975. The Review of Edgeworth's *Mathematical Psychics*. In *The Early Economic Writings of Alfred Marshall, 1867-1890*, Vol. 2. ed. by J. K. Whitaker. London: MacMillan for the Royal Economic Society, 265-268.

———. 1961. *Principles of Economics*, 9th ed., ed. by C. W. Guillebaud, 2 vols. London: MacMillan for the Royal Economic Society. 永澤越郎訳『経済学原理』（全 4 巻）、岩波ブックセンター信山社、1985 年。

Mill, J. S. [1848] 1965. *Principles of Political Economy: with Some of Their Applications to Social Philosophy*. In *Collected Works of John Stuart Mill*, Vol. 2-3. ed. by J. M. Robson et al., Toronto: University of Toronto Press. 末永茂喜訳『経済学原理』(全5巻) 岩波文庫、1959-63年。

Saturday Review. [1871] 2002. Jevons on the Theory of Political Economy. In *W. Stanley Jevons: Collected Reviews and Obituaries*, with an introduction by Takutoshi Inoue and headnotes by Bert Mosselmans, Vol. 1. Bristol: Thoemmes Press, 193-199.

Schabas, M. 1990. *A World ruled by Number: William Stanley Jevons and the Rise of Mathematical Economics*. Princeton: Princeton University Press.

Seligman, E. R. A. [1899] 1921. *The Shifting and Incidence of Taxation*, 4th ed. revised. New York: Columbia University Press.

Shakespeare, W. [1602] 2005. *Othello*. In *William Shakespeare: fully annotated, with an Introduction, by Burton Raffel; with an Essay by Harold Bloom*. New Haven: Yale University Press. 松岡和子訳『オセロー』ちくま文庫、2006年。

Sidgwick, H. 1877. Mr. Barratt on "The Suppression of Egoism". *Mind*, 2(7): 411-412.

Simon, C. P. and L. Blume. 1994. *Mathematics for Economists*. New York and London: W. W. Norton.

Swift, J. [1726] 1958. *Gulliver's Travels*. In *Gulliver's Travels and other Writings by Jonathan Swift: with an Introduction and Commentaries by Ricardo Quintana*. New York: The Modern Library, 3-243. 平井正穂訳『ガリヴァー旅行記』岩波文庫、1980年。

Warlas, L. [1874-77] 1926. *Eléments d'economie politique pure, ou, Théorie de la richesse sociale, Édition definitive revue at augm*. Paris and Lausanne: R. Pichon et R. Durand-Auzias and F. Rouge. 久武雅夫訳『純粋経済要論』岩波書店、1983年。

Weintraub, E. R. 2002. *How Economics became a Mathematical Science*. Durham and London: Duke University Press.

Whitaker, J. K. 1975. The Evolution of Alfred Marshall's Economic Thought and Writings over the Years 1867-90. In *The Early Economic Writings of Alfred Marshall, 1867-1890*, Vol. 1. ed. by J. K. Whitaker. London: MacMillan for the Royal Economic Society.

——. ed. 1996. *The Correspondence of Alfred Marshall, Economist*, 3 vols. Cambridge: Cambridge University Press.

(和書)

井上琢智(1987)『ジェヴォンズの思想と経済学―科学者から経済学者へ』日本評論社。

上宮智之(2012)「エッジワースの功利主義論と経済学―不平等性の功利主義」関西学院大学博士論文、甲第435号。

神谷和也・浦井憲（2006）『経済学のための数学入門』東京大学出版会。
竹内啓（2013）『社会科学に置ける数と量〔増補新装版〕』東京大学出版会。
ドウリング・E（1995）大住栄治・川島康男訳『例題で学ぶ入門経済数学』（上巻）シーエーピー出版。
中山幹夫（1995）「経済学と数学、そしてゲーム論」『経済志林』63（1）、55-108。

第 4 章　数理経済学者たちの数学導入に対する認識
へのコメント

久保　真

　「エッジワース・ボックス」などの開拓者的業績で知られる数理経済学者エッジワースは、未だ一般的ではなかった経済学における数学の利用について、いかなる態度を取っていたのか。ベンチマークとするのは、経済学を「快楽と苦痛の微分学」と喝破したジェヴォンズ、他方で、数式を付録へと押しやったことで知られるマーシャルである。著者は答えて言う。両者の立ち位置を両極の理念型とするならば、主著『数理精神科学』の頃のエッジワースはジェヴォンズ主義者であったが、英国科学振興協会 F 部会会長となる頃（1889 年）には、数学の利用に慎重なマーシャル主義者となっていたのだ、と。

　評者が問うてみたいのは、前期から後期へというエッジワースの思想的変化をどのように評価すべきか、ということである。興味深いことに、前期エッジワースは、経済学のみならず道徳科学一般について、その対象世界を数学へ還元可能なものとして素朴に捉えていたわけではない。数的に把握できない現象があることを認めつつ、そうした対象にも数学的な原理を適用することは可能なのであって、だからこそ道徳科学一般においても数学的推論の強みを活かせると考えていたという。合理性を効用最大化として表現することから出発する現代経済学に繋がる方法的態度のように思われる。しかるに、後期エッジワースは、対象世界に関する数的データ不足やその複雑さ故に、経済学における数学使用には限界があることを認めているという。が、これら対象世界の特性は、前期エッジワースに言わせれば、数学的推論を寄せ付けない要因にも、数学的推論の強みを発揮できない理由にもならない、ということではなかったか。だとすれば、後期エッジワースの立場は前期のそれからの単純な発展あるいは深化とは言い難い。むしろ「転換」であろう。

　通常科学としての現代経済学の作法は、効用最大化を基礎としたなんらかの数理モデルを構築し、均衡の条件やモデルの振る舞いを数学的に分析した後、直感的理解の名の下に分析結果の解釈を通常言語で提示する、というものだろう。エッジワースの思想的変化を論ずる本章は、現代経済学の作法――特に、その数学的推論の位置付け――について、再考するよう促しているように思われる。

第 5 章　経済学実験の位置付け

江頭　進

はじめに

　本章は、経済学における実験の位置付けを論じることを目的としている。科学の進歩は発見の断続によって構成される。そして、発見は新しい事実の発見と、法則の発見の二つに大別される。いずれにしろ、これまで認識されていなかった現象を何らかの形で、人間の五感で理解できる形に変換するか、あるいは新たな知識を矛盾なく既存の科学体系に位置づけるための理論を考えることが科学の営みである。言い換えれば、両者とも知識の増加を目的とした活動である。自然科学では、その時代の科学基準に照らして揺るぎないと考えられる物理的な証拠を提示し、その物理的な証拠を既存の科学体系のなかに位置づけるのが理論である。また、理論の対象説明力を測る方法として仮説 - 検証の枠組みが一般化している。

　だが、経済学において新たな法則が発見されることはきわめて少ない。19世紀以来、古典力学を範として論理形式の導入を行い、他方で統計学の積極的な導入で仮説 - 検証という近代科学の手法を確立したにもかかわらず、普遍的な法則の発見に成功した例はほとんどない。経済学の説明対象は、単純な経験によって実在が確認できず、研究者に概念を与えられて初めて認識されるものが多い。そのため、研究者の認識の枠組みが変われば対象も変わることになり、法則の発見に必要な、観察者の認識からの独立という条件が成立しにくいという問題があるからである。

第2部　経済学方法論の自然科学的次元

　仮説に前提があるのは当然であるとしても、その前提が実際の経済のなかでどのように成立するか、を問う場合は、前提自体を吟味する必要があることは明らかであろう。

　他方で、経済学は、新事実の発見には成功しているのであろうか。自然科学において、新事実の発見には常に認識枠組みの発達が先行してきた。だが、社会科学の場合、自然科学と比べても理論負荷性が強い。これは、古典派、新古典派、マルクス経済学、ケインズ経済学等、理論枠組みが変わると、捉えられた世界が根本的に変わる例が少なくないというだけでなく、そもそも実体のない存在に制度的に枠組みを与えてあたかも実体があるかのように扱っているものが社会科学の研究対象だからである。そのため、自然科学と異なり、科学プログラムの変更によって得られた新たな視点が、必ずしも旧来のものより進歩した見方であると言い切れる明確な根拠はない。経済学において、方法論や学史の分野がいまだ重要なのはそのためである。

　このような状況は、経済学の理論と説明されるべき現象の関係が、いまだ自然科学ほど明確化、自明化していないことに起因している。経済学は長らく実験のできない科学とされてきた。説明すべき対象の規模と複雑さが大きく、また現象が社会全体で一様ではないため観察された事実で仮説を検証することに限界があったためである。人間の思惟のみにもとづいて事物を考察し、知識を蓄積することを哲学的手法と呼び、仮説形成と実験を繰り返すことを科学的手法と呼ぶなら、経済学では哲学的手法が永らく支配的であった。

　だが、現在の経済学ではさまざまな形で理論を厳密に検証し、さらに新しい事実を獲得するための実験手法の開発とそれにもとづいた研究が進められている。理論が前提としているコントロールされた環境を実現し、厳密な比較対象を用意し、解釈可能な範囲に問題を縮小したうえで行われる実験は、理論と対象である経済現象の関係を変えることが期待されている。

　本章の目的は、現代経済学の手法、とくに近年注目を集めているフィールド実験、実験室実験、コンピュータ・シミュレーション等の実験手法が、このような経済学の状況に対してどのような変革をもたらすのかを検討することにあ

第 5 章　経済学実験の位置付け

る。これまで経済学は、実験できない学問とされてきた。エッジワース（Francis Ysidro Edgeworth）やジェヴォンズ（William Stanley Jevons）など限界革命直後の経済学者が、経済学を自然科学と並ぶ科学に育てるためには何らかの形で実証性を担保しなければならないと考えていたにもかかわらず、長らく計量経済学的手法の他には、自然科学に比する実証方法が存在しなかった。だが、統計学を基礎とした計量経済学は、測定対象の環境条件を一定にすることが難しく、厳密性において、自然科学の実験に比せられるものではなかった。加えて、近代経済学がその出発点においた、「効用」自体の検証が、レトロダクティブな方法に従って進むことはなかった。

だが、20 世紀末から 21 世紀初頭にかけて、急速に状況が変わりつつある。まず、経済学実験において、実験室実験は初期の混乱を脱し、検証されるべき仮説と条件を明確に限定したうえで、検証実験を行う手法として定着しつつある。また同様にフィールド実験も限定的ではあるが、条件整備を行ったうえでの政策実験としての成果を上げつつある。さらに、fMRI などの医療機器の発達を受けて、長らく調べることができなかった人の「効用」を定量的に測定することもできるようになってきた。この意味で、経済学は「実験できる科学」になりつつあるといわれる。この意味で現在、経済学は哲学的手法から科学的手法への移行期にあるといえる。

しかし、19 世紀からの 200 年で自然科学のなかでも実験の意味が変化している。19 世紀における実験は、素朴な経験を得るための一手法であった。つまり、実験は、観察したい性質を限定し、特定の要素を強調した形で観察を行えば、そこから帰納的に「真理」を見つけ出すことができるという信念のもとに行われていた。それが確率革命を経て、20 世紀になると、フィッシャー（Ronaid Aylmer Fisher）らの統計学研究の進展や、ポパー（Karl Raimund popper）の反証主義の登場にともない、仮説─検証という枠組みが科学的方法として一般的なものとなる。実験は、ある蓋然性の範囲で仮説を支持するだけの存在となり、真理の探究としての役割は大きく後退することになった。19 世紀の統計学者ピアソン（Karl Pearson）が、統計学のみが社会法則を発見できると考え

たころに比べれば、現代科学論のなかでは、高度に発達した統計学をもってしても、普遍性をもった「法則」を発見することはできないとされる。

他方で、科学方法論としての地位を大きく後退させたかに見える帰納法であるが、個人の研究者が科学的発見を行う認知プロセスにおいて、帰納的思考を行うことはほぼ現在では常識ともなっている。これは不完全に観察されたあいまいな現象を理性的に捉えようとした過程、すなわち対象に何らかの構造が内在していると推測する場合の「飛躍」を実現するのが、人のもつ帰納的推論の能力である。研究者の主観を通して蓄積されたあいまいな知識は、マイケル・ポラニー（Michael Polanyi）に従えば、暗黙的知識と呼ばれる。科学的発見とは、その暗黙的知識を切り分け分類し、既存の科学的体系のなかに位置づける行為（暗黙的に知る "tacit knowing"）を指す。

ようするに、「真理の証明方法としての帰納法」と「科学者の認知プロセスとしての帰納」はしばしば混同されるが、本来は区別して考えるべきものである。そして、19世紀の実証主義ではこの両者が同一視されていたが、20世紀に入り、帰納的手法が真理を直接見つけ出すことができないことが知られると同時に、両者が区別されるようになった。さらに。この帰納の分裂が、科学の目的を「真理の発見」から「新たな知識の蓄積」に転換させた。

これは、科学は、正しい理論を構築できる、あるいは事象の本質を理解できるとする思い込みが、科学の進歩を止めるとするポパーの本質論批判でも理解できる。そもそも、ポパーの本質論批判のような主張が表れるということ自体が、科学活動が真理の発見よりも、人類共有の箱のなかに新たな知識を投げ込んでいくような作業になりつつある。

さらに、科学的活動が、実際には真理の探究ではなく知識の蓄積であるとすれば、近年の経済学における「実験」は知識の蓄積の効率的な手段なのか。とくに、コントロールされた「実験室」が、「社会を知る」というわれわれの目的を満足できるものなのかを考える。つまり、コントロールされた状況下で生起した事象を通じて得た知見が、実際の社会を理解するために役に立つとすれば、その条件と明らかに得られる知識の性格を考察する。

第5章　経済学実験の位置付け

第1節　ポパーの批判の意味

　ここで、本章での分析の枠組みを明らかにしておこう。本章の目的は、新しい経済学の手法である実験の、従来の経済学方法論あるいは科学哲学の歴史における位置付けを明らかにすることである。したがって、それらの方法論的欠陥や問題点を指摘することは目的としてない。経済学の方法の視点は、二つに大別できる。一つは、意味論的視点である。これは実証科学あるいは反証科学としての経済学の可能性を問う姿勢を言い換えたものである。経済理論が「科学的」であるために、構築された仮説が実際の経済現象に対して、単に論理的に破綻していないというだけでなく、有意義な説明を与えられているか、を検証しなければならない。もう一つは、ある方法が経済学の進化に寄与できるかという道具主義的な視点である。科学の進歩は、当該分野での知識の増加が必要条件である。自然科学の場合、知識の増加は、事実の新発見か発見された事実の既存の体系への位置付けによって成し遂げられる。たとえば、ある風変わりな生物が発見される。形態や修正あるいはDNA分析によってそれが新種の生物であると定義される。これは事実の提示による新事実の発見である。一方で、なぜDNA検査が新種の同定につながるのかとか、その新種がなぜ生まれたのかという説明は、既存の体系への位置付けである。科学の営みは、発見と科学界の「正統な」手続きによる検証の繰り返しである。

　まず、これまでの経済学の主要な方法論である実証主義あるいは反証主義について考察しておこう。これは、説明したい対象、仮説（理論）、検証手法という三者の相対的な距離が一般的な経済学のなかで捉えられてきたかを確認し、新しい手法と対照するためである。

　一部の新しい手法や考え方を除けば、現代経済学の一般的なコーストレーニングでは、均衡概念にもとづいた理論と計量経済学を用いた実証方法を学ぶ。現在の経済学において、発見的に統計を用いることは推奨されていない。均衡概念にもとづいて演繹的に構築された観察対象の理論（仮説）の妥当性が、観

測されたデータに対する説明力で判断されると考えられているからである。

この考え方を代表するものとして、フリードマン（Friedman 1953）の予測可能性テーゼはよく知られている。仮説の妥当性は、その前提の現実性ではなく仮説自体の予測可能性にあるとする考え方は、幾多の批判を浴びながらも、経済学の発展に二重の意味をもってきた。一つは、結果のみを判断基準とするこのテーゼは、仮説の形成方法に大きな自由度を与えたことである。もう一つは、その結果、均衡概念を前提とした経済理論がそのコアを維持さえすれば、妥当な理論（仮説）としてみなされるという考え方の登場である。実際には、その多くの仮説は、観測データとの突き合わせという検証を経ないまま放置されているが、一定の手続きを踏んでいるという点で、それ以外の仮説と一線を引こうとする。経済学における仮説と実証の関係は、従来の「学派」よりも緩やかで、参入の容易な研究プログラムを生み出すこととなった。

そして、このテーゼは、しばしば論理実証主義あるいはポパーの反証主義との関わりが連想されるが、フリードマン自身は関係を認めていない。しかし、仮説－検証はフィッシャーのロザムステッド農場実験を見ればわかるように、20世紀初頭の統計学においてすでに確立されていたものであり、経済学の現場であるゆえの「俗化」はあるにしても、20世紀の科学哲学の影響下にあることは間違いない。

いうまでもなく、ポパーは20世紀最大の科学哲学者であり、幾多の批判にもかかわらず真理の証明法としての帰納法に最初の深手を与えたのは間違いない。しかし、ポパーの主張のポイントは、科学的方法によってもたらされた結果の意味論的検討にある。彼は、この方法として帰納が適当でないことを提示しただけでなく、何らかの方法論的手続きを経れば、それだけで言説の真理性が証明できるという考え方自体を拒否したのである。

だが、一口に帰納といっても科学活動に関わる概念は、単一のものではない。科学的活動のなかで帰納が関わる局面は、少なくとも以下の三つが存在する。

(1) 真理の証明方法
(2) 発見の方法

第 5 章　経済学実験の位置付け

(3) 人の認知構造

　ポパーは、(1)については明確に帰納の役割を否定した。(2)、(3)はポパーの「世界 1」と「世界 2」、「世界 3」に対応しそれらの世界間の関係として表現されている。ポパーは(2)に当たる領域に関しても、帰納の役割をほとんど認めず、反証主義こそが対象に対する知識の増加をもたらすと考えた。つまり、より反証可能性の高い（すなわちよりあいまいさが少ない）仮説こそ、そこからもたらされる情報量が多いとみなしている。これは一般性の高い仮説の方が、特殊要因を理由に言い逃れできないという点で優れているという考え方とも一致する。

　だが、他方で、より厳密な反証テストを繰り返すことで、対象となる現象を説明するための知識が有意に増加するといういうためには、正誤を問わず対象に関わる知識が限定的であると仮定する必要がある（高島 1989）。だが、実際には知識の有限性をア・プリオリに仮定することはできず、その場合、単に反証テストを繰り返すことによっても、仮説間の優劣を決めることはできない。その意味で、反証主義も帰納主義と同じ問題を抱えている。

　しかし、(3)とも関わり、後に再考するが、実際に科学者が新しい知識を得るプロセスは単線的ではないし、矛盾すらしている。科学的発見のプロセスは、マイケル・ポラニー（Polanyi 1958）が示したように、科学者による問題への習熟によってもたらされる分画化されていない暗黙的認知を背景とし、そこから関連する知識を切り出し既存の科学の体系のなかに位置づける暗黙的活動によって基礎づけられる。また、ポパーのなかでも、発見のプロセスの論理学的に位置付けと、実際の科学的発見のプロセスは重なりながらも区別されている。これはポパー以降の科学論（ポパーの批判者も含めた）の、共通認識であった。たとえば、クーンは次のように述べる。

　　われわれはどちらも、科学研究の成果の論理構造に関心を持つというより、むしろ科学知識が獲得されるダイナミックな過程に関心を持っている。この関心に基づいて、どちらも実際の科学者の生活に見られる事実や、さらにその精神をも正当なデータとして強調し、そうした事実や精神を見いだすため

にしばしば歴史に目を向ける。　　　　　　　　　　（Kuhn 8/訳 10-1）

　科学的活動が、飛躍せず漸進的に知識を獲得していく活動であることに注目すれば、クーンやラカトシュ（Lakatos Imre）のパラダイム論や科学プログラムの意味はより明確に理解できるであろう。これは、科学的活動の現場における科学者の方法論的無頓着あるいは反証性よりも実証性へのこだわり、実験科学において再現性を正誤の判断基準とする姿勢をまた説明することができる。

　それでは、発見の文脈において、仮説自体はどのような役割を果たすのか。観察者と観察対象の間にあるものが、仮説（理論）である。たとえば、ある現象が観察されたとする。研究者は、まず「実験室」でその現象が再現できるかどうかを考える。ここでの実験室とは、現象を再現するために必要最低限の要因以外をすべて排除できるような状況を指す。

　ここでのプロセスの手続きは大きく二つに分けられる。一つは、既存の理論の延長として、再現プロセスを演繹的に構築し、それにもとづいて再現実験を計画するケースである。もう一つは、生起の説明理論の構築を後回しにして、現象の再現を行い、技術的な試行錯誤を重ねてレシピを確定し、そのうえで、なぜその現象が再現できたのかをより精密に検証するケースである。この両者の違いは、実験室実験の容易さの違いが理由である。近年のコンピュータ・シミュレーションの導入傾向は、これまで実験室実験が容易でなかった分野でも、コンピュータの発達によって、実験が可能になったことによる。

　経済学のようにこれまで実験室実験になじまないとされてきた分野では、理論の無謬性に依存してきた。つまり、論理の展開過程での数学的証明を厳密にすることで、作り上げる仮説の正当性を示そうとしてきた。だが、論理性は科学の必要条件であっても十分条件ではない。どれだけ厳密な数学を用いても、それで保障されるものは特定の条件下における論理過程の無矛盾性だけであり、論理の前提点に問題があれば、導き出された仮説にも問題が引き継がれることとなる。科学的批判は、前提とされているものと演繹された仮説の双方に対して行われる。そして、現在のさまざまな実験手法において行われているのが、

前提と仮説の双方への検証である。

　この意味で、経済学はようやく知識進化のプロセスを意識できる段階に入ったといえる。理論家であっても、自らの理論の反証可能性を明示することが理論の正当性を示す必要条件条件となる。新たな実験手法が経済学の知識進化にどのような意義をもたらすのかを論じる前に、20世紀の経済学における理論（仮説）と対象となる経済現象（実在）がどのように考えられてきたかを概観しよう。

第2節　経済学史上の理論と実在の距離

経済学の新たな手法の方法論的正当性を論じる前に、20世紀の経済学では、理論と実在の距離はどのように考えられてきたかを概観しておこう。

1.　ロビンズ

　ライオネル・ロビンズ（Lionel Charles Robbins）は、イギリスにおける近代経済学の導入に尽力した人物ではあるが、彼の名を後世にまで伝えしめているのは『経済学の本質と意義』のなかの「経済学は、諸目的と代替的用途をもつ希少な諸手段との間としての人間行動を研究する学問である」という定義であろう。「希少性」は需要と供給の枠組みのなかで経済現象を捉えようとする主流派経済学にとって、価格が存在する根拠であるため、このロビンズの定義は今にいたるまで、大枠において継承されているといってよい。しかし、ここで問題となるのは、ロビンズの次のような記述である。

> 経済学者の関心事は現実の解釈である。発見ということの職分は、たんに所与の前提を説明するということにのみあるのではなく、またその前提の基礎にある事実を知覚することにある。演繹的推理についてのわれわれの手順の基礎を与えるような要素を通常の経験中に発見するという作用は、古い前提から新しい推理を展開することと全く同様に経済学的な発見である。現在わ

れわれにおなじみの価値論は、最近時において、きわめて単純な前提から演繹された結果を漸進的に精巧にすることによって発展したものである。

(Robins 1932, 117/訳160)

このように、ロビンズは、演繹的経済学は帰納的経済学と同じ発見の役割を果たすことを強調する。彼は、他方で経済学が現実性を追求しすぎると一般性を喪失しその結果として、科学的とはいえなくなると主張する。興味深いのは、ロビンズは、当時の経済学の出発点としての仮定（合理性や選好の存在）を決して非現実的であるとは考えていなかったことにある。ロビンズにとって経済主体の行為原理は内観を通じて確認することができるものであった。仮定が現実的でかつ一般的であったからこそ、演繹的に組み立てられた経済理論も現実的なものとすることができたのである。

だが、このようなロビンズの主張にもかかわらず、演繹を通じ得られるものはポパーらが議論しているところの発見ではない。なぜなら、演繹法の場合、途中に理論の飛躍が無い限り、仮説として提示される知識はその前提のなかに含まれているはずだからである。もちろん形を変え、理解しやすい形になってはいるものの、前提のなかに含まれている知識量と演繹的に導かれる仮説（理論）のなかに含まれる知識の量には変化はない。演繹的理論が発見をもたらすためには、対象に対する理論の説明力を何らかの形で保証することが必要である。ロビンズの主張は、前提の現実性を問わないフリードマンの主張よりも妥当に思えるのであるが、それだけでは科学的発見に寄与しているかどうかは確定できない。言い換えれば、ロビンズが主張するのは、「新事実の発見」ではなく、「既存の科学の体系への位置づけ」のための一過程である。新古典派経済学の前提を自明視してしまったロビンズの主張からは、演繹的理論の真偽を決定することはできないのである。

2. サミュエルソン

限界革命以来の効用を測定できるかの論争は、ヒックス（John Richard

Hicks）が序数的効用の概念で経済学を再構成して以来、序数的な効用を前提として需要関数を導けるかという問題へと変質していく。この問題に一つの答えを出したのがサミュエルソン（Paul Anthony Samuelson）であった。つまり行動の無矛盾性が保証される限り、観察された二回の選択行動から一意の無差別曲線が導出できる。さらに予算制約がわかれば、個人的な需要関数が導かれることになる。したがって、個人間比較や可測性が問題となる基数的効用に依存しなくても、主観的な効用だけでワルラス的一般均衡理論を論じることができる。

このサミュエルソンの顕示性選好の弱公理の提示は、理論の実証からの独立を宣言したに等しい（1938a, b, 1947）。限界革命以来、経済学者たちは効用関数の実在について争ってきた。なぜなら近代経済学にとって効用は市場需要の源泉であり、生産の理論であった古典派経済学からの最も大きな転換であったからである。市場での交換理論を中核とする近代経済学にとってその存在が否定されることは、議論の正統性が消滅することに等しい。それに対して、サミュエルソンによって最小の（しかも現実的にもありそうな）データにもとづいて一意の選好を導き出すころが原理的に可能であることが数学的に証明されたことは、この点に関する限り、経験的反証を無視できる免罪符を理論家たちに与えることを意味した。

需要関数は、生産側の限界代替率の実在を前提として導出される供給関数とともに新古典派経済学のコアを形成する。経済学内部での批判的検討は、このコア以外の付加的な仮定を防御帯としてそこで行われる。これは、社会的価値の判断を完全に内部化する現代厚生経済学の考え方と合わせて経済学を「閉じた学問」にすることに成功する。これに対して、セイラー（Richard Thaler）らの心理学的なチャレンジは細々と続けられたが、1980年代になって行動経済学が活発化するまで経済学のコアへの疑念は主流なものとならなかった。これは実際に収集される計量データの不安定さもあいまって近代経済学における理論優位の風潮を生み出すこととなる。主流派経済学において、発見は常に理論的発見であり、経験的発見ではない。統計的観測にもとづいた景気循環の

発見が1930年代以降行われていないことは偶然ではない。帰納的発見は経済学のなかでは重視されず、逆に検証されない理論が数多く生み出されることとなった。検証されなくても、出発点の公理を認めてしまえば、論理的に瑕疵が生じない限りは、そこから演繹される仮説の妥当性は追加仮定の妥当性にのみ依存する。サミュエルソンの顕示的選好の弱公理の証明は、経済理論の出発点に一定の合理性を与えた。これは厚生経済学の理論が、たとえ規範的なものであっても必ずしも非現実的なものではないという「お墨付き」を与えたに等しい。経済学における理論が実証とは独立して研究される一つの根拠となったのがサミュエルソン理論であった。現実性をもった前提から演繹された理論は現実妥当性をもつ。これは、主流派のモデルが、実際の経済現象と比較可能であるという確信を経済学者がもつようになったきっかけであった。

3. フリードマン

近代経済学の方法論に関する議論のなかで最もよく知られている文献の一つがフリードマンの「実証経済学の方法論」(Friedman 1953)である。よく知られるように、この論文は "as if" 仮説と「予測可能性」という二つのキーワードで特徴づけられる。ある経済学上の仮説はその可否を仮定の現実妥当性ではなく、作られた仮説が得られた経験的データと合致する(予測できる)限りその仮説は維持される。そして仮説の前提は、"as if"(あたかも)真であるとして扱われる。

この論理実証主義の経済学版ともいえるフリードマンの議論であるが、論理問題に関してはサミュエルソンのF・ツイスト批判が有名であるが、他方で道具主義の観点からフリードマンの議論を再評価しようとする議論もある(瀧澤2012)。実際、フリードマンは、ケインズ理論を誤っているが科学的ではあるとし、他方で自由主義の盟友であるハイエク(Friedrich August Hayek)の経済理論は扱う価値のないものとしていた。たとえばケインズの消費関数はデータを用いた検証にかけられる(そして否定できる)が、ハイエクの資本理論は検証不可能だからである。(Friedman 1974, 134, Ebenstein 2003, 140)

第 5 章　経済学実験の位置付け

　フリードマンは、1950 年代の経済学において、コントロールされた実験が可能であるとは考えていない。したがって、統計的手法によって切り取られた事実と仮説の突き合わせに議論は限られているのであるが、問題設定については本章と近い部分がある。

　　もっと一般的にいえば、一つの仮説あるいは理論は、特定の現象のあつまりに対して、ある諸要因が重要であり、したがって含意によって他の諸要因は需要ではない、という断定と、それが重要であると断定する諸要因の行為の仕方の規定とから成り立っている。われわれは、そのような仮説が次のような二つの部分から成り立っているとみなすことができる。すなわち、第一は、"現実の世界" より単純で、その仮説が重要だと断定する要因だけを含む概念的な世界もしくは抽象モデルであり、第二は、そのモデルが "現実の世界" の一つの適切な表現であるとみなされうるような現象のあつまりを定義し、かつまたそのモデルの変数または実態と観察可能な現象とのあいだの対応を規定する一組の規則である。　　　（Friedman 1953, 24 / 訳 25）

フリードマンは、モデルは抽象的でありかつ完全であるのに対して、モデルを用いる場合の規則は不完全なものにならざるをえないという。経済学モデルは自己完結的で無矛盾的に作られるが、それが観察対象との距離を常にゼロにするための手段はない。そのうえでフリードマンは、

　　つまり、どんな観察可能な現象をモデルのどの実態と同定すべきかという問題にそれらの特徴が影響を与えるかどうか、ということについての判断は教えられてできることではない。それは経験と "正しい" 科学的雰囲気の影響をうけて、はじめて学ぶことができることであり、機械的にはいかないのである。あらゆる科学において "しろうと" を "専門家" と分かつのは、しかも "きちがい" と科学者とを区別する一線がかろうじて引かれるのは、この点なのである。　　　　　　　　　　　　　　　（Ibid., 25 / 訳 26）

モデルとモデルの描写対象である経済現象をつなぐものは、最終的には科学者のもつ暗黙的な知的活動によらなければならないとしたのは、実証主義者フリードマンとしては自己矛盾をはらむであろう。ただ、便宜的な仮定のあり方と予測可能性で構成される彼の方法論が道具主義的であるというのであれば、「暗黙的に知る」部分も含めて新しい知識の獲得に貢献できるプロセスはすべて道具であるということができる。

ただし、それは実験による新事実の発見であり知識の蓄積ではあっても、真理の発見に近づける保証はどこにもない活動であることも認めなければならない。したがって、その手続きの正当性は、論理的に証明されるものではなく、研究者間（たとえば、学界）の承認という制度的な是認にとどまる。これは実際に量産されている経済理論の論文のほとんどが、データによる検証を受けていないこと、とくに1950年代より後の盛んになるゲーム理論を用いた経済理論の多くが計量経済学的な反証テストにかけられる形になっていなかったことと合わせて当時の経済学の水準の限界といわざるをえない。実際、現在の行動経済学の結果が明らかにしつつあることの一つは、この時代の経済理論の前提となっていたものの非現実性である。経済学で実験が可能となるなかで、ある理論で前提とされたもの自体が、次の段階では検証の対象になるという意味で、経済学も厳密なアブダクションが求められる段階に入ったといえる。道具主義的な視点からフリードマンの議論が部分的に評価されても、やはり彼が制度化しようとした予測可能性にもとづく実証経済学の方法はやがて適応領域を狭めていくであろう。

第3節　経済学における実験の現場

いよいよ現代経済学の実験的手法の検討に入ろう。まず、実験室実験、神経経済学、フィールド実験、そしてコンピュータ・シミュレーションの現場での研究者がどのような見解をもっているかを見てみよう。これらの手法がまだ発達途上であることと、実際に研究を行っている経済学者はあまり方法論を意識

していないということを考慮して検討を進めたい。

1. 実験室実験

　経済学は長らく実験のできない科学であるとされてきた。メンガーはシュモラー（Gustav Schmoller）との論争の過程で、理想気体や純粋金属を想定するのと同じく、経済学で理想状態を考えることは精密理論を構築するためには有用であると主張した。だが、その場合ですら、自然科学者が実験室で作り出す理想状態への近似を経済学が実現できると考えていたわけではない。

　経済学で実験が導入されたのは、1948年のチェンバリン（Edward Chamberlin）（不完全市場による）の実験が最初である。しかし、実験が経済学のなかで本格的に活用されるようになるまでは、1980年代まで待たなければならず、通常の計量経済学がモデルの検証のためのオーソドックスな手法として用いられてきた。だが、仮説の検証方法として計量経済学的手法には限界がある。ローソン（Lawson 1997）が批判するように、われわれの社会の観察において、事象の規則性を保証するものを先験的に置くことはできず、モデルの条件が変化しないことを前提としている以上、検定の方法として不適当だからである。ローソン自身はこの批判から、事象の規則性を前提とした数理モデルの使用を全面的に否定する方向へと向かうが、主流派経済学が向かったのはより厳密な条件を整備した実験環境の整備であった。そこで再注目されたのが実験室実験である。

　現代の実験室実験の特徴は、ゲームのなかでの利得に応じた金銭的報酬を支払うことにある。これにより被験者の選好はコントロールされ、実験で確認したいモデルのなかの主体と同じ選好を実現できると考えられる（Smith 1976）。なぜなら、被験者はより大きな報酬を受け取りたいと考えると想定することは、理論内部での合理性条件と合致させやすく、結果が理論と食い違えば、この合理性条件からの乖離として判断できるからである。

　スミス（Vernon Lomax Smith 1982）は、選好をコントロールするために、報酬に対する効用が非飽和であること、実験結果が望ましいものであるなら

ばより高い報酬を受け取れること、各被験者の報酬が秘匿されることなどの条件を挙げているが、これらに加えて、検討される経済制度に関する実験結果が、他の条件が等しければ日常の経済活動にも適用可能であることも求める。川越（2007）は、この最後の条件に関して、実験結果を一般化して現実の経済に適用できることとし、報酬的によるインセンティブが現実の経済活動での行動を再現できることを必要としていると解説する。つまり、実験室実験では、金銭的動機付けにより被験者の他の行動要因を抑制し、被験者が主観的に金銭報酬をどのように考えどのような意志決定を行うのかを観察する。検証される経済学的仮説は、主体が経済的インセンティブに従って行動する（最大化する）と仮定されているため、仮説上の意志決定と実験室での意志決定の違いが仮説の妥当性の判断基準となる。

　実験室実験はしばしば行動経済学の実験と同一視されるが、行動経済学がほぼ貨幣的インセンティブを用いた心理テストを行うが、実験室実験は必ずしも心理テストを行うとは限らない。ロェーベンシュタイン（George Loewenstein 1999）は、行動経済学の視点から経済学実験そのものの有効性は否定しないものの、仮説の検証を正確に行うための実験統制の結果、実験室内での条件が現実の社会・経済とはかけ離れてしまう危険性があることを指摘している。つまり、実験室での実験は仮説の検証としては正しくても、その実験室的状況と対象となる経済現象の関係があいまいであるにもかかわらず、実験経済学者はこの問題に無頓着である場合がある。

　しかし、実験室が必ずしも日常生活を反映していないとしても、経済理論を改定していくための示唆が実験から得られていることを考えれば、実験室実験は無駄ではないとするルームズ（Looms 1999）の反論がある。これは実験が仮説の厳密な検証として機能していれば、問題は、実験側にあるのではなく、検証される仮説（理論）側にあるからである。実験の設定は検証される理論によって束縛されるため、仮説を構築するときにより、条件が厳しい反証可能性を明示できれば実験と日常の距離は縮小するとする。

2. 神経経済学

　神経経済学は経済学そのものというより神経科学の観点から、人々の経済的行動を考えようという分野である。キャメラー（Colin Camerer）やロェーベンシュタインのように行動経済学者を兼ねる場合が多々ある。基本的に fMRI（functional magnetic resonance imaging）のような脳内の血流量を直接観察できる医療機器を用いて、単純な画像を見せたうえで選択を行わせたときの反応を記録・分析を行う。

　キャメラーら（Camerer, Loewnstein and Prelec 2005）は神経経済学の意義を次のように説明する。

　　経済理論の基礎は、脳のブラックボックス的機能に関する詳細がわからないと前提して構築されている。この悲観主義は、ウィリアム・ジェヴォンズによって 1871 年に表明された。感情は行動を予測させるものであると考えられてはいるが、感情はまた行動からしか評価できないため、経済学者たちは、直接的な尺度ない状態で、感情がよけいな介在的要素であると考えていた。……（中略）
　　しかし、神経経済学はジェヴォンズの悲観的な予測が間違っていることを明らかにした。脳と神経系の研究は、思考や感情の直接的な尺度を考慮することの第一歩である。これらの尺度は、新たな理論的要素を導き古い要素へ疑念を投げかけつつ、精神と行動の関係の我々の理解に対して次々と挑戦している。
　　　　　　　　　　　　　　　　　　　　　　（Camerer et.al. 2005, 9-10）

　モデルと実験の関係についてキャメラーたちは次のように考えている。彼らは、神経経済学者、行動経済学者たちが、合理性、意志力、欲望の限定といった合理的選択理論とはかけ離れた方向へ向かうほど、基本となるモデルでは合理的選択理論を用いる傾向があることを認めている。先述した実験経済学がモデルの検証に集中する傾向があるのと同様、神経経済学、行動経済学においても、実験に先立ちよく整備された標準モデルを置くことが強く求められる傾向

がある。つまり、実験系の経済学者たちの多くは、帰納主義的に実験を用いることは少なくとも表面的にはなく、仮説‐検証という枠組みを崩すことはない。人間やサルが行う単純な活動についての期待価値やベイズ理論で十分説明できるとして、合理的選択理論を神経学的に基礎づける必要性を認めていない。

　だが、他方で、次のようにいう。

　しかしながら、私たちは、長期的には、基礎が、選好、制約付き最適化、そして（市場やゲーム理論的）均衡といったものと両立しないという意味で、現在の理論から「ラディカルに」離れてしまうと信じている。結局、制約付き最適化も要点は、予算制約や価格の変化に応じて行動がどのように変化するかという行動を正確にモデル化し予測することである。他の変数に対する反応を予測することと同様に、制約と価格への反応を予測する場合、大きく異なった基礎からスタートする他のモデルが構築されることを否定する理由はない。 (*Ibid.*, 55)

とする。

　他方で、グリムシャーは、神経経済学の帰結が経験論的なものとなるとしながら、次のように述べる。

　これらの実験と他の似た動物実験によって生成された行動データから、被験者は決して真に最適な行動を実行するわけではないということが示唆されています。このことは最適な行動という経済学モデルを、行動あるいは脳の研究に用いることができないことを証明していると数多くの人が主張しています。私はこの反論に返答したいと思います。あらゆる意思決定の状況において動物と人間とが直面する課題を経済学モデルによって記述することができます。問題がどのように解かれるべきかを定義するのです。実在の動物や実在の人間はこの解からはずれます。すなわち、彼らは部分最適に課題を遂行しているのです。少なからず驚くかもしれませんが、神経経済学の観点か

らは、このずれは結局はよいことであると主張したいのです。……（中略）……いくらか逆説的ですが、理論によって予想されるような最適な行動を動物がしないときこそ、神経経済学的なアプローチが最も有用であるかもしれません。　　　　　　　　　　　　　（Glimcher 2004, 343 / 訳 328-329）

　つまり、神経経済学者たちの多くは、既存の経済理論のモデルと実験による帰結が合わないことは当然ありうることを認めている。これは経済学のモデルが反証可能性を保持しているということを超えて、科学プログラムとしての主流派経済学が、その基礎を大きく変化させなければならないような事態が実験のなかから生まれる可能性が神経経済学ではありうると考えているということである。

　神経経済学の問題点として、fMRIで、「学術的に意味がある」結果を得ようとすると、かなり単純な画像を、時間を明確に区切って見せる必要があるという問題が指摘されている。これは神経系の反応が単純ではなく数回に分けて観察された活動部位を統計的に処理して特定していかなければならないためである。つまり、神経経済学は合理的選択理論の基礎に置かれている単純な選好とは異なる複雑な意思決定構造を明らかにしようとしているが、分析対象となりうるのはまだ単純な状況への反応に限られる。そもそも fMRI のなかでの意思決定が日常生活のなかの選択と同じか、という実験室実験の問題がここでも繰り返される。ただし、本章は新しい手法の限界を論じるものではないので、この問題には踏み込まない。

3. フィールド実験

　経済学の伝統的な実証方法である計量経済学は、広範囲に利用が可能であるが、データは部分的なものであり、またそのデータはコントロールされたものでないため、サンプル抽出をランダム化してもバイアスがかかる危険性を払拭できない。そこで、1960年代に入って、実際の社会の活動に実験を組み込むことで、コントロールされたデータを収集しようとする社会実験が始まった。

社会実験は、電気や有料道路の料金の弾力性や税制改革の支出への影響などで現在にいたるまで頻繁に行われている。また多額の投資をともなう開発経済の現場では、成果を確認しないまま投資が繰り返されていることへの批判の高まりから、正確に効果を測定する必要性が求められた。

だが、社会実験の場合も被験者を募集する場合に、自己選抜バイアスがかかることが指摘されている。これは他の被験者実験でも観察されるのであるが、被験者へ応募する人は、そもそも社会的関心が高く問題への知識が豊富である場合があるため一般的な市民行動のサンプルとして言い難いことである。

そこで被験者が自らが被験者であることを認識させないまま日常生活を行うなかで、コントロールされた実験を行う手法が開発された。ランダム化比較対象実験（randomized controlled trial : RCT）と呼ばれる手法では、まず被験者を変化を加えた群と変化を加えなかった群に分ける。各被験者に自分がどちらの群に所属するのかを知らせないだけでなく、研究者もまたある被験者がどちらの群に所属するのかをわからないようする二重盲検法を用いて、できる限りサンプル・バイアスを排除する。

これは電子貨幣やエネルギー料金でのスマートメーターなどを利用することによって、日常生活のなかでビッグデータを収集することができる領域では、従来の計量経済学的手法をはるかに超える信頼性が得られる。発展途上国のように公的な経済データが整備されていない場合は、経済学者自身が設計できるフィールド実験が有効な政策効果の測定に有効であるとされている。

さて、問題はフィールド実験とモデルの関係である。リスト（List 2011）はフィールド実験を成功させるための14のチェックポイントを挙げているが、その第1として、「経済理論を実験設計の指針とし、あなたの発見の解釈のレンズとして用いること」、第2に「研究対象の市場に精通すること」が示されている。第1のチェックポイントの理由として、経験的に獲得された結果は断片的なものにすぎず、新たに置かれた状況において起こりそうなことについての限定的な情報を得られるに過ぎない。経済理論のテストのもとで構築されれば最良の一般性が獲得できる、と述べられる。第二のチェックポイントは、イ

ンセンティブを正しく理解したうえで実験を設計する場合、代替的な仮説を生み出す場合、そして経験的データをいかに解釈すべきかを知る場合に、市場に学ぶことが重要であるとされている。

　この二点は極めて重要である。一般性を担保するためには実験に先行して理論が必要とされる。しかし、同時に実験や理論の構築に先立ち、対象の市場に対する十分な知識が要求されている。対象市場の習熟により、代替的な仮説が生み出されそれにもとづいた理論が構築された後、実験を行いその結果と理論の突き合わせを行うというプロセスは、ポラニーの「暗黙的に知る」過程の一つが前提にしているものと同じである。

　ここにおいて先行する理論は経験を解釈するときのベンチマークとしてのみ機能し、新しい理論の構築とともに役割を終える。そこでは、一度きりの仮説－検証という単純な構造ではなく、繰り返される活動として科学的発見を取れようとする姿勢が見て取れる。

4. コンピュータ・シミュレーション

　最初のコンピュータといわれる ENIAC の開発目的が弾道シミュレーションであったことを見ればわかるように、シミュレーションはコンピュータの最も得意とするところである。科学実験で用いられるシミュレーションは、二種類に大別できる。一つは、流体力学などの分野で得られる微分方程式のように解析的手法で解を求めることができなくない場合に行われる方程式型シミュレーション（equation-based simulation: EMS）。もう一つはコンピュータ上に仮想人格をもったエージェントを設定しその相関を観察するエージェント・シミュレーション（agent-based simulation: ABS）である。EMS が理論モデルの代替であるのに対して、ABS は理論と実験の中間的な特徴をもつ。

　ABS の古典はノイマン（John Neumann）が考案したセルラ・オートマトンがある（Neuman and Burks 1966）。これは将棋盤のマスの上にある特定の行動ルールをもったエージェントを配置し、エージェント間の相関の結果として、孤立した各主体の行動の合計とは異なる社会的パターンを発見しようとするも

のである。これは社会科学の領域だけでなく、ニューロンの発火を表現するという目的で、一時神経科学の分野でも盛んに用いられたことがある。

　セルラ・オートマトンは空間的制約を表現するための手法として有効であるが、基本的に隣接領域として事象を扱うため、より抽象的な関係を表現するためには必ずしも適切ではない。そこで近年ではスケールフリーネットワークを想定した ABS が頻繁に用いられる。スケールフリーネットワークは、多様な要素の相関によって構成される構造が、全体として均一ではなく、クラスターやスモールワールドといった特殊な性格をもつことを明らかにした。前に紹介した実験では、サンプルの偏りを避けるためにできるだけサンプル数を多くするかサンプルのランダマイズ化を徹底することを義務づけていた。しかし、スケールフリーネットワークは、この偏りこそが社会の本質であり実際の社会現象はその偏りから生み出されていることをしばしば指摘している。したがって、偏りを単純にならしてサンプル化した状態では、観察した状況を表現することができない可能性がある。この問題は、ABS によって関係性が可視化されたことによる発見である。

　ABS ではエージェント間の関係だけでなく、エージェントの内部構造を考えることができる。この行動原理は、通常の経済学で数学的取り扱いから必要とされる滑らかな関数を仮定する必要がない。たとえば、エージェント間でやり取りされる情報の解釈メカニズムを所与とするのでなく、単純な学習機能だけ与えて進化させることもできる。結果として、生じるエージェントの行動あるいは社会的パターンは、単純なルールのゲームにおいてすら複雑なものとなる場合がある (Egashira and Hashimoto 2002, Hashimoto and Egashira 2005)[1]。

　ABS は実験の再現性が高く、モデルと実験が一体化しているというため結果がわかりやすいという利点をもつが、自由度が高すぎるために、アドホックな実験となってしまう危険性が極めて高い。エージェントの行動原理が伝統的な制約から解放されているため、他の理論的制約を置かなければ無意味な結果を量産する陥穽に陥ってしまう。

　ABS のアドホック性を抑制するためには、観察対象との関係性をどのように

第5章 経済学実験の位置付け

保証するかという問題にそのまま繋がる。単に仮想的なゲームを構築しその挙動を調べるというだけであれば、数学的な問題をコンピュータに解かせているに過ぎない。したがって、社会科学の方法として ABS を用いる場合は、何らかの形で観察対象となる経済現象により ABS を関係づける方法が講じられなければならない。

その一つが構成主義アプローチと呼ばれるものである。これは解析的には分析できない複雑な現象を、コンピュータ上で再現することでその性質を探ろうとする方法である。生物学の分野における構成主義アプローチについて、金子・池上（1998）は次のように述べる。

> まず多体多の関係性のダイナミクスを捉えていく立場により、因子還元主義を克服する道をわれわれは模索する。たとえば、ある生物学的現象があったときに、それがある特定の種類のもの（遺伝子から種までさまざまなレベルのどれでも構わない）によって生じているとするのではなく、多くの種類が関係したネットワークの動的な特性としてあらわされると考えられる。･･･[中略] そういった動的特性をしらべることにより個々の現象やレベルによらない、生命系の特徴を見出そうとする。さらにこのような多くの自由度が絡み合った系での関係性のダイナミクスの中から、いかに集団としての新しいレベルが創発され、集団と要素の相互関係が生成され、それを通してふるまいの中からシンボル化されたルールが生成されるのかを見る。
>
> （金子・池上 1998, 7）

たとえば、ある市場の成長を考える場合、個々の主体がどのように活動し、どのような変異が起きそれが環境要因との関係のなかでどのように生き残ったかを一般理論で説明することは難しい。だが、市場が実在するという事実があり、過去の状態がまた記録されているのであれば、その歴史的過程のなかで何が決定的な要因であったのかということを ABS を使って推測できる可能性がある。実際の市場の成長過程は初期値依存的かつ経路依存的であるが、ABS

ではあり得た可能性だけを選び出すことができるので、あとはその選択肢のなかから実際には起きた現象に最も近いものを見つけることが第一の作業となる。そのうえで、実際に起こった経路と実際には起きなかった経路を比較することで、実際には辿られた歴史的過程の理由を発見することができる。

この手法の要件は、対象の市場の状況に習熟する必要があるということ、さらには過去の状態にも同じく習熟しておく必要があるということである。実際には観察された状態Aから状態Bへの遷移を探ることがABSの目的である。言い換えれば、なぜ現在のその形にあるのかを説明する考現学的視点がABSを用いた分析の主要な要素となる。したがって、ABSを用いた社会研究はその健全性を維持するうえで、初期状態と最終状態に関する情報をできるだけ多く事前にえなければならない。加えて、ABSの結果は、多変数間のフィードバックを許容するので、本質的に線形の回帰分析では相関が調べにくい。そこでシミュレーション結果は解析的手法で分析されることとなる。ようするに構成主義アプローチは、説明したいが解析的な手法では分析できない複雑な社会現象と対照できる仮想体をシミュレーションで作り出し、その仮想体を解析的に分析することで対象を説明しようとする方法である。他の実験より再現性は高いが、フィールド実験のように対象を含めた形の実験を行わないので、実在との距離は研究者の認識のなかで埋められることとなる。

また、被験者実験と比べると、エージェントが実際の人ではなくコンピュータで表現された仮想主体である。仮想主体に実際の人と似た性格を植え込むことはできるが、それはむしろ被験者実験の成果に左右されることとなるし、その疑似的な性格がより実在の人に近づけば近づくほど結果は複雑なものとなり、究極的には実際の社会現象を直接観察する場合と同じ困難に直面することになる。したがって、初期的な行動原理は、実在の人をそのまま再現したものではなく、説明したい対象に合わせて適切に簡略化されたものでなければならない。以上のように、ABSは日常世界とは「異なる世界」を作り出し、それを対照させるという点で極めて特殊な方法である。ABSは、他の実験と比べたさまざまな弱点を抱えているが、他の実験と比べて有利なのは、エージェントの数を

極めて大きくすることができる点にある。被験者実験は、人数が多くなればなるほど、実験期間が長くなり、実験環境の統一が難しい。フィールド実験でも、ある程度の規模を超えるとコントロールされた実験ができなくなる。それに対して ABS はコンピュータの能力に依存するところはあるが、他の条件を全く同じままで、原理的には研究者が必要とするだけの人数を再現することが可能である。これは社会科学のような膨大な主体の相関によって生み出される現象を研究する場合に、強力な道具となる。

第 4 節　構成主義的理論構築と厚生経済学

　経済学の現場において、科学哲学や方法論が意識されていることはあまり多くはない。これまでの主流派経済学モデルと計量経済学の関係は、モデルの適切さを前提とした理論上位の傾向があったのは、経済学において自然科学に匹敵する実験が困難であったという理由が大きい。しかし、現在、さまざまな形で経済学のなかで実験が行われているが、その多くは、これまで主流派経済学が前提としてきたもの（滑らかな選好、長期的な安定均衡、主体の合理性の過程等）が経験的に否定され、別の仮説が登場することを認めている。このように、これまで先験的な理論モデル優位であった経済学において、経験の役割が強くなりつつあることを意味しており、さらに一部の実験経済学者からは経験的データのなかから帰納的に新しい理論が生み出されてくる可能性すら示唆している。これは意味論としての、経済学方法論ではなく、むしろ発見、あるいは知識を増加させる手段としての方法論である。たとえば、社会シミュレーションの分野において、シミュレーション結果と対象となる実在の関係について、科学方法論の視点から十分な検討がなされているとはいまだいえず、欠点の克服よりも利点の強調が目につく（Gilbert and Troitzsch 1999）。これは社会シミュレーションの研究者の多くが、シミュレーション実験を社会理解のためのインスピレーション獲得のための道具とみなしているからである。
　これは、仮説と実験の関係が、反証可能性を明示することで仮説の科学性を

第 2 部　経済学方法論の自然科学的次元

保証するという次元からむしろ仮説が反証されることによって獲得されるモデルと反証データの間の隙間にあるものから知識を獲得しようとする試みといってよい。これはある意味では、自然科学の方法に近づきつつあるといえる。ポパーは、次のように述べる。

> 説明の問題は、説明的理論を提出することによって解決される。そして説明的理論は、それらが自己矛盾的であるか事実と両立しないかある他の知識と両立しないことを論証することによって批判できる。しかしこの批判は、われわれの見出そうとするものが真なる理論—事実と一致する理論—であるということを仮定している。合理的批判を可能ならしめるのは、事実としての対応としての真理という概念である、と私は信じる。統合された理論による説明へのわれわれの好奇心、われわれの情熱は普遍的で限りのないものであるという事実と一緒になって、真理への接近というわれわれの目的は、知識の樹が統合的成長をとげていく理由を説明する。
>
> （Popper 1972, 263 / 訳 296）

　これはポパーが、対象と理論が知識の進化をもたらすと考えていたことを示している。淘汰されなかった理論はより厳しいテストを受けることでさらなる知識をもたらし、淘汰された理論もまた淘汰されたことによる知識の増加を促す。ポパーは、これが真理への唯一の接近方法であると考えていた。

　だが、経済学の場合、厚生経済学との関係の問題が残る。厚生経済学の考え方では、モデルは、実証性ではなく規範性の視点から評価される。つまり、モデルは、現実の描写ではなく資源配分的な理想像を示し、現実がどれだけ理想状態からは乖離しているかを示す基準としての意味をもつ。たとえば、合理性の仮定を考えた場合、現実の人なり社会なりが不合理であることを認めたとしても、現実と規範の間が連続であり、より合理的な状態へのベクトルをもつのであれば、厚生経済学的規範は意味をもつ。つまり不合理な状態をいかに取り除くかが政策的課題として考えられるからである。

第 5 章 経済学実験の位置付け

　だが、そもそも厚生経済学が前提としている仮定が、経済学を考えるうえで不適当であったとすればどうなるであろうか。規範と現実の間が連続ではない場合や、そもそも厚生経済学的規範が社会的規範として意味をなさない場合がありうることをさまざまな実験結果は示している[(2)]。

　この問題から二つの見解が導き出せる。一つ目は、たとえば現行の厚生経済学の合理性への仮定は維持できなくても、それに代わる一般的行動原理が確定できればそれを新たな規範としてこれまでと同じ手法で分析を進められるとする見解、二つ目は、そもそも社会行動は個々の行動原理にもとづいた還元主義的なアプローチが不可能であり、むしろ社会的関係性のあり方を分析の対象とすべきとする構成主義にもとづいた考え方である。そして、一つ目の問題は、「技術的な問題が解決されれば」という条件が付く。これまで、連続で微分可能な関数という選好に関する仮定が守られてきたのは、社会厚生を導出するためであった。だが、行動経済学や神経経済学の結果は、この仮定を突き崩しつつあり、解析的な解が求められないからこそ、コンピュータ・シミュレーションのような技法が用いられている。たとえば、行動経済学や神経経済学の成果を用いて一般均衡理論を再構成するようなプロジェクトは非常な困難があるように思われる。なぜなら、神経経済学のアプローチがさらに発達して基数的な効用関数が発見され、一般化（パターン化）できなければ社会厚生という概念を維持することはできないからである。たとえ、それができたとしても「最適化」にもとづいた規範的状態を明示できるかどうかは定かではない。

　二つ目の問題は、アプローチ自体の批判でもある。これまで、ヴェブレン（Thorstein Bunde Veblen）のような例外を除けば、経済学者は伝統的に方法論的個人主義にもとづいて議論を行ってきた。アダム・スミス（Adam Smith）の利己心の概念を、功利主義的に捉えなおし、社会を個の集合として捉える考え方は経済学のなかでは主流であった。たとえば、必ずしも人々の意識的な活動で維持されているわけではない「制度」であっても、新制度学派のアプローチでは個々人の選択の均衡として再表現される。つまり、経済学が対象とする社会的存在は、すべて個人の行動原理に分解可能であり、例外は自然環境の

ような経済に外在するものしかない。したがって、社会に経済主体が一人しかいなくても、ロビンソン・クルーソー経済でも、あるいは人口が無限大にいる社会でも基本的に同じものとして捉えられる。だが、社会現象がそもそも個人の行動に還元できず、複数人の相関によって引き起こされるものであった場合、個体論ではなく全体論的な把握が必要となる。そもそも方法論的個人主義は、19世紀的な功利主義と古典力学の融合として導入されたものであり、経験に裏づけされたものではなかった。

経済学の隣接領域である社会学では、個人の判断の基礎となる認識の枠組みは他から独立ではないとみなされることが一般的であろう。実証研究だけでなく、パーソンズ（Talcott Parsons）やルーマン（Niklas Luhman）といった社会理論家でさえ、個人を他から独立なものとして扱うことはなかった。その莫大な実証研究は経済学のなかではあまり顧みられることはなかったが、それは社会学のアプローチが方法論的個人主義と整合しなかったからであろう。だが、認知科学で指摘されてきたように個人は自らの認識の枠組みを形成する際に外部パターンを活用しているという事実を考えれば、たとえ方法論的個人主義を今後も貫徹しようとしても独立した個人を前提とすることはできず、ヴェブレン的な制度主義とならざるをえない。

厚生経済学におけるモデルあるいは理論は、観察された事実のなかの真実を表すわけではなく、むしろ事実に対して外在する。もし、事実の説明理論が形成されたとしても、それが厚生経済学的である保障はなく、むしろ距離があることは必然であろう。観察対象を的確に表す理論が構築されたとき、厚生経済学的理論が「規範」としての地位を保ち続けられるかどうかは何ら保障するものがない。被験者実験で導き出された結果を、ABSを用いて大規模化し、その結果をフィールド実験の結果と突き合わせることで随時修正することで、従来の手法に寄らない理論を構築することは十分可能である。人の行動は、特殊な条件抜きでは厚生経済学における仮定と比較できる形にならないし、その場合一意の社会厚生関数の導出はできず、価値規範の内在という前提が崩れてしまう。この意味で、実験的手法の本格化は、精密な理論とあやふやな実証という

第5章　経済学実験の位置付け

経済学のあり方を大きく変えつつあるが、それ以上に経済学のパラダイム転換をもたらすものである。

まとめ

本章では、経済学における新しい実験手法の位置付けとそれがもたらすことの意味を考察した。実験のできない分野として、これまで経済学は理論優位の傾向があった。もちろん、計量経済学による検証は行われてきたが、世界中で日々生産される仮説（モデル）が実際に検証されることは稀である。これは、経済学の大学院では理論と実証は平行して習うことがほとんどであるが、理論と実証の両方を行える経済学者が少なくなかったことを見れば明らかである。社会科学と呼ばれながら経済学は、長らく自然科学と比せる意味で科学ではなく、哲学の領域に居続けた。

だが、実験的手法の普及は、今後理論家により厳密に反証可能性の明示を求めるであろうし、それにより他の研究者による再現実験も行い易くなることは間違いない。それによって、経済学は出自としての哲学から離れ、自然科学の領域へと近づくことになる。しかし、反対に実験できない理論は科学性を保障しえないし、知識の増加をもたらさないものとして淘汰されていくことも想像に難くない。多くの実験家が指摘するように、淘汰される側に現在の主流な考え方が含まれる可能性は低くない。その場合には、規範モデルとの距離を政策の指標とする19世紀以来の功利主義経済学が終わりになるであろう。

注

（1）　本文で示したように経済学においてさまざまな実験が導入され、従来の経済理論に改変を迫る結果を生んでいるケースもある。だが、このことは、現状で、経済学における実験が自然科学と同じ水準まで洗練されたことを意味しない。自然科学と社会科学の実験の最大の違いは再現性であり、これはコンピュータ・シミュレーションを除くすべての社会実験に対していえる。

　　経済学ではないが、経済学実験の隣接領域である心理学では、やはり実験結果の再現性が問題となっている。オープンサイエンスコラボレーション（Open Science Collaboration: OSC) は、Psychological Science, Journal of Personality and Social Psychology, Journal of Experimental Psychology: Learning, Memory, and Cognition の3誌で2008年以降に刊行された論文のうち、一定の基準に該当する100本の結果の再現性を検証した。その結果、統計的に有意とされた結果が97％であったが、ほぼ再現されたものは47％にとどまった（池田ほか2015）。

　これは心理学研究における実験環境のコントロールの難しさを示している。サンプルのランダム化は当然行われているが、追試においてオリジナルの実験環境を再現できているか、オリジナルの論文で認識されていなかった要素がどの程度実験結果を左右しているのかが社会実験ではわかりにくいという問題がある。これは社会科学の実験でもいえることであり、比較実験のコントロールが厳密にしにくい状況になればなるほど、追試に耐えられない結果が出やすくなることは避けられない。自然科学において、追試による再現性確認は極めて重視されるが、社会科学の場合、オリジナルの実験と追試の間にギャップが産まれてしまい、追試が機能しているかどうかもまた考察しなければならない。

(2)　規範を経済学の体系内に完全に閉じ込めてしまう功利主義的経済学が主流となる前に、規範を外在させる議論が多く存在したことを考えれば、現行の厚生経済学的規範が唯一の考え方ではないことは明らかであろう（Knight 1922, 1946）。

参考文献

（洋書）

Camerer, C., G. Lowenstein and D.Prelec. 2005. Neuroeconomics: How neuroscience can inform economics. *Journal of Economic Literature* XLIII: 9-64.

Chamberlin, H. E. 1948. An Experimental Imperfect Market. *The Journal of Political Economy* 56(2).

Egashira, S. and T. Hashimoto. 2002. Common Owing, Transmission and Development of Knowledge. *Nonlinear Dynamics, Psychology, and Life Science* 6(2): 173-183.

Ebenstein, A. 2003. *Friedrich Hayek. A Biography*. New York: Palgrave.

Friedman, M. 1953. *Essays in Positive Economics*. Illinois: University of Chicago Press. 佐藤隆三・長谷川啓之訳『実証的経済学の方法と展開』富士書房、1977年。

Friedman, M. 1974. Monetary Analysis. In G. J. Robert, ed. *Milton Friedman's Monetary Framework: A Debate with His Critics*. Illinois: University of Chicago Press. 加藤寛訳『フリードマンの貨幣理論―その展開と論争』マグロウヒルブック社、1981年。

Glimcher, P. W. 2004. *Decisions, Uncertainty, and the Brain: The Science of Neuroeconomics*. Cambridge: MIT Press. 宮下英三訳『神経経済学入門―不確実な状況で脳はどう意思決定するのか』生産性出版、2008年。

Harrison, G. W. and J. A. List. 2004. Field Experiments. *Journal of Economic Literature* XLII: 1009-1055.

Hashimoto, T. and S. Egashira. 2005. Multi-agent-based Simulation for Formation of Institutions on Socially Constructed Facts. *Book Series Lecture Notes in Computer Science* 3630: 675-684.

Knight, F. H. 1922. Ethics and Economic Interpretation. *The Quarterly Journal of Economics* 36: 454-481.

――. [1946]1982. The Sickness of Liberal Society. In F. H. Knight, *Freedom and Reform: Essays in Economics and Social Philosophy*. London: Liberty Press.

Kuhn, T. 1970. Logic of Discovery or Psychology of Reseach?. In I.Lakatos and A,Musgrave eds. *Criticism and the Growth of Knowledge*. Cambridge:Cambridge University Press: 1-24.

Robbins, L. 1932. *An Essay on the Nature and Significance of Economic Science*. London: Macmillan. 中山伊知朗監修・辻六兵衛訳『経済学の本質と意義』東洋経済新報社、1952年。

Lawson, T. 1997. *Economics and Reality*. London: Routledge.

Loewnstein, G. 1999. Experimental Economics from the Vantage Point of Behavioral Economics. *The Economic Journal* 109: 25-34.

Looms, G. 1999. Some Lessons from Past Experiments and Some Challenges for the Future. *The Economic Journal* 109: 35-45.

List, J. A. 2011. Why Economists Should Conduct Field Experiments and 14 Tips for Pulling One Off. *Journal of Economic Perspectives* 25(3): 3-15.

Nigel, G. and K. Troitzsch. 1999. *Simulation for the Social Scientists*. Open University Press. 井庭崇他訳『社会シミュレーションの技法－政治・経済・社会をめぐる思考技術のフロンティア』日本評論社、2003年。

Samuelson, P. A. 1938a. A Note on the Pure Theory of Consumer's Behavior. *Economica,* n.s. 5: 61-71.

――. 1938b. "A Note on the Pure Theory of Consumer's Behavior: An Addendum. *Economica*, n.s. 5: 353-354.

――. 1947. *Foundations of Economic Analysis*. Boston: Harvard University Press. 佐藤隆三訳『経済分析の基礎』勁草書房、1967年。

Sober, E. 2008. *Evidence and Evolution: The Logic behind the Science*. Cambridge: Cambridge University Press. 松王政浩訳『科学と証拠－統計の哲学入門』名古屋大学出版会、2012年。

Smith, V. L. 1976. Experimental Economics:Induced Value Theory. *American Economic Review* 72: 923-955.

Popper, K. R. 1972. Objective Knowledge. Oxford: The Clarendon Press. 森博訳『客観的知識』

木鐸社、1974年。
Von Neumann, J. and A. W. Burks. 1966. *Theory of Self-reproducing Automata*. Urbana: University of Illinois Press.

（和書）
池田功毅他（2015）「心理学研究は信頼できるか？ 再現可能性をめぐって」『サイナビ！ブックレット』1：1-16。
金子邦彦・池上高志（1998）『複雑系の進化的シナリオ』朝倉書店。
川越敏司（2007）『実験経済学』東京大学出版会。
高島弘文（1967）「ポパーの自然科学方法論」『京都府立大學學術報告典 人文』19（32）：18-32。
──（1989）「ポパーの『真理らしさ』の理論について」『京都府立大學學術報告典 人文』41（25）：15-25。
瀧澤弘和（2012）「フリードマンの『実証経済学の方法論』再読─理論の意味論的把握による再評価」『經濟學論纂』52（4）：239-275。
三浦麻子（2015）「心理学研究の「常識」が変わる？─ 心理学界における再現可能性問題への取り組み」日本心理学会『心理学ワールド』68：9-12。

第5章　経済学実験の位置付け
へのコメント

原谷直樹

　本章の目的は、現代経済学の理論展開の方向性を実験的手法という観点から概括し、それぞれの研究の知見が示す経済理論と現実との関係に対する方法論的含意を明らかにすることであるといえよう。とりわけ、実験室実験、神経経済学、フィールド実験、コンピュータ・シミュレーションといった近年の研究動向を「科学的手法」と「哲学的手法」の方法論的二項対立という図式に位置づけ、俎上となる一群の研究領域を「哲学」から「科学」への移行という大きな方法論的トレンドとして解釈している点が著者の独自性と考えられる。また、近代経済学の主流となってきた方法論を、ロビンズ、サミュエルソン、フリードマンらの、経済学における実証の意義に関する見解から学説史的に紐解いており、その後に実験的手法が登場する背景を示すとともに、理論と実在をめぐる方法論史を理解するうえでも有用なものになっている。

　評者から提起したい論点は以下の三点である。まず第一に、本章で科学と対比されたもう一方の極である哲学においてすら、実験的手法の導入が進み、実験哲学と呼ばれる領域が確立されつつあるという現状が指摘できる。これはまさしく哲学の自然化であり、哲学における自然主義である。実験の興隆がもたらす影響は経済学などの社会科学に止まらず、哲学をも巻き込み、著者の想定する対立図式までも突き崩して進展する可能性を秘めてはいないだろうか。

　第二に、著者自身も触れてはいるが、仮想主体のシミュレーションと現実の人間に対する実験とでは、その対象に存在論的地位の相違があることは否めず、したがって、それらの実験結果と実在との対応関係についても解釈は分かれるだろう。実際にシミュレーションの存在論的位置づけに関しては現代経済学方法論において活発な議論が行われており、より注意深い検討が必要と思われる。

　第三に、著者が経済学における実験の増加を、実験を通じた淘汰と適応のプロセスによって科学の進化を促進させるものとして評価している点も興味深い。評者の議論（第2章）に引きつけるならば、こうした科学の発展プロセスに対する進化論的視点は、進化経済学研究にも従事している著者ならではの、まさしく「存在論的コミットメント」として捉えることが出来るだろう。

第3部　経済学方法論の社会的次元

第6章 1830年代イギリス統計運動における経済学の方法的刷新 *
――経済学と統計学はどのような関係にあったのか――

久保　真

はじめに

　ランダム化比較試験やミクロ計量分析の隆盛に象徴される、1990年代以降生じた経済学の「実証革命」(Fourcade et al. 2015)は、ジャーナル・ランキングの地殻変動というような制度的環境変化をもたらしたのみならず、80年代以前の「過度」な理論指向からの離反という、より本質的な変化を経済学にもたらしつつあるといわれる。かつては技術的に不可能であったような膨大なデータの統計処理にもとづいた実証分析が、どの程度までこれまでの理論的蓄積を不要なものとするかは予断を許さないものの、理論志向の主流派経済学に代わってより実証的な経済研究を推し進めようという意図は、歴史を振り返ってみれば、近代統計学の黎明期とされる1830年代に生じたイギリス統計運動の原動力の一つであった。当時急速にその制度的整備が進められ、それを通じて膨大な統計資料を出現せしめた統計調査の隆盛は、とりわけマンチェスター統計協会（1833年設立）を念頭に、中産階級の社会改良熱に結びつく形で展開していったと理解されているが、他方で、ゴルドマン（Goldman 1983）が明らかにしたように、ロンドン統計協会設立の端緒となったイギリス科学振興協会（British Association for the Advancement of Science）の統計部会設置（1833年）は、これとは趣を異にして、大学人たちによる経済学の刷新運動の結果として実現したものであった。

　しかしながら、経済学史上、後者の側面はあまり顧みられないまま、この

時代の「統計運動」として両者は依然として一括されてきたように思われる。ハッキングの指摘するように、当時の学問分野のなかで経済学こそ非決定論的な方法論に「最も強烈に抵抗した」(Hacking 1990, 10 / 訳 14) からこそ、理論重視の正統派経済学はその後も長きにわたって統計的研究からほとんど影響を受けることなく君臨し続けた (Maas 2005, 71)――つまり、経済学の方法的刷新運動としては実を結ばなかった――のだ、というのは一見するところ説得力ある説明であろう。なるほど、統計部会設置を主導したのは、マルサス（東インドカレッジ経済学教授）、ジョーンズ（キングズ・カレッジ・ロンドン経済学教授）、バベッジ（ケンブリッジ大学数学教授）、ヒューウェル（ケンブリッジ大学鉱物学教授、道徳哲学教授）[1]といった、反正統派経済学（＝反リカードウ経済学）なる感情を多少なりとも共有するケンブリッジ卒のアカデミシャンたちであったが、ほどなくして、マルサスは鬼籍に入り、バベッジやヒューウェルはイギリス科学振興協会統計部会やロンドン統計協会の活動に興味を失っていったのである。

　だが、こうした解釈は、イギリス科学振興協会における統計部会設置へいたる諸要因を国際的な視野のもとに置けば、必ずしも妥当性があるとは言い難い。事実、近代統計学の創始者とされるベルギーの統計学者ケトレが重要な役割を担ったのである。彼は、本論で詳述するように、統計部会の設置が決定された振興協会の第三回大会（開催地はケンブリッジ）にベルギーから参加しマルサスらと連携しながら重要な役回りを演じるのだが、終生統計研究の組織化に情熱を燃やし続ける一方で、極めて決定論的な性格を帯びたものとして「社会物理学」構想――その中心概念としての「平均人 (l'homme moyen)」概念――を提起したのである (Diamond 1969; Hilts 1973; 江頭 2010, 297-300)。とすれば、統計部会設置は、その後隆盛していく「統計運動」とは異なることは勿論であるが、学問刷新運動と連動した経済学の方法的刷新運動であったと同時に、ケトレもその担い手のひとりであった国際的な学問刷新運動のダイナミズムのなかで理解すべき側面を有するであろう。そうした学問史的文脈を共有するケンブリッジの卒業生たちが統計部会設置へと向かったのは、それぞれど

第6章　イギリス統計運動における経済学の方法的刷新

のような意図があったのであろうか。他方で、なぜケトレがイギリスにおける経済学の方法的刷新運動に関わっていったのか[2]。

　本章の目的は、上のような疑問に最終的な解答を与えることを念頭に置きながら、統計部会設置にいたるプロセスを、国境を越えて交錯するさまざまな思惑を解きほぐすべくできるだけ史料それ自身に語らせる形で、明らかにすることにある。それは、予備的な考察にとどまるといえども、経済学の方法論に関わる論争に社会的次元からアプローチせんとするものである。蓋し、方法論を科学の実践における「しかるべき手続」とみなすならば──現代経済学における「実証」はまさにそのように機能している──、「しかるべき」ものかどうかを判断し、是とされるものを蓄積して再生産していく社会的基盤──現代経済学でいえば、学会なりジャーナルなり教育機関なり教科書なり──が必要不可欠だからである。本章が対象とする、19世紀前半のイギリスに生まれた近代的な学会、イギリス科学振興協会はまさにそうしたものであった[3]。

　このような観点からイギリス科学振興協会統計部会設置を論じるにあたり、本章は以下のように構成される。まず第1節で、イギリス科学振興協会が設立されるにいたった経緯と、第一回ヨーク大会（1831年）から第三回ケンブリッジ大会までの組織（とくに、部会組織）の発展とを概観する。ここでは、この時期の協会を、目指すべき三つの方向性──科学の統合と開放と専門分化──の間での揺らぎあるいは緊張を示しているものとして特徴づける。第2節では、ケトレがケンブリッジ大会に参加するようになった経緯と、彼が抱いていた社会研究へ統計学を応用しようという構想がどのようなものであったかを、彼の著作、書簡やメモ類を参照しながら探っていく。ここでは、主著『人間について』（Quetelet 1835）において提示された彼の「社会物理学」プログラムは、すでにケンブリッジ大会参加時点で事実上構想されるにいたっており、そのプログラムがインパクトを与えるべき既存の学問として経済学を意識していた、ということが明らかにされる。さらに第3節では、微妙に食い違う証言を突き合わせながら、統計部会設置の実相をできるだけ正確に再現してみよう。最後に、本章で明らかになったこと──経済学ひいては社会科学における

人間像の刷新という設置時の思想が貫徹できなかった次第——に関連して若干の評言を行い、結びに代えたい。

第1節　イギリス科学振興協会 1831—1833
——科学の統合・開放・専門分化

　イギリスでは、18世紀末以降自然科学の専門学会が次々誕生していったが、他方でその中核となるべき王立協会（Royal Society）の沈滞ぶりは目を覆わんばかりであった。こうした科学の統合なき専門化という懸念すべき事態に対応せんがため、科学者たちを統合するプラットフォームを王立協会に代わって与えるべく1831年に設立されたのが、イギリス科学振興協会であった。統合の旗印は『学問の進歩（The Advancement of Learning）』の著者ベーコンのヴィジョンであり、その現代的に再解釈された科学方法論が「科学の進歩（the Advancement of Science）」の推進力となることが期待された[4]。ジョーンズ、バベッジ、ヒューウェルらの学生時代からの盟友であり、前年に王立協会の会長選挙に惜しくも敗れた天文学者ハーシェルが、イギリス科学哲学の嚆矢とされる『自然哲学研究序説』（Herschel [1830] 1831）を協会設立の年に世に問うたのは、まさに象徴的であったといえよう（Yeo 1981, 65-6, 82-3）。

　イギリス科学振興協会設立の直接の契機となったのは、スコットランドの科学者ブルースターの提言であった。「彼は、バベッジの著書への書評の中で、政府および国民の科学への無関心、科学者への年金・報償制度が確立していないことを指摘し、……ヨークシャー哲学協会（1821年創立）にBA〔イギリス科学振興協会〕の創立を働きかけた」（井上 1989, 460）。実は、このスコットランド人科学者の働きかけは、その著書『イングランドにおける科学の衰退に関する省察』がブルースターの書評対象となったバベッジが1828年に行った欧州旅行に端を発している（Snyder 2011, 139-43）。

　この年の9月ベルリンに到着したバベッジは、当地で大陸の科学者たちによる盛大な会合が催されることを知った。実際、数学者ガウスのようなドイツ

第 6 章　イギリス統計運動における経済学の方法的刷新

人科学者のみならず、スウェーデンの化学者ベルセリウス、デンマークの物理学者エルステッドら大陸各地からも錚々たる顔ぶれがプロイセン王国の首都に集結し、史上最大の科学者による会合となった。プロイセンの王族から一般市民にいたるまで多くの人々が会場となった劇場へ詰めかけ、博物学者フンボルトによるオープニング・スピーチに聞き入ったのである。会場に駆けつけたバベッジは、大陸の科学者たちの社会的名声、他方で彼らに対する社会全体の――とりわけ上流階級の――関心の高さに驚歎し、故国の科学者たちが置かれている嘆かわしい状況と比較せずにはいられなかったであろう。帰国するや否や、彼は旧知のブルースターにベルリンの会合の様子を伝える手紙を書き送った。これを読んだブルースターは、バベッジに、それを記事にまとめて自らの編集する『エディンバラ科学ジャーナル（*Edinburgh Journal of Science*）』に寄稿するよう勧めた。果たして、それは「ドイツの学会なるものに関して、一般のイギリス人たち向けに書かれた最初の論説」（Babbage [1864] 1989, 324）となった。それを読めば、フンボルトのスピーチの内容（英訳）や国別および分野別の出席者数などを知ることができる（Babbage 1829）。

　こうしたやりとりのなかで、ドイツのそれに匹敵する学会をイギリスにも創ろうというアイディアが浮かんできたとしても不思議ではなかろう。ハーシェルの会長就任が叶わなかったことも、王立協会を見限るよう二人を促したのかも知れない。ブルースターは翌々年（1831 年）2 月 21 日バベッジに、「ブリテンにおける科学の大義が大きく前進する〔ために〕……いまや総力を挙げて邁進すべき時〔だ〕」と述べ、ハーシェルを会長に据えヨークでその夏に会合を開くという具体的なアイディアを書き送っている（Morrell and Thackray 1984, 33）。さらにその二日後、ブルースターは早速ヨークシャー哲学協会の事務局担当者にヨークでの会合開催の可能性を打診し、「学会の主要な目的は、科学を研究している人たちをして情報を交換してもらい、彼らがお互いに刺激を受け新たな試みを始めるよう促すこと、科学の目的を一般の人々にさらに開かれたものとすること、そして、科学を振興しその進歩を加速させること〔だ〕」と説明している（*Ibid.*, 34）。

第3部　経済学方法論の社会的次元

　果たして、ヨークシャー哲学協会初代会長ハーコートの協力よろしきを得て、1831年9月26日月曜日、イギリス科学振興協会第一回大会がヨークにて幕を開けた（BAAS 1833, 56）。ブルースターの予想を遙かに超える353人の参加者を集めたこの大会は、イギリス史上最大規模の科学を主題とした会合となった。参加者たちは連日一堂に会して、さまざまな分野の近年の研究状況に関する講演を聞き、討議を行い、晩餐を楽しんだ。分野毎に専門委員会（Sub Committees）が組織されたけれども、主として翌年の大会の講演者を執行委員会（General Committee）へ推薦する役割を担ったに過ぎない。それはまさに、王立協会に代わって、さまざまな専門分野の知見を専門の垣根を越えて議論できるプラットフォームを提供する——先に引用したブルースターの言を借りれば、「科学を研究している人たちをして情報を交換してもらい、彼らがお互いに刺激を受け新たな試みを始めるよう促す」——という、趣旨に沿ったものであると見ることができよう。

　他方で、「科学の目標を一般の人々にさらに開かれたものとする」という目的は、第二回の開催場所が変更されたことで、結果的に達成されていく。すなわち、主としてアクセスしやすいという地理的な理由から第一回大会開催地が選ばれたにもかかわらず、そのヨークシャーの地で次回大会をオックスフォードで開催することが決定され、さらにその後の大会は、スコットランドのエディンバラ（第四回大会）、アイルランドのダブリン（第五回大会）など、イギリス各地を巡ることとなる。ヨウによれば、こうした「イギリス科学振興協会の巡回的な性格が、科学および科学者たちの全国的な可視性を高めていった」（Yeo 1981, 72）という[5]。実際、バベッジやブルースターは、科学に対する一般の理解が欠如しておりその社会的ステータスが低いことが、イギリス科学の問題点であると考えていた。期待されていたように、いやそれ以上に、大会への一般参加者は増えていき、ブルースターのお膝元のエディンバラで大会が開催されたときには、「〔協会の大きな収入源であった〕女性向けチケットの人気が凄まじく、応えきれない」（Ibid., 73）と嬉しい悲鳴を上げるほどであった。科学は、順調にイギリス各地の——女性を含む——一般民衆の関心の的となっ

第 6 章　イギリス統計運動における経済学の方法的刷新

ていったのである（Morrell and Thackray 1981, 548; Snyder 2011, 154-5）。

　しかしながら、こうした所期の目的に沿う形での発展が見られる一方で、それとは必ずしも一致しないような発展も見られた。それは部会の形成である[6]。すでに第二回のオックスフォード大会では、三日目（1832 年 6 月 20 日水曜日）の総会の冒頭で、「四つの専門委員会の議長が、部会会合（Sectional Meetings）の議事録を読み上げた」ことが記録されている（BAAS 1833, 99）。すなわち、参加者が一堂に会して講演を聴き討議を行う場とは別に、四つの専門委員会（Committees of Sciences）のもとに、何らかの形で部会会合が組織されていたのである（「地質部会（Geological Section）」という固有名詞も記録に現れる）。第二回大会は前回よりも多くの参加者（600 人程度と推定されている）が見込まれていたことが部会設置の実際上の理由であったけれども、結果的にイギリス科学振興協会の場においても科学の専門化を追認していくものとなった。こうした動きには、科学の統合を重視していたハーコートは強い難色を示した――そしておそらく、バベッジやブルースターも諸手を挙げて賛成ではなかった――けれども、その後の歴史を見れば「科学の進歩」に資するものであったことに疑問の余地はないであろう（Morrel and Thackray 1981, 451-60, 548）。

　1833 年 6 月 24 日月曜日にケンブリッジで開幕した第三回大会では、記録上初めて、部会会合が独立の項目として現れる。「部会は連日午前 11 時から、日によっては午後 8 時半からも、いくつかの校舎、天文学講義室、キーズ・カレッジ（Caius College）のホールを会場にして開かれた。土曜日には、自然誌部会はフェン（the Fens）までエクスカーションに出かけた」（BAAS 1834, xxxii）という。専門委員会は、①数学および一般物理学②化学・鉱物学等③地質学および地理学④自然誌⑤解剖学・医学等（新設）⑥統計学（新設）の六つが記されており（Ibid., xxxix-xl）、その専門部会に対応する六つの部会会合が火曜日から金曜日まで連日パラレルセッションの形で行われたということとなる[7]。いや、実際には統計部会の会合は「連日」行われたわけではない。というのも、協会会長セジウィックが六番目の部会として統計部会の設置をアナウンスした

183

のは、大会期間中（27 日木曜日）の総会であったから。

　大会期間中の突然の部会設置はある種の「クーデター」（Snyder 2011, 150）であったという。事実、27 日木曜日の総会で会長セジウィックから部会設置にいたる理由や状況を説明するよう促されたバベッジは、「ルールを犯してしまったことに関して、これを前例としないことを条件に免責されるよう求め（asking for a bill of indemnity, for having broken the laws）」た（Anon. 1833, 82）。とはいえ、手続的瑕疵はともかく、イギリス科学振興協会が科学の統合と開放と専門分化という三つのベクトルのなかでいまだ揺れ動いていた時期に、統計部会の設置が行われたことに留意しておく必要がある。蓋し、統計学のみならず、数学・物理学・天文学に精通した国際的に名を知られる人物たるケトレの存在が、新たな部会設置（＝専門分化）にもかかわらず科学の統合を保証するイコン（＝可視化された象徴）として機能した可能性を、われわれに気付かせてくれるからである。クーデターに積極的に関与したと思われるのは、バベッジの他、マルサス、ジョーンズ、ヒューウェルらであったが、イギリス科学振興協会に関する浩瀚なモノグラフを著したモレルとサッカレー（Morrell and Thackray 1981, 291-2, 374）は、クーデターの成功はケトレの存在抜きには語れないと指摘する。事実、後述するように、バベッジは、総会でケトレの統計学の業績の重要性を聴衆に訴えることで、統計部会の設置を正当化しようとしたのであった（Anon. 1833, 82）[8]。

第 2 節　アドルフ・ケトレ、ケンブリッジ、「社会力学」と経済学

　それでは、ケトレはいつ頃どのようにしてケンブリッジと関わりをもつにいたったのであろうか。

　ベルギー王立アカデミーの付属図書館に所蔵されているケトレ宛書簡を見る限り、ケトレとバベッジとの交流は遅くとも 1826 年 11 月には開始されている（Quetelet Papers 268）。しかし、ケトレが初めてケンブリッジを訪れたのは、1827 年、オランダ国王（当時ベルギーはオランダ領）の命を受けて、ブリュッ

第6章　イギリス統計運動における経済学の方法的刷新

セルの天文台建設に必要な資材を調達すべく、イギリスへ渡ったときであったと思われる。彼は、数ヶ月にわたってイギリス各地（グリニッジ・ケンジントン・エディンバラ・オックスフォード・リッチモンドなど）の天文台を訪れ、11月にはケンブリッジにも立ち寄っている（Quetelet and Garnier 1828, 313-29; 1829, 58-64）。そこでは、天文学者シープシャンクスの厚意によって、天文台の細部にいたるまで視察することができたという。ケトレが発表した出張報告を見る限り、天文台以外にもトリニティやセントジョンズなどのカレッジを訪れたらしいものの、シープシャンクス以外どのような人たちと交流をもったかは明らかではない（Quetelet and Garnier 1829, 62-4）。が、後の記録を見ると、このときケトレがヒューウェルと知り合ったことが判明する。

その2年後（1829年9月）、ケトレはハイデルベルクで開催されたドイツ自然科学者大会（Deutscher Naturforscher Versammlung）に参加した。この大会には大陸各地からだけでなくイギリスからも数名の科学者が参加していたが、ケトレはそのなかにヒューウェルを見つけて感激した。というのも、「その2年前ケンブリッジ大学で、光栄にもお近づきになる機会を得ていた」からであるという。シープシャンクスとヒューウェルはトリニティ・カレッジの同窓であり――ともに同世代の俊英と知られていた――、友人でもあったので、それが縁でケトレはヒューウェルを紹介されたのかもしれない。いずれにせよ、ヒューウェルの「機知に富んだ話しぶりやその広くかつ確かな知識のおかげで、ハイデルベルク滞在中の私〔＝ケトレ〕の楽しみはすこぶる増大した」（Quetelet and Garnier 1830, 233）のであった。

とはいえ、1820年代の両者の交流の実態はよくわからない。ケンブリッジのトリニティ・カレッジ図書館に所蔵されているヒューウェル文書のなかには膨大な書簡が含まれるが、そこに所蔵されているケトレからヒューウェルへの最初期の手紙は1830年11月11日のものである[9]。他方、ベルギー王立アカデミーの付属図書館に所蔵されているヒューウェルからケトレへの最初期の手紙は、1832年5月15日のものである[10]。ヒューウェルはケトレに「大勢の科学者（men of science）が毎年一堂に会するというドイツ流のやり方を

真似ようとする動きが、ここイングランドでも始まっています。最初の大会はヨークで昨年開催され……、次の大会はオックスフォードで来月6月18日から23日まで開催される予定」であることを伝えたうえで、「貴殿に来ていただけるとこちらの者も皆大層喜ぶだろうことは間違いありませんし、私は副会長のひとりですから頼りにしていただいて一向に構いません」と、イギリス科学振興協会のオックスフォード大会へ来るよう強く要請している。この招待は実現しなかったものの[11]、ヒューウェルは翌年（1833年）の4月2日ケトレに再び手紙を認め、イギリス科学振興協会のケンブリッジ大会への参加を促す。

> ハイデルベルクで貴殿と私がともに参加したのと同じような科学者の年次会合がイングランドでも始まっていることは、すでにお伝えしたかと思います。この会合は次回ケンブリッジで行われ、6月24日に開幕します。貴殿がこの会合に参加くださることが可能だと分かれば、喜ばしい限りなのですが。もしおいでいただければ、貴殿の関心を惹くような多くの人士や出来事に遭遇されることは間違いないでしょう。もし我々のところににおいでいただけるようでしたら、……〔トリニティ・〕カレッジのなかにアパートメントを用意しますし、貴殿の滞在が快適なものとなるようできる限りのことを致します。
> 　　　　　　　　　　　　　　　　　　　　　（Quetelet Papers, 2644）

こうしたヒューウェルからの熱心な誘いもあって、ベルギー政府を代表するという形でケトレはケンブリッジ大会に参加することとなる（1833年6月8日付ヒューウェル宛ケトレ書簡; Whewell Papers, Add.Ms.a.211. 4）。宿泊したのは、ヒューウェルが提供してくれたトリニティ・カレッジの部屋であった（Note: Quetelet Papers 2644）。

　留意すべきことは、このような1820年代後半以来の交流と同時並行的に、ケトレがブリュッセルの王立天文台の建設に奔走し王室天文官に就任する一方で、天体観測に利用されていた統計学の理論（誤差法則）や技法（最小自乗法）

第 6 章　イギリス統計運動における経済学の方法的刷新

を社会事象に適用していくという、後の「社会物理学」構想——かの『人間について』(Quetelet 1835) に結実するアイディア——を徐々に形成していったということである (Stigler 1999, 59)。そうしたアイディアの特徴は、人々がどれほど自由意思にもとづいて行動していると確信していたとしても社会的には「法則」によって支配されているという決定論的志向と、そうした「法則」は社会統計によって導出される「平均人」なる仮想的な人間像を通じて明らかにできるという実証的、統計的規則性への信頼とであった[12]。その一方で、ケトレが経済学こそそうした統計的手法を適用する社会事象を従来考究してきた学問領域であると考えていたという事実も、本章の問題関心からは見過ごすことはできないであろう。

　確率論のさまざまな応用可能性を統一的に提示したケトレ (Quetelet 1828) は、その翌年『オランダ王国に関する統計研究』の序説において、以下のように述べる。

> 今度は経済学が〔17 世紀以来発展した、確率論が応用された定量的な〕諸科学の列に加わることとなった。一方で統計に基づき、他方で最も幅広い観点から捉えられた歴史に基づくことによって、経済学は社会に対する指針と解明とを提供したのだ。言葉に代えて事実が求められた。曖昧な仮説や根拠なき体系に代わって慎重な観察が求められた。　　　　（Quetelet 1829, ii）

ケトレは、こうした統計的手法は社会事象についても因果関係を主張することによって「運命論 (fatalisme)」(Ibid., vi) という誹りを受けてきたけれども、「長期にわたって一様に現れる事象の再現性」(Ibid., vii)、すなわち統計的規則性を否定することはできない、と主張するのであった[13]。「平均人」の概念が登場するのは、その二年後、1831 年のことである。この年に発表した『異なる年齢における犯罪傾向に関する研究』(Quetelet 1831a) の冒頭において、ケトレは、「社会物理学」ならぬ「社会力学 (mécanique sociale)」の基礎として、すなわち人間の物理的および道徳的特性の同定およびそうした特性の発

187

展法則発見の基礎として、社会統計を使う妥当性を主張する。けだし、社会統計によって導出される人間像こそそうした基礎となり得るからだ、とケトレは考えるようになっていた。

> 〔そうした人間像は、〕社会の中で、物質界における重力の中心に喩えられる。それは、あらゆる現象が社会全体から得られた平均値に従って生起するような、仮想的な存在である。もしある国の平均人なるものが確定できるとすれば、それはその国民の類型を提示するものとなろう。もしそれが人類全体について確定できるとすれば、それは全人類の類型を提示するものとなろう。
> (Quetelet 1831a, 1: 強調は原文 ; cf. 1831b, 4) [14]

ここにおいて、「人間は、自分の自由意思に従っていると信じているにもかかわらず、そうとは知らずに、法則に支配される」(Quetelet 1831b, 1) という言明に内実が与えられることとなった。そうした法則性の体現者こそ「平均人」なのである。斯くして、統計部会が設置される大会に参加すべくケトレがケンブリッジへ向かったときにはすでに、彼は単なる「事実を蒐集する統計学者」ではなく、社会法則を究明する「社会力学」の構想者となっていた。イギリス科学振興協会へ再三誘ってくれるヒューウェルに、自分と同じく「数理諸科学に政治諸科学を結びつけようとする数少ない数学者」を見出し、ヒューウェルがリカードウ経済学を数学的に定式化しそれへ批判を加えた論考を「大いなる興味を持って読んだ」(1833年5月14日付ヒューウェル宛ケトレ書簡 ; Whewell Papers, Add.Ms.a.211. 3) ケトレは、統計部会設置の計画をいつ知らされたかは定かでないけれども、統計部会設置を決めたケンブリッジ大会に参加すべくして参加していたといってよいであろう。

だからこそ、同じく社会法則を究明する学としてすでに名声と権威を獲得していたイギリス経済学のメッカであるロンドンの経済学クラブ (Political Economy Club) にも立ち寄ったのであろう。ケンブリッジ大会の翌週の木曜日 (1833年7月4日)、通常ならば6月までしか例会が開催されない経済学

第6章　イギリス統計運動における経済学の方法的刷新

クラブで、特別会合（subscription meeting）がもたれた。この日は、トゥークが「工場で働く児童のために行われる立法による干渉は、健全な政策と矛盾しないか、矛盾しないとすればそれはいかなる修正のもとにおいてか」と題した報告を行い、それについて議論が行われた。クラブの公式記録に「〔この会合には〕非会員に関するルールは適用しないこととした」（Political Economy Club 1882, 114）とあり、通常例会よりも非会員に開かれたものとなったことが示唆されているが、それはケトレの参加を許可するためであったかも知れない。が、ケトレは、そうした出席許可手続の詳細については触れず、この会合への参加を以下のように報告している。

> 政治科学（les sciences politiques）にもっとも精通した人々がロンドンで学会を組織している。そこで彼らは自らの研究対象について議論し、知見を交換する。ここでの議論は実に科学的かつ友好的なものであり、通常20名から30名ほどが参加し、晩餐に引き続いて行われ、昨今の政治問題が話題となる。その学会のある日の会合では、工場における児童労働の問題を検討することが予定されていたが、それへの私の参加を認めたいという強い希望があった。この会合にはイギリスを代表する経済学者が何人も参加していた。マルサス氏、シーニア氏、トゥーク氏、ルイス氏、ウェイトリ氏、バベッジ氏などである。我が国のロンドン全権大使ファンデヴァイヤー氏も、公務にもかかわらず自らの元来の研究対象に興味を失ってはいなかったので、この学会のメンバーとなっており、私の参加した会合にも参加していた。
> 　　　　　　　　　　　　　　　　　（Quetelet and Garnier 1835, 16）[15]

この経済学クラブが、ヒューウェルらが長く批判の対象としていたリカードウを中心に設立されたという事実を、ケトレが知っていたかどうかは定かでない。が、自らの仕事が経済学者たちの反響——肯定的であれ否定的であれ——を呼び起こすことを、ケトレ自身期待していたように思われる。事実、イギリス科学振興協会の大会へ参加する前年、ケトレは自らの著書（Quetelet 1832）

をフランス経済学界の大御所セーに献本しているのである。セーからの返信（1832年9月11日付）はケトレが蒐集した統計データの有用性に必ずしも好意的なものではなかったけれども、若きケトレの野心を理解したうえで教え諭すような調子で書かれている（Quetelet Papers 2231）。自らの「社会力学」構想が従来の経済学研究へ何らかのインパクトをもたらすものとケトレがこの時期考えていなかったのであれば、パリのセーに著作を送ったりロンドンの経済学クラブを訪問したりすることなど、決してなかったはずである。別言すれば、1833年の渡英時点において、確率論にもとづく統計という自然科学と共通な方法を社会科学にも適用することによって、社会事象を考究する既存の学問である経済学を方法的に革新しようという野心的プロジェクトを、彼はすでに抱懐していたのである。

第3節　統計部会設置（1833）——ケンブリッジのクーデター

こうした野心を携えたケトレが英仏海峡を渡って参加したイギリス科学振興協会の第三回ケンブリッジ大会で、統計部会設置はいかにして実現したのであろうか。これを伝える史料として歴史家が最も依拠してきたのは、1860年にロンドンで開催された国際統計学会第四回大会の報告書に掲載された、バベッジの公開書簡である。それによると、部会設置の経緯は以下のようであったという。

　イギリス〔科学振興〕協会はまずヨークおよびオックスフォードでその初期の組織の発展を見たのであるが、その時には十分ではないように私には思われた。……あるまったく偶発的な事情によって、こうした不十分さのひとつを解消することができたのである。1833年のケンブリッジでの……第三回大会の会期中のある日の午後、私は古くからの貴重な友人……リチャード・ジョーンズ師を訪ねた。彼は当時トリニティ・カレッジの部屋に宿を取っていた。彼がいうには、今し方まで我々の共通の友人であるケトレ氏とずっと

第6章　イギリス統計運動における経済学の方法的刷新

話していたところであったという。ケトレ氏はこの大会に参加すべくベルギー政府から公式に派遣されて来ていたのであった。彼は一群の統計データを持参してくれたのだが、ジョーンズ師は、それを発表するに相応しい部会がないのでその夜自分のところに来てくれるよう依頼し、……マルサス教授やドリンクウォーター氏〔ら〕……も誘って集まることとしたという。そしてその時私もその集まりに参加するよう求められたのである。私は喜んで誘いに応じた。が、〔部屋を辞して〕トリニティ・カレッジの門のところまで行くか行かないかというところで、ある考えが浮かんだのである。これは協会に貢献する好機ではないか。私は友人の部屋へとって返し彼に私のアイディアを話すと、彼も賛成してくれた。私は統計部会の結成を提案したのである。何か例外的なやり方をしない限り翌年の大会までそうした部会はできないだろうということに、意見の一致を見た。そこで、その夜集まった際に我々だけで暫定的に統計部会を結成することを考えようではないか、その後評議員会館での総会で、そうした事態になった次第とその部会を協会の永続的な部会とするメリットとを説明しようではないか、と私は述べた。……〔実際思惑通りに〕総会では統計部会の設置が認められたのであった。

(Babbage 1861, 505-6: 強調は原文)[16]

だが、バベッジの記述を俄に信じることはできない。事実、ケトレをケンブリッジに招待したヒューウェルは、イギリス科学振興協会において統計学を扱うべきであるという考えを、すでにこの年の3月24日の時点でジョーンズに告げていた。「イギリス〔科学振興〕協会が統計データの蒐集に役立つようなものへ組織変更される予定ならば、そうしたデータの蒐集についても貴方と話し合いたいと思います。組織変更したほうが適切だろうというのが私の考えです」(Whewell Papers, Add.Ms.c.51.154; Todhunter [1876] 2001, 2: 161)。また、スナイダー (Snyder 2011, 378) は、バベッジの自己言及は往々にして自らをよく見せようという潤色が施されていると指摘する。彼女によれば、6月26日水曜日の夜、ケトレ、ヒューウェル、バベッジ、マルサスを自分の部

屋に集めたジョーンズは、ケトレに報告をしてもらっただけでなく、ヒューウェルとともに、統計部会を創るという計画を居合わせた人々に告げた、という (Ibid., 151)。「統計部会が生まれたのはケンブリッジの貴方〔ヒューウェル〕の部屋であったことは忘れもしません」とケトレが回想していることからすれば (1845 年 2 月 8 日付ヒューウェル宛ケトレ書簡; Whewell Papers, Add. Ms.a.211.27)、トリニティ内にジョーンズがヒューウェルから借り受けた部屋がその舞台であった可能性が高い[17]。いずれにせよ、統計部会設置はバベッジ単独による大会会期中の思いつきではなく、ケンブリッジで大会が開催される前からバベッジ、ジョーンズ、ヒューウェルらが連携しながらそのアイディアを発展させていったと見るべきであろう。

ジョーンズに誘われたというドリンクウォーターの記録[18]によれば、彼が初めて、統計部会へと発展する会合に参加したのは、27 日木曜日午前のそれであったという。この会合は、マルサスが議長を務め、ケトレがフランスやベルギーの犯罪統計に関する報告を、バベッジは正規分布やそれの社会現象への適用に関する報告を行った。さらに、「部会設置の見込みやそのための最も望ましい方法などが話し合われた」(Drinkwater 1935, 141)。出席者は、彼らのほか、ジョーンズ、サマーヴィル、ドイリー、サイクスの八名であったという（ただし、ヒューウェルの名は挙げられていない）。

ケトレの出張報告には、たしかに、こうした非公式の会合が複数回開催され出席者が増していったことが記されており、上記ドリンクウォーターの記述と矛盾しない。

ケンブリッジ〔の大会〕では、開催されるどの委員会もこの科学〔＝統計学〕を扱う予定はなかったので、我々〔ケトレとバベッジ〕はすぐに集まってマルサス氏やジョーンズ氏——お二人とは名誉なことにすでに面識があった——と議論することとした。これらの全く内輪の会合 (ces conférences toutes particulières) は、それに参加したいという希望を述べる者も複数いたので、すぐに多くの人の参加を認めるようになり、その結果、協会は統計

第 6 章　イギリス統計運動における経済学の方法的刷新

学のために六番目の委員会を総会で認めたのである。

（Quetelet and Garnier 1835, 14）

さらに、ケトレはヒューウェルとの思い出を記したメモのなかで、後続した会合は実質的なものというよりも、総会において新たな部会として認めてもらうための戦略的なものであったことを示唆している。

この質素な部屋〔＝トリニティ・カレッジ内にヒューウェルが用意してくれた部屋〕において、もっとも傑出したイギリスの統計学者たちが集まり…会談が行われた。さらにその後、その他の学問領域と遜色ない地位を占めるために、大会の他の部会に配慮し儀礼に則して（avec courtoisie pour les autres sections de l'assemblée）会合がもたれた。

（Note: Quetelet Papers, 2644）

前者が 26 日夜の会合、後者が 27 日朝の会合であるとすれば、辻褄が合う。すなわち、27 日午後の総会を前にして、他の部会と同様な形式だがあくまで暫定的なものとして統計部会会合が開かれたのではないか。だとすれば、マルサスが議長を務め、ケトレやバベッジが報告を行った際、そこへの参加者だけでなく、総会に出席するであろう他の一般会員たちへのデモンストレーションが意識されていたはずである。

　こうした周到な準備を経て、評議員会館で午後 1 時に総会が始まるや、会長セジウィックは真っ先に統計部会設置の件を切り出したのであった[19]。

　皆さんご存じのように、〔本大会は〕総会に加えて個別部会が五つ設けられており、それらの部会でのやりとりの記録がすでに〔総会で〕報告されています。昨年のオックスフォード大会では四つの部会しか活動しませんでしたが、これだけでは実際不都合があるということで、解剖学および生理学を主題とする五番目の部会が追加されたわけです。今や、それら五つの部会でも

不十分だということになりまして、新たな子供の誕生——それは昨日生まれたばかりなのですが——をアナウンスしたいと思います。通常の手続から若干逸脱していることは認めなくてはなりませんが、極めて傑出した方々の協賛を得て、第六部会が形成されたのです。 (Anon. 1833, 82)

セジウィックは、このように述べると、マルサスとバベッジの二人に部会結成の理由や状況を説明するよう求めた。マルサスがどのような発言をしたのかは記録されていないけれども、かたやバベッジは、先述のように、「ルールを犯してしまったことに関して、これを前例としないことを条件に免責されるよう求め」たうえで、第六部会が主題とする統計学的研究は大きな重要性を有していることを力説した。彼は、「そうした研究はこれまで一人の傑出した外国人が振興してきたのですが、その方は一群の極めて価値ある情報をお持ちです」(*Ibid.*, 82) と述べてから、ケトレが持参した統計データの詳細について解説し始めた[20]。しかし、これは一般会員に提案を受け入れてもらうためではなかった。総会でバベッジは「既成事実」（井上 1989, 462）として部会設置の正当化を図ったのである。すなわち、もし「既成事実」として総会に提示しなかったならば、すなわち、もし部会設置を認めるよう総会で提案したならば、「我々は成功することはなかったであろうと〔いう〕確信」がバベッジにはあったからだ（Note: Quetelet Papers 268）。

果たして、総会終了後、再びマルサスが議長を務めることとなったその日の夜の統計部会会合は、30名もの参加者で盛況を極めたという（Cullen 1975, 79, 82; James 1979, 445; Goldman 1983, 591-2）。ジョーンズは、この種の会合がイングランドで初めてもたれたことを誇らしげに述べ、研究対象を狭めることによってその有用性を損なわないよう注意を促した。この会合はさらに翌28日に延会され、二度にわたって開かれた。最初の会合では、議長となったジョーンズが部会の目的を述べた後、常設の委員会の設置を提案し、次の会合では、議事録が総会に送られることが決議された（Drinkwater 1935, 142）。

しかしながら、前日から一転、この日（28日）の会長セジウィックは、執

第6章 イギリス統計運動における経済学の方法的刷新

行委員会の裁可があって初めてこの部会が正式に発足するのであるという理屈でもって、「統計部門の議事録の受取を拒否し」てしまった。彼は「部会の設置を黙認したことに不安を感じ」るようになっていたのである。そのため、この日の午後招集された総会では、「この部会設置の黙認によって受けたダメージの払拭を図るために、BA〔イギリス科学振興協会〕が取り扱う科学とは何かについての演説を行〔う〕」こととした（井上 1989, 462-3; Drinkwater 1935, 145）[21]。セジウィック曰く、「道徳や政治に関する科学は、我々の哲学的思索の及ぶ遙か上方にある」のであって、統計研究が協会の一角を占めるとすれば、それは「経済学や政治哲学に対して生の素材と呼ばれうるものを提供する」限りにおいてである。道徳や政治に関して一般化をしようとすれば、必然そこには人の「偏見」や「党派的対立感情（party animosity）」が入り込むことによって果てしない論争を惹起し、協会そのものを破壊しかねなかったのであろう（BAAS 1834, xxviii–xxix）。

とはいえ、協会が振興すべき「科学」が人間社会と無関係であるとセジウィックが考えていたわけではない。彼にとって、究極の目標たる人類の道徳的改善は——少なくとも現段階では——、道徳科学の進展によってではなく、自然科学の統一によって図られるべきものであった。自然科学の諸分野の知見が哲学的推論によって関連づけられることによって、物的世界の統一的理解へといたること、さらに、それによって人類の道徳的改善に資することが想定されていた。他方「道徳・政治諸科学は、その重要性において物理諸科学を完全に凌ぐ」ものではあるけれども、その「正しさ」においていまだ遙かに及ばないものである以上、協会では統計部会をして「生の素材の提供」にその活動を限定させるべきだ、というのであった（BAAS 1834, xxx–xxxi）。果たして、その後再招集された執行委員会によって[22]、統計部会および統計専門委員会の設置へ裁可が下されたのであるが、同時に、「この部会は、その研究について、数字によって表現することができ、かつ十分な量が集められれば必ず一般法則を示すような、人間社会に関する諸事実に限定されるべきこと」（Ibid., xxxvii: 強調は原文）が決定されたのである。かくして、イギリス科学振興協会における統計研究は、

その部会設置の経緯がイレギュラーであっただけでなく、科学の統合という協会の理念からしてもイレギュラーなものと扱われることとなった、というべきであろう。当時そうしたことが問題視されなかったのは、ベルギーの王室天文官——ヒューウェルの基調講演では、天文学は諸科学の女王であった（Snyder 2011, 2）——が統計部会設置の中心にいたことで、科学の統合がかろうじて人的に保証されたかのように思われたからかも知れない。

いずれにせよ、統計部会は社会現象に対する理論的考察を行わないこととなり、統計部会の関心も人口などに関する正確なデータセットを作成することに向かうこととなった。が、こうした事態の推移は、ケトレにとって必ずしも望ましいものではなかったように思われる。

> 協会は統計学のために六番目の委員会を総会で認めた。が、統計学を純粋に数字に関わる役割に限定してしまったのである。
> （Quetelet and Garnier 1835, 14）
> 〔こうした統計データは〕学識のある人物の手（mains habiles）に委ねられれば貴重な素材となるであろうし、我々の望むような形で利用可能となるであろうに。
> （*Ibid.*, 16）

ケトレはこの一文によって統計部会が設置されたケンブリッジ大会の報告を締めくくると、経済学クラブ訪問の報告へと筆を進めている。あたかも、「社会力学」構想をすでに抱いていたケトレが、「経済学へと生の素材」を提供するという限定された役割について失望しながら、「学識のある人物」を求めて経済学クラブを訪れたことをほのめかすかのように。

結びに代えて

イギリス科学振興協会第三回大会は、その後イギリス各地に生まれた統計協会の嚆矢となる統計部会を誕生させたことのみをもって、歴史家たちに注目されてきたわけではない。そこではもう一つ重要なものを誕生させた。「科学者

第 6 章　イギリス統計運動における経済学の方法的刷新

（scientist）」なる語彙である。

　6 月 25 日火曜日、ヒューウェルが科学の現状について、800 人を超える聴衆に向けて報告を行った。この大会の基調講演というべきこの報告の趣意は、科学研究において事実も理論もともに重要なのであり、観察と推論とが有機的に結びつくことによって科学を前進させることができるのだ、というものであった。

　この報告に対して、フロアから発言を求めたのがロマン派の詩人、老コールリッジであった。その調子は驚くほど辛辣であったという。曰く、この大会に集っている連中は「自然哲学者」を自称するけれども、「哲学者」の名に値する者がこのなかにいるのであろうか。あなた方は化石の発掘だの電気実験だのにかまけておいでだが、「哲学者」がなすべきは森羅万象の不思議について沈思黙考することのはずである。真正の形而上学者たる私からすれば、あなた方が「哲学者」を名乗るなど笑止である、と。これに対して、ヒューウェルは再び立ち上がり、どよめく会場を制して述べた。その著名な紳士のおっしゃるとおり、われわれ会員たちを総称するぴったりの言葉はないようである。もし「哲学者」というのが余りに広く傲慢に聞こえるならば、「科学者」と呼んではどうであろうか、と（Snyder 2011, 1–3）。

　科学史の画期をなす瞬間であった。だが同じ大会で統計部会が上で見たようにその目的に限定が加えられた形で設置されたことを思い起こせば、こう問うてみたくなる。もし――ヒューウェルの理想としたように――「科学者」が事実を蒐集すると同時に理論化をも行う存在であるとすれば、ヒューウェルがその設置に貢献した統計部会は当初より「科学者」たちの活動の場たりえなかったのではないであろうか。事実、ヒューウェルは、『人間について』献本への礼状のなかでケトレに以下のようにいう。

　　〔イギリス科学振興〕協会の統計部会はダブリンで会合をもち、重要な報告がいくつかなされました。……〔統計部会によって 1834 年に設立された〕ロンドン統計協会は大会に向けて大部の資料集を配布用に作成しました。会

員たちは間違いなく多くの情報を手にするでしょう。ですが、そのなかに熱
心な理論家がいたほうがうまくいだろうに、というのが現在の私の考えです。
・・・・・・・・・・・・・・・・・・・・・・・・・・・・
私のことを異端的だとお考えになるでしょうけれども、私が信ずるところ、
これなしにはそうした仕事に熱意が湧きませんし、得られた結果を連関させ
ることもできません。理論は、誤ったものであったとしても、実践に応用さ
れない限り、さほど危険なものではありません。というのも、誤った理論言
語の下で収集され表現された事実は、もっとよい理論が出来た際には、その
理論言語へ移し替えることが可能だからです。が、連関していない事実とい
うもの比較的僅かな価値しかもたないのです。

（Quetelet Papers 2644; Todhunter [1876] 2001, 2: 228-9: 強調は追加）

ヒューウェルは、ケトレの仕事が正統派経済学の排撃という然るべき目的に活かされるためには、統計部会の限定されたあり方は全く不十分であると考えるようになっていた。たしかに、1830 年代の統計研究が正統派経済学を脅かすことはまったくできなかった、といってよい（久保 2006, 76）。

　他方、この手紙にケトレがどのように応えたのかは、現段階では不明である（上の手紙から一ヶ月以内にケトレがヒューウェルに宛てたと思われる書簡はヒューウェル文書に含まれていない）。しかし、1829 年段階ですでに経済学が統計にもとづく科学へと正しい道を歩み始めていたと考えていたケトレからすると、当初のヒューウェルとは異なる経済学観を抱いていた可能性は高い。オランダの統計学史を論じた吉田（2014, 第 7 章）によれば、オランダではイギリスとほぼ同時期（17 世紀）に、しかしイギリスとは異なった独自の性格をもつものとして――つまり、確率論と融合する形で――政治算術が成立していた。このような統計学的伝統をもつオランダに、18 世紀末ドイツ国状学（Statistik）が流入してきたが、中央集権的なオランダにおいては中央政府による経済政策が重視されたため、「歴史学派経済学との結び付きが強い社会統計学」（吉田 2014, 145）が成立していったドイツと異なり、19 世紀初頭以降オランダ統計学（Statistik）は政策の理論的基礎を求めてイギリス経済学へ接

第 6 章　イギリス統計運動における経済学の方法的刷新

近していくこととなったという。実際、1806 年からライデン大学では、同一の教授が統計学と経済学とを講義するようになっていた（*Ibid.*, 151）。1815 年のオランダ王国成立から 1830 年のベルギー分離独立まで、ケトレはこうした知的伝統とダイナミズムとを有するオランダ王国のアカデミズムの一員であった。さらに、ケトレの統計学は、19 世紀中葉にドイツに導入され大きな論争を巻き起こし、その批判的克服がドイツ社会統計学の成立を促していったという事情（長屋 1993）を考慮すれば、ロンドンの経済学クラブへの訪問を比較的好意的に報告したケトレが、「理論」が必要であるというヒューウェルの告白を「異端的」であると考えるよりも、ヒューウェルが自らの立場に歩み寄ってきたと考えた可能性もあるように思われる。

　が、いずれにせよ、1835 年以降、経済学を方法的に革新せしめようというそれぞれの知的運動――結果として、それを目的とした二人の連携――は、明らかに失速していくこととなる。ヒューウェルは、経済学の方法批判から功利主義への道徳哲学観点からの批判へと軸足を移していき、他方ケトレは、『人間について』で展開された着想をもはや繰り返すのみで、その後の理論的進展はなかったに等しい（Diamond 1969）。そのことからしても、1833 年に統計部会設置という形で頂点を見せた二人――さらには、カンタブリジアンたちとケトレ――の協働は、統合・開放・専門分化のプラットフォームとしてのイギリス科学振興協会設立へと繋がる同時代の「科学」運動がなければ実現しなかったであろう、奇跡的な知的交錯であったといえよう。他方で、そうした「科学」観故に、社会事象に関わる「統計」を理論的に考察しようとすれば必然的に「偏見」や「党派感情」が入り込むことが恐れられ、観察と理論的考察との連携は制度的に保証されることはなかった。これを敷衍して、経済統計部会と名称変更することとなるこの部会を舞台に、その後幾度となく経済学の「科学性」が議論されていくのは、部会設置当初より胚胎していた緊張関係の現出であった、とするのは牽強付会に過ぎるであろう。が、たしかにそうした側面を有していたのがイギリス科学振興協会への統計部会設置であった。

第3部　経済学方法論の社会的次元

注

* 本章は、既発表論文（久保 2015）を加筆修正したものである。再掲許可を与えていただいたことについて、関西学院大学経済学会に感謝する。

(1) ただし、ヒューウェルが鉱物学教授を務めたのは 1832 年までで、また道徳哲学教授に就任したのは 1838 年であって、1833 年当時は教授職を占めていなかった。旧稿（久保 2015）における誤解を与えかねない記述について、それを指摘して下さった松本有一氏に感謝する。

(2) 通説では、イギリスにおけるケトレの最大の影響はバックルに見出される、とされる。また経済学史研究では、ジェヴォンズへの影響もしばしば取りあげられる。本章は必ずしもこれらを否定するものではなく、これとは別の影響のチャンネルを追究しようとするものである。他方、ヒューウェルとジョーンズらの、経済学の方法的刷新についての言動については、久保（2010）を参照せよ。

(3) 井上（1988, 107-9）は、こうした分析視角を、伝統的な経済学史研究の方法としてのインターナル・ヒストリーに対置させる形で、エクスターナル・ヒストリーと呼び、その必要性あるいはその重要性を説いた。それは、とりわけ「19 世紀の中葉のイギリス経済学の状況を明らかにするためにはどうしても必要」なのであって、この時期は「アマチュアリズムに支えられ……てきた古典派経済学が衰退」すると同時に、「経済学の専門化・制度化」に促される形で「近代経済学［が］成立」していったからであるという。さらに近年では、こうした分析視角からの経済学史研究は、社会ネットワーク分析を応用することによって定量的に表現されることも可能になりつつある。たとえば、ライト（Wright 2016）による 1920 年代オーストリア経済学の研究を参照せよ。

(4) 本章では、定訳（たとえば『ブリタニカ百科事典』『日本大百科全書』における訳語）に従い組織名を「イギリス科学振興協会」とするが、前掲のベーコンの書名が含意された次第を考慮すれば、「振興」ではなく「進歩」と訳したほうがよいかも知れない。ただし、先行研究では、この協会の性格に関して「科学の進歩」と「科学の促進あるいは普及」という二つの目的の間にはある種の緊張があったことが指摘されている（Yeo 1981, 72-4; なお、後述のように、本章では三つの方向性のなかに揺らぎないし緊張を見出す）。ちなみに、組織名を「イギリス科学促進協会」と訳している井上（1989, 460-1）は、協会の二重の性格を「専門［性］」と「開放性」として捉えている。

(5) 第六回大会が大学をもたぬ港湾都市ブリストルで行われたように、その巡回性は極めて積極的であった。さらに後年、カナダのモントリオールでも大会が開催された（1884年）。

(6) 井上（1989, 461）は第一回大会ですでに部会が設置されていたと述べているが、これは前述の専門部会との混同であるように思われる（Morrell and Thackray 1981, 453）。

第 6 章　イギリス統計運動における経済学の方法的刷新

(7)　ただし、部会会合の記録は、部会毎ではなく、①数学および物理学②科学器具および機械技術（Philosophical Instruments and Mechanical Arts）③自然誌・解剖学・生理学④科学史という四つの見出しのもとに置かれている（BAAS 1834, 353, 412, 433, 462）。

(8)　ケンブリッジ大会の記録は、公式記録（BAAS 1834）とは別に、ケンブリッジ大学側の記録も出版されており、これには参加者のサインのコピーも収録されている（Anon. 1833, 1-61: ただし、編者や記録者が誰であるか現時点では不明）。これによると、28日金曜日の総会で会長セジウィックは、統計部会設置のアイデアをマルサス、バベッジ、ジョーンズ、ケトレの四人に帰している（Anon. 1833, 90）。なお、後述するようにヒューウェルも大きな役割を果たしている（Goldman 1983, 591）。

(9)　ケトレからヒューウェル宛の書簡は、ヒューウェル文書に 37 通が含まれている（cf. http://janus.lib.cam.ac.uk/）。その資料番号は、時代順に Add.Ms.a.211.1 から Add.Ms.a.211.37 までである。

(10)　この手紙は、当該図書館所蔵のケトレ文書の資料番号 2644 のボックスに含まれている（以下、「Quetelet Papers 2644」のように略記する）。筆者が調査したところ、このボックスには、カタログ（Wellens-De Donder 1964, 144）の記載と若干異なり、ヒューウェルからケトレへの英語での手紙 34 通の他、フランス語で書かれた署名のない手紙 1 通（ケトレから海軍大臣に向けて書かれたものの写しと思われる）、後年ケトレによって書かれたと思しきヒューウェルに関するフランス語のメモ（以下、「Note: Quetelet Papers 2644」と略記する）が含まれている。

(11)　この書簡へのケトレの返信はヒューウェル文書に残されていないが、1832 年 7 月 28 日付のケトレの手紙では、オックスフォード大会の様子を伝えてくれたヒューウェルへの感謝とともに、彼の誘いに応じて、翌年のケンブリッジ大会に参加したいという希望が伝えられている（Whewell Papers, Add.Ms.a.211.2）。

(12)　ケトレの「平均人」概念は、これらの特徴に加えて、統計的平均から道徳的「中庸」を体現させるという規範的志向に特徴があるとされる（Diamond 1969）が、ケトレがイギリス科学振興協会ケンブリッジ大会に参加するまでの著作には、そうした志向はあまりうかがえない。

(13)　モーガン（Morgan 1990, 7-8）は、こうしたケトレの立場を 19 世紀に特有の統計的規則性の解釈であるとしたうえで、彼の影響が、推測の方法としての統計的手法が社会科学へ適用されることを阻害する要因となったと論じる。が、ケトレはここで、セーの『経済学概論』へ言及しながら穀物価格の歴史的変化についても論じていることは、指摘しておいてよいであろう（Quetelet 1829, 58-66）。なお、吉田（2014, 135）によれば、ケトレはそれ以前にオランダ国王より国状学的な著作を求められ、執筆するものの、国王の満足するところとならず、ブリュッセルで自らそれを出版したという。ただし、それには、マルサスへの言及はあるものの（Quetelet 1827, 11, 16）、経済学

(14) 『異なる年齢における犯罪傾向に関する研究』は 1833 年に第 2 版が出版されているが、組版が変更されたのに加え、「とはいえ、残念なことに、こうした重要な主題についてなされた観察がいまだ極めて少数にとどまっている」(Quetelet 1833, 52) といった留保を示す文言が加えられた。

(15) バベッジは経済学クラブの会員ではなく、ファンデヴァイヤーも会員になったのは 1835 年であり、この時点では会員ではない（藤塚 1973, 308）。会員であるマルサス、トゥーク、シーニア、ウェイトリの出席はクラブの公式記録でも確認できる（Political Economy Club 1882, 114；ただし「ルイス」が誰であるかは本章執筆時点で確認できていない）。なお、カレン（Cullen 1975, 83）は、ケトレが帰国する前にロンドンに立ち寄り経済学者たちと晩餐をともにしたことには触れているものの、これが経済学クラブであるとは特定していない。

(16) この書簡以外に、統計部会設置に関してバベッジが書き残したものは、『ロンドン万国博覧会 (1851 年)』(Babbage [1851] 1989, 10–11)、『自伝』(Babbage [1864] 1989, 325)、さらに国際統計学会の第一回大会がブリュッセルで開かれた際ケトレを訪ねたバベッジが残したとされているメモ（以後、「Note: Quetelet Papers 268」と記す）の三点である。このメモによれば、バベッジがジョーンズのもとを訪れたのは「朝」であったという。

(17) スナイダー（Snyder 2011, 151）は、キーズ・カレッジ内にジョーンズの部屋があったとしているが、トリニティ・カレッジの誤りではないかと思われる。また、ウォーターマンによれば、会期中マルサスはトリニティ・カレッジでチャーマーズと会っているという (Waterman 1991, 252)。

(18) 旧稿（久保 2015）執筆時点では、ドリンクウォーターのメモを参照することはできず、それに依拠した二次文献（Cullen 1975; Goldman 1983, 591–2）を参照したのみであったが、新たに当該メモの翻刻（Drinkwater 1935）を参照することにより、旧稿の記述を訂正した。訂正は主として、統計部会会合および部会設置を裁可した執行委員会に関する記述に対してのものである。ただし、ヒル（Hill 1984）によれば、この翻刻はやや不正確なものであるというので、原資料を参照していない本章の記述もまた、確定的なものではないといわざるをえない。

(19) 奇妙なことに、協会の公式記録には、27 日午後の総会での統計部会設置のアナウンスメントおよびその後のやりとりはいっさい記されていない（BAAS 1834, xxvi–xxvii）。

(20) ただし、記録者は、バベッジによるケトレの業績の詳細説明について、「正確な報告ができるほど、ちゃんと理解することはできなかった」(Anon. 1833, 82) という。

(21) セジウィックは、「昨日のアナウンスはまったく不適当なもので、それは動転してしまっていたからというのもあるが、主として、〔マルサス、バベッジ、ジョーンズ、ケ

第 6 章　イギリス統計運動における経済学の方法的刷新

トレといった〕偉大な人物たちの名前を尊重してしまったからだ」と弁明している（Anon. 1833, 90）。

（22）　ケンブリッジ側の記録（Anon. 1833, 90）によれば、この執行委員会はその日（28 日）の夜に再招集される予定であった。他方、ドリンクウォーター（Drinkwater 1935, 146）によると、統計部会設置に最終的に裁可した執行委員会は、29 日土曜日に開催され、これにはバベッジとドリンクウォーターが統計部会を代表して参加したという。

参考文献

（手稿類）

Quetelet Papers, in Académie royale des Sciences, Lettres et Beaux-Arts de Belgique.
Whewell Papers, in Wren Library, Trinity College, Cambridge.

（洋書）

Anon. 1833. *Lithographed Signatures of the Members of the British Association for the Advancement of Science, Who Met at Cambridge, June M.DCCC.XXXIII. with a Report of the Proceedings at the Public Meetings during the Week and an Alphabetical List of the Members*. Cambridge: The University.

Babbage, C. 1829. Account of the Great Congress of Philosophers at Berlin. *Edinburgh Journal of Science* 20: 225–234.

―――. [1851] 1989. *The Exposition of 1851*, 2nd ed. In vol. 10 of *The Works of Charles Babbage*, edited by M. Campbell-Kelly, London: William Pickering.

―――. 1861. Letters from Charles Babbage, Esq., F.R.S., &c. In *Report of the Proceedings of the Fourth Session of the International Statistical Congress, Held in London July 16th, 1860, and the Five Following Days*, edited by W. Farr, London: G. E. Fyre and W. Spottswoode.

―――. [1864] 1989. *Passages from the Life of a Philosopher*. In vol. 11 of *The Works of Charles Babbage*, edited by M. Campbell-Kelly, London: William Pickering.

The British Association for the Advancement of Science [BAAS]. 1833. *Report of the First and Second Meetings of the British Association for the Advancement of Science; At York in 1831, and at Oxford in 1832*. London: John Murray.

―――. 1834. *Report of the Third Meeting of the British Association for the Advancement of Science; Held at Cambridge in 1833*. London: John Murray.

Cullen, M. J. 1975. *The Statistical Movement in Early Victorian Britain: The Empirical Social Science*. New York: Harvester Press.

Diamond, S. 1969. Introduction to *A Treatise on Man and the Development of His Faculties*, by L. A. J. Quetelet, Gainesville: Scholars' Facsimiles & Reprints.

[Drinkwater, J. E.]. 1935. The Royal Statistical Society: Early Days. *Journal of the Royal Statistical Society* 98 (1): 140-151.

Fourcade, M., E. Ollion, and Y. Algan. 2015. The Superiority of Economists. *Journal of Economic Perspectives* 29 (1): 89-114.

Goldman, L. 1983. The Origins of British 'Social Science': Political Economy, Natural Science and Statistics, 1830-1835. *The Historical Journal* 26 (3): 587-616.

Hacking, I. 1990. *The Taming of Chance*. Cambridge: Cambridge University Press. 石原英樹・重田園江訳『偶然を飼いならす――統計学と第二次科学革命』木鐸社、1999年。

Herschel, J. F. W. [1830]1831. *A Preliminary Discourse on the Study of Natural Philosophy*. London: Longman.

Hill, I. D. 1984. Statistical Society of London—Royal Statistical Society: The First 100 Years: 1834-1934. *Journal of the Royal Statistical Society, Series A (General)* 147 (2): 130-139.

Hilts, V. L. 1973. Statistics and Social Science. In *Foundations of Scientific Method: The Nineteenth Century*, edited by R. N. Giere and R. S. Westfall, Bloomington: Indiana University Press.

James, P. 1979. *Population Malthus: His Life and Times*. London: Routledge & Kegan Paul.

Maas, H. 2005. *William Stanley Jevons and the Making of Modern Economics*. Cambridge: Cambridge University Press.

Morgan, M. S. 1990. *The History of Econometric Ideas*. Cambridge: Cambridge University Press.

Morrell, J. and A. Thackray. 1981. *Gentlemen of Science: Early Years of the British Association for the Advancement of Science*. Oxford: Oxford University Press.

――, eds. 1984. *Gentlemen of Science: Early Correspondence of the British Association for the Advancement of Science*. London: Royal Historical Society.

Political Economy Club. 1882. *Minutes of Proceedings, 1821-1882, Roll of Members, and Questions Discussed*. In vol.4 of *Political Economy Club, Founded in London, 1821*, London: Political Economy Club.

Quetelet, L. A. J. and J. G. Garnier, eds. 1828. *Correspondance mathématique et physique*, vol. 4. Brussels: M. Hayez.

――. 1829. *Correspondence mathématique et physique*, vol. 5, Brussels: M. Hayez.

――. 1830. *Correspondence mathématique et physique*, vol. 6, Brussels: M. Hayez.

――. 1835. *Correspondence mathématique et physique*, vol. 8, Brussels: M. Hayez.

Quetelet, L. A. J. 1827. *Recherches sur la population, les naissances, les décès, les prisons, les dépôts de mendicité, etc., dans le royaume des Pays-Bas*. Brussels: H. Tarlier.

――. 1828. *Instructions populaires sur le calcul des probabilités*. Brussels: H. Tarlier & M. Hayez.

――. 1829. *Recherches statistiques sur le royaume des Pays-Bas*. Brussels: H. Tarlier.

――. 1831a. *Recherches sur le penchant au crime au différens âges*. Brussels: M. Hayez.

――. 1831b. *Recherches sur la loi de la croissance de l'homme*. Brussels: M. Hayez.

――. 1832. *Recherches sur la reproduction et la moralité de l'homme aux defferens âges, et sur la population de la Belgique, d'après le recensement de 1829*. Brussels: L. Hauman.

――. 1833. *Recherches sur le penchant au crime au différens âges*, 2nd ed. Brussels: M. Hayez.

――. 1835. *Sur l'homme et le développement de ses facultés, ou essai de physique sociale*, 2 vols. Paris: Bachelier. 平貞蔵・山村喬訳『人間に就いて（上・下）』岩波文庫、1939–40年。

Snyder, L. 2011. *The Philosophical Breakfast Club*. New York: Broadway Books.

Stigler, S. M. 1999. *Statistics on the Table: The History of Statistical Concepts and Methods*. Cambridge: Harvard University Press.

Todhunter, I. [1876] 2001. *William Whewell, D.D. Master of Trinity College, Cambridge: An Account of His Writings with Selections from His Literary and Scientific Correspondence*, 2vols. In vols. 15 and 16 of *Collected Works of William Whewell*, edited by R. Yeo, Bristol: Thoemmes Press.

Waterman, A. M. C. 1991. *Revolution, Economics & Religion*. Cambridge: Cambridge University Press.

Wellens-De Donder, L. 1964. *Inventaire de la correspondance d'Adolphe Quetelet déposée à l'Académie royal de Belgique*. Brussels: n/a.

Whewell, W. [1831] 2001. Mathematical Exposition of Some of the Leading Doctrines in Mr. Ricardo's 'Principles of Political Economy and Taxation.' In vol. 14 of *Collected Works of William Whewell*, edited by R. Yeo, Bristol: Thoemmes Press.

Wright, C. 2016. The 1920s Viennese Intellectual Community as a Center for Ideas Exchange: A Network Analysis. *History of Political Economy* 48（4）: 593–634.

Yeo, R. 1981. Scientific Method and the Image of Science 1831–1891. In *The Parliament of Science: The British Association for the Advancement of Science 1831–1981*, edited by R. MacLeod and P. Collins, Northwood: Science Review.

（和書）

井上琢智（1988）「イギリス社会科学振興協会と経済学――『会報』を中心として」『経済学論究』42（2）、107–132。

――（1989）「イギリス科学促進協会F部会の歴史――新設（1833）からイギリス経済学

会の創立（1890）まで」『経済学論究』43（3）、459–489。

江頭進（2010）「19世紀の統計学の発達と経済学——帰納と演繹の転換」『イギリス経済学における方法論の展開——演繹法と帰納法』只腰親和・佐々木憲介編、昭和堂。

久保真（2006）「ケンブリッジ・ネットワーク——リカードウ後イギリス経済学の伏流1822-63」『経済学史研究』48（2）、67-83。

——（2010）「ヒューウェルとジョーンズ、そして『帰納科学としての経済学』」『イギリス経済学における方法論の展開——演繹法と帰納法』只腰親和・佐々木憲介編、昭和堂。

——（2015）「イギリス科学振興協会統計部会設置再考——経済学のエクスターナル・ヒストリーの試みとして」『経済学論究』69（2）、235-260。

長屋政勝（1993）「社会統計的認識の胎動——ドイツ社会統計思想形成の一断面」『經濟論叢』151（1-2-3）、19-56。

藤塚知義（1973）『経済学クラブ——イギリス経済学の展開』ミネルヴァ書房。

吉田忠（2014）『近代オランダの確率論と統計学』八朔社。

第6章 1830年代イギリス統計運動における経済学の方法的刷新 へのコメント

中澤信彦

　本章は、1830年代ケンブリッジにおける経済学の方法論的刷新運動の挫折を、ベルギーの統計学者ケトレがイギリス科学振興協会統計部会で担っていた役割に即して描き出そうとしている。ケトレは「社会力学」の構想にもとづいて実証的な統計学と理論的な経済学との統合を企てたが、最終的に同部会は社会現象に対する理論的考察を行わず統計学の役割を経済学への数量的データの提供に限定した。ケトレの野心的な企てはなぜ挫折したのか。ここで私は「自由意志論と決定論」あるいは「自由と必然」というヨーロッパ思想史上の古典的問題がケトレの構想を阻む強力な先行パラダイムとして機能していた可能性を指摘したい。

　人間の（特に善悪の判断に関わる）行為の選択において、自由意志の働く余地があるのか、それともすべてが必然なのか（後者の場合には犯罪者に罪を問うことができなくなる）、という問題は、キリスト教徒の実存の根幹に関わる問題でもあり、古代から現代にいたるまで無数の論争がさまざまなバリエーション（パラギリウス派対アウグスティヌス、エラスムス対ルター、ブラムホール対ホッブズなど）をとって展開されてきた。この論争の文脈において、大数における人間行為の規則性を強調したケトレの理論は、人間の自由意志を否定して決定論を肯定している点で人類の道徳的改善を本質的に退ける反キリスト教的な考え方にほかならないとして、同時代人たちに否定的な印象を与えたのではないか。実際、1860年代のドイツでこのようなケトレ理解が（おそらくカントの道徳哲学の強力な伝統ゆえに）支配的であったことが知られている。

　ケトレの挫折は19世紀後半のイギリスにおけるダーウィニズムの普及の困難さに一脈通じている。進化は目的を持たない偶然のプロセスであるとするダーウィンの考え方は、目的論的な発展のメカニズムを信奉するヴィクトリア時代の人々にキリスト教と矛盾するものとして受け止められた。スペンサーがダーウィニズムにラマルク的な解釈をほどこすことで、ようやく彼らはダーウィニズムを受容できた。以上二点だけからでも、啓蒙の18世紀を経た19世紀のイギリス思想史においても、広い意味でのキリスト教の影響を過小評価してはならないことが、容易に理解されよう。なお、この点については松本論文も参照されたい。

第 7 章　ウェイトリのカタラクティクスと
　　　　　スミス分業論の関連

只腰　親和

第 1 節　経済学史上におけるカタラクティクス

　本章では 19 世紀イギリスの経済学者ウェイトリを取り上げて、彼の経済学方法論とアダム・スミス分業論の関係を分析する。ウェイトリの経済学方法論が、『国富論』冒頭でスミスの論じている分業論的学問論を下敷きにしながら、それを科学一般に有効な方法論へと発展させていることを明らかにするのが本章の課題である。分業論という社会認識の分析装置を基盤に方法論を展開している点を論じるので、本章は経済学方法論の社会的次元に相当する。

　経済学の歴史のうえで、経済学自身の呼称の一つとして、あるいは経済現象への接近法の一つとして、古代ギリシャ語由来のカタラクティクスという表現が用いられることが時にある。この「カタラクティクス、すなわち交換の科学と言う語は、ウェイトリによって最初に用いられた」（Mises [1949] 1966, 3 /訳 891）と、オーストリア学派のミーゼスがいうように、近代以降の経済学の歴史でこの概念を最初に採用したのは 19 世紀前半にイギリスで活躍した経済学者ウェイトリであった。本稿は、ウェイトリ経済学におけるカタラクティクスの意味について立ち入って考察するのが課題だが、「カタラクティックスという言葉はこれまで経済学のさまざまな文脈において用いられてきた」（塩野谷 1995, 164）と塩野谷祐一がいうように、カタラクティクスという表現は近代における発案者ウェイトリのみの占有物ではなく、彼以後の経済学者に

よってもある程度、共有される機会をもつものであった。

　この術語は、ウェイトリ以後の経済学の歴史のうえで主要な用法として経済学の定義づけといった原理的な文脈で注目される機会が多いが、その一例を、ウェイトリの母国イギリスで彼の同時代人といってよいJ・S・ミルに見ることができる。ミルは経済学上の主著である『経済学原理』の第3篇「交換」第1章「価値について」の冒頭に、ウェイトリを「ある著名な著述家」という敬称をもって登場させ、「ある著名な著述家は、経済学を呼ぶ名称として、交換の科学を意味するカタラクティクスという名称を提唱しており、また他の人たちはそれを『価値の科学』と呼んでいる…」(Mill [1848] 1965, 455 / 訳（三）17）と述べている。ここでのミルの主張は、その敬称にもかかわらず、必ずしもウェイトリに好意的ではない。というのは、経済学を、「交換の科学」あるいは「価値の科学」と等置するのは、経済学に関して「あまりに狭い見方」であるというのがミルの立場だからである。

　ミルはこの著作の劈頭で、「経済学の著述家たちは、富の性質、その生産および分配の法則を教えること、または研究することを職とする」（Ibid., 1965, 3 / 訳 （一）31）として、経済学の主要な研究対象を富の生産、分配法則にあると規定している。それを裏書きするように、『経済学原理』の第1篇には「生産」、第2篇には「分配」が配されているが、カタラクティクスが意味する交換が関与するのは、富の生産、分配という「経済学のかの二大部門」のうち、後者の一部だけであるという。生産に関しては、「『生産』の条件や法則は、社会の制度が『交換』に依存していなかったとしても、あるいは『交換』を許さなかったとしても、やはり今日のとおりのものであったであろう」し、分配との関係では、「交換は生産物の分配に関する基本的法則とはなっておらず、……、ただ分配を実行する機構の一部であるに過ぎない」（Ibid., 455 / 訳（三）18）のであった。つまり、ミルの経済学観から見れば、経済学の主対象である富の生産、分配に比較すると、交換は斯学の主要部分をなさず、したがって経済学をカタラクティクスと呼ぶのは「あまりに狭い見方」（Ibid., 455 / 訳（三）17）であるということになる。

第 7 章　ウェイトリのカタラクティクスとスミス分業論の関連

　20世紀に入って、ミルと同じように経済学の定義づけといった文脈でカタラクティクスに着目しているのがシュンペーターである。シュンペーターは、経済学—彼のいう「純粋経済学」—を定義して、「すべてわれわれの体系のうちに生起するもの、また経済的諸量の変動に外ならぬものを交換と呼び」（Schumpeter [1908] 1970, 51 ／訳 114）、「そこから交換関係が生れ、またそこから経済的諸量の大きさと運動法則とを獲得することを見出したならば、それで万事は終わり」であり、それが「純粋経済学の全体」（Ibid., 56 ／訳 120）であるといっている。つまりシュンペーターにとって純粋経済学の本質をなすものが「交換関係」（Ibid., 55 ／訳 119）であって、この文脈でウェイトリのカタラクティクスが引き合いに出されている。先に見たミルにあっては、経済学をカタラクティクスと呼ぶのは「あまりに狭い見方」であったが、シュンペーターはむしろ経済学の定義は、「狭隘な領域にのみ研究を限定」（Ibid., 27 ／訳 78）し、「われわれには属しない問題に深入りしない」（Ibid., 25 ／訳 77）ようにすることが肝要であるとして、カタラクティクスが、「経済学という自己完結的な一学科」（Ibid., 29 ／訳 81）を明示的に示すものとして肯定的に理解されているのである。

　このように、19世紀と20世紀それぞれを代表する経済学者の一人であるミルとシュンペーターは、同じカタラクティクスという用語を異なった視点から捉えている。この二人の著名な経済学者の発言から、カタラクティクスを近代において最初に使用したウェイトリにおけるこの用語の真意を知ることは困難である。

　20世紀に入ってのカタラクティクスの使用で、現代の経済学史の専門家から着目されている別の事例がヒックスの論文である[1]。ヒックスにおいてカタラクティクスは、経済学自身の呼称や定義を意味するというより、経済学史上における経済学のアプローチの仕方の一つのタイプを類型化したものとされている。もともとこの論文は、科学哲学者「ラカトシュの MSRP〔科学的研究プログラムの方法論〕をめぐるコロキアムで発表されたもの」（早坂 1979, 28）であり、経済学の歴史を、科学史・科学哲学の分析装置を活用して再考しようとする意図に発していると思われる。ヒックスの論文のタイトルが「経

済学における『革命』と題されているのも、クーンの『科学革命の構造』を前提にしているとみなしてよいが、ヒックスは経済学史上のふたつの革命に関連づけて、カタラクティクス概念を用いている。

　一つの革命が、アダム・スミスによって代表される、「『古典派』経済学の確立を導いた」(Hicks 1976, 209) 革命であって、それが革命である所以は、「経済的諸問題を…、バラバラの断片ではなくまとめて考え抜くことを可能にした」、明確な「ビジョン」の存在にあった。つまり古典派経済学者たちは、「社会的生産」という観点から「経済生活の『ビジョン』を構築した」(Ibid., 212) のであり、このように社会的生産の観点から経済学に接近する立場をプルトロジーと名づけている。それに対してヒックスが見る経済学史上のもう一つの革命は、いわゆる限界革命であるが、これを「限界革命」とするのは「まずい表現」(Ibid., 12) で、ヒックスはこれを「カタラクティクス革命」(Hicks 1976, 215) と呼び替えているが、ここで彼がカタラクティクスという用語を採用するのは、この革命によって「カタラクティクス主義者」たちが、経済的諸問題を「生産の視点」からではなく、「交換の側面」から捉えるようになったからであった。すなわちカタラクティクスの立場は、「交換理論から経済生活の『ビジョン』を構築した」(Ibid., 212) のであった。このようにヒックスは、同じギリシャ語起源のプルトロジーと並んで経済学の歴史を整理する分析装置の一つとしてカタラクティクスという概念を活用している。

　たしかに、早坂忠が評価しているように、プルトロジーとカタラクティクスというヒックスによる区別は、「そこで問題にされている事柄との関連では…非常に適切かつ重要な分け方だと」(早坂 1979, 33) といえるかもしれないが、本稿での問題は、カタラクティクスという言葉の使用のされ方にある。ヒックス自身、「カタラクティクス革命」を、「私には経済学においてラカトシュ図式にふさわしい何か最良の例と思われる」(Hicks 1976, 215) と述べているように、この論文執筆当時に盛行していたラカトシュの科学論との関連でカタラクティクスという用語をヒックスは使っている。このようなカタラクティクスの使用法が、ウェイトリの原義と同一でないことは明らかであろう。ヒックス

第7章　ウェイトリのカタラクティクスとスミス分業論の関連

の場合にも、ミルやシュンペーターとは違った意味においてであるが、やはり自分の問題関心にひきつけてカタラクティクスについて語っている。

　ミル、シュンペーター、ヒックスの事例を通じて、カタラクティクスという用語がそれぞれの経済学者の問題関心に応じて利用されていることが示されたと思う。もとより、カタラクティクスという概念は、別段ウェイトリの専売特許ではないので、後世の経済学者たちがそれをどのように使用しても、そのこと自体、かくべつ問題とされるべきことではない。しかし、これまで見てきた彼以後の有力な経済学者たちがその用語を「自由に」使用したことは、ウェイトリにおけるカタラクティクスの固有の意味を、あいまい化したり、あるいは立ち入って検討しようとすることへの阻害要因になったと想像してもあながち見当違いではないように思われる[2]。

　カタラクティクスに関するこうした取扱いの一方で、ウェイトリにおけるカタラクティクスの内容にいま一歩、肉迫した研究も皆無ではない。ネオ・オーストリア学派のカーズナーはその著『経済学的観点』で、ウェイトリに言及している。この書物は、「経済理論の進む方向は経済学者が選んだ観点によって大方、決定される」（Kirzner 2009, xxvii）という立場で、経済学という「特定の研究分野」で歴史上どのような「経済学的観点」（Ibid., 1）が採用されたかを通覧したものであり、そのような観点の一つとしてウェイトリのカタラクティクスが取り上げられている。そこでは、ウェイトリ「経済学が主に関心をもったのは、近代資本主義の興隆が促進した分業によって可能となった新しい社会的協同の展望を与えることであった」（Ibid., 84）という、後述する本稿の関心とも触れ合う興味ある示唆を発見することができる。しかしながら、ウェイトリを中心的な分析対象としているのではないこの書物に、ウェイトリについてのそれ以上たち入った考察を見ることはできない。

　「ウェイトリ経済学におけるカタラクティクス」が過去の経済学者によって必ずしも綿密に取り扱われてこなかったこのような現実に鑑みて、本章は上にカッコで括った課題を、以下の二つに力点をおいて解明していきたい。第一に、「カタラクティクス」という用語自体は、ウェイトリ自身がそれを英語表現で「交

換の科学（the Science of Exchange）」（Whately 1832, 6）と明確に言い換えているとおりであって、経済学の定義の一つとしてのこの言葉自体の細かな詮索を本章は目指すものではない。むしろ、カタラクティクスという表現——これはウェイトリの経済学上の主著『経済学入門講義』で一度だけ使われているものである——がウェイトリによって現実に用いられている具体的な文脈に注目し、その文脈から当然に考慮されるべきこの概念の経済学方法論に関連する含意を掘り下げて考えることが本稿の目的とするところである。再言すれば、カタラクティクスという単語の細かな詮索ではなく、カタラクティクス概念の意味するところを経済学方法論の視角から検討することを本稿は意図している。

そのような立場に関連して第二に、経済学方法論のパースペクティブから問題に接近するに際して、アダム・スミスの学問論・方法論、もっと具体的にいえば『国富論』冒頭の分業論における学問論的叙述と、ウェイトリのカタラクティクスとの関連を一つのフレームワークとして留意していきたい。次節で引用する『国富論』冒頭の分業論における学問論的叙述は、スミス以降、今日にいたるまでの諸科学の発展の基本的動向をほぼ的確に予言したものといえる。ウェイトリはそのようなスミスの学問論を前提にし、発展的に継承しながら自己の経済学方法論を展開したが、彼のいうカタラクティクスはそのような文脈で捉えることができると考えられる。

経済学方法論の視角と、スミス分業論との関連というここでの問題の立て方が、「ウェイトリ経済学におけるカタラクティクス」を解明するのに相応しい問題設定であるか否かは、本稿における以下の分析を通じて諸賢の判断をあおぐほかないが、まず、ウェイトリがカタラクティクスに言及している当の個所——そこではスミスに関説しながらカタラクティクスについて語られている——から考察を始めることにしよう。

第2節　スミスの分業論的学問論とウェイトリ

リチャード・ウェイトリは、オクスフォード大学経済学教授としての当大学

第 7 章　ウェイトリのカタラクティクスとスミス分業論の関連

での「講義になんの重要な変更」(Whately 1832, vii) も加えずに書物にした、第 1 講から始まり第 9 講で終わる『経済学入門講義』(以下『講義』と略記) で自身の経済学を展開している。ここでのテーマであるカタラクティクスという術語も、その書物のなかで、経済学の正しい呼称という文脈で用いられている。この書物がイギリスにおける経済学制度化の初期的段階という歴史的状況を背景にしていたことは別の機会に明らかにしたが[3]、彼が経済学の呼称といった経済学にとって基礎的な、というよりもむしろ初歩的とみなしてもよい事柄に上記の書物であえて言及しているのも、この書物が上梓された時期のそうした特有の経済学史的背景を考慮にいれると理解が容易であろう。

　ウェイトリは『講義』の冒頭部分で、経済学が当時そのように称されていた Political-Economy という呼称が「ひどく混乱し不明瞭で、おおいに不正確な概念」(Ibid., 4) であることを主張したうえで、次のように述べている。

> たしかにアダム・スミスは、彼の著作を『諸国民の富("Wealth of Nations")』に関する論説 (treatise) と名付けた。しかしこれは、*内容* (the *subject-matter*) を示すだけの名前で、その*科学自身* (the *science* itself) を示す名前ではない。最も記述的で (descriptive)、総じて最も異論のなさそうなものとして私なら選んだ名前は、カタラクティクスまたは『交換の科学』という名前である。
> (Ibid., 6. 傍点は原文イタリック、以下、引用文に関して特に断らなければ同じ)

　この引用の中身——特に経済学に関して彼のいう「内容」と「科学自身」の相違——を理解するのは、必ずしも簡単ではない。後に立ち入って検討したいが、少なくとも上の引用それ自身からはっきりわかるのは、経済学のふさわしい呼称としてカタラクティクスという表現をウェイトリが提起するときに、スミスの『国富論』を意識していたということである。たしかに、上の引用ではスミスの Wealth of Nations に批判的姿勢をとっているが、(この問題を論じ続けている) すぐ次のページでは、自分の「見解はスミスの見解と本質的に違

いはない」(*Ibid.*, 7) とも述べており、ウェイトリにおけるカタラクティクスに焦点を当てている本稿で、スミス『国富論』との関連を問うことは的外れの試みとはいえまい。

　それゆえ以下ではウェイトリのカタラクティクスとスミス『国富論』との関連を追究するが、それは単に名辞をめぐっての詮索ではない。ウェイトリ経済学におけるカタラクティクスの意味を理解するためには、スミス分業論との思想史的関連を明らかにすることが有効であると考えるからである。そこで、ウェイトリのいうカタラクティクスの経済学方法論的意義を問うのに無視できない含意を有するとわたくしが考える、『国富論』冒頭のくだりを確認することにしよう。よく知られている部分であるが、スミスは『国富論』第1編第1章で次のようにいっている。

> 社会が進歩するにつれて学問や思索が、他のどの職業とも同じく、特定階層の市民たちの主たる、あるいはもっぱらの仕事となり職業となる。また他のどの職業とも同じように、この職業も多数のさまざまな分野に細分され、その一つ一つが特定の集団ないし種類の学者に職業を与えるし、また学問におけるこの職業分化も、他のどの仕事のばあいとも同様に、技術を改良し、時間を省くことになる。各人は自分自身の特定部門でいっそうの専門家になり、全体としてより多くの仕事がなされ、専門知識の量も大いに増大することになる。　　　　　(Smith [1776] 1976, 21-2 / 訳（一）33)

『国富論』冒頭章は、スミスのいう「商業社会」における分業の現実や効果についての説明を直接の主題としているが、いわばその系論あるいは例証として、「職業としての学問」の自立、さらには、諸学問間の分業について語っているのが上の章句である。つまり上の引用文は、経済社会一般への分業の効果を主張するスミスの主要テーゼを、学問論という一見すると経済社会とは異質の境域に適用したものとみなしうる。図式化して示すと、

第7章　ウェイトリのカタラクティクスとスミス分業論の関連

（経済社会についての）分業論→分業論の学問論への適用

というのが上の引用文の位置づけとなるが、経済学の概念装置である分業論によって学問論を捌いたところに上の引用文の中身の特色が存する。

　その内容について評定すると、スミス以後、今日にいたるまでの経済学はじめ諸科学の現実は、彼が予測したように分化、細分化を通じて発展してきたと考えてよいであろう。しかしながら、諸学問が歴史でたどった現実の道筋はほぼスミスの予測どおりであったとしても、学問論を経済学の概念装置である分業論を通じて説く、スミスの方法論的手法は彼以後の人々によって忠実にあるいは有効に受け継がれ、発展したとは必ずしもいえない。スミス以後の歴史において、諸科学の現実の動向はほぼスミスが予測したとおりになったが、学問論に関するスミスの分析装置はスミス以降、順調にバトンタッチされていったとは言い難いのである。

　たとえば、スミスの伝記を書いたことで知られ、その意味でスミスと近しい関係にあるデュガルド・ステュアートは、上の引用文と同じようなテーマに関してスミスとは対照的な意見を表明している。

　われわれは、その研究を知識の一部門に完全に限定する科学者（a man of science）に出くわすことはめったにない。彼が自分の得意な学問を通じて満たすのに慣れた好奇心は、彼の目に留まるすべての注目すべき対象にしぜんに広がるであろう。そしてその好奇心は、彼の専門家的習性が日ごと彼の視界に提供するさまざまのできごとをすべて彼が説明できてじゅうぶん満足するまで、彼の精神の不断の不満の原因であるのを止めることはほとんどない。　　　　　　　　　　　　　　　　　　　（Stewart [1792] 1854, 57）

　このようにステュアートにあって「科学者」は、一つの専門に特化するのではなくさまざまの知的諸分野に好奇心を広げるのがあるべき姿として思念されている。そしてそのような学問観とは対極的な、学者であっても特定の分野

に思考を限定して、「精神のいくつかの力を眠らせたままにしてしまう」人々は、「文筆職人」(literary artisan, *Ibid.*, 60) という呼称を与えられ、旧時代的で閉鎖的なギルドを想起させるような存在に貶められるのであった。

見られるようにステュアートの学問論では、スミスが『国富論』冒頭章で描いていたようなそれとは、かなり異なった絵図が表現されている。ステュアートは大学こそ違うが、(スミス→グラスゴー大学、ステュアート→エジンバラ大学) スミスと同じスコットランドの道徳哲学教授であり、広範な学問的領域を包み込む道徳哲学の立場からは、かえってステュアートのような学者像の方がしぜんであるともいえるが、それはそれとして当面の課題との関連でいえば、『国富論』における分業論を応用したスミスの学問論が、後代の人々によって——スミスのごく身近な人によってすら——自動的に継承されたのではない一例をステュアートに見ることができよう。

こうした歴史的状況のなかにあって、本稿の主人公であるウェイトリは、上記のスミスの分業論的学問論を下敷きにしながら自己の経済学方法論を高次展開したというのが、以下での議論の主論点である。すなわち、スミスが諸学問の分化を通じた個別諸科学の発展的な展望を分業概念を媒介にして一般的・抽象的に述べたのに対し、ウェイトリはそれを受けて、個別に経済学に則してその方法論的な局面での具体的な実態を明らかにしたというのが本稿での主張である。再び図式化を用いて示すと、

(経済社会についての) 分業論→分業論の学問論への適用→(左の) 学問論の経済学への適用

となり、上の下線部分がウェイトリの仕事ということになる。そこで以下では最初に、スミス分業論とウェイトリ分業論の同質性・連続性について確認することにしたい。

第7章　ウェイトリのカタラクティクスとスミス分業論の関連

第3節　ウェイクフィールド『国富論』註解とウェイトリ

　スミス、ウェイトリ両者の経済学をめぐっては、中野聡子が「スミスの富の学の体系とウェイトリの交換の学の体系とは、その視点を全く異にする」（中野 1989, 151）と主張する一方で、レヴィは、カーライルのいう「憂鬱な科学」に関連した奴隷制への賛否という独自の枠組みのなかで、スミスとウェイトリ交換論の類似性を唱えている（Levy 2001）[4]。本稿は、分業論におけるスミスとウェイトリの同質性・連続性を認める立場であるが、この両者の分業論の関連性については、ウェイトリの同時代人、ウェイクフィールドが指摘している事実が注目される。

　ウェイクフィールドは経済学の歴史上では一般に植民政策論者として知られているといってよいが、すでに早くわが国の先学が述べているように、『国富論』の編者の一人としても無視できない。たとえば、ウェイクフィールド版『国富論』（1835-39）については、山田秀雄が20世紀の中頃に次のようにいっている。『国富論』にはスミスの死後、「序文や註、あるいは補章をつけた各種の英語版が出ている」が、ウェイクフィールド版はロジャーズ版やマカロク版とならんで「前世紀〔19世紀〕に出たものとしてはもっとも有名な版の一つである」と（山田秀雄 1951, 145）。こうした後代からの評価だけではなくウェイクフィールドの同時代においても、彼自身が、自分に先行するマカロク版の不備を指摘して自らの註解の優位性を（Wakefield 1843, xi）誇示している。これは自画自賛とも受け取れなくはないが、それとは別にJ・S・ミルは、『国富論』の分業論をめぐってウェイクフィールドが付した註解に肯定的な評価を与えているのであった（Mill [1848] 1965, 116／訳（一）226）。ミルが『経済学原理』であえて言及しているウェイクフィールド版『国富論』のその註解部分は、スミス - ウェイトリ関係を考察する本稿においても関連する箇所なので、以下でその内容を検討することにしたい[5]。

　ウェイクフィールドが、自らの註解を付した『国富論』の新たな版をことさ

らに世に問うた一つの目的は、「今やスミスが十分に重視しなかったと一般に認められている諸原理に…注目し、彼の書物で一般に誤りとみなされることを指摘すること」(Wakefield 1843, xiv)にある。つまりウェイクフィールドの『国富論』への註解は、基調として批判的立場からなされているのであった。

そのような脈絡において、スミスが分業論で、「同じ言葉を違う意味に使う、あるいは違う言葉を同じ意味に使う」(Ibid., 21) 難点をウェイクフィールドは批判している。それによると、「労働によって遂行される、作業 (operation)、仕事 (work)、実務 (business) と、それを遂行する労働 (labour) との間には大きな違いがある。一軒の家を建てるための筋肉活動は、一軒の家を建てるという作業と同じことではないし、一本のピンを作る作業は、それによってそのピンが作られる筋肉活動とは全く違う何ものかである」(Ibid., 22)。このようにウェイクフィールドは、狭い意味での労働を、ただ単に肉体（筋肉）を動かす活動と解し、それに対してそのような労働を結合して生産物を作り上げることを作業、仕事、実務の名称で呼んでいる。このような解釈のもとで、スミスが本来いわんとすることを労働の分割 (division of labour) というのは正確ではなく、業務の分割 (division of employments) とすべきであるというのが、ウェイクフィールドの主張である。すなわち、「最大の労働の分割 (division of labour) は、けっして互いに助け合わず、たがいにばらばらに働く、ひどく粗野な未開人の中に生じ〔未開人はたがいにばらばらに労働を行うのでその意味での「労働の分割」という意味〕、業務の分割 (division of employments) とその偉大な結果とは、すべて、労働の結合 (combination of labour)、あるいは協業 (co-operation) に依る」(Ibid., 24)。こうして、「労働の結合」あるいは「協業」を特質とする「業務の分割」が、ウェイクフィールドが考える真の意味での分業ということになる。

スミス分業論に対して、労働の分割 (division of labour) と業務の分割 (division of employments) という二用語の区別を通じて批判することの適否は別にして、分業論の本質を、労働の分割と表裏一体の労働の結合に求めるウェイクフィールドの立場は、スミス分業論の理解として間違っていないとみなせ

第7章　ウェイトリのカタラクティクスとスミス分業論の関連

るが⁽⁶⁾、そのうえでさらに彼は続けている。業務の分割の本質をなす協業には、「別個の二つの種類」があり、「単純な協業（simple co-operation）」と「複雑な協業（complex co-operation）」がその二つである（*Ibid.*, 26）。前者の単純な協業は、重い物をもち上げたり、木を伐採したり、干し草や穀物を短期間に収穫したりする例に見られるように、「数人の人々が、同じ業務で互いに助けあう」場合を指しており、後者の複雑な協業は、「数人の人々が違った業務で互いに助けあう」（*Ibid.*, 26-7）場合をいう。

　単純な協業の効果については、「狩猟にせよ、大地を耕すにせよ、まったく自分だけただ一人で働いても、自分自身の暮らしに必要なもの以上の食物を獲得しないだろうが、狩り（chase）や農業でもっとも単純な協業で労働を結合する数人が、彼らが必要とする以上の食物を獲得するであろうことは明らかだと思われる」（*Ibid.*, 27-8）という説明からわかるように、単純な協業によって生産力が上って、初期的な資本が蓄積され、剰余生産物の交換が可能になる。そして、「この資本所有と交換力が…社会進歩の第二段階を構成する」（*Ibid.*, 28）。すなわちその第二段階は複雑な協業にもとづく社会であって、そこではたとえば、食料を生産する「人々の一群（a body of men）」と、衣料を生産する「他の人々の一群（another body of men）」が相互に剰余生産物を交換する関係が形成され、これら「二つの人々の一群に言えることは、どんな数の人々の一群にも、彼らの職業の違いがどれほど大きくてもあてはまる」のであった。ようするにウェイクフィールドのいう「複雑な協業」はおおむね、社会的分業を指しているといってよいが、「資本の使用」、「交換行為」、「業務の分割」は、「全社会が参加する一般的な種類の結合」（*Ibid.*, 29）であるこの複雑な協業によって可能になるのである。

　スミス『国富論』への註解で、ウェイクフィールドがウェイトリに言及するのは、この複雑な協業に関する説明のくだりである。しかもウェイクフィールドが、複雑な協業を学問的に認識することの困難さとの関連でウェイトリを引き合いに出している点が注目される。すなわちウェイクフィールドによると、彼がいう単純な協業と複雑な協業を比較するとき、前者は、「たんなる視覚に

よって精神に銘記される」のに対して、後者を「認識するためには精神の複雑な作用が必要とされる」(Ibid., 30)のであった。一目で見渡せるピン工場での分業を知ることは容易であるが、「一本のピンが作られ市場にもたらされるまでに協業する莫大な数の人々を数えることは、最も賢明な哲学者にも…骨のおれる仕事であろう」。(Ibid., 32)ここで「一本のピンが作られ市場にもたらされるまで」というのは、ピンを作るための原材料の生産ということのみならず、たとえばピン工場で働く人々の衣服の生産をもふくめた、全社会におよぶ分業のことである。それはその部分でウェイクフィールドが、『国富論』の一節、『日雇い労働者の身体を覆う毛織物の上衣は、たとえ粗末で手ざわりの荒いものにみえようとも、多数の職人の結合労働の産物である』を、引用していることから知られる。さらに彼は続ける。アダム・スミスがいうように、「もし、『文明国の最下層の人でさえ、何千人もの人びとの助力と協業なしには、われわれがひじょうに間違って容易で単純だと想像しているような程度の、彼がふつうにもっている家財道具さえ提供されえない』としたら、ヨーロッパのある都市の現在の住民が享受するすべての有益で快適な対象が供給されるまでの、労働を結合している人々の数を誰が見積もろうとするだろうか」(Ibid., 32)。このウェイクフィールドの言は、まず前と同じように『国富論』の一節を引用しながら、スミスの時代の最下層の「一人」の人間の必需品ですら無数の人々の分業によって支えられるとしたら、「一都市の住民」全体を考えるとその規模は想像を絶するもので、都市全体の協業の実態をあえて考察する人間はいないであろうという問いを発しているのである。

　このような反語的な自分自身の問いかけに対して、都市全体の全生産物ではなくそのうちの「食物だけ」ではあるが、その人らしく「いつも通り適切に」これを実行したのがウェイトリであるという答えを、ウェイクフィールドは提出している。ウェイクフィールドは実際にその部分でウェイトリ『講義』の章句を引用しているが、このことは、ふつうの人間の常識的な観察によって容易に認知できる単純な協業に対比して、その認識が困難であり、「より注意深い検討」や「熟考」(Ibid., 32)が必要とされる複雑な協業の洞察において、ウェ

第 7 章　ウェイトリのカタラクティクスとスミス分業論の関連

イクフィールドはここでウェイトリを評価していることを意味していよう。このような仕方でウェイクフィールドは、ウェイトリがスミス分業論の基本的な考え方を継承し、それをさらに発展させたと示唆しているように思われるが [7]、そうしたウェイクフィールドの言を糸口にしながら、ウェイトリ『講義』における、ウェイトリの分業論の内実を検討することにしたい。以下の検討によって、ウェイトリが『講義』のなかで分業論について論じているのはウェイクフィールドが指摘している部分にのみとどまるものではなく、分業論が『講義』全体で枢要な位置をしめていることが明らかになると思うが、まず手始めにウェイクフィールドが直接に言及している部分から考察を開始することにしよう。以下の考察を通じて、スミス-ウェイトリ間の分業論の基本的同質性・連続性が明らかになるであろう。

第 4 節　ウェイトリ『講義』の分業論

ウェイクフィールドが上記『国富論』の注解で言及しているウェイトリ『講義』の該当部分は、その書物の第 4 講にある。先に述べたように、この書物はウェイトリがオクスフォードの経済学教授として講義をした内容をほぼそのまま活字化したものであるが、そのうち第 4 講では主として経済学と自然神学の関連について論じられている。そしてウェイクフィールドの言及部分は、「スミスのホモ・エコノミクスと『見えざる手』の考え」（内田 1988, 95）を、ウェイトリなりの立場で例証したものといえる。

ウェイクフィールドが引用しているウェイトリ『講義』の部分を、若干の説明を加えながら再引用しよう。

> 誰にでもよいが、わが国の首都のように住民が 100 万人以上いる都市に、あらゆる種類の日々の食料を供給するという問題を提出してみよう。
> 　　　　　　　　　　　　　　　　　　　　　　　（Whately 1832, 93）

『講義』で上の文に続く約2ページ分の原文の引用をウェイクフィールドは省略しているが、そこには上の引用文の想定にさらに付け加えて、「彼が、この巨大な軍隊に日々の糧食を給する職務を任される兵站部の管理者になったと仮定せよ」(Ibid., 94)、という説明があり、この点を以下の引用において留意する必要がある。その点を確認したうえでウェイクフィールドが引用しているウェイトリ『講義』の章句を続けよう。

「さて、その誰かにその問題をあらゆる面で——食糧を与えるべき人々の数が膨大で変動の激しいこと、供給されるべき食料の莫大な量と多様さ、それらを簡便に分配することの重要性と周到に節約する必要性を、考慮にいれながら——熟考させよう。そしてさらに、そのような仕事を、最も経験があって最も有能な兵站部〔の人々〕——彼らは結局その職務をはなはだ不十分にしか遂行できないであろうが——に強いる気苦労を彼に考慮させよう。しかし、この目的は人知のどんな努力によってよりも、自分自身の直接の利益以外なにも互いに考えない人々の力ではるかにうまく達成される。それらの人々は、自分の目的のために、各自の役割を喜び勇んで果たし、ある目的を実現するのに最も賢明な手段を採用するために無意識に協同していて、その広大さは、夢想するだけでも彼らを当惑させるであろう」。 (Ibid., 96)

兵站部という興味ある想定のもとに、特定個人（とその部下）に大都市のすべての食料供給を委ねるという仮想的な例証を用いて、上の引用でウェイトリが主張しようとしているのは、どれほど賢明な人知よりも、それぞれが各自の利益を追求する無数の人々の「無意識」の協同、その意図しない結果が、大都市の食糧供給という目的をうまく実現するということである。ようするに、小賢しい人為の介入ではなく、市場における各人の利益の追求が意図せずして需給の調整を行うという、「見えない手」の例示とみなせる。その点で、『国富論』の註解という文脈でウェイトリに言及したウェイクフィールドの着眼は誤っていないといえるが、ウェイクフィールドを離れて、上記の引用文があるウェイ

第 7 章　ウェイトリのカタラクティクスとスミス分業論の関連

トリ『講義』の第 4 講をいま少し立ち入って検討すると、スミスとウェイトリの自然神学に関する考え方の同質性がよりいっそう明らかになる。

　先に述べたようにこの第 4 講は主として自然神学と経済学の関連について論じている部分であるが、ここでの主要な論点は、人間の「身体の解剖学的な構造」や「獣類の本能」（Ibid., 99）では「われわれが賞賛するのに慣れているような」、神学的な「企図や計画（contrivance and design）」、「神の知恵の証拠（the marks of divine Wisdom）」（Ibid., 100）が容易に認められているにもかかわらず、それに対比して「人間社会の構造」（Ibid. 1832, 101）においてはそうではないという点である。言い換えれば、「天文学や生理学」（Ibid., 101）に対比して、経済学では「神の知恵のより顕著な証拠」（Ibid., 101）が学びとられていないという点が、ウェイトリのここでの大きな主張点といえる。彼はいう。「たしかに天空は神の栄光を表している。また人間の身体は『恐ろしいほど素晴らしく作られている』。だが、たんなる有機体としてではなく、理性的行為者、社会の成員として考えられた人間は、おそらくわれわれが知識をもつ、もっともすばらしく考案され、われわれには最も興味ある神の知恵の見本である」（Ibid., 100）。このように理性的行為者である人間が構成する社会は、自然神学の重要な考察対象であるにもかかわらず、天空や人間の身体ほど自然神学的な関心の対象となってはいない。その理由はウェイトリによれば、「理性的で自由な行為者」（Ibid., 99）である人間が考察対象の場合は、「多くの場合われわれは、実際には神の知恵であることを人間の知恵と取り違えがちである」（Ibid., 92）からであった。つまり、人間の肉体的な器官や動物とは違い、人間は「理性的で自由な行為者」であるため、人間自身が「まるで機械のたんなる受動的歯車のように、けっして目論んでいなかった一つの目的を規則ただしく効果的に達成」した場合、それが「摂理の恵み深い知恵」（Ibid., 99）とはみなされずに、人間自身が理性的に意図したことと判断されるためであった。

　この、「実際には神の知恵であることを人間の知恵と取り違えがちである」という自然神学的考え方こそ、スミスが『道徳感情論』（以下『感情論』と略記）で述べていた核心的思想であった。スミスはたんに『感情論』だけではなく、『国

富論』における「富の世界の法則的な把握のモデル」(内田 1988, 112)の基盤的論理となっている、作用原因、目的原因について論じる文脈でこの考え方を示している。『感情論』で正義論を論じている第2部において、スミスは次のようなことを述べている。

　正義の法を侵害した他者を見たときに、われわれはその侵害者が処罰に値すると判断するが、そのように判断する根拠は、われわれが観察者として被害者の抱く感情である憤慨に同感するからであって、侵害者の行為が社会の「秩序破壊と混乱」(Smith [1759] 1976, 88 /訳(上)227)をもたらすと、理性によって洞察するからではない。つまり、正義の是認の根拠は「感情」であって、「理性」ではない。同感による想像力は、「時間をついやして」社会全体の秩序というような「遠い効果までたどることをしない」(Ibid., 35 /訳(上)91)。にもかかわらず、「洗練され啓蒙された理性がわれわれにすすめるだろうような諸目的を、われわれが生まれつきの諸原理にみちびかれて推進するとき、それをするわれわれの諸感情と諸行為を、それらの作用原因にたいしてのように、その理性に帰せしめ、ほんとうは神の知恵であるものを人間の知恵であると想像する傾向がひじょうに強い」(Ibid., 87 /訳(上)226)[8]。

　「食物の消化、血液の循環」といった人体の事柄に関して「作用原因を目的原因から区別することを、われわれはけっしてやりそこないはしない」(Ibid., 87 /訳(上)225)。われわれは、血液や食物が、「循環または消化という目的への展望または意図をもってするとは想像しない」(Ibid., 87 /訳(上)226)。そこでは作用原因と目的原因は区別されている。だが人間の「精神のはたらき」(Ibid., 87 /訳(上)226)を説明する場合には、人間が人体や動物と違ってがんらい意図をもつ存在であるだけに、作用原因と目的原因という「これらふたつのちがったものごとを、われわれはひじょうに相互に混同しがちなのである」(Ibid., 87 /訳(上)226)。正義の是認は現実には、「生まれつきの」原理である憤慨によって判断されているのに、理性と誤解されている。それは、「神の知恵であるものを人間の知恵である」(Ibid., 87 /訳(上)227)と誤り解しているのである。

　先に本稿では、ウェイトリが、人体や動物との対比で人間の社会にも「神の

第7章　ウェイトリのカタラクティクスとスミス分業論の関連

知恵のより顕著な証拠」があるにも拘らず、それが認識さていないと指摘しているのを見た。そしていまスミス『感情論』において正義論の文脈においてではあるが、ウェイトリと同じく、「人間の知恵」と「神の知恵」との取り違えという文言があるのを確認した。スミスの場合には正義論であって直接に経済学に関しての論述ではないが、作用原因と目的原因の論理が、『国富論』における「富の世界の法則的な把握のモデル」（内田 1988, 112）の基盤的論理となっているのは周知であろう。ようするに、経済社会に関する「人間の知恵」と「神の知恵」との取り違えという考え方について、ウェイトリはスミスと基本的に同じ立場にたっていたのである。

　その点を確認したうえで、上述の論点は分業論ともある程度、関連しているが分業論それ自体ではない。以下では、分業論それ自身における、スミス、ウェイトリの同質性に関して検討しよう。

　ウェイトリの『経済学入門講義』はその名のとおりの内容であって、彼自身、第2版の読者への「公知」（advertisement）のなかで、初版の内容に対してそれが入門ではなくて、「入門への入門」、「序言の序言」ではないかという「非難」（Whately 1832, xi）があったことを紹介している。たしかに、この書物中には、「貨幣という主題にかかわるさまざまの重要な研究に今は入るつもりはない」（Ibid., 141）、あるいは「資本の本質という議論に今、取り組むのは時期尚早であろう」（Ibid., 153）という言葉があるのから知られるように、貨幣や資本に象徴される経済学の基本諸概念に立ち入った考察を加えることはひかえられている。しかしその一方で、経済学が分析の対象とする人間「社会の進歩」（Ibid., 102）については、紙幅をさいた説明がなされている。しかも、ウェイトリ経済学において未開から文明へと社会の進歩を導く基本的契機の一つは分業であった。スミスでは、「分業論を基軸とする未開⇒文明の四段階論こそ、『国富論』体系におけるスミスの市民社会分析の視角を導くもの」（田中 1988, 12）とされているが、ウェイトリの場合もスミスと全く同じというわけではないが、分業論を基軸にして社会の進歩を描いているのである。

　ウェイトリは『講義』第5講で彼なりの仕方でごく大まかに文明史を概観し

ているが、人類の始原に関しては、国教会の牧師としてのウェイトリは『聖書』の記述に忠実である。すなわち、「人類はもともと、われわれが未開人に想定するよりもはるかに優った状態で存在しており」、「女性から生まれた最初の二人の男性間には、一方が家畜の飼い主〔アベル〕、他方が土地の耕作者〔カイン〕」(Whately 1832, 111) という分業が発生していた。したがってこの点では、基本的に分業をもたない未開人たちが、段階をふんで進歩するというスミス的な歴史観とは異なっている。また、仮に未開状態に陥った人々は自然に文明に向かって進歩を開始することはありえず、「すでに文明化した人々からの教育と助力」(Ibid., 110) によってのみ文明化すると考えている。もともと未開でないはずの人間がなぜ未開「状態に落ち込む」(Ibid., 112) かは、「推測」ではあるが「主要な原因は戦争」(Ibid., 119) であるとしている。このあたりの叙述はスミスと立場を異にしているが、より実質的な「社会の進歩」(Ibid., 102) を説明する要因については両者に開きはない。

　上のような意味で『聖書』の記述を基盤にして、「人類は未開状態で存在し始めたのではない」(Ibid., 112) とするウェイトリの人類の歴史は、単純に未開⇒文明でなく、「相対的に未開な状態からより文明化した状態」(Ibid., 107) への進歩という定式になるが、やはりその進歩を規定する大きな要因は分業である。彼はいう。「ある国民―粗野な状態にあるとしても―に、もっとも単純で最も必要な技術のいくつかと、ある程度の分業と、さらにとりわけ所有の承認とかなりの所有の安全をもたせてみよ。すると、戦争、洪水あるいはそうしたいくつかの災難によってものすごく苦しめられない限り、その国民の富が増大し、文明が大なり小なり進歩しないことはない」。見られるように、ウェイトリは富や文明の条件として、最低限の技術、分業、所有の安全を挙げている。このなかでは、「所有の安全が最も必要な点である」として、所有の安全を最優先とみなしているが、そうである理由は所有の安全が分業発展の前提であるからである。というのは「分業がなければ進歩はありえないが、所有の安全なしに分業は存在しえないし、所有の安全があれば分業が生じないことはない」(Ibid., 133) としていることから、それは知られる。そして「分業の拡大は交

換の拡大を導き、そしてそれは貨幣の使用を導くであろう。そしてこれら後者〔交換と貨幣〕の発展は、それがまた前者〔分業〕を促進しよう。これらの原因はすべて、道路、運河、さらに海運や、商品と人の他の運搬手段を生み出し、発展させるのに役立つであろう。そして国の内外とのこの交通の便宜は、ふたたびその原因に反作用して、その源であった資本の増大を加速するであろう」（Ibid., 161）。見られるように、ウェイトリはスミスと軌を一にして、分業とそれと表裏一体の関係にある所有の安全が、富と文明の発展の条件とみなす歴史観、社会観にたっていた。

　このように社会の発展の条件として分業を重視する点で、ウェイトリはスミスと同一の立場に立っていた。それを前提にして、ふたりの学問論、経済学方法論の共通性、連続性について検討しよう。

第5節　ウェイトリにおけるカタラクティクスの方法論的意義

　すでに以前にも引用したが、ウェイトリが『講義』でカタラクティクスに直接に言及しているのは以下のくだりである。

　　たしかにアダム・スミスは、彼の著作を『諸国民の富（Wealth of Nations）』に関する論説（treatise）と名付けた。しかしこれは、内容（the *subject-matter*）を示すだけの名前で、その科学自身（the *science* itself）を示す名前ではない。最も記述的で（descriptive）、総じて最も異論のなさそうなものとして私なら選んだ名前は、カタラクティクスまたは『交換の科学』という名前である。　　　　　　　　　　（引用文Ⅰ）（Whately 1832, 6）

そしてこの引用文には次の文章が続いている（連続した文章ではあるが、上を引用文Ⅰとし、下記の引用を引用文Ⅱとする）。
　　人間は「交換する動物」と定義されえよう。他のどんな動物も—他の点では合理性に非常に近い動物ですら—あるものを他のものと取り換えたり、なん

らかのやり方で交換することを、どう見てもまず知らない。そしてこの観点でのみ、人間は経済学で考察されるのである。　　　　　（引用文Ⅱ）(*Ibid.*, 6)

　上の引用文Ⅰ、Ⅱを読み返してあらためて最初に気がつくのは、すでに前述したウェイトリ学問論とスミス分業論との親縁性である。引用文Ⅰがスミスの『国富論』に直接に言及していることはすでに述べたが、引用文Ⅱに関してもそれは『国富論』の分業論を容易に想起させる文言といってよい。

　『国富論』第1編第2章の「分業を生む原理」の冒頭の有名な章句がそれである。そこでのスミスの説明によれば、分業は「人間の英知」の結果生み出されたのではなく、「人間本性のある性向」としての「ある物を他の物と取引し、交換し、交易する性向」の結果である。そしてこの交換性向が、「人間の本性のなかにある、それ以上は説明できないような、本源的な原理の一つであるのかどうか、それとも…推理したり話したりする能力の必然的な結果であるのかどうか」は、当面の研究主題ではないとしつつ、交換性向が、「すべての人間に共通で、他のどんな種類の動物にもみられない」(Smith [1776] 1976, 23 / 訳（一）37) と彼がいっている点が、本章での考察にとっては注目される。

　ウェイトリの引用文Ⅱにある、「人間は『交換する動物』と定義されえよう」という、冒頭での人間と動物との関連付けが、上のスミスの章句を連想させるが、それに続く、他のどんな動物も交換を知らないという記述は、この引用部分でウェイトリが『国富論』第1編第2章の章句を暗黙の前提にしていたという想定をほぼ確実なものにしよう[9]。というのは、上に引用したようにスミス自身、交換性向が人間にのみ固有であると明言しているし、さらに、「犬と犬が一本の骨を別の骨と、公正で熟慮した交換をするのをみた人などいない」(*Ibid.*, 26 / 訳（一）37-8)、あるいは、「マスティフの強さは、グレイハウンドの速さからも、スパニエルの賢さからも、シェファードのおとなしさからも、助けを受けることはまったくない。交易し、交換する力あるいは性向が欠けているため、それらのさまざまな資質や才能が共同財産になることはありえず、種族の境遇や便益の改良に役だつこともまったくない」(*Ibid.*, 30 / 訳（一）

42）という具体的な動物に関する実例をあげて、交換が人間に固有の行為であることを力説しているからである。

このようにウェイトリの、上の引用文Ⅰ、Ⅱはスミス『国富論』との関連をつよく示唆しているが、にもかかわらず、その事実はスミスとウェイトリの単純な同一性を示すものではない。第2節に述べたように、小論はウェイトリが『国富論』冒頭の分業論的学問論を継承しつつ、それを経済学という個別学問に発展的に適用したという立場にたっている。以下ではウェイトリにおける発展的側面について見ていこう。

上の『国富論』第1編第2章の引用で、スミスが人間と他の動物との対比に言い及ぶのは、交換性向が、ほかならぬ「人間」の本性であることを明示するためであろう。社会諸現象を「人間本性」にまで掘り下げるのは、スコットランド啓蒙にその精華を見る、一つの学問体系としての「道徳哲学」に顕著な特徴であり、スミスもそのなかの一人であった[10]。

これに対してウェイトリは、たしかにスミス『国富論』の当該部分を前提にしてはいるが、関心の向け方は同一ではない。スミスの関心は、経済現象の根底にある人間の内面的な資質を突き止めることに向かっている。スミスがこの部分で、交換性向が人間本性の「本源的原理」であるか、あるいは「推理したり話したりする能力の必然的な結果である」(Ibid., 25 / 訳（一）37) のかというような、人間の本性や人間に固有の能力の問題にこだわっている事実からもそれは知られる。他方ウェイトリの場合は、そのまなざしは、人間それ自身よりもむしろ経済学へ向けられていて、経済学が人間の行為のどの部分に焦点を当てるべきかという点から、交換に着目している。上の文言におけるスミスの力点は人間それ自体、その諸資質にあるが、ウェイトリにおける関心の主眼は経済学の存在意義の方にあって、経済学の存在意義にとって相応しい人間の行為の種類を探索しようとしているのがウェイトリの立場である。それが、観点とという語に集約されているのである。

引用文Ⅱの「この観点でのみ」というのは、「交換という観点でのみ」を意味していよう。ウェイトリは『講義』の別の箇所で、キケロとアリストテレス

の人間観に言及している。キケロが、「人間は…生まれつき、社会のために作られ、その後は、社会の一員として自分の同胞と協力して共通善を促進する」と述べていたことを紹介し、さらに、「キケロとアリストテレスはふたりとも、〔人間の〕社会的結合の利点を断じて見損なったり、軽視したりしなかった」として、人間が孤立した存在ではなく社会的存在であり、「社会的結合」を不可欠の条件としていることを強調するこの古代のふたりの哲人に、ウェイトリは賛意を示しているのである（Whately, 90）。つまりウェイトリは、人間が社会的結合を有する「生まれつきの社会的存在」（*Ibid.* 1832, 91）であるという立場に立っていたが、その彼が、引用文Ⅱで経済学では「交換という観点でのみ」人間を考察するとしている。

　ウェイトリがキケロやアリストテレスに同意しつつ主張しているように、人間は社会的存在であり何らかの社会的結合を必要とするが、とはいえ社会的結合の仕方は一種類ではない。小林昇はジェイムズ・ステュアートに関連して、ステュアートの『経済の原理』にあっては、「人間の社会的結合は商品交換をつうじての結合であり、この結合の原理は支配と強制とではなくて欲望の相互充足なのである」（小林 1989, 183）として、ステュアート経済学に則した人間の社会的結合様式を指摘している。たしかに小林が対比的に例示しているように、支配と強制、あるいは支配と服従というのも、交換とは異なったいま一つの社会的結合様式といえる。そのように複数ありうる社会的結合様式のなかで、経済学は「交換という観点でのみ」人間を考察すると、ウェイトリは断言しているのである。

　ウェイトリは今日でいう自然科学と社会科学の分類法として、自然を対象とする物理科学（physical science）と、人間を対象とする政治学という二分法を用いていると思われるが[11]、その分類にもとづいていうと、政治学の諸分野のなかで、経済学は「交換」という観点―ただその観点のみ―を通じて対象に接近する。他の科学がもたないこの観点の独自性によって、固有のディシプリンとしての経済学の存在意義が特徴づけられる[12]というのが、ウェイトリの真意であろう。カーズナーは、「ある特定の研究分野の定義は、研究者によっ

第7章　ウェイトリのカタラクティクスとスミス分業論の関連

て選択された観点の説明とほとんど等しい」（Kirzner 2009, 2）と述べているが、まさしくウェイトリはこのカーズナーの言葉を実践しているといってよい。

　そうであるとすれば、引用文Ⅰにおけるスミス『国富論』に対するウェイトリの批判的コメントの意味も理解できるように思われる。ウェイトリによれば、スミスのいう「国富（Wealth of Nations）」は、経済学の「内容」を表しているとしても、経済学が「科学（自身）」であることを表してはいない。これは、特定の研究分野が、固有の一科学としてのアイデンティティを明示するためには、その研究対象＝内容に則してよりも、観点、すなわち対象に接近する仕方――「何を」というよりも、「どのように」――によって、自己を確証すべきであるという立場の表明であろう。たしかに、特定の学問分野を対象規定（内容）によって定義することが、一つのディシプリンとしての要件を必ずしもじゅうぶんに満たしているとは言い難いのは、経済学に関する以下のJ・S・ミルの言葉からも知られよう。

　J・S・ミルは、『経済学原理』の緒論のある個所で次のようにいっている。

「富の生産は…恣意的に成しうる事柄ではない。それには各種の必然的条件がある。そしてこれらの条件のあるものは物理的であって、物質の性質と、ある特定の時および所において有する、物質の性質についての知識の量とによって定まるものである。このような条件は、経済学はこれを研究せず、その根拠については物理科学または一般経験に譲ると言うことを断って、これを仮定する」。
　　　　　　　　　　　　　　　（Mill [1848] 1965, 21 / 訳（一）61）

　ミル自身は小論の冒頭に示したように、経済学を「富の性質、その生産および分配の法則」という用語で定義づけているのであってここでのウェイトリとは立場を異にしているが、しかし上の引用が本人の意図とは別に示しているのは、経済学を、「富の生産」というその対象、内容によって定義することの不十分さである。経済学の主題を「富の生産」というように内容に即して定義し

た場合、それを十全に研究するには「物理科学」の協同が必要であって、経済学のみが専一に「富」を研究対象とするのではないことをミルは主張している[13]。

ミルに見られる上のような議論を下敷きにすると、ウェイトリがカタラクティクスという新しい名辞をあえて用いることを通じて、(対象あるいは内容ではなく)「交換という観点」を強調する理由を理解できよう。交換は、ウェイトリ自身がいうように何より人間に固有の属性であって、しかも人間に関する他の諸科学(たとえば、隣接分野である政治学、倫理学)[14]が取り扱わない経済学に独自の観点である。そしてこの観点という概念は、対象規定に比較して、一つのディシプリンの独自性を、したがってそのディシプリンの固有の存在意義をより明瞭に顕示するのである。その一例を彼は次のように説明している。同じ「たくさんの観賞用樹木」を所有していても、それを「販売用に栽培する苗木屋」と、「自分の土地に美観をそえるために植える郷紳」の場合とでは、経済学の観点からは「ひじょうに大きな相違」がある。前者は「交換可能」なものとして経済学の対象になるが、後者は特定個人の文字どおり観賞用の愛玩物として(交換の域外にあり)経済学の研究対象から除外される。観賞用樹木という対象あるいは内容としては「同じ事物が、違った人間には違っている」という事実こそが学としての経済学にとっての眼目であり、その識別を可能にするのが、「交換という観点」なのである(Whately 1832, 8-9)。対象の内容的共通性ではなく、観点こそが一つのディシプリンを特定化するというウェイトリの考え方が明白に表れていよう。

さらに次の点も注目される。対象としての富は客体的に存在するのに対して、交換と表裏一体の社会的分業は、それ自体としては「目にみえないかたちにおいて」(内田 1988, 197)伏在しているので、学的主体による抽象や分析を経て概念として捉えられねばならない。もとより、現実の経済社会を対象に分業概念を抽出したのはアダム・スミスであるが、スミスのそうした学問的操作を対自化して、観点という概念を通じてディシプリンとしての経済学のアイデンティティをより深めたかたちで明示化したのがウェイトリであったといえよう。

第 7 章　ウェイトリのカタラクティクスとスミス分業論の関連

　本稿の第 2 節で引用したように、スミスは『国富論』冒頭の分業論において学問諸分野間の分業に言及して、諸学の分化によって、学問を専門とする「各人は自分自身の特定部門でいっそうの専門家になり、全体としてより多くの仕事がなされ、専門知識の量も大いに増大することになる」(Smith 1976, 21-2 / 訳（一）33) と、述べていた。スミスは学問の発展の基本的趨勢をこのように展望していたが、学問諸分野の分業関係の進展を通じて、各人が「特定部門でいっそうの専門家」になるというのが、具体的にどのようなことを意味するのかを明示してはいない。これは『国富論』の当該の文脈から見て、けっしてスミスの瑕疵ではなく、むしろ未来に開かれた分業論的学問論を彼が提示していたとみなしうる。こうしたスミスによる学問論的遺産は、デュガルド・ステュアートにその例を見たように後代の人に必ずしも切れ目なく受け継がれてはいなかったが、それを正当に受け止め、一つの発展のあり方を具現化したのがいま見ているウェイトリの所論であるといえよう(15)。

　これまで見てきたカタラクティクスをめぐるウェイトリ経済学方法論の特質をあらためて整理すると、交換＝分業を意味するカタラクティクスが、それ自体、経済学を一つのディシプリンたらしめる意味をもっているということである。ウェイトリに従って、自然を対象とする物理科学 physical science と、人間を対象とする政治学という二分法を用いると、政治学は総体として人間を考察主題としていて、そのなかの個別科学が人間のどの部分に光を当てるかによって各ディシプリンの役割が決まるという構図になろう。そのような構図のなかで、ウェイトリはここで、経済学の担当部門が、人間の諸行為・諸特質のうちの交換＝分業（のみ）であるということを、カタラクティクスという表現によって主張している。それがカタラクティクスと同義の交換＝分業という「観点でのみ人間は経済学で考察される」ということの第一の意味である。

　カタラクティクスをめぐる経済学方法論上のもう一つの意義は、科学一般における観点に関している。先にカーズナーからも引用したように、個別科学は「どういう問題にどういう視角からアプローチしているかということを抜きにしてはなりたたない」（丸山 1998, 216）。つまり、ある一つの科学が文字

235

どおり一科学として存立しうるためには、その科学に固有でかつ有効な観点を有する必要がある。その意味で一個別科学としての経済学に限らず、科学一般の存立にとって「観点」という概念はきわめて重要な意義を担っている。そのように科学方法論においては不可欠の観点という課題を、経済学の基本概念である分業論を基盤にして論じていることが、ウェイトリのカタラクティクスのもう一つの特徴である。

　一般に科学における観点の問題は、狭義の科学方法論（ウェーバー）や認識論・科学哲学（ポパー）の文脈で論じられる。たとえばポパーは、事象の反復によって因果性を説明するヒューム因果論を批判する文脈で、観点の問題を論じている。ポパーはいう。「ヒュームが心に描いていたたぐいの反復は、完全でありえず、かれの考えていた事例は、完全に同等な諸事例ではなくて、単に類似していた諸事例にすぎない。だから、それらの事例はある観点からみられた反復にすぎないのである」（Popper 1963, 44 ／ 訳 75）。ポパーはここで、ヒューム認識論を批判するかたちで、科学において重要な意味をもつ、因果性や法則との関連で観点の問題を扱っている。このポパーの事例から知られるように、観点という課題は認識論、論理学の論点であり、広い意味での哲学分野の課題として論じられるのが通例であろう。

　ウェイトリがそれについて論じる場合も、観点という事柄自身はたしかに哲学的な論点に分類されるかもしれない。しかし、その論じ方は上に述べたような仕方と趣きを異にしている。彼が交換という「観点でのみ人間は経済学で考察される」というとき、純哲学的な課題として観点の問題が論じられるというより、社会における現実の分業との類比で問題が扱われている。

　たとえば、学問研究に関して、「われわれは一度に一つの主題を扱う方が、別個のさまざまの研究をごっちゃにするより知識を発展させやすい」（Whately 1832, 23）とウェイトリは説明している。これは、特定のディシプリンの観点を重視する立場と照応した言明とみなせるが、他方で、社会における現実の分業について彼は次のようにいっている。分業の発展によって「各人は、彼の全注意、あるいは主要な注意をひとつ、またはいくつかの種類の仕事に直接に

第 7 章　ウェイトリのカタラクティクスとスミス分業論の関連

向け、隣人たちから交換に彼らの勤労の産物を受け取る方が、ひとりで自分のすべての不足を補てんするよりも、自分の不足をじゅうぶん満たすことができる」(*Ibid.*, 141) と。これは社会的分業について格別目新しいものをふくまぬ解説である。学問研究に関する前者の引用と、社会的分業一般に関するこの引用を並列するとき、両者はまったく一致するとはいえないが、学問において「一度にひとつの主題を扱う」ことを推奨する背景に、他者との分業を想定した、「全注意、あるいは主要な注意をひとつ、またはいくつかの種類の仕事に直接に向け」る分業労働者の姿があると考えるのは誤りではあるまい。ウェイトリにおいて、方法論の問題が純哲学的というよりも、分業論との類比で論じられていると考えるのはこのような意味である。

　また学問研究について、上と同じような趣旨のことを次のようにいっている。「さまざまの違う主題を同時に、しかも違う種類のある研究から別の研究へとたえまなく移るように乱雑に扱うやり方ほど、混乱と誤りをまねくことはない」(*Ibid.*, 22) と。学問研究に関する前の引用と同じような内容をマイナスの側面から論じているのがこのくだりだが、ここで「違う種類のある研究から別の研究へとたえまなく移る」というのは、『国富論』の冒頭でスミスが分業の長所としていたことを想起させよう。よく知られている箇所ではあるが、スミスは『国富論』第 1 編第 1 章の分業によって生産力が上昇する原因の一つとして、「一つの種類の仕事から別の種類の仕事へ移るさいに通常失われる時間を節約することによって得られる利益は、われわれが一見想像しがちなものよりはるかに大きい」(Smith 1976, 18／訳 (一) 30) といっているのであった。ウェイトリの上の引用は、学問研究において分業を行わない場合についていわば裏返しの議論をしているわけだが、ウェイトリが学問に関して述べていることと、経済学上の分業論との距離の近さを示していよう。こうした予備的考察をふまえると、以下の叙述はウェイトリの観点論と分業論との密接な関係を証明するものと考えられる。

　ウェイトリは、経済学と政治学との関連を述べる文脈でいま問題にしている事柄に言及している。まず彼は経済学と政治学との関係について、「経済学は

政治学の一部門であろう」(Whately 1832, 24) として、経済学が政治学の一下位部門であることを認めている。しかしそのことは独立した学としての経済学の無用性を主張するためではなく、以下のような論を進めることが彼の真意であった。

すなわち彼は、古代「ギリシャの哲学者たちは、政治学の対象を人間的善全般と言って」いたが、「人間的善というような複雑な対象を、われわれが主題の異なった部門に応じて研究を分割しないで、全般的に追求すれば、われわれの研究はプラトン主義者たちの善そのものの研究と同様あいまいで無益になろう」(Ibid., 23-4) としている。見られるように、政治学が「人間的善」といった、「複雑な」あるいは抽象的な主題を定立していることにウェイトリは異を唱え、主題をいくつかの部分に分割して研究する必要性を説いている。それは他方で、分割した複数の観点からの研究成果を組み合わせ、結合して「人間的善」の具体的な全体像に迫ることを同時に意味していよう。このような立場からは、経済学がたとえ政治学の一下位部門であったしても、「交換」という明確で独自な観点から「人間的善」の一面を研究することはおおいに推奨されることになる。

ウェイトリがこの問題を論じている部分で、学問的作業の類比として家造りの例を出している点が注目される。すなわち、「一軒の家を建て内装するのさえ、その労働はすべて居住者の安楽という共通の一つの目的に資するとはいえ、多くの異なった職人に託された仕事である」(Ibid., 23) として、現実の労働の分業に言及しているのである。家を造る労働の現場において、最終的目的は「居住者の安楽」であるとしても、その目的は、全体の作業が各種の異なった労働に分割されたうえで結合されて初めて達成される。同様に学問におけるいわば一つの建築現場である政治学においても、その目的にするのは「人間的善」であったとしても、そのような抽象的な研究対象に無造作に立ち向かうのではなく、分割した各部門が独自の観点で探究した知識を交換し、結合することによってはじめて対象の具体的な全体像に近づけると主張していると解することができる。ここではまさしく、学問論上の観点論と、経済学的な意味での分業論と

が見事に対応している。また、スミスが『国富論』の分業論で述べていること（労働の分化と結合）を、個別科学としての経済学に適用したものともいえる。

　ウェイトリにあってはカタラクティクスという名辞を通じて、科学方法論上の一つの論点である観点の問題が論じられていた。そしてわたくしが、それは通例そうであるように、認識論や論理学といった哲学的次元でもっぱら取り上げられるのではなく、分業論との関連で論じられるというのはこのような意味においてである。もちろんウェイトリは自身、論理学の書物を著わしており、観点に関する論理学的アプローチを否定するものではない。しかし、ウェイトリ観点論の一つの特質として、上での検討にもとづき、それが分業論的論理によって媒介されている点を指摘できるのではないであろうか。

第6節　ウェイトリ経済学方法論の社会的背景

　これまで見てきたように、ウェイトリはカタラクティクスという概念を通じて、スミスの分業論を継承しつつ、それを発展させることによって自己の方法論を展開した。そうであるとすれば、ウェイトリがスミスを継承しつつもそれを発展させ得た客観的、社会的根拠はなんであったか、それを探ることにしたい。

　アダム・スミスは『国富論』の第5編で、分業が労働者に与える弊害について論じ、その対応策として年少者への義務教育を提言していたが、ウェイトリもその『講義』のなかで『国富論』第5編の当該部分を引用して、教育―ウェイトリの場合は特に宗教教育―の必要性を主張している。この面でもスミスとウェイトリの連続性を確認できるが、スミスの時代よりさらに経済が進歩したウェイトリにあっては、経済の進歩にともなった、教育におけるスミスとは別の問題点を指摘している。そして、その文脈で経済学の現状について語っているのである。

　それは、「増大する巨大な富を通じて」生じる、「知識の増加と普及」、言い換えれば「人民大衆の過剰教育（overeducation of the mass of the people）」

(Whately 1832, 210) という問題である。産業革命を経過したイギリスにおける富の増大にともなって教育が普及し、「人民大衆の手の届くところにある知識」が増えたために、彼らが、「どんな問題も決める資格が自分にあると思ったり」、「幼稚な理論を奉じたり」する問題が生じていると、ウェイトリはいう。このような問題の原因は、「さまざまの学問とさまざまの〔人の〕心的能力との間の適切な・バ・ラ・ン・ス」(Ibid., 211) が失われていることによるものだが、このような「危険」(Ibid., 210) は、経済学とも無縁ではない。

彼によれば、「一般に立派な教育を受けたと自認する人々は」、経済学それ自体についてはたとえ無知であっても、「万人の仕事（every one's business）だと見える経済学にかかわる問題の有能な目利きだと」自認している。そのため、「他の点での教育は、かれらの無学に、独断的なうぬぼれという思慮のなさをただ付け加えるために役立つにすぎない」(Ibid., 216)。経済学以外において何らかの教育のある人は、経済学を学んでいなくとも、経済学の対象は日々周知の「万人の仕事」であるとみなして、経済学を十分論じる資格があると考える。これがウェイトリの見た一般の人々の経済学観であった。

アダム・スミスは本稿第2節でみた『国富論』の引用で、学問諸分野間の分業を通じて諸学全体が発展するとみなしていた。本章でこれまで見てきたように、そのようなスミスの学問観をウェイトリは基本的に受け入れていたが、ウェイトリが眼前に見る一個別科学としての経済学の在り様は、スミスの予言したように専門家を担い手として必ずしも順調に発展しているとはいえない。実務家をはじめとする門外漢が、「幼稚な理論」を振り回して経済学にくちばしを入れているのが現状であるのは、上の引用が示している。彼が本稿で見たように、およそ一個のディシプリンであれば当然備えるべき明確な観点という事柄を自覚的に提示し、経済学が交換という観点を通じて学問研究に寄与していることをあえて主張するのは、このような時代背景があったからではないだろうか。

第 7 章　ウェイトリのカタラクティクスとスミス分業論の関連

注

(1) 早坂忠（1979）、平井俊顕（2000）。
(2) ヒックスは、「カタラクティクス」の彼以前の使用者の例としてエッジワースとミーゼスをあげているが、ウェイトリには言及していない。
(3) 只腰（2005）。
(4) この点については注（9）参照。
(5) ウェイクフィールドの註解については参考文献欄に示した諸泉俊介による翻訳がある。参考にさせていただいたが、本稿での訳は筆者によるものである。
(6) 内田義彦はいう。「スミスが分業の利益について語るとき、かれはもっぱら労働の分割によるそれを前面におしだした。だが同時にスミスは、分業が細分化された労働の結合であるという反面をも認め、労働の細分化が富の基礎として意味をもつのは、労働が社会的労働に結合され、その社会的総労働の一部として存在する場合のみである、ということをも同様に強調している」（内田 1988, 207 傍点原文）。
(7) スミス自身、分業認識の学問性について次のようにいっている。「文明状態においては、大部分の個人の職業にはほとんど多様性がないけれども、社会全体の職業はほとんどかぎりなく多様である。こうした多様な職業は、自分では特定の職業につかず、他人の職業を検討する余暇と意向をもっている少数の人々にたいして、無限に多様な観察対象を提供する。それほどにも多様な対象を観察するには、必然的に彼らの精神に無限の比較や結合を行わせ、彼らの理解力をなみはずれた程度に鋭く包括的なものにする」（Smith〔1776〕1976, 783/ 訳（四）52）。
(8) 「人間は、自然に社会の福祉と保存についての意欲を与えられているとはいえ、それでも自然の創造者は、処罰の一定の適用がこの目的を達成するための適切なしゅだんであることの発見を、人間の理性に委ねないで、それを達成するのにひじょうに適切な適用そのものについての、直接的で本能的な明確な是認を、かれにあたえておいたのである」（Smith〔1759〕1976, 77/ 訳（上）201）。
(9) この点をめぐってのスミス、ウエィトリの共通性に着目しているのがレヴィ（Levy 2001）である。レヴィは、交換に関するスミス、ウエィトリの上のような類似の捉え方に関して、「アダム・スミスとリチャード・ウエィトリの古典経済学において人類を定義づける特徴は、人間が売買する humans trade ということである」（Levy 2001, 93）としている。レヴィはこの著で、J・S・ミル等経済学者たちの奴隷制反対論にカーライルの奴隷制擁護論を対置して、この点に論及している。つまりレヴィによれば、他の動物と異なる人間に固有の特徴が交換し、売買することにあるとすれば、「ある人種［＝黒人］の成員が売買しようとしないとすれば、彼らは満足な人間ではない」ということになり、売買、交換を行わない黒人は「人間以下の状態」（Levy 2001, 94）であり、し

たがって彼らを奴隷にするのは正当化されるというのが、カーライルの論理になる。本稿でいま注目している部分についての独自の立場からの議論であるが、本稿とは視点を異にしている。
（10）　坂本達哉の表現を借りれば、「人間本性と経済活動の関連を問題とするこの論点こそ、『国富論』における社会思想的な問題なのである」（坂本 2014, 5-6）。
（11）　社会科学、自然科学に関する当時の分類法、呼称については拙稿 2005, 19。
（12）　「経済学は分業と交換の認識から始まったといっても過言ではない」（山田鋭夫 2004, vii）。
（13）　これを、経済学の定義についてより立ち入って検討している、ミルの初期の論文「経済学の定義について：経済学の哲学的研究の方法について」の言葉でいえば、「富を構成する諸対象の生産の法則は、経済学とともに、ほとんどすべての物理科学の主題である」（Mill〔1844〕1967, 317-8）。
（14）　「経済学の誕生は、この時代のふたつの思潮である倫理学と政治学との合流の反映とみなされうる」（Kirzner 2009, 26）．この点について（拙稿 2005, 25）．
（15）　ダブリン大学にウェイトリが創設した経済学教授に 1856 年に就任し、ウェイトリ自身とも知り合いであったといわれるケアンズは、その主著で、真の科学ならば「包括的な科学」であるべきであるにもかかわらず、「『富だけに専心する』」経済学は「断片的な一科学」に過ぎないという、経済学を「鼻であしらう」批判に次のように応えている。「科学の進歩の歴史が、他よりもはっきりと何かの教訓を与えているとしたら、人間の学術研究が成功するのは一般的に、その対象が厳密に限定されて、明確に定義されるのにまさに比例してであったということであり、すなわち、ある科学が『断片的に』なるに比例してであった」（Cairnes 1875, 26-27）。科学が成功するのは、「対象が厳密に限定されて、明確に定義される」ことによってであるというケアンズの上の言葉に、ダブリン大学の「ウェイトリ講座」の一人であり、いわばウェイトリ人脈の一員といってよい人物への、ウェイトリの所論の影響を見て取れないであろうか。

参考文献

（洋書）

Cairnes J. 1875. *The Character and Logical Method of Political Economy*. 2nd ed. London: MacMillan.

Hicks, J. 1976. 'Revolutions'in Economics, In S.J.Latsis, ed. *Method and Appraisal in Economics.* Cambridge: Cambridge University Press,207-218.

Kirzner, I. [1960] 2009. *The Economic Point of View*. Indianapolis: Liberty Fund.

Levy, D. 2001. *How the Dismal Science Got its Name: Classical Economics and Ur-Text of Racial Politics*. U. S.: The University of Michigan Press.

第 7 章　ウェイトリのカタラクティクスとスミス分業論の関連

Mill, J. S. [1844]1967. On the Definition of Political Economy and on the Method of Philosophical Investigation in that Science. In *Collected Works of John Stuart Mill*, Vol.4. ed.by J. M. Robson et al. Toronto: University of Toronto Press.

――. [1848] 1965. Principles of Political Economy, with Some of Their Application to Social Philosophy, In *Collected Works of John Stuart Mill* Vol.2-3. ed. by J.M.Robson et al. Toronto: University of Toronto Press. 末永茂喜訳『経済学原理』岩波書店、1959 年。

Mises, L. [1949]1966. *Human Action: A Treatise on Economics.* Chicago: Contemporary Books, Inc. 村田稔雄訳『ヒューマン・アクション―人間行為の経済学』春秋社、1991 年。

Popper, K. R.1963. *Conjectures and Refutations: The Growth of Scientific Knowledge.* London: Routledge & K. Paul. 藤本隆志、石垣壽郎、森博訳『推測と反駁』法政大学出版局、1980 年。

Schumpeter, J.A. [1908] 1970. *Das Wesen und der Hauptinhalt der Theoretishen National Okonomie*, Berlin: Duncker & Hmblot. 大野忠男、木村健康、安井琢磨訳『理論経済学の本質と主要内容』岩波書店、1983-1984 年。

Smith, A. [1759] 1976. *The Theory of Moral Sentiments*, ed. by D. D. Raphael and A. L. Macfie. Oxford:Clarendon Press. 水田洋訳『道徳感情論 上・下』岩波書店、2003 年。

Stewart, D. [1792] 1854. *Elements of the Philosophy of the Human Mind*, Vol. I. In Vol. Ⅱ of *The Collected Works of Dugald Stewart*, ed. by William Hamilton. Edinburgh: Thomas Constable, Reprint, Farnborough: Gregg International Publishers Limited, 1971.

Wakefield, E. ed. 1843. *An Inquiry into the Nature and Causes of the Wealth of Nations / by Adam Smith; with notes from Ricardo, M'Culloch, Chalmers*, Vol.I, London: C. Knight & Co. 諸泉俊介訳「翻訳：ウェイクフィールドのスミス『国富論』註解（1）」『佐賀大学文化教育学部研究論文集』10(1)、2005 年。

Whately, R. 1832. *Introductory Lectures on Political Economy* 2nd ed. London:B.Fellows.

（和書）
内田義彦（1988）『内田義彦著作集 第一巻』岩波書店。
小林昇（1989）『小林昇経済学史著作集 IX』未来社。
坂本達哉（2014）『社会思想の歴史』名古屋大学出版会。
塩野谷祐一（1995）『シュンペーター的思考―総合的社会科学の構想』東洋経済新報社。
只腰親和（2005）「ウェイトリの経済学における境界区分 demarcation の問題―経済学の初期制度化の視点から」『一橋大学社会科学古典資料センター年報』25: 14-29。
田中正司（1988）『アダム・スミスの自然法学』御茶の水書房。
中野聡子（1989）「リチャード・ウェイトリーの『交換の学』とその思想的背景―近代経済学における交換理論のミクロ的視点の萌芽」『三田学会雑誌』82（1）：137-163。
早坂忠（1979）「連続史観と革命史観」早坂忠、伊東俊太郎、竹内啓編『経済学の知性史的考

察』東洋経済新報社、13-46。
平井俊顕（2000）『ケインズ・シュンペーター・ハイエク―市場社会像を求めて』ミネルヴァ書房。
丸山真男（1998）『丸山真男座談6』岩波書店。
山田鋭夫（2004）「内田義彦の問い」内田義彦　新版『生きること学ぶこと』藤原書店。
山田秀雄（1951）「ジェイムズ・T・ロジャーズ『国富論』編者序文」訳者はしがき、高島善哉編集『スミス國富論講義4』春秋社。

第7章　ウェイトリのカタラクティクスとスミス分業論の関連へのコメント

松本哲人

　よく知られているように、科学が宗教を自覚的に分離し始めたのは、ブリテン、とりわけイングランドにおいて、T・H・ハクスリーがダーウィンのブルドックと自認し、進化論を強力に支持した19世紀後半以降であった。逆に言えば、スミスが生きた18世紀やウェイトリが生きた19世紀前半において、あらゆる科学が宗教的な背景を持っていたとしてもそれは不思議なことではない。

　只腰論文の特徴は、スミスやウェイトリが自然神学を思考枠組みとして持っており、彼らのその同質性に着目しつつ、彼らの分業論の同質性を指摘したことにある。自然哲学（＝自然科学）が創造主の企図し計画した英知としての自然法則を少しずつではあるが明らかにしている一方、道徳哲学（＝社会科学）に関して、まだ未解明な部分が非常に多く残っており、どのような道具立てて解明すればよいのかという課題があった。スミスは経済活動を営む人間そのものに着目し経済現象がどのように創造されているかを知ろうとした。他方、ウェイトリは経済現象そのものに着目し、人間の交換性向の部分に焦点を合わせて解明しようとした。その意味で、スミスが論じた学問的分業をウェイトリは自分自身に適用し、カタラクティクス、つまり交換の科学としての経済学を明らかにしようとしていたということができる。

　そのように考えたときに、分業の弊害を除去する方法としてスミスやウェイトリが宗教教育を重視していることに特段の驚きはない。それは、「神の知恵であることを人間の知恵と取り違え」（225頁）ないようにするためにも必要なことであろう。しかしながら、スミスは初等教育において分業の弊害を取り除くために、読み、書き、計算、幾何学と機械学の初歩を教える必要があると主張し、人々の基礎学力の向上とあわせて宗教教育の必要性を主張した。だが、ウェイトリは、「過剰教育」（239-240頁）の歯止めとして宗教教育の必要性を主張している。過剰教育こそが「神の知恵であることを人間の知恵と取り違え」てしまうと考えていたからであろう。経済学だけでなく科学全般や大衆の世論形成において、宗教が人間の行動指針を示し、誤った針路に進まないように制御することのできる最後の砦であると彼らは考えていた。そうであるならば、現代における最後の砦はいったい何になるであろうか。

第 8 章　現代経済学における方法論的対立

――マクロ経済学を中心に――

廣瀬弘毅

はじめに

　本章では、次の二つのことを明らかにしたい。まず第一に、ケインズ反革命として知られる、マクロ経済学における主流派の大きな交代劇は、社会情勢の変化への対応というだけでなく、方法的な転換もともなう二段階のものであったということ、次にそのように二段階に折りたたまれた反革命は、その後の経済学の発展に大きな影響を及ぼしたことである。

　後述するが、第一の視点に関しては、実はそれほど目新しいものではなく、多くの論者がさまざまな表現で指摘していたと考えられる。しかし、第二の視点については、現在進行形の問題でもあり、試論的なものにとどまらざるをえないことを最初に断っておくべきであろう。

　まず第 1 節では、比較的よく知られていることではあるが、ケインズ反革命について簡単に振り返っておこう。そしてそれは第 2 節で論じる二段階の反革命の検証の準備作業になるであろう。そして、第 3 節では、二段階の反革命がもたらす現代経済学への影響を述べることにしたい。そうすることで、社会の変化が経済学の変容に与えた影響と、その逆に経済学の変化が政策を通じて、社会の変化に与える影響について検討する事が出来るだろう。

第3部　経済学方法論の社会的次元

第1節　ケインズ反革命

1. マネタリズムの台頭

　第二次世界大戦後のアメリカでは、サミュエルソンが名づけた「新古典派総合」ケインジアン[1]あるいは「ニューエコノミクス」が幅をきかせ、歴代のCEA（経済諮問委員会）の委員にもケインジアンが就くことで、政策的な影響力も大きかった。実際、東西冷戦下で、経済成長も着実に維持され、失業率も低位安定していた。しかし、1960年代後半に入ると、物価上昇率がじわじわと上がり始めた。アメリカのジョンソン大統領が、ベトナム戦争と貧困との闘いという「二つの戦争」に取り組んでいたために、総需要が過大になったことが原因である。これに加えて、1973年、1979年の二度にわたる石油危機や、突然金とドルとの交換を停止するという1971年のニクソン・ショックによる世界的な経済の混乱が、インフレーションと不況の同時存在というスタグフレーションまで引き起こすにいたった。その結果、新古典派総合ケインジアンに対する人々の信頼が地に落ちてしまった。

　そういった状況に対する経済学界の対応としては、可能性として二つの方向があった。一つ目は、1971年のアメリカ経済学会に招待されたロビンソンが口にしたように「経済学の第2の危機」として、第1の危機を救ったケインズ経済学から一歩先に進んで、需要の中身について踏み込むという方向であった。事実、この時期は異端と目されたガルブレイスがアメリカ経済学会の会長職に就くなど、制度派などへの注目が集まっていた時期であり、こちらのアプローチが力をもつかに思えた。しかし、実際に力をもったのは、もう一つの動きであるケインズ経済学を否定する方向であった。その旗手の一人が、フリードマンであった。彼は、すでに消費関数論争などで名を挙げていたが、1963年にシュワルツと共著で書いた『合衆国の貨幣史—1867年から1960年』（*A Monetary History of the United States 1867-1960*, 1963）において、貨幣数量と物価変動の関係について実証研究も行った。それらの業績から発展させて、

第8章 現代経済学における方法論的対立

「インフレーションはつねにかつどこにおいても貨幣的現象である」という有名な命題をかかげ、マネタリズムの考え方を提唱し始めた。

マネタリズムの考え方は、簡単に要約すると、以下のようになる。貨幣量の増加は概ね6～9ヶ月のタイムラグをともないながら、名目所得の増加を生み出す。さらに、6～9ヶ月のライムラグをともなって、その名目所得の増加は物価の上昇に帰着するという、実証的命題である。また、予測不可能なタイムラグが存在するため、たしかに一時的に名目所得とりわけ初期に於いては実質所得の増加を引き起こすけれども、景気対策として貨幣量の増加をともなう政策を採ることは、経済活動を混乱させるという理由から、すべきではないとした。財政政策は、貨幣量の増加をともなわない場合には効果が小さいという政策的命題も主張している。実体経済に影響を与えるのは、結局貨幣であるという主張の特徴から、マネタリズムという名前が冠されることになった。

ところで、このような命題は、必然的にケインズ経済学と対立する。というのも、ケインズ経済学とりわけアメリカで普及した新古典派総合ケインジアンの標準的な理解では、金融政策よりは財政政策の方が効果が大きいとされていたし、金融政策においても、第一義的には、金融緩和も金融引き締めもいずれも、貨幣需要と貨幣供給の関係から、利子率に働きかけ、それが投資などの実体経済に影響を及ぼすとされていたからである。こういった政策のすべてをフリードマンは否定したことになる。加えて彼は、潜在的な経済成長率に合わせて貨幣量を一定率に固定して増加させるというk％ルールが望ましいと主張した。これは、単に貨幣量だけが重要だということではなく、裁量を廃してルールを重視するという意味ももち合わせていた。

インフレーションにまつわる諸現象に対する整合的な説明は、多くの人の注目を集めるようになった。さらに、後述するがフィリップス曲線のモデルに期待という変数を導入することで、当時のケインジアンが手こずったスタグフレーションまでをも、整合的に説明することに成功したのである。その結果、経済学の世界だけではなく、実際の政策現場にまで影響力を広げた。フリードマンはニクソン大統領の経済的なアドバイザーを務めることになった。また、

1979年からは当時のFRB議長ヴォルカーが正式にマネーサプライを操作変数にすると宣言し、マネタリズムの指針に従う政策運営をするように及んで、第二次世界大戦後長らく経済政策の指針となっていた新古典派総合ケインジアンを主流派の地位から追放することになった。

2. 新しい古典派経済学の勃興

フリードマンのマネタリズムが、その影響力を強めていくのと平行して、「新しい古典派経済学」と呼ばれる一派も生まれてきた[2]。もともとは、ムース(Muth 1961)が農産物価格の変動というミクロの経済現象に用いた「合理的期待」という概念を、ルーカスがマクロ経済分析に応用したことから始まったとされる。

ここで簡単にルーカスの主張の要点をまとめてみよう。

$$Y_t = \gamma (P_t - E(P_t \mid I_t(z)))$$

この式が意味するのは、t 時点における産出量 Y_t（ただし対数表示である）が実際の価格水準 P_t と情報集合 I_t のもとでの価格水準の期待値 $E(P_t \mid I_t(z))$ との差によって決まるというものである。さて、ここでルーカスは、経済主体は合理的であり、利用可能な情報はすべて使うという行動の仮定を置く。もしも、ここで人々が「正しく」価格を予想することができれば、Y_t は変動しなくなる。もちろん、現実には仮に正しく価格を予想したとしても、産出量が変動することもありうる。そこで、

$$Y_t = \gamma (P_t - E(P_t \mid I_t(z))) + \lambda_t$$

という攪乱項 λ_t を加える。これは実体経済にランダムに生じる変化を意味している。

このモデルは単純ながら、多くの含意がある。たとえば、情報集合 I_t は時間 t が下るにつれて増えていくであろう。これまで経済主体が知りえなかったことでも、何度か繰り返すことで新たな知見を得ていくことになり、P_t をより正

第8章　現代経済学における方法論的対立

しく予想できるようになることを意味する。さらに、重要なことは、人々が価格を正しく予想するかどうかで、産出量が変化するというモデルの構造である。このモデルでは、人々が観察できる価格の変化から、相対価格の変化をもたらすような変化なのか（λ_i）それとも、物価水準の変化なのかを見分けることができるかどうかが景気変動を引き起こす要因ということになる。加えて、ルーカスの場合もフリードマンと同じく、貨幣量の変化がこういった価格水準の変化の根本的な原因だと考えているのである。したがって、ケインズ経済学とは異なり、需要の変動が果たす役割はなくなり、予想を介してであるが、供給側の行動が重要だということになる。

このようなルーカスのモデルに対しては、その単純さゆえに非現実的であるという批判が可能であるにもかかわらず、その後の主流派経済学の発展の方向性に決定的な影響を及ぼしたのある。

分権的な市場の存在によって、引き起こされる情報と協調の問題は、明らかに重要だ。しかし、不完全情報均衡モデルをどのように解釈すべきかは、明瞭ではない。ルーカスのモデルは、大なり小なり文字通り受け取られるべきものなのか、あるいは大規模な分権化された経済が直面する調整問題の単なる例なのだろうか？　文字通り受け取られるとすると、基本的な仮定はとても微妙に見える。情報が1週間以内に公式に手に入り、それも比較的低いコストでより早くに手に入るようなときに、経済主体は他の価格や貨幣量の情報不足にどのように頭を悩ますというのか？　にもかかわらず、そしてやや驚くべきことに、ほとんど10年もの間、大量の実証研究が文字通り解釈されたルーカスモデルのテストをしてきたのである。

（Blanchard & Fischer 1989, 360 / 訳357）

さらに、ルーカスの切り開いた道筋は、次のステップへと続いた。景気変動の要因として、貨幣量の変化だけではなく、他の実物的な要因を取り上げるようになったのである。それが、実物的景気循環論である。彼らのモデルの特徴

は、完全競争市場を出発点とし、そこに何らかの実物的なショックを加えることで、景気循環が生じるとみなすところである。もともとは、キッドランドとプレスコットの1982年の論文（Kydland & Prescott 1982）、ロングとプロッサーの1983年の論文（Long & Plosser 1983）を嚆矢として発展してきたとされる。初期の実物的景気循環理論は、主に技術ショック、具体的には天候の不順なども含む、全要素生産性のショックをメインに取り上げていた。そのため、このモデルの大きな特徴は、ルーカスのモデルと同じく、需要が果たす役割はほとんどなく、供給側の要因で景気循環が生じるということである。

つまり、新しい古典派経済学は、①供給を重視する（需要の果たす役割はほとんどない）、②政府の裁量的政策は（短期においても）無効とする、という点で、完全にケインズ経済学から離れているのである。

これらのルーカス以降の「新しい古典派経済学」は、完全に学界の主流派となり、ケインズ経済学派を周縁へと追いやっていくのである。

第2節　二段階の革命

1. 経済像のレベルでの革命

われわれは、前節でケインズ反革命を時系列で確認した。ここでは、その反革命が単線的に生じたのではなく、大きくは二度の質的な変化をともなっていたことを確認しよう。

第1節でも述べたように、1960年代後半からの激しいインフレーションを背景とした経済的混乱は、政府がケインズ経済学にもとづくいわゆる「ファインチューニング（総需要管理政策）」によって景気循環の波を抑え、経済を安定的に導けるという自信を打ち砕いてしまった。そこに、反ケインズ派の反撃が始まった。では、その反撃は具体的にはどのような形態を取ったのであろうか。

フリードマンは、過去の歴史的な事件である1929年の大恐慌と1960年代後半からのインフレ期における経験的な研究を根拠に、マネタリズムの考え方が正しいと主張した。

第8章　現代経済学における方法論的対立

　ケインズ的な教義に疑問を呈したもう一つの重要な要因は、貨幣経済史、特に大恐慌の再検討がなされたことであった。詳細にわたって証拠が吟味されると、誤った金融政策こそがその責めの大部分を負うべきことが明らかになった。アメリカ合衆国では、1929 年から 33 年にかけて貨幣量が三分の一だけ削減されていたのである。この貨幣量の縮小は、明らかに、それが行われなかったであろう場合よりも遙かに不況を長引かせかつ深厚なものにさせた。…それは、連邦準備制度が行った政策の直接的な結果であった。連邦準備制度の創始者の意図は銀行組織に対して流動性を供与することをその主要な機能の一つとしていたのに、連邦準備制度がそれを行わなかった…。

（Friedman [1970] 2006. 176 / 訳 205）

　…マネタリストは、貨幣量の急速な増加がこの財政政策の（引き締め）効果を相殺するどころかそれ以上のものとなり、69 年前半には引き続いてインフレ的な景気の過熱が生じるであろうと主張した。再び、マネタリストが正しいことが証明された。　　　　　　　　　　　　　　　（*Ibid.*, 179 / 訳 212）

　つまり、フリードマンは、貨幣供給が減少するのを放置すれば、深刻な不況になり、拡張を放置すればインフレが過熱するのであって、ケインズ経済学が教えるような有効需要の問題ではないということを、理論上の帰結としてではなく、経験上の問題として提起しているのである。また、裁量的な政策は、景気変動を解消するというよりも、むしろ経済にダメージを与えるとまで主張するのである。
　他方、新しい古典派経済学の立役者の一人でもあるルーカスも、別の角度から、ケインズ経済学を否定している。ルーカスは、いわゆる確実性等価[3]のためのプレミアムの大きさを景気循環のコストとみなすことによって、第二次世界大戦後の景気循環のコストをシミュレートした。その結果、

　我々が第二次世界大戦以降経験してきた水準の経済的な不安定性が、たと

え歴史的に経験したインフレーションや経済成長率を少々引き下げるコストと比較してさえ、たいした問題ではないので、この課題が有益であることがわかったのである。　　　　　　　　　　（Lucas 1987, 30 ／ 訳 30）

と結論づけている。つまり、戦後の景気変動は打ち消さなければならないほどのものではないということであり、そもそもケインズ的な景気安定化策を弄さずとも、市場に委ねればよいということになるのである。

　厳密にいえば、フリードマンの主張とルーカスの主張は異なっている。しかし、フリードマンはモンペルラン・ソサイエティの代表までも務めたことがあり、『資本主義と自由』（*Capitalism and Freedom*, 1962）という代表的な著作まである筋金入りの自由主義者であり、事あるごとに政府の能力に疑問符をつけてきた。他方、ルーカスは、政府の裁量的な政策は、人々が合理的に予想してしまう限り、効果をもたず、常に「自然失業率」水準に行き着くという「政策無効命題」を提出した。ほかにも、政府が赤字国債を発行して、財政支出を増やしたとしても、人々は将来の増税を見越して、同じ金額だけ支出を減らすため、総支出が不変になるというバローの等価命題（リカードウの中立命題）として知られるようなことも、新しい古典派経済学から導かれている。つまり、ケインズ反革命の第一波であったフリードマン率いるマネタリズムとルーカスを代表的論客とする新しい古典派経済学のいずれも、政府の役割を小さく捉え市場に任せる方がよいと考えているという点で、同じ経済像を抱いていると考えてもよい。

　市場メカニズムは万能ではなくむしろ欠陥の多い体制だと考えていたケインズ経済学とそれを引き継いだ新古典派総合ケインジアンの経済像が、ケインズ反革命によって、大きく変わったのである。事実、1970 年代末から相次いで、イギリスではハイエクを愛読書だと言うサッチャー政権が、アメリカでは小さな政府を標榜するレーガン政権が、日本では行政改革（民営化）を志向する中曽根政権が、それぞれ市場メカニズムを重視する経済政策パッケージを携えて登場するようになった。

第 8 章　現代経済学における方法論的対立

2.　方法論上の転換（1）フリードマンの立場

　だが、ケインズ反革命は経済像の転換だけにとどまらず、方法論上でも起きたと考えられる。ただ、この点については、少し丁寧に見ていく必要がある。なぜなら、経済像レベルでは大きな相違がなかったケインズ自身とアメリカで展開された新古典派総合ケインジアンの方法論上の差異も留意する必要があるからである。さらに、ケインズ反革命の主たる登場人物であるフリードマン自身は、経済学方法論の問題を自覚しつつ、ケインズ批判を行ったからである。

　もともと、戦後アメリカを中心に広がっていったケインズ経済学は、理論的に難点があるとされてきた。それは、名目所得の理論があっても、実質所得との関係を示す理論、言い換えるとそれらをつなぐ物価決定式が欠けているという「欠けた方程式」問題である。これを埋めたのが、フィリップス曲線である。フィリップス曲線は、フィリップスが 1958 年に発表した論文（Phillips 1958）で初めて示された。この論文では、100 年近くにわたって、イギリスの貨幣賃金の上昇率と失業率との間に逆相関の関係が存在することが発見された。さらに、その後物価上昇率と失業率との間にも、同様の関係が存在することも明らかにされた。この実証的な命題に、サミュエルソンを初めとする当時の新古典派総合ケインジアンが飛びついたのである。つまり、物価ないしは物価変化と失業率との関係を、これで補完し、欠けた方程式を埋めたのである[4]。

　しかし、不幸なことに、それからほどなくして、フィリップス曲線が不安定になりだし、必ずしも物価変化率と失業率との間に安定的な逆相関が見られなくなったのである。事実、1970 年代に入ってすぐに、高い失業率と高い物価上昇率が同時に見られるという「スタグフレーション」が発生してしまった。先述のとおり、このような状況を当時の新古典派総合ケインジアンはうまく説明することができなかった。ところが、これもまたフリードマンは「インフレーション期待」をフィリップス曲線に接ぎ木することで、うまく説明をつけてしまったのである。すなわち、短期的には物価が上昇しても、人々は自ら

が直面する価格——企業であれば、自社の製品・サービス価格、労働者であれば自らに提示される賃金——のみが上昇し全般的な物価は上昇していないと考え、生産量や労働供給量を増やす。つまり、短期的にはこれまでどおり、フィリップス曲線は右下がりで失業率と物価上昇率との間でトレードオフの関係を示している。しかし、実際にはインフレ率は高まっているのである。そのため、長期的には、人々は自らの期待が誤っていることに気づき、自らが直面する価格だけではなく、経済全体の物価も上昇しているのだから、相対価格は変化していないと理解する。そうすると、インフレ率が高まる前の状態にまで、生産量や労働供給量を減らすのである。言い換えると、それぞれの期待インフレ率ごとに短期のフィリップス曲線が存在し、人々が期待を改訂するごとにシフトするのである。さらに、人々の期待インフレ率が実際のインフレ率に近づくと、もとの労働供給量にまで戻ることになっている。この状態の失業率のことをフリードマンは「自然失業率」と呼ぶ。どのようなインフレ水準から出発しても、長期的には自然失業率に戻るので、長期的にはフィリップス曲線は垂直になり、物価上昇率と失業率との間には、トレードオフの関係は存在しないことになる（Friedman 1977）。このフィリップス曲線の説明は、貨幣量の増加が、一時的に実質生産量の増加を伴いながらも、最終的には物価の上昇に帰着するというマネタリズムの命題と整合的であった。そして、期待インフレ率が上方に改訂される場面では、インフレーションと失業率の上昇が同時に生じるのである。読者はさらに、この説明が、人々の期待次第で生産量が変動するという、先の p.250 でのルーカス型供給関数の説明との類似性に気づくかもしれない。

　しかし、フリードマンは、たしかに反ケインズの立場であるが、それはケインズ経済学が「実証的に」反証されたからだと考えているところに注意が必要である。

　この点を確認する前に、方法論に関するフリードマンの有名な論文に触れておかなければなるまい。フリードマンは「実証経済学の方法論」と題する1953年の論文（Friedman 1953）において、次のような主張をした。

第8章　現代経済学における方法論的対立

　実証的経済学の究極目標は、いまだ観察されていない現象について妥当で有意味な（すなわち、陳腐でない）予測を生み出すことのできる"理論"もしくは"仮説"を展開することである。…理論は、それを実質的な仮説のあつまりとみなすならば"説明"しようとする現象のあつまりにたいしてどの程度それが予測能力をもつかにしたがって判断されるべきである。

（Friedman 1953, 7-8 / 訳 7-8）

　このようなフリードマンの立場は、方法論的道具主義と呼ばれる。彼自身はポパー流の反証主義と同じ流れと考え、さらにその反証の基準として予測力を用いることを提案した。しかし、それにとどまらず（後にFツイストとして知られるような）優れた理論は、仮定が非現実的になるということまで主張し、物議を醸した。この点が、彼の立場を「道具主義」たらしめているとされる。ただ、予測力という単一の基準に、読者の目を向けるための誇張なのだとしたら、それほど目くじらを立てるほどのものではないのかもしれない[5]。本章では、フリードマンのこの問題にこれ以上は立ち入るつもりはない[6]。ここで強調しておきたいのは、フリードマンにとって、マネタリズムが正当化されるのは、経験的に裏づけられているからであり、一方のケインズ経済学は、方法論的な誤りのゆえに批判されるのではなくて、フリードマンの方法論の流儀に則ったうえで、予測の失敗という理由で経験的に反証されているからだ、ということである。

　やっと最近になって、この理論［貨幣数量説：引用者］は復活し、ふたたび多くの専門的経済学者の支持を得るようになった。この理論が支持される場合も拒否される場合も、その根本的な論拠は、経験的規則性についての判断であった。

（Friedman 1974, 1 / 訳 4）

　私はケインズの理論は、その単純性、少数の重要変数への集中、潜在的な内

容の豊かさという点で、正しい種類の理論であると思っている。私がそれを棄却するようになったのは、これらの理由からではなく、私が思うに、それは証拠によって否認された、すなわち、その予測は経験によって確証されなかったからである。この予測の失敗は、それが、短期経済変動における「真に」重要な要因というべきものを摘出していないことを示唆している。

(*Ibid.*, 134 / 訳 196)

このように、フリードマンの方法論的な立場から見ると、ケインズ理論は「科学」の体裁を整えているということになるのであり、あくまでも「反証」によって、棄却されるべきものなのである。そして、このような立場からは、「経済学者のあいだの基本的な意見の相違は経験的なものであって、理論的なものではない」(Friedman 1974, 61 / 訳 87) というきわめて楽観的な言葉が出てくるのである。

ここではさらに、ケインズ経済学の特徴と、フリードマンの立場との関係をもう少し詳細に見ておこう。ケインズ経済学で重要な要素は、消費関数や資本の限界効率、流動性選好関数等のマクロの関数関係であろう。一般に思われているイメージとは異なり、ケインズ経済学は、「実質賃金は限界生産力に等しい」という古典派の第一公準から出発しているので、ミクロ経済主体から理論が組み上げられている。しかし、ケインズ経済学にとって重要なのは、個々人の動きをそのまま相似的に拡大すればよいというものではなく、置かれた状況や思惑の異なる個別の経済主体の行動が組み合わさって生み出される、社会全体の傾向としてのマクロ変数である。たとえば、経済全体で観察される消費性向も貯蓄をしていく若年世代と貯蓄を取り崩す老年世代が相俟って、生み出されているものである。流動性選好関数についても、ケインズの『貨幣論』(*A Treatise on Money* 1930) の用語を使うとすれば、強気筋と弱気筋の思惑が絡み合って生み出されている。今日では、「流動性のわな」として知られる部分については、ケインズは全ての人がこれ以上利子が下がらないつまり債券価格は上がらないと考える状態としたからこそ「絶対的流動性選好」という表現を

当てたのであろう。これら、経済全体で観察される傾向だからこそ、マクロ現象とされているのであり、マクロ変数同士の関係こそが、マクロ経済学の根幹をなしている。この関係は、実証的に観察されるものである[7]。

ところで、フリードマンの名を一躍有名にしたのは、実はマネタリズム論争の前の消費関数論争であった。ケインズの『一般理論』(*The General Theory of Employment, Interest and Money* 1936) を元に消費関数を定式化するとすれば、

$C=C_0-c(Y-T)$　C_0: 独立的消費　c: 限界消費性向　$Y-T$: 可処分所得

となる。ところが、もしもこの形が正しいのであれば平均消費性向 C/Y は、Y の増加とともに、低下するはずである。ところが、NBER のクズネッツはアメリカの長期のデータを確認すれば、平均消費性向は概ね 0.9 で安定しているという。となれば、ケインズ的な消費関数と齟齬が生じてしまう。この実証的なパズルを解くことから始まった論争では、最終的にフリードマンの恒常所得仮説が生き残ることになった。ここで論争の詳細に立ち入ることはしないが、ここでもフリードマンは経験的なデータを裏づけることで、理論の優劣を決めるべきであるという立場をとっていたのであった。つまり、戦後の新古典派総合ケインジアンが安泰であった時期には、実証的なデータをめぐる論争が行われていたということができるであろう。

しかし、次の点にも注意が必要である。ケインズ経済学と新古典派総合ケインジアンは方法論的に見て同じ陣営にあると単純には考えられない。たとえば、ヴァーチェリも戦後のケインジアンの動きを次のように見ている。

> ケインズの死後、主流派ケインジアンは、ケインズの持つ理論的、方法論的な特徴よりも、政策的帰結を残そうとしつつ、一般均衡理論に基づく新古典派バージョンの「古典派」経済学とケインズ経済学の間で厳格な統合を狙った。
> (Vercelli 2010, 75)

実際、第二次世界大戦後の早い段階で、ケインズ自身の経済学に対しては、

ケインジアンの側からもミクロ的な基礎付けがないことに不満がもたれていた。たとえば、ケインズ理論の大きな柱となる流動性選好関数は、利子率と貨幣需要との逆相関関係が、ケインズ自身によって投資家の行動から説明されている。しかし、それは投資家それも投資家個々人ではなく投資家層が、利子率が下がると思って行動する人が多くなるから利子率が下がるというある種の循環論法的な説明にとどまっている。そこで、これを経済主体の合理的な行動という確固たる基礎付けから説明するような研究成果がアメリカで生み出された。利子を費用と考え、貨幣の取引需要の利子率との逆相関を導き出したボーモル（Baumol 1962）やリスクとリターンのバランスから資産需要と利子率との関係を導き出したトービン（Tobin 1956）らの業績がこれにあたる。また、ケインズ理論が財市場と貨幣市場、債券市場からなるマクロ経済へのワルラス法則の適用であるという側面から、単純な図式化に成功したヒックス（Hicks 1937）も、この系譜に入れられるかもしれない。これらの知的営為は、あくまでもケインズ経済学の精緻化の一環として行われていた。だが、これが本来のケインズ経済学の方法論的な立場に沿ったものなのかどうかは議論の余地がある[8]。

また、このことは微妙な「ねじれ」を引き起こしている。経済像の面では反ケインズであったフリードマンであるが、方法論的にはむしろ新古典派総合ケインジアンよりもケインズ自身に近いということになるからである。たしかに、マネタリズム論争の前段階である「欠けた方程式」問題に対して、新古典派総合ケインジアンは、フィリップス曲線という経験的な命題で対処したのであった。ところが、この経験的な関係が1970年代に全く成り立たなくなってしまった。フリードマンは、実証的に貨幣量と名目所得との整合的で継続的な関係からマネタリズムの命題を導き出したのであり、新古典派総合ケインジアンが頼みの綱とした実証的命題、フィリップス曲線における失業率と消費者物価指数の間のトレードオフの関係が観測されないことを批判したのであった。この段階では、双方とも全くの実証的な土俵での闘いであった。

ところが、皮肉なことに、新古典派総合ケインジアンらは、フリードマンが

第8章　現代経済学における方法論的対立

実証的な関係だけを根拠にマネタリズムの主張をしており、その理論的なモデル——ミクロ経済学的基礎付け——が出されていないことに不満をもったのである。

> しかしながら、この本のいく人かの書評者は、広範な経験的研究によって支持されている諸命題を論理的に生み出しうるような、所得決定における貨幣の役割に関する理論が、明示的に論述されていないことを批判した。
> 　　　　　　　　　　　　　　　　　　　　（Gordon 1974, ix / 訳 xii）

そこで、フリードマンは新古典派総合ケインジアンらの問いかけに対して、まず貨幣数量説を整理することから反論を始めている。そして、フィッシャー型の交換方程式とケンブリッジ現金残高アプローチを対比して見せて、自らは後者を選択している。両者は一見同じように見えるかもしれないが、そこには貨幣の役割に対する大きな見方の差異がある。すなわち、前者は使われる交換手段としての貨幣を強調しており、後者は資産保有のための一形態、つまり資産需要として見ていることになる。それゆえ、マネタリズムは資産需要の観点から理解されなければならない。その際に、フリードマンは、名目ではなく実質の貨幣需要が重要であると考え、それが安定的であると仮定した。しかも、この関数に入る変数は、単に利子率（ただし実質利子率）だけでなく、人的資本などの資産も入っている。これらの変数は、分析する対象によって、与件とされる場合も、内生変数とされる場合もあろう。このような方法は、まさにマーシャル的な手法である。このことを確認するために、もう少し踏み込もう。

フリードマンには、方法論そのものをタイトルに冠した論文は実は「実証的経済学の方法論」一本だけなのだが、それを補完するものとして「ランゲ『価格伸縮性と雇用』：方法論的批判」と題する書評論文と「マーシャル的需要曲線」と題する論文が、1953年の論文集に収められている。「マーシャル的需要関数」という論文でフリードマンは主張する。

マーシャルとワルラスの区別は、マーシャルは"部分均衡"を、ワルラスは"一般均衡"を扱ったという点に求められるのが普通である。わたしはこの区別は誤りであり重要でもない、と思う。マーシャルもワルラスもともに一般均衡を扱ったのである。通常考えられている部分均衡分析は——もっとも、部分均衡分析を誤った一般均衡分析を意味すると解するのでないかぎり——特殊な種類の一般均衡分析にすぎない。　　　　　（Friedman 1953, 89 / 訳 90）

次に、フリードマンは、ワルラス型の一般均衡理論を次のように特徴づける。

[現在の経済理論家にとって：引用者] 理論は、その諸仮定が現実の写実的な記述として正確であるかどうかによってテストされるのであって、それから導出されうる予測の正しさによってテストされるべきではない。この見地に立てば…需要関数のなかに残余の商品群の平均価格を含めるよりもこの世のありとあらゆる商品の価格を含めるほうが、いっそう一般的であり優雅である。いかなる価格といえども他の価格に影響を及ぼすであろうから、ありとあらゆる価格を含めた需要方程式のほうがいっそう正確な写実的記述である。　　　　　　　　　　　　　　　　　　　　　（*Ibid.*, 91 / 訳 91）

そのうえで、ワルラス型一般均衡理論の無内容さとマーシャルの接近法の有益性を以下のように断定する。

もちろん、"具体的な真理"を発見するのに、それ［ワルラス型一般均衡理論：引用者］を用いることはできない。それは否認されうるような経験的一般化をなんら含まない——しかし、これらはマーシャル的に見れば難点である。…それは予測も生まなければ、経験的な一般化を要約するわけでもなく、有益な分析の枠組みを提供してくれない。　　　（*Ibid.*, 91 / 訳 91-92）

フリードマンは、マネタリズムの理論的なモデルを構築するに当たって、た

第 8 章　現代経済学における方法論的対立

またまマーシャルに代表されるケンブリッジのアプローチを採用したというわけではない。彼は、シカゴ大学で「価格理論（ミクロ経済学）」の講義をする際も、ずいぶん長い間マーシャル『経済学原理』（*Principles of Economics* 1890）を用いていたという。その後、フリードマン自身の講義内容を書き取った学生ノートのコピーが出回るに及んで、彼自身がそれを監修する形で『価格理論』（*Price Theory* 1967）という教科書が誕生したのである。その教科書は現在の観点から見れば、無差別曲線の議論などは後回しにして、いきなり（現実の市場で観察されうる）需要曲線の検討から始まるなど、不思議な構成をしている。しかし、それは彼の方法論に適合している。フリードマンは、根っからのマーシャリアンなのである。では、彼はケインズとその後継者たる新古典派総合ケインジアンをどのように見ていたのであろうか。

　もちろん、現代のすべての経済理論をこの意味で "ワルラス的" として特徴づけることは誇張であろう。たとえば、ケインズの雇用の理論は、他の見地からみて長短がどうであれ、方法のうえではマーシャル的である。ケインズの理論は重要な経験的内容を含み、また有意味な予測を容易ならしめるように構成された一般均衡理論である。それにたいして、ケインズの雇用の理論に基づいた最近の多くの研究はワルラス的である。
　　　　　　　　　　　　　　　　　　　　　　（Friedman 1953, 92 / 訳 92）

…ケインズは、パティンキンのように、そしていくぶん程度は弱まるがトービンのように、すべてを含む連立方程式群の一般的かつ抽象的体系を目指すワルラス派ではなかった。彼はマーシャル派、すなわち一つの単純な、内容豊かな仮説を目指す経験科学者であった。（Friedman 1974, 134 / 訳 196）

としている。つまり、フリードマン自身、方法論的にはケインズとは相違がないことと、ケインズの後継者が必ずしも方法論的にケインズに忠実ではないことを指摘しているのである。ここに一つの方法論的な「ねじれ」が見て取れる。

3．方法論上の転換（2）新しい古典派経済学の立場

一方の新しい古典派経済学にとってはどうであろうか？　新しい古典派経済学の教義は、フーバー（Hoover 1988）によれば、次の三つにまとめることができる。

①各主体は、意思決定に際して、実質要因に反応する
②各主体は、整合的かつ連続的に行う最適者である
③合理的期待を保持する

③の合理的期待が新しい古典派経済学の要点と考えられたこともあったが、それは支持者、反対者ともに否定している。たとえ、合理的に予想しても、経済主体自体が最適化しないあるいはできなければ、政策無効命題など新しい古典派経済学の理論的帰結は生まれないからである。そこで、他の要因も重要になる。①は貨幣錯覚を起こさないという合理的な行動を要求するものである。②は方法論的個人主義という極めて重要な方法論的特徴と不可分である。

それでは、彼らの典型的モデルを具体的に示してみよう。

彼らの最大の特徴は、方法論的個人主義の適用である。それゆえ、ミクロ経済学と同じく、制約条件下での代表的経済主体の効用 $u(c_t)$ の流列の最大化として定式化される。

目的関数

$$\max \int_0^\infty u(c_t)\exp(-\theta t)dt$$

制約条件

$$y_t = f(k_t) = c_t + \frac{dk_t}{dt} + nk_t$$

満たすべき条件（稲田条件）：発散しないための条件

$$f(0) = 0, f'(0) = \infty, f'(\infty) = 0$$

第8章　現代経済学における方法論的対立

定常状態

$$f'(k^*) = \theta + n$$

y_t：一人あたり生産量　　$f(k_t)$：一人あたり生産関数
c_t：一人あたり消費量　　k_t：一人あたり資本率
$u(c_t)$：効用関数　　θ：時間選好率　　n：人口変化率

　たとえば、このモデルでは制約条件に供給条件が示されている。これは一人あたりの量で示されているモデルであるが、たとえば生産関数 $f(k_t)$ に生産性の要素を加え、$\lambda f(k_t)$ としてみよう。ここで λ が変動すれば、当然最適な生産量 y_t の系列は変更を受けるであろう。

　なぜこのような出発点をもつのであろうか。新しい古典派経済学を創始した一人であるルーカスは、それ以前に盛んに用いられていた大規模計量経済モデルの有効性に疑義を呈した。俗にルーカス批判（Lucas 1976）と呼ばれるその主張は、たとえば政府が政策を変更すると、人々の行動自体が変化するために、それまでの計量経済モデルのパラメーターが変化してしまって、予想に用いることはできないというものであった。具体的にいえば、仮にインフレ率が高いときの方が、失業率が低いという関係（＝フィリップス曲線）が観測されたとしても、政府が何らかの方法でインフレ率を引き上げようとした場合に、政策の変更自体が人々の行動に影響を与える可能性があり、人々が失業率を下げるような行動を取るとは限らない。

　それでは、経済モデルはどのようなものでなければならないのか。これは、人々の頑健な行動原理である「効用最大化」や「利潤最大化」という出発点から、モデルが組み立てられなければならないことを意味する。つまり前頁のような道具立てである。このことのもつ意味は、非常に大きい。彼らは、ケインズ経済学の消費関数のようなモデルは、ミクロの経済主体の最適化行動から導き出されたものではないので、受け入れられないのである。つまり、彼らは集計量同士の関係を分析するものとしてのマクロ経済学に退場を宣告しているの

である。

　最も興味深い最近のマクロ経済学の発展は、インフレーションや景気循環のような集計的問題を「ミクロ経済学」理論のフレームワークの中に再統合したことであるといってよいと思う。仮にそのような発展が成功すれば、「マクロ経済学」という用語は使われなくなり、「ミクロ」という修飾語も不必要になる。われわれは、スミスやリカード、マーシャル、ワルラスのように、単に経済理論について語ることになる。…ケインジアンの「マクロ経済学」は、[理論と現実の食い違いを別種の経済理論の領分だと考えたいという：引用者]この誘惑への（脅迫された）降伏であると思う。
（Lucas 1987, 107 / 訳 111）

　ところで、市場メカニズムの調整力や最適化主体としての性格を持つ経済主体を想定するという点では、共通の経済像をもっているフリードマンと新しい古典派経済学であるが、フリードマンがこだわったマーシャル的な方法については、新しい古典派経済学はどう考えているのであろうか。

　ケインズやその他の現在マクロ経済学と呼ばれている学問の創設者たちが、純粋な静学理論に基づいてなんとかして意味のある動学を工夫したいと思ったとき、彼らはマーシャルの発明に頼らざるを得なかったのに比べると、現代の理論家ははるかに優れた知識を持っているので、自分の研究したい問題を正確に指定した上で、それを研究することができるのである。
（Ibid., 2 / 訳 4）

　キッドランドとプレスコットは、景気循環を雇用と実質産出量の不安定性を説明する問題として捉えており、私もこの見方がよいと考えている。このように問題を設定すると、そのような不安定性を示し、数量と価格がワルラスの意味で「市場を一掃する」競争的モデルを定式化することができる。

第 8 章　現代経済学における方法論的対立

（*Ibid.*, 48 / 訳 51）

　つまり、マーシャルの方法は古いものであり、自分たちは新しいワルラス流一般均衡理論を用いるというわけである。だが、前項で論じたようにフリードマンは決して、経済学の技法上の限界から、マーシャルの方法を採用しているわけではないのである。また、ケインズのマクロ的な接近法についても、否定しているわけではない。したがって、方法論的に見た場合には、フリードマンと新しい古典派経済学の間の方が、大きな断絶があるのである。
　これは、モデルとしても連続均衡の想定のもとで景気循環を説明してしまおうというキッドランドやプレスコットらの実物的景気循環理論の論者と比較すればもっと大きくなる。

　　経済変動は、完全市場であるアロー＝ドブリュー型経済学において、一連の取引が時間の経過の中で実現されるものとして説明されうるということ、これを最初に述べたのは、ブラック（Black 1928）である。プレスコット（例えば Prescott 1986）は、相次いで出した論文の中で、競争均衡の資源配分における生産性ショックの動態的な影響を調べることで、このアイデアをさらに拡張した。そして「平時にあって、工業国の市場経済が比較的短い期間に、産出量や雇用量の循環的で大きな変動を示す、ということを観察することで、経済学者は長く悩まされてきた。…これらの観察結果は、悩みの種ではない。というのも、それらの変動こそが、標準的な理論が予測することだからである。」と結論づけた。　　（Blanchard & Fischer 1989, 320 / 訳 317）

　ここで、マネタリズムと新しい古典派経済学の経済像と方法論的立場の関係について、表にまとめておこう。新古典派総合ケインジアンからマネタリズムへと学界の主流派が交代する段階では同じ「方法論」に乗ったうえで「経済像」の転換が、マネタリズムから新しい古典派経済学への転換では、同じ「経済像」に乗ったうえで、「方法論」の転換というように、二段階の転換を経て「ケ

第 3 部　経済学方法論の社会的次元

	経済像	方法論	
ケインズ （ケインズ経済学）	市場には欠陥あり ①⬇	実証主義的マクロ （論理実証主義） （※一部公理化の動き 方法論的ねじれ）	
新古典派総合ケインジアン			1960 年代
マネタリズム （フリードマン）	市場調整力に対する 強い信頼	実証主義的マクロ（反証主義） ②⬇	1970 年代
新しい古典派経済学		公理論的マクロ（※）	1980 年代

①第 1 段階経済像の転換市場メカニズムの方が効率的である。
②第 2 段階方法論の転換方法論的個人主義を徹底するという公理論的立場。
※ここでは、ミクロ的基礎付け＝方法論的個人主義の徹底⊆公理論的立場としている。

インズ反革命」が生じたことが示されている[9]。筆者としては、とくに後段の「方法論」の転換の方が、その後の理論の展開、政策への影響に大きな影響を与えたものであるし、大きな飛躍であったと考えている。だが、あれほど方法論については自覚的であったフリードマンの始めたケインズ反革命から、なぜ方法論的な転換をともなう新しい古典派経済学に「スムーズ」に移行してしまったのだろうか？　これについては、第 2 節で指摘したフリードマンと新古典派総合ケインジアンの間の方法論的「ねじれ」の影響が指摘できるのではないであろうか。ヴァーチェリも、自然失業率を改善しようという試みはインフレーションを加速するということが、「不均衡動学」によって納得させられることになり「不均衡動学論者の多くが、反ケインズ陣営へと移った」（Vercelli 2010, 78）と指摘している。たとえば、新しい古典派経済学の立場で財政政策の無効性を明らかにした「等価命題」で有名なバローも、もともとはケインズ派に属し、不均衡現象としてケインズ的な政策命題を導き出そうとしていた一人である。彼らは、ケインズ的な命題を、「公理論的」にミクロ的な基礎付けを行おうという「方法論」をもともと取っていたのである。方法論に忠実であれば、「経済像」の方が変更されること自体は、大きなハードルにはならないのである。

第3節　方法論の転換がもたらしたもの

1. 理論の規範化

　新しい古典派経済学は、二段階のケインズ反革命を経て、マクロ経済学の主流派の地位に就き、その帰結——市場優位の経済像——ともども、方法論にも大きな影響を与えた。すなわち、およそアカデミックな経済学である以上、必ず最適化する経済主体を出発点としなければならない等々である[10]。

　新しい古典派経済学は、その方法論的個人主義の性格を厳格に適用するがゆえに、連続的市場均衡しか認識できなくなってしまった。それは、非自発的失業を論理的に認めないなど、認識論的な障害も生み出してきている。そのような状況を吉川洋が生々しく描いている。

> 1977年私はイェール大学の大学院生だった。イェール大学はアメリカ・ケインジアンの総帥ともいえるトービンの影響下に、当時米国でケインズ経済学が生き残っているほとんど唯一の大学だった。「合理的期待」理論の発信地であるシカゴ、ミネソタ大学はもとよりハーバード、MIT、プリンストンなど東部の主要大学でも「合理的期待」理論は大きな影響力を与えていた。そうしたある日シカゴからルーカスがイェールにセミナーにやって来た。セミナーの途中で一人の助教授がルーカスに「非自発的失業」について質問した。ルーカスは「イェールでは未だに非自発的失業などとわけのわからぬ言葉を使う人が、教授の中にすら居るのか。シカゴではそんな馬鹿な言葉を使う者は学部の学生の中にも居ない」と答えたものだ。（吉川洋 1995, 191）

実際、ルーカスは次のように明言している。

> 誰もが幸運よりも不運を選んだりはしないという意味ではこのように全ての失業には、非自発的な要素が存在しているが、現状で受け入れ可能な仕事の

選択肢があるという意味では、全ての失業には自発的な要素があるのである。……中略……（ケインジアンは説明しようとしているが）非自発的失業とは、理論家が説明すべき仕事たる事実あるいは現象ではないという点を見失っている。　　　　　　　　　　　　　　　　　　　　　　（Lucas 1978, 354）

　さらに、新しい古典派経済学の方法論は、従来は観察のための道具とされてきた抽象モデルを、理想的な「市場像」の規範として機能させる傾向をもつことになる。現実を観察するための抽象モデルとしてではなく、現実が近づくべき理想的なモデルとして作用するのである。たとえば、大きな不況で大量失業が発生したとしても、新しい古典派経済学のモデルに従うならば、「人々の余暇への選好が高まったために、労働時間が経済全体で減少した」のだという説明になる。あるいは、何らかの理由で労働市場での可動性に問題が生じたのであれば、人々のジョブサーチ（より条件のよい職を見つけるためにかかる時間）が長引いてしまうために、労働供給が減ってしまうということも可能である。彼らのモデルには、ケインズ経済学のように「需要が減少して、労働需要が減ってしまう」という回路が入り込む余地がないのである。労働以外の生産要素についても同様である。

　このような現実認識は、次のような規範認識に一足飛びにつながりやすい。たとえば、失業者が増えているのが、（人々の嗜好の変化による場合はともかく）ジョブサーチを阻害する要因の存在のせいだされるとすれば、当然その阻害要因を取り除かなければならないということになる。それを実現するべく、市場の各経済主体は原子論的に行動することが求められ、市場自体も「流動性」や「透明性」をもつように、市場の機能を強化する規制の再編が行われるようになった。すなわち、観察のための理論から、理想的な姿を示す「規範」として理論モデルが機能するようになったのである[11]。

2. 対称・同質モデル

　ところで、新しい古典派経済学のモデルは、一般均衡理論を標榜し、それによってより科学的な装いを主張している。しかし、自らの方法論的個人主義の「しばり」ゆえに、きわめて人工的な代表的経済主体という同質的な「構築物」を用いて、「経済」を描き出しているに過ぎない。そのため、同質的でない経済主体間の問題を分析することがそもそもできない。

　他方、レイヨンフーヴッド（Leijonhufvud 1981）のいう「貯蓄‐投資アプローチ」をとる系譜は、投資をする主体と貯蓄をする主体を異質な行動原理に従うものとして分けて考えており、そこに景気変動の要因があると喝破したのである[12]。いうまでもなく、ケインズ自身はこの系譜に含まれている。このアプローチによれば、たとえばリーマンショックのような問題は、行動原理がかなり異なる金融部門とその他の部門で、見通しが全く異なるために発生したと考えられるのである。ところが、新しい古典派経済学から見た経済は、同質的な個別経済主体しか理論に登場しないために、問題の本質を把握し損なっているのである。にもかかわらずその新しい古典派経済学のモデルが、現実が従うべき理想的な規範として機能してしまうために、採られる政策も、現実の経済状況を反映しないものとなる可能性があるのである。

　図 8-1 および図 8-2 にケインズ経済学と新しい古典派経済学それぞれの経済イメージの図を示しておく[13]。

　もしも、理論と理論が優劣を競い合ったとしても、その評価基準は簡単には設定できない。これまでの長い方法論上の論争が明らかにしてきたことである。だが、新しい古典派経済学は、「方法論的個人主義」の適用という原則を自他に課しているために、それ以外の方法論をとるような理論を、まっとうな経済理論として認めない狭隘な立場になってしまっている。新しい古典派経済学を批判するのであればこのような方法論的立場こそが、問題とされなければならないのではないであろうか[14]。

第 3 部　経済学方法論の社会的次元

図 8-1　ケインズ経済学の経済イメージ

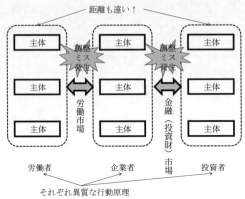

図 8-2　新しい古典派経済学の経済イメージ

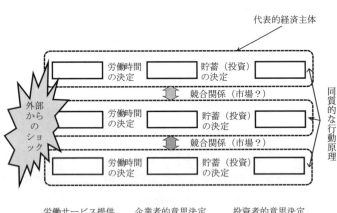

第 8 章　現代経済学における方法論的対立

　結　語

　2008 年のリーマン・ショック以降、従来の市場重視路線に対する反省や見直しが行われた。ところが、その反省は中途半端なものに終わっているように思われる。

　本来なら、ケインズに戻るという選択肢もあったはずである[15]が、うまくいっているようには見えない。第 2 節で見たとおり、ケインズまで戻るには、経済像レベルでの見直しと、方法論レベルでの見直しの二段階の転換が必要になるのであるが、せいぜい新しい古典派経済学の経済像レベルが動揺している程度である。そのため、「市場メカニズムだけに任せていたのでは経済は不安定になりうる」という経済像と「正しい理論は方法論的個人主義に基づき、代表的経済主体から構築されなければならない」という方法論的立場の混合である、ニューケインジアンにまでしか戻っていないのである。そして、ニューケインジアンの中途半端な性格——方法論的個人主義の維持——は、容易に新しい古典派経済学の処方箋に引き戻されやすいのである。それが、今の世界的な経済学の状況である。経済学を少し醒めた目で見るためには、方法論上の相違にもっと目を向けなければならないであろう。

　注
(1)　サミュエルソンが執筆した有名な教科書『経済学』(*Economics*) の第 3 版 (Samuelson 1955) で提出された用語である。要は、完全雇用まではケインズ政策を行い、一旦完全雇用が達成された後は、市場メカニズムに委ねるという考え方である。
(2)　時に、新古典派という呼称で呼ばれることもあるが、1970 年代以降に勃興した新しい古典派経済学 (new classical economics) は、それまでの新古典派経済学 (neo classical economics) と区別するために使っている。
(3)　経済変動を抑え安定化させるためには、どれだけの成長率を犠牲にしてもよいかということで測るものである。たとえば、変動する平均 5 ％の成長よりも一定の 4 ％の成長を望むのであれば、1 ％分が安定化のためのプレミアムとして支払われてもよいことを意味する。
(4)　さらに、失業率と生産との関係を示す実証的な「オーカン法則」も提示された。

(5) 次の引用に注意しよう。「そして、一般にその理論が有意義であればあるほど、(この意味で)仮定はいっそう非現実的である」。しかし、同じページの脚注で、フリードマンは次のようにも述べている。「もちろん、この命題の逆は成立しない。すなわち、(この意味で)非現実的な仮定が有意な理論を保障するわけではない」。(Friedman 1953, 16 / 訳 15)
(6) コールドウェル(Caldwell 1982)等を参照。
(7) たとえば、『一般理論』(Keynes 1936)の「付録二」のなかで、ダンロップの指摘に対するケインズの反応は、典型的に実証主義的なのである。
(8) この点に関しては、拙稿(廣瀬 2002)で論じている。なお、ケインジアンの経済学とケインズの経済学を区別して見るべきであるという主張として、レイヨンフーヴッド(Leijonhufvud 1968)が有名であるが、その視点はここでのそれとは異なっている。
(9) トービン(Tobin 1981)も、フリードマンの理論を「マネタリズムマークⅠ」、ルーカスらの新しい古典派経済学を「マネタリズムマークⅡ」と分けている。
(10) この方法論的個人主義については、オーストリア学派の影響を指摘する論者もいる。フィービー(Pheby［1991］)などを参照。
(11) TFP(全要素生産性)への政策的傾倒もこの流れになろう。本来、TFPはソロー残差とも呼ばれ、提唱者のソロー(Solow 2000)自身も積極的な意味付けには慎重であったが、今日TFPを一国の経済成長の重要要因として、さまざまな政策が採られるようになっている。
(12) なお、反ケインズ経済学の代表でもあるF.A.ハイエクも「貯蓄‐投資アプローチ」の系譜に属しているが、フリードマンは「貨幣数量説アプローチ」に属していて、別の系統に分類されている。
(13) この図は拙稿(廣瀬 2014)を修正の上、再掲したものである。
(14) これまでの新しい古典派経済学批判は、市場メカニズムへの強い信頼、連続的市場均衡の想定などが、非現実的である等々が中心であった。だが、むしろ方法論的な狭隘さこそが問題ではないかと考えられる。それにしても、新しい古典派経済学の方法論的個人主義の適用が、ここまで広がった理由については、ここでは紙幅の関係で、佐和隆光(佐和 1982)の分析がかなり当たっているのではないかということを挙げるにとどめておきたい。
(15) たとえば、スキデルスキー(Skidelsky 2009)などはそういった立場であったと考えられる。

第8章　現代経済学における方法論的対立

参考文献

（洋書）

Baumol, W. 1962. Stocks, Flows and Monetary Theory. *Quartery Journal of Economics* Volume 76(1):46-56.

Blanchard, O. and S. Fischer 1989. *Lectures on Macroeconomics.* Cambridge and London: MIT Press. 高田聖治訳『マクロ経済学講義』多賀出版、1999年。

Black, F. 1982. General Equilibrium and Business Cycles. *NBER Working Paper* No.950.

Caldwell, B. J. 1982. *Beyond Positivism: Economic Methodology in the Twentieth Century.* London: George Allen and Unwin. 堀田一善・渡部直樹監訳『実証主義を超えて—20世紀経済科学方法論』中央経済社、1989年。

Friedman, M. 1953. *Essays in Positive Economics.* Chicago and London: University of Chicago Press. 佐藤隆三・長谷川啓之訳『実証的経済学の方法と展開』富士書房、1977年。

—— 1962. *Capitalism and Freedom.* Chicago and London: University of Chicago Press. 熊谷尚夫・西山千明・白井孝昌訳『資本主義と自由』マグロウヒル好学社、1975年。

—— 1967. *Price Theory.* Chicago: University of Chicago. 内田忠夫他訳『価格理論』好学社、1972年。

—— [1970] 2006. The Counter-Revolution in Monetary Theory, In *Issues in Monetary Policy: The Relationship between Money and the Financial Markets.* Chichester: Wiley & Sons, 171-183. 保坂直達訳『インフレーションと失業』マグロウヒル好学社、1978年所収。

—— 1974. Monetary Analysis, In Gordon, Robert J. eds. *Milton Friedman's Monetary Framework A Debate with His Critics*, University of Chicago.『フリードマンの貨幣理論その展開と論争訳書第2版』加藤寛孝訳、マグロウヒルブック社、1981年。

—— 1974. Comments on Critics, In Gordon, R. J. eds. *Milton Friedman's Monetary Framework: A Debate with His Critics.* Chicago and London: University of Chicago. 加藤寛孝訳『フリードマンの貨幣理論—その展開と論争』（第2版）マグロウヒルブック社、1981年。

—— 1977. Inflation and Unemployment, In *Nobel Lectures Economic Sciences 1969-1980.* Singapore, New Jersey, London and Hong Kong: World Scientific, 1992. 保坂直達訳『インフレーションと失業』マグロウヒル好学社、1978年所収：3-43

Gordon, R. J. 1974. Introduction, In Gordon, R. J. eds. *Milton Friedman's Monetary Framework: A Debate with His Critics.* Chicago and London: University of Chicago-62. 加藤寛孝訳『フリードマンの貨幣理論—その展開と論争』（訳書第2版）マグロウヒルブック社、1981年。

Hicks, J. 1937. Mr. Keynes and the Classics: A Suggested Interpretation, *Econometrica* Vol.

5(2):147-159.

Hoover, K. 1988. *The New Classical Macroeconomics: A Sceptical Inquiry*. Oxford: Blackwell.

Johnson, H. G. 1972. *Inflation and the Monetarist Controversy*. Amsterdam and London: North-Holland. 鬼塚雄丞・氏家純一訳『ケインジアン-マネタリスト論争インフレーションの経済学』東洋経済新報社、1980年。

Keynes, J. M. [1930]1971. *A Treatise on Money: The Pure Theory of Money*. London and Basingstoke: Macmillan. 長澤惟恭訳『貨幣論Ⅰ　貨幣の純粋理論』1979年。

—— [1930]1971. *A Treatise on Money: The Applied Theory of Money*. London and Basingstoke: Macmillan. 長澤惟恭訳『貨幣論Ⅱ　貨幣の応用理論』東洋経済新報社、1980年。

—— [1936]1973. *The General Theory of Employment, Interest and Money*. London and Basingstoke: Macmillan. 塩野谷祐一訳『雇用・利子および貨幣の一般理論』東洋経済新報社、1983年。

Kydland, F. and E. Prescott. 1982. Time to Build and Aggregate Fluctuations. *Econometrica* 50(6): 1345-1370.

Marshall, A. [1890] 1961. *Principles of Economics*. With annotations by C.W. Guillebaud. 9th (Variorum) ed. 2Vols. New York: Macmillan. 永沢越郎訳『マーシャル 経済学原理』全4巻、岩波ブックサービスセンター、1985年。

Leijonhufvud, A. 1981. *Information and Coordination: Essays in Macroeconomic Theory*. New York: Oxford University Press. 中山靖夫監訳『ケインズ経済学を超えて』東洋経済新報社、1984年。

Long, J. and C. Plosser. 1983. Real Business Cycles. *Journal of Political Economy* 91(1): 39-69.

Lucas, R. 1976. Econometric Policy Evaluation: A Critique. *Carnegie-Rochester Conference Series on Public Policy* vol. 1(1):19-46.

—— 1978. Unemployment Policy. *American Economic Review* 68(2): 353-357.

—— 1987. *Models of Business Cycles*. Oxford and New York: Basil Blackwell. 清水啓典訳『マクロ経済学のフロンティア』東洋経済新報社、1988年。

Muth, J. 1961. Rational Expectations and the Theory of Price Movements. *Econometrica* 29(3): 315-335.

Pheby, J. [1988] 2015. *Methodology and Economics: A Critical Introduction*. London New York: Routledge. 浦上博逵・小島照男訳『経済学方法論の新展開―方法論と経済学』文化書房博文社、1991年。

Phillips, A. 1958. The Relation Between Unemployment and the Rate of Change of Money Wage Rates in the United Kingdom. 1861-1957. *Economica* 25: 283-299.

第 8 章　現代経済学における方法論的対立

Prescott, E. 1986. Theory Ahead of Business Cycle Measurement. *Federal Reserve Bank of Minneapolis, Quarterly Review*（Fall）.
Samuelson, P. A. 1955. *Economics*, 3rd ed. New York: McGraw-Hill.
Skidelsky, R.――. 2009. *Keynes: The Return of the Master.* London: Allen Lane. 山岡洋一訳『なにがケインズを復活させたのか？―ポスト市場原理主義の経済学』日本経済新聞出版社、2010 年。
Solow, R. 2000. *Growth Theory: An Exposition*, 2nd ed. Oxford and NewYork: Oxford University Press. 福岡正夫訳『成長理論第 2 版』岩波書店、2000 年。
Tobin, J. 1956. The Interest-Elasticity of Transactions Demand for Cash, *Review of Economics and Statistics* 38（3）: 241-247.
―― 1980. *Asset Accumulation and Economic Activity Reflections on Contemporary Macroeconomic Theory.* Oxford: Basil Blackwell. 浜田宏一・藪下史郎訳『マクロ経済学の再検討　国債累積と合理的期待』岩波書店、1981 年。
Vercelli, A. 2010. Mr. Keynes and the "Liberals", In Diamond, R. W., R. A. Mundell and A. Vercelli, *Keynes's General Theory After Seventy Years.* Basingstoke and NewYork: Palgrave Macmillan.

（和書）
廣瀬弘毅（2002）「代表的個人モデルのマクロ経済学的基礎」『経済経営研究』第 11 号、福井県立大学 : 97-109。
――（2007）「マクロ経済学は労働市場をどう見てきたか？」『経済経営研究』第 19 号、福井県立大学 : 63-82。
――（2014）「マクロ経済モデルと経済像」、『経済経営研究』第 30 号、福井県立大学 : 51-64。

第 8 章　現代経済学における方法論的対立へのコメント

上宮智之

　本章は、1970 年代に端を発するケインズ反革命におけるマネタリスト（フリードマン）から新しい古典派（ルーカス）へと至る主流派の転換を詳細に追いながら、経済学方法論が果たした役割を描き出している。

　ケインズ反革命において新古典派総合ケインジアンと反革命勢力とは経済認識を違えた。さらに、市場調整機能に信頼を寄せるその反革命勢力のなかでもフリードマンとルーカスとの間に方法論的個人主義の採否という方法論的相違があり、この反革命は二層構造的に達成されたと筆者はいう。実際、スノードンとヴェインによるインタビュー集（Snowdon, B. and H. R. Vain, *Conversations with Leading Economists*, 1999）―本章では未参照―においても、フリードマンが大きくはみずからの方法がマーシャル的であると認める一方、ルーカスはマーシャルやケインズの方法とはまったく異なると断言している。

　さらに、興味深いのは、ミクロ的基礎づけを志向して方法論的個人主義に忠実であったために経済認識を変化させ、新古典派総合ケインジアンから一足飛びに新しい古典派へと転向したものが少なからずいたという指摘である。まさに方法論が経済認識以上に経済学の転換に寄与した証左であろう。

　このような細部の事情に鑑みれば、反革命は方法論が引き起こした重層的革命であったとすら言えるかもしれない。

　他方で、その方法論的個人主義に依拠する新しい古典派経済学による理論の規範化と狭隘さも本章は指摘している。ミクロ的基礎に依るみずからのモデルこそが理想的であり、政策上のメルクマールとなるため、そのモデルと現実経済との乖離をみずからの経済認識の間違いであると認めることも、他の方法論に依る経済理論を認めることもないのである。このように特定の方法論への厳格な依拠は経済学の展開に弊害をもたらす性質をも有している。

　方法論はかくも経済学の趨勢を握っている。いかにわれわれは方法論に自覚的となれるか、また特定の方法論へ依拠しつつも他の論法をとる学派にたいして寛容となれるか。本章は、経済学の見直しと新展開にとってもっとも重要なものを、ケインズ反革命を通じて、われわれの眼前に提示している。

第 4 部　経済学方法論の実践的次元

第9章 「経済人」という人間本性概念を乗り越える *
――ヴェブレンの経済学リハビリテーション・プラン――

石田教子

はじめに

　経済学はその誕生以来、富の生産、交換および分配などに関わるメカニズムをさまざまな視点から考察してきた。だが、そのメカニズムの動力源が何かと問われれば、私たちは何と答えるであろうか。本章で取り上げるT・B・ヴェブレンであれば躊躇うことなく、それは神の見えざる手でもなければ、自然の摂理でもなく、人間にほかならないと答えたであろう。後述するとおり、ヴェブレンの人間本性論に光を当てることにより、私たちは、経済学が記述方法の問題を超えていかなる実践的指針にもとづくべきかという本質的な問題に直面することとなる。本章が実践的次元に属する理由はここにある。

　当時の正統派経済学に対するヴェブレンの批判は辛辣を極めた。周知のように、新古典派経済学（neo-classical economics）という呼称は、彼がその目的で造語した言葉である。人間の行為という主題から見た場合、経済学史上の一つの転機としては、19世紀の第四四半世紀において急速に進行した人間モデルの抽象化が挙げられる。画一的に理解された経済学的人間像は、斉一的であったがゆえに数学的に扱うことが可能となり、経済学は自然科学に準ずる科学の地位を獲得したかのように見えた。しかしながら、歴史学派を始めとして、こうした抽象的な人間モデルの採用に警鐘を鳴らし、経済学という科学そのものの再定義を開始した諸学派が登場する。そして、こうした動向に関してはアメリカも例外ではなかった。とくに、ヴェブレンは、生物進化論の新知見に鼓舞

されながら、正統派経済学における過度に抽象的な人間像をより現実に即した人間モデルとして定式化し直す必要性を強く感じていた。

　ただし、人間の思考や行為を司る原理に関する考察は、ヴェブレンにとって二度目の試みであった。博士論文を提出した20代後半の青年ヴェブレンはカント哲学研究に専心し、とくに第三批判『判断力批判』（1790）の認識論に関心を傾けた経験があったからである。そこでは、カントに従って、理論的知識の形成と道徳的行為の実践とを媒介する論理——判断力という認識能力の可能と限界——が主題とされたが、彼はカントとは似ても似つかない結論を引き出すことになった。すなわち、両領域を架橋する判断力は帰納的推論力にほかならないという結論である。カントのいう反省的判断力を帰納的推論力と読み替えたヴェブレンの科学方法論においては、判断力は道徳神学へとまっすぐに向かう実践理性の原理ではありえず、日常生活の実践的指針を提供する経験的な探究の原理へと姿を変えることとなった（石田 2014, 58）。表向きは徹底して価値中立的であり続けたように見えて、人間の本性や科学者の精神に関わる彼の考察には、人間の日常生活に力点をおくこうした実践的な視角が刻み込まれている。

　とはいえ、実践的な経済思想といえば、同じく正統派に抗して1920〜30年代に醸成されていったアメリカの制度派経済学運動を挙げることができるが、これはヴェブレンの継承者たちによる実証データを重視した「コントロールの経済思想」（佐藤 2012, 227）の系譜であり、厳密には先駆者である彼の成果とは同じではない。彼は、実際に社会立法の策定や政策立案に関わったというよりは、方法論争後の19世紀末という時代にあって、まずは既存の経済学の方法に関する吟味から始め、その「リハビリテーション」（Veblen [1898] 1919, 56; Jorgensen and Jorgensen 1999, 194）を目論んだ人物だったからである。

　そして、この問題をめぐる先行研究史を辿るうえで掲げなければならないのは、つまるところヴェブレンの「経済人」批判はよりリアルな人間像を示すべきであるという主張であったのか、という問題であろう。こう問われれば、答

第 9 章 「経済人」という人間本性概念を乗り越える

えは間違いなくイエスである。すでに、イェンセン（Jensen 1987）が論じているように、経済学が扱う人間本性記述のリアリティの追求は、ヴェブレンに限らず制度派経済学者の多くに[1]共通する理論的特徴であった。しかし、ヴェブレンの人間本性論は、それ以上の含意を有していると考えられる。他の論者たちとの最大の違いは、彼の人間本性論のコアには独特な本能論が据えられていたことである。メイベリー（Mayberry 1969）が正しければ、そこには彼自身の規範的視点が埋め込まれているということになる。たとえば、製作本能には共同体の物質的福祉の増大を可能とするモノ作りの価値観、また親の本能には次世代の安寧を考慮する価値観というように、本能論を媒介にして、ある種の経済社会の規範的モデルが間接的に描かれているとも読めるからである[2]。だが、興味深いのは、サミュエルズ（Samuels 1990）のように、あくまでもヴェブレンは倫理的に中立的な科学者であり続けたという解釈も説得的であるということである。ちょうどダーウィン的な分岐的進化の概念には進歩や優秀さの意味合いは含まれないように、彼の歴史解釈や将来予測にも価値判断が組み込まれているはずはないと解するのである。

　しかしながら、ヴェブレンの規範的視点を抽出しようとするメイベリーのような議論は、彼の理想的世界像を再構成しようとする一種の社会哲学的な考察とみなせるであろう。他方で、サミュエルズのような議論は、理論と実践ないし事実と規範の関係に関わるヴェブレンの立場を解明しようとする一種の社会科学方法論的な考察と分類できるであろう。だが、こうした先行研究においてはほとんど考察されてこなかったもう一つの問題が残されている。それは、経済学方法論的に考察した場合、ヴェブレンによる経済行動モデルの修正案が実際に経済社会のどのような側面を浮き彫りにすることに成功したのかという問題である。本章はこの問題に踏み込むことにより、19 ～ 20 世紀転換期におけるヴェブレンの経済思想の意義を探る。そして、彼は経済学方法論に関する論稿も多数執筆したが、『有閑階級の理論』（1899、*TLC*、以下『有閑』）、『営利企業の理論』（1904、*TBE*、以下『営利企業』）、『製作本能と産業技術の状態』（1914、*IW*、以下『製作本能』）、『技術者と価格体制』（1921、*EPS*、以下『技

術者』）などの著作は、その方法論を適用した成果とみなせる。本章は、彼が当時の正統派に抗して提示した新たな経済行動モデルの輪郭を、こうした理論化の成果も含めたうえで正確に描き出すことを目指す。

　本章の構成を最初に説明しておくと、このヴェブレンの野心的な方法論的提案を、次の三つの観点——人間本性論、歴史論および因果関係論——から整理してみたい。主テーマである人間本性論を取り扱う第1節では、本能という独特の概念を用いた彼の経済行動分析の含意を考察する。そして、彼の方法論においては、本能概念により社会性を付与された人間モデルが社会の捉え方そのものを動態的に刷新し、歴史を相対的に捉える世界観を構築していったと考えられるが、その論理構造を抽出するのが第2節および第3節である。ここでは、人間、社会および歴史、いずれの論点においても、ヴェブレン流の経済行動モデルは当時の正統派経済学の視角とは一線を画していることが明らかにされる。そして、第4節では、このような人間本性論や歴史論にもとづくヴェブレンの経済学方法論が、経済現象を解釈するさいの因果関係認識においても独自の方法論——質的な範疇に属する現象にも光を当てる方法論——に依拠していたことを示す。

第1節　経済学における人間本性の再考

　ヴェブレンのテキストを読むことで誰もが真っ先に印象づけられるのは、彼が人類学由来の豊富なデータを引き合いに出していることである。そこには、時間的にも空間的にも多様な文化に属す人々の習慣や制度に関する知見が随所にちりばめられている。たとえば、『有閑』第一章の冒頭では有閑階級制度の発生が議論されているが、この制度が支配的である文化の典型例としては、まずヨーロッパや日本の封建時代が挙げられ、次いでインドやポリネシアの階級区分、そしてサーガ時代のアイスランド社会にも考察は進む。続いて、北アメリカの狩猟民族、アンダマン諸島の諸部族、ニルギリ丘陵のトダ族、北海道のアイヌ、ブッシュマン、イヌイット集団、アメリカのプエブロ族が順に検討

され（Veblen *TLC*, 1-8 ／ 訳 12-18）、複数の地域や時代を対象にして、共通の現象としての有閑階級制度が発生した文化と、そうした制度をはっきりとはもたなかった文化との違いが論じられている。また、彼の造語のなかで最も知られているのは顕示的消費（conspicuous consumption）であろうが、その例証として北米西岸のインディアンの儀式であるポトラッチが挙げられたことは有名である（*TLC*, 75 ／ 訳 81）。このように、人類史から引き出せる行動様式と、それと相通じる現代的現象とを対照させる手法がいたるところで効果的に用いられている。だが、人類学由来のデータを活用する観点そのものは目新しいものではない。先行する試みとしては、まずマルクスやエンゲルスを挙げなければならないし（Bloch 1983）、すでに歴史学派も膨大な成果を残していただけでなく、当時の正統派の主唱者マーシャルでさえも経済史や人類学の成果に注意を払っていたからである。しかし、ヴェブレンは、単に人類学的事例を参照しただけではなかった。それに加え、彼はそこから経済行動を説明するための心理学モデルを再構築しようとしたからである。

　快楽主義に代えて経済学が採用すべき新たな心理学とはどのようなものか。この問いは、経済学が前提とする人間像そのものを再考するという点では、まさしく方法論的な問題意識から投げかけられたといえる。ヴェブレンの経済学リハビリテーション・プランの形成史的背景を探る場合に重要な鍵を握るのは、このように当時の人類学的知見との関係である。彼は、E・タイラーや F・ボアズの文化人類学はいうに及ばず、19 世紀半ば以降の医学ないし頭蓋計測学や社会心理学ないし動物行動学などの知見を存分に吸収しながら、経済学における人間本性概念の再考を進めたことがわかっている（石田 2017）。

　ヴェブレンの経済行動の説明モデルにおいて軸をなしているのは、本能と習慣の概念である。習慣についていえば、それは原始未開の集落民であろうと、文明国の都市生活者であろうと、誰もが自ずと依拠せざるをえない行為規範として想定された。たとえば、彼は一方では火災時に自力で逃げるよりも火傷することを選んだフランスの王や自らの手で食べるよりも餓死することを選んだポリネシアの酋長の事例を挙げ（*TLC*, 43 ／ 訳 51）、継承されてきた習慣——

この場合はタブーとしての——が生物にとって最も基本的であるはずの自己保存本能よりも優先されることがあることに注意を促す。他方では都市に住む女性が美しいドレスを纏っている様子に言及しながら、こうした消費行動を導く原理が最新の流行に遅れまいとする現代的習慣の一つとなっていると解釈する。こうした理解は、習慣からの解放を政治的および経済的自由の拡大と結びつけ、そのこと自体が文明国にいたる条件と信じた古典派経済学者の一般的歴史観からすれば異質であろう。

　ただし、ヴェブレンに特徴的なのはむしろ本能の視点である。本能に力点をおく彼の人間本性論はこの時代ではかなり奇抜であったといわなければならない。というのは、社会科学はいうまでもないが、生物学周辺においても、本能はすでに時代遅れの概念であったからである。興味深いのは、彼がそうした学術動向に十分通じていたうえで、この術語をあえて選び取った点である。『製作本能』によれば、本能という術語はすでに過去のものだが、それにもかかわらず社会科学の目的のためには、「使い古しの『本能』」が依然有効であるという（Veblen IW, 3 / 訳 4）。そして、彼の人間本性論においては、本能を源にして習慣が生成されるのであり、習慣もまた本能的行為を規制するという相互関係が存在しており、両者の境界はそれほど明確ではない。仮にそうであるとすれば、本能と習慣はともに人間の行為を導く原理の両翼であるということになるであろう[3]。

　さらに、ヴェブレンの本能概念が目を引くのは、本能が知性の対義語とされていない点である。彼によれば、社会科学における本能の概念は、解剖学、神経学および生理学のような「機械論的な観点」で定義しきれるものではない（IW, 4 / 訳 5）。ヴェブレンによれば、かつての心理学者同様、動物行動の研究者の多くは今でも本能と知性を対照させているが、「生理学的活動と心理学的活動の間を実質的に二分してしまうこのような前提観念がすべて放棄されるならば、知的機能それ自体が本能的傾向に主導され、またその監督下にあるときにだけ効力を生じるということは当たり前のことになり、結果として本能と知性のアンチテーゼは消滅するだろう」（IW, 30n / 訳 33n）。ここから、反射に近い向

第 9 章 「経済人」という人間本性概念を乗り越える

性的作用[(4)]と、生物にとって基本的な生理的反応（狭義の本能的行動に該当すると考えられる）と、さらには反省や熟慮が含まれるような心理的活動（知的な思考や行為を含む）との間はある程度連続していると考えられていたことがわかる。

こうした新旧の心理学や動物行動学の諸成果にもとづいてヴェブレンが訴えようとしたことは、経済学方法論について論じ始めた 1890 年代から変わっていない。それは限界効用学派の想定では、人間——快楽主義的人間——が受動的な存在としてしか描かれていないという批判である。彼によれば、「快楽主義が（起こりうる）行動の結果のうちに行為の因果的決定要因を探し求めるのに対して、その後の構想〔新しい心理学〕は、人間を機能する行為主体、すなわち人格（personality）とみなす諸性向の複合体のうちに、この決定要因を求める」（Veblen [1899-1900] 1919, 156）。快楽主義が行動の結果であるはずの快楽に行為の原因を定め、人間をインプットされてくる条件を計算するだけの受動的存在として捉えるとすれば、新しい心理学は人間を機能する行為主体として、すなわち能動的存在として捉えているというのである。

しかし、ただ能動的人間を前提すればそれで十分であるというわけではなかった。この論点の含意を掘り下げるためには、ヴェブレンの本能概念に知性が内包されていたことを想起する必要がある。彼によれば、「あらゆる人間は、本能に導かれて習慣的に行為し、それゆえに、感情によって本能的にあらゆる活動のなかに何らかの目的を期待する」（*IW*, 54 / 訳 45）のであり、また「本能的行動はいずれも知的で目的論的である」（*IW*, 32 / 訳 26）。したがって、人間の本能的行為は、植物や昆虫に備わる向性が属すような「自動性の範疇」（*IW*, 31 / 訳 25）には収まらない。さらに、彼は人間が掲げうるさまざまな目的の内容に踏み込んでいくが、人間は本質的に「何らかの具体的で客観的な、さらには一般的な目的の達成を望むような主体」であり、それゆえに人間は「有用性や効率性を高く評価し、不毛性や浪費、つまり無能さを嫌悪する感覚の持ち主」（*TLC*, 15 / 訳 26）である。そして、人間本性のこの基本的性向こそは製作本能（instinct of workmanship）にほかならない。さらにいえば、人間と

人間を比較したり自己と他者を比較する習慣、妬みをともなって張り合う習慣をもたらすのも、まさしくこの製作本能である（TLC, 15-16／訳26）。そして、この本能が存在するがゆえに、尊敬や名誉の獲得のみならず軽蔑や悪評の回避が個々の能力の証明となる。この人間本性の基本的原理はいかなる時代のいかなる文化においても変わらない。しかしながら、競争に打ち勝つという目的を達成するための手段は時代や地域によって多様でありうる。そうした目的と手段の変容の軌跡を辿ることがヴェブレンの経済的文明史の課題となった。このようにして、彼はダーウィンの自然選択理論を環境決定論的な機構としてではなく、生物の能動性、すなわち適応力を鮮明に描き込んだ人間間競争の機構として読み解いたのである。

　ただし、ここで注意すべきなのは製作本能だけが人間本性を映し出す鏡とされたわけではないことである。製作本能は人間にとって最も基本的な本能と位置づけられているが、彼のテキストに登場する本能はそれだけではない。製作本能は、「人類の物質的福祉を直接にもたらす、それゆえに、その生物としての成功をもたらす本能的性向」（IW, 25／訳22）の一つと考えられているが、この点で首位を争いうる本能として親の本能（parental bent）がある。これは通常の親子関係にとどまらず、次世代の福祉にまでその配慮を広げる本能であり、有用性や効率性を重視する製作本能ともポジティブに共鳴しうる可能性を秘めている。だが、この二つの本能はつねに善き行為を導くものと想定されていたわけではない。たとえば、それらが略奪的な本能と結びつくとすれば、場合によっては社会に殺戮がもたらされるかもしれない。また、戦争や平和を論じる文脈では愛国心が、科学史的文脈では知的好奇心というように、著作によってさまざまな種類の本能的性質が登場する。ただし、人間の本能の列挙や分類および定義はもちろん、特定の本能についての善悪ないし正邪を論じることは彼の目的ではなかった（IW, 4／訳5）。このように、複数の本能が読み込まれ、それらが複雑に絡み合うと想定されることによって、彼の経済的文明史における人間像はそのリアリティを担保されることになった。彼が示そうとしたのは、複数の本能——人間が目指しうる諸目的——が歴史的に見て「どのよ

うな結果をともなって互いに交差し、混和し、重複し、中和する、あるいは強化し合うか」(*IW*, 9／訳9) ということであった⁽⁵⁾。各々の本能はある程度不変的な原理とされながらも、その複合体としての人間本性は多様な変化を遂げる可能性を秘めることになる。ヴェブレンはこのようにして本能という概念を再定義することにより、人間行動をよりリアルに分析ないし記述できると考えた。彼によれば、こうしたリアリズム、すなわち事実問題の重視——事実に即した因果の把握——は、ヒュームにさかのぼれる科学者必携の精神態度であり、進化論的経済学の根底にある方法論的基礎なのであった（Veblen [1899-1900] 1919, 97）。

人間間競争機構を基本的な枠組みとしながら、多様な目的を志向する諸本能が一人の人間のうちにせめぎ合って共存している。この論点はもう一つの問題、すなわち、快楽主義の心理学が看過しがちであったもう一つ問題の克服へと向かうこととなる。その問題とは、経済行動を説明するモデルにおいて人間の社会性をいかに取り込むかという問題である。

第2節　人間の社会性と社会の動態性

ヴェブレンの経済行動モデルは、メイソン（Mason 1998）が詳細に跡づけているように、他者の存在、すなわち人間の社会性を強く意識している点に特徴がある⁽⁶⁾。社会性を前提した経済行動モデルは、与えられた条件下でたった一人の個人が自らの効用を最大化するという個人主義的な人間像とはまったく違う。人間はただ快楽ないし効用に誘われて植物や下等動物のように受動的かつ自動的に反応する存在ではないし、プログラムどおりに動かされる計算機でもない。「…人間生活の現象は、集団や社会の生活に関わる現象としてのみ生じてくる。すなわち、集団とふれ合うことによる刺激の下でのみ生じるし、また集団の生活図式によって強いられる行為規範によって行使される（習慣的）制御の下でのみ生じるということである」(Veblen [1909] 1919, 242)。スプーンの購入により得られる効用は機能性によるのか、価格によるのか、デザイン

性によるのか。機械製であることによるのか、職人の手作りであることによるのか。銀製のものを選ぶことで自己顕示欲を満たせることによるのか[7]。私たちは同じ財であっても、人によって購入の動機が幾重にも違うことを知っている。そして、その行為は自分一人だけの判断で選択したものではなく、社会的習慣に制御されながら選び取られたものである。こうしたヴェブレンの視点は行為の動機や効用の内容を類推しようとする視点であり、後に効用の個人間比較は不可能であると断じたL・ロビンズらの立場からすれば荒唐無稽に見えるかもしれない。だが、ヴェブレンは、本能および習慣という概念を用い、覗き見ることも計測することもできない人間の心理の内側に切り込もうとしたのであった。

　ところで、自らの利益を直接求める利己的性質を本能的と捉える一般的語感からすれば、以下のような論点には違和感を覚えるかもしれない。たとえば、前出の親の本能はまさしく自分以外の利益に配慮する本能であり、実子の利益のみならず、次世代の社会成員の利益をも勘案する本能とされていたからである。さらに、製作本能もそれと近い機能を付与されていた。製作本能は前節で述べたとおり、人類の物質的福祉への貢献に関わる本能であるとともに、具体的で客観的で、さらには一般的な目的の達成を目指すとされていた。これらの本能は、いずれも社会全体の利益の増進や共通善の維持に関わるとされていることを考えれば、利他的な視野を備えた人間の能力と位置づけることができるのであり、「本能的」という形容はそぐわないようにも見える。

　また、ヴェブレンの議論において印象的なのは人間の利他性のみならず、利己性に関しても社会性が前提されていることである。たとえば、一見すると利他的、それゆえ協調をもたらすように見える製作本能は、実は逆説的にも妬みをともなって張り合うような人間間比較を行う習慣の源泉であるとも位置づけられたのであった。妬みをともなう張り合いには他者の存在が不可欠である。そこでは、自己の目的を追求するという属性を基本としながらも、競い合う他者の存在、すなわち社会関係が積極的に前提されている。たとえば、張り合って競うからこそ、人間はより有用な道具を発明し、技術革新を実現するかもし

れない。しかしながら、競争は時として妬みをともなうものであり、争いの種をまき散らすこともあるであろう。人が顕示的消費を行うのも隣人に自らの豊かさを見せびらかすためであった。他方、見せびらかされた側は、一時は憧れや尊敬の念を抱くかもしれないが、それは概して屈折した感情であり、まもなく抑えがたき嫉妬心に支配されるかもしれない。さらに、彼は、妬み以上に負の感情をともなう行為についても論じている。彼は、けんかや略奪も本能的な性向に由来すると考えたが、いずれも相手がいなければ実現しない[8]。このように、利他的であるか利己的であるかを問わず、人間間競争機構の想定それ自体が人間の社会性を前提しているのである。

　このようにして、消費や生産、そして販売という経済活動においても、多様な目的を追求しようとする諸本能が人間を突き動かすのであり、その原動力を詳細に検討することが進化論的経済学の一つの課題と考えられた。こうして見ると、ヴェブレンの快楽主義批判が利己的な人間という想定の非現実性に向けられたのではないことも明らかであろう。彼が最も典型的に描いた人間こそは、顕示的浪費に明け暮れ、効用や利潤の最大化のみに目を奪われる利己的な人間にほかならなかったからである。むしろ問題であったのは、利他的のみならず利己的でもある人間の社会性が新古典派経済学の議論においてはすっかり捨象されてしまっていることなのである。

　それから、こうした行為の多様性を読み取るヴェブレンの視点は人間そのものの多様性を許容する視点に導かれた。そして、そのような視点は当然に歴史的かつ地理的に多様な文化や社会の存在を受け入れた。彼によれば、「個人の行為が集団における自分の仲間との習慣的諸関係によって制限され、また導かれるだけではなく、これらの諸関係は制度的性格をもつがゆえに、制度の図式が変化するにつれて変わってもいく」（*Ibid.*, 242）ここで思い出されるのは、本能のみならず習慣というもう一つの概念装置も同様に行為や思考の規準を社会的に共有する機構として想定されていることである。したがって、進化論や人類学に深く傾倒しながら、経済学はその心理学的基礎を再構築しなければならないと同時に、ダイナミクスでもなければならないと彼が主張したことは筋

違いではない。ここに、経済行動モデルの方法論と歴史の方法論の接点を見出すことができる。すなわち、人間本性記述におけるリアリティの追求が人間を能動的および社会的存在として把握する道を拓き、それにより描かれる社会の動態性が強く認識されていくという論理構造を抽出することができる。こうしてスタティックな均衡論的アプローチは、ヴェブレンによっていとも容易く却下されることとなった[9]。では、彼は実際には経済のダイナミクスをどのように論じていったのであろうか。

第3節　経済のダイナミクスと歴史の相対性

　ヴェブレンの経済的文明史には技術を軸にした歴史の展開論理がある。人間の行為の個レベルの原動力は本能であったが、歴史レベルでもそれは基本的には同じであり、製作本能を導因とする技術進歩が牽引する文明史が描かれている。彼は数々の考古学的研究や現存の原住民の諸研究を参照し、文明史をおおよそ次のような知識論的な枠組みで把握する。一方には、事実問題に関わる知識体系があり、人々は自然と事物を利用するための方法や手段に関わる情報や知識を蓄積しており、『製作本能』ではそれは技術体系とも呼ばれた。他方、私たちの知識体系にはもう一つの系譜があり、それは呪術的、迷信的ないし宗教的な観念、そして、社会的および政治的諸制度に関わる知識体系である。両方の知識は別の地平にあるが、互いに混じり合って存在している。彼によれば、前者の技術体系は後者の知識体系によって妨げられながらもゆっくりと進歩していく（*IW,* 41-42／訳37）。ちょうど経済行動が習慣に制御されながらも本能に突き動かされて引き起こされるように、歴史も習慣や制度に制御されながら技術の進歩とともに展開していくという理解である。こうした彼の経済的文明史は、技術の変遷——新石器時代、青銅器時代、鉄器時代、そして農耕が定着してから現代にいたるまで、狩猟、採集、植物の耕作と家畜飼育などの技術、工芸や装飾の美術、そして軍事技術、後代では機械技術、会計簿記などの社会工学的技術も含む——がどのようなものであったかを詳細に辿り、それらが共

第9章 「経済人」という人間本性概念を乗り越える

同体の物質的福祉にとってどのような意味を有したかを論じていく。

　ただし、彼の歴史観において際立つのは技術の中立性の想定とともに、その平和的利用に置かれた力点である。技術は社会の物質的福祉の増大のためにも活用されうるが、戦争の武器としても使用されうることは歴史を紐解けば自明であろう。換言すれば、技術は社会を繁栄させる原動力でもあるが、それを破壊する道具でもあるのである。その意味で、技術そのものは中立的である。ヴェブレンは、アナウ遺跡に関するR・パンペリーの最新の研究を参照しながら[10]、当時最古の農耕文明とされたアナウが初期に関しては武器をもたない文化であったという報告を何度か引いている。それを論拠に、彼はホッブズ的な自然状態仮説は受容できないと結論づける[11]。同じように、ボアズのエスキモー研究（Boas 1884-85）を引き、低度の文化における人々の平和愛好的性格について次のように論じている。

　そのような文化では、産業技術の状態により決められたものとして、社会の成員は共通の成果を目指してその仕事の多くで協同するが、それは誰にも損害を与えるものではない。なぜなら、そこには実質的に求められるべき個人的ないし私的利益など存在しないからである。そこでは、手を貸すべき公認の義務がすべての成員に存在するが、交換も雇用も、財産も所有権も実質的には存在せず、もちろん、価格も存在しない。というのは、この環境のもとでの生活習慣はそういう思考習慣を誘発しないという十分な理由があるからである。　　　　　　　　　　　　　　　　　　　　　（*IW*, 142-143 / 訳 121）

　アナウにしてもエスキモーにしても、それは明らかに彼の眼前のアメリカ経済社会とは正反対の世界であった。共同体における技術と福祉の関係は『有閑』以来の関心であり、平和的な文化段階の実在をことさら強調する彼の意図は、後代の西欧文明が略奪的な文化段階へ移行してしまった事実を際立たせるためであったといってよい。

　このように、ヴェブレンの経済的文明史は未開および野蛮から文明へとまっ

すぐに進歩していく単線的な歴史ではなかった。この点に関して注目したいのは、彼の文明史が退行の論理を備えていたことである。すでに二つの知識体系の議論に暗示されていたように、彼の歴史観には技術を前に進めようとする革新的な作用と、現体制の習慣や制度を維持しようとする保守的な作用が共存している。それに加え、本能が不変的であるという想定に由来するもう一つの作用がある。すなわち、それは、古くからある基本的な本能に退行しようとする作用である。

ヴェブレンは、ダーウィンの先祖返り（reversion）の概念を用い、その典型例を二つ挙げる。一つは平和愛好的な人間本性への先祖返りであり、もう一つは略奪的な人間本性への先祖返りである。前者は「考古学的にも心理学的にも、実証しうる最も初期の段階の共同生活」[12]、「略奪文化、身分体制や金銭的な張り合いの展開に先行する平和愛好的で野蛮な生活段階」への回帰——たとえば、西欧が封建制から半平和的な所有権体制へ向かったプロセスなど——を指している（TLC, 215 ／ 訳 212-213）。それに対して、後者は、あまりはっきりとは語られていないが、私有財産制度を「古代的な略奪文化からの派生物」と意味づけ、当時の企業界の慣行を「略奪や寄生生活の原理による選択的監視の下にできあがったもの」とみなす彼の歴史観からすれば、彼が生きた時代も後者の文化に類するものと位置づけられていたことは想像に難くない（TLC, 209 ／ 訳 207）。彼は、その経済的文明史において、退行といえども必ずしも略奪的な文化段階への退行だけを指すわけではなく、平和的な文化段階への退行の可能性もあったこと、そして、最も文明的であるはずの西欧世界は必ずしも理想的世界とは限らないことを示したのである。このように、彼の経済的文明史にはたしかに技術進歩を軸とした進化の方向づけが想定されていたが、時間的な進化が即座に改善や進歩を含意していなかった点で、同時代の一般的な社会ダーウィニストとは決定的に違っていた。

こうして見ると、彼が描いた経済のダイナミクスは、多様な本能的性向を内に秘めた人々が技術を用いて共同体の福祉を増大させるための経済行動様式の軌跡を描き出す試みであったといえる。そして、この彼の経済的文明史が特殊

第9章 「経済人」という人間本性概念を乗り越える

であるのは、最も進歩した地点ないし最も文明的な地点のような一種の収束点がいっさい想定されていなかった点である。こうした歴史観においては当然に明確な未来予想図は描かれない。歴史のこうした性質は、彼の言葉を借りれば、進化論的ないし非目的論的であり(13)、歴史は、偉大な神の目的や崇高な自然の摂理によってではなく、人間の生活史の観点から説明されなければならなかった。自然法則を根底におく技術ですら、その源にあるとされたのは物質的福祉の増大を可能にする製作本能、時代を超えて共同体の安寧に配慮する親の本能、そして、おそらくは自衛ないし侵略のためなら武器をも製造する略奪本能であった。だが、そこに何らかの必然的な法則めいたメカニズムが想定される余地はいっさいなかった。

つまり、多様な人間や文化を想定することは社会を動態的に捉えることに繋がると述べたが、この点に関してもう一ついえるのは、それは歴史や文化の相対性の理解へも導かれるということである。さらにいえば、複数の本能の想定は人間の目的や価値が多様でありうる事実を許容するのであり、そのことは人類の未来の可能性も決して一つではないという示唆にもつながっていく。これは、文化人類学史に照らして見るとまさしく同時代的な、そして極めてアメリカ的な世界観であった。文化人類学の父といわれた同時代のボアズはヴェブレンによっても何度か引用された人物であったが、周知のように西欧至上主義的な歴史観を断ち切り、アメリカという土地で文化相対主義的な人類学を打ち立てた最初期の人物であったからである。

だが、人間にせよ文化にせよ歴史にせよ、多様性や相対性の認識が強まれば強まるほど、人間という種の同一性や同質性は見失われていくことになる。ここにボアズも苦悩することになった方法論的ジレンマ――人間を主題とする科学ならではの――がある(14)。ヴェブレンやボアズが選んだ道は両方の論点を活かす方法論の採用であった。それは、人間という種の同一性や同質性をある程度認めながら、人間、文化、歴史の多様性を定式化しようとする方向性である。本能という概念はヴェブレンにとってこの問題を乗りこえるための論理的工夫であった。それは、人間の同一性や同質性を認めることを可能にしただけでな

く、多様な混合形態を設定し、換言すれば人間本性を諸本能の複合体と捉えることによって、諸個人の多様性や相対性をも表現し得たからである。ヴェブレンは、消費行動が価格に関する合理性だけによってではなく、生活習慣に導かれる実に数多くの事例を列挙した。しかし、彼はまったく無秩序に事実を並べ立てたのではなかった。というのは、彼によれば、インディアンがポトラッチを催す理由、印刷工が公衆の面前で煙草を吸う理由、友人に酒をおごるために散財する理由、フランスの小土地所有者が節約する理由、アメリカの大富豪が大学、病院、博物館を建てる理由、金持ちが麻薬を習慣的に使用する理由、貧者が見栄をはって贅沢品のイミテーションを購入する理由、——これらの行為に通底する原理はまさしく同一であるとされたからである[15]。

　これまでにヴェブレンの経済的文明史の論理構造を見てきた。しかし、それは歴史的であるというだけの意味においてダイナミクスなのではなかった。そこでは自らの意志で自らの経済行動を選択する人々の日常生活が事実に即して描かれなければならなかったからである。ただし、ヴェブレンのテキストを読む限り、抗うことのできない支配的な制度や慣習の拘束力はかなり厳しく設定されているように見える。しかし、その点に目を奪われれば、彼をある種の環境決定論者と位置づけることも可能であろう。だが、晩年の議論における技術者などの位置づけを見る限り、本能に促されて行為する人間には、環境に馴染んで生き抜いていく力、そして自らそこから解放されていく力、すなわち適応力も積極的に付与されていた。つまり、たしかに制度は保守的かつ固定的だが、能動的な人間本性に突き動かされて変化し、適応の機会を新たに提供するだけではなく、諸本能の複合体としての人間本性それ自体のうちにも、変化に応じて変化し再び適応していく原動力が想定されているのである。そして、こうした能動的であり社会的な人間が備えるはずのこの適応力こそは、新古典派経済学の「経済人」概念に欠けていた属性なのである。

　このようなヴェブレンの本能概念による人間本性理解、社会性を含意した経済行動モデル、そしてそれを踏まえて行われた文明史の描き直しは、人間、社会、歴史を説明するための方法論の再考を提案していた。しかしながら、次に生じ

第9章 「経済人」という人間本性概念を乗り越える

る疑問は、冒頭で示したとおり、そのような方法論上の修正を行うことにより、彼は経済社会のどのような側面に光を当てようとしたのか、ということであろう。次節では、人間本性論や歴史論の方法論的修正提案を行う延長線において、彼が因果関係の認識方法に関しても新たな方向性を示唆したことを示す。議論を少し先取りすると、彼が描こうとしたダイナミズムは、次世代のW・C・ミッチェルらが整備していった、いわゆる統計的ないし計量的なダイナミズムの方向性とはまったく違っていた。というのは、ヴェブレンは質的な範疇に光を当てて経済現象の因果関係を認識する必要性を説いたからである。

第4節　因果関係認識を質的な範疇によって補完する

19世紀の後半において記述の数学化が進むにつれて、経済学の分析対象は量で計れる値に絞られていった。たとえば、マーシャルは、経済学が人間の多様性や習慣を考慮することの重要性を認めるとともに、必ずしも利己的であるとは限らない経済上の動機が存在することに注意を促している。ここまではヴェブレンの主張ともそう違わない。だが、マーシャルは人間の動機の質はその性質上計測不可能であり、それゆえに、経済学はその量が貨幣によって測れる行為に主題を限定すべきであると考えた。そして、それが可能である点こそが「経済学が社会科学の他の分野に比べて優れている点」（Marshall [1890] 1961, 15／訳（一）20）にほかならない。これは後続のピグーにとっても同じであり、経済学の完全なる実践指針を得るためには、「単に質的なだけではなく量的な分析を行う能力」を要する。彼によれば、この領域の研究を進めるために経済学が考察すべき厚生は、「社会的厚生のうち、直接または間接に貨幣の尺度と関係づけられる部分」に限られる（Pigou [1952] 2002, 8, 11／訳 9, 13）。しかしながら、量的な範疇の問題を扱うがゆえに、他の社会科学領域よりも経済学が優れているといい切ることは妥当か。ヴェブレンは、主流派の経済学者たちが何ら疑いを抱かなかったこの方法論的前提に対して大きな疑問を投げかける。マーシャルらは経済学のこの特徴を長所とみなしたのに対し、ヴェ

ブレンはそれを決定的な欠陥とみなしたのである。

　ヴェブレンによれば、量的な範疇以外にも経済学が注意を払うべき範疇がある。もう一人の同時代人であり、かつての恩師であるJ・B・クラークに対する批判はその意図を推しはかるための好例である⁽¹⁶⁾。微分効用に関わる快楽主義的公準にもとづいた限界効用学派は、産業技術の進歩やビジネスに関わる慣行、人々の金銭的関係を制御する行為の諸原理の変化については何も語ることはできない（Veblen [1909] 1919, 233）。つまり、経済学が量で測れる対象に問題を限定するか否かという問題はそれ自体独立しているわけではないのである。その問題は、別の方法論的課題、換言すれば、技術進歩、社会習慣の相違、行為の多様性をいかに取り扱うかという問題群とも直結しているからである。ここでヴェブレンは明らかに正統派とは真逆の方向に舵を切った。

　因果関係が量的な関係に限定されるようになることで、質的な関係の議論は徐々に看過されていく傾向がある。たとえば、価値論は価格論として縮約されやすい。それにより、経済学者の視野は狭まり、価格では計測しえない価値への関心は次第に薄れていくであろう。より厳密にいえば、マーシャルの例が示すとおり、価格では計測しえない価値の重要性を十分に実感しながらも、自身の体系のなかでその価値を扱うことはできないという事態に陥るのである。ヴェブレンは、『営利企業』においてゾンバルトの議論を引きながら、近代科学の因果関係認識には二つの型があると論じている。等式（equality）に関わる量的等価性（quantitative equivalence）と類似（similarity）に関わる質的等価性（qualitative equivalence）である（Veblen *TBE*, 364／訳288）。ヴェブレンによれば、前者は、18世紀から19世紀にかけて因果関係認識の標準であると信じられてきたが、この認識方法を「科学的真理の唯一の規準に昇格させ、したがって科学理論を一つの勘定体系に置き換えようとする実証主義者の努力は失敗に帰した」。後者についても、「第一原因」や「大いなる造物主」にまで遡及したり、原因の性質がその結果にあらかじめ含まれると考える関係認識は時代後れであり、廃れていく運命にある。だが、その認識方法とは同一ではないが、現代の科学者たちが関心を抱きつつある関係も質的等価性を内包

第9章 「経済人」という人間本性概念を乗り越える

している。彼らが依拠し始めたのは、「ゆがみ、機械構造、ずれなどに関わる分かりにくいが感情を交えない観点」、「機械エンジニアの施工図や仕様書ともいい換えられる観点」だからである (TBE, 371 / 訳294)。

　質的な範疇に対するヴェブレンの積極的な評価は一貫している[17]。ただし、誤解してはならないのは、量的な範疇ではなく質的な範疇だけを追うべきであるというのが彼の主張ではなかったことである。その真意は、量的な範疇それ自体が不要であるというのではなく、量的な因果関係認識だけでは問題のいくつかを看過する可能性があるがゆえに、もう一方の質的な因果関係認識によって補完されなければならないというものであった (Veblen [1899-1900] 1919, 179)。また、興味深いのは、質的な範疇が素朴に量的な範疇の対義概念とされていたわけではないことである。彼によれば、近年では経済学が量的な範疇の認識を補完するために、目的論的な範疇 (teleological categories) (Ibid., 158) の認識の助けを借りる必要性に迫られつつある。そして、前出のクラーク批判の論旨と突き合わせてみると、この文脈での目的論的な範疇は質的な範疇のより具体的な言い換えであることがわかる。というのは、目的論的な範疇こそは人間の行為を引き起こす原理に関わる範疇であり、本能すなわち、人間の行為の内的原理——性向や適性——と、その社会的関係性を前提とする行為の外的原理——習慣や慣例——とを包含する範疇であると説明されていたからである (Ibid., 179)。すでに見たように、ヴェブレンのリハビリテーション・プランは、経済学が人類学に学ぶことで心理学的基礎の再構築を目指していたが、本章の考察から判明するのは、その再構築により因果関係認識に関わる常識をも覆そうとしていたことである。

　それでは、質的な因果関係認識、換言すれば目的論的な範疇の認識に力点を置いたヴェブレンの経済分析は、具体的にどのような現象の理解を可能とするのであろうか。以下では、「効用」(utility)、「効率性」(efficiency) および「無形」(intangible) という三つの概念を取り上げる。

　最初の例は、新古典派経済学にとって基礎的な概念「効用」である。新古典派の効用概念は人間の社会性を読み込もうとする意識は低く、すぐれて個人主

義的である点に特徴がある。他方で、ヴェブレンの人間モデルにおける本能の前提が人間の社会性の記述を実現するための概念装置であったことはすでに見てきた。たとえば、彼は『製作本能』では、人間の能力ないし技術がつねに金銭的根拠だけによって評価されてきたわけではない事例を列挙している。クラーク批判においても同じ視点からの議論が展開されている。貨幣経済の進展とともに、尊敬と軽蔑に関する人々の判断力が金銭的根拠により浸食され始めると——こうした着眼は『有閑』以来のものであるが——嗜好や賞賛の「商業化」(Veblen [1909] 1919, 246) が起こる。同じ精神と身体をもち、同じ習慣のもとで暮らし、善悪に関わる行為経験も同程度である二人の人物がいたとして、一方が経済的に豊かであり、他方が貧しい場合、人々はどちらによい評判を与えるであろうか。ヴェブレンは間違いなく前者であると断言する。「長所や短所に関わるこれらの『商業的』構想はビジネスの経験から引き出される。そのようにビジネスの取引や関係以外に適用される金銭的な試金石や基準は、快楽と苦痛という感覚の見地に還元することはできない」(*Ibid.*)。いうまでもなく私たちの快苦や美醜に関わる判断力は、生産や消費に関する経済活動にも深く入り込んでいるのであり、こうした人間行為の奥底にある原理は単純な快苦の二元論では扱いきれない。しかも、豊かさの証は他人に対して妬ましさをもたらすのであり、それを見せつけられる側には時として精神的な苦しみがともなうであろう。だとすれば、金銭的な人間間比較の習慣が深く浸透した社会で、張り合いながら浪費に明け暮れる人々が感じる効用不効用は快楽なのか、苦痛なのか。そのことを端的に言い換えるなら、彼らは幸福なのか、不幸なのか。金銭的な見栄の張り合いに見出せるヴェブレンの競争概念は、このように人間の日常生活に溢れかえる赤裸々な感情を含みこんでいる。それは、伝統的に経済学が暗黙に前提してきたような公正な取引や正義の秩序の源ではありえない。主観的な効用のこうした側面が現実に観察されることは誰もが認めるところであるものの、それは量的な範疇に限定された経済学方法論では取り扱うことはできない。

「効率性」の概念もヴェブレン流の因果関係認識の見地から整理するなら、

第 9 章 「経済人」という人間本性概念を乗り越える

次のように解釈される。通例、効率性の概念が複数の内容をもち合わせているとは考えられていないが、ヴェブレンの議論においては違う。効率性の感覚を司るのは製作本能であったが、'instinct of workmanship' を原語とするこの本能は、「人類を獣の段階から人間の段階へと引き上げた」（*IW,* 37 / 訳 30）本能であり、人類の物質的福祉とその生物としての成功をもたらす基本的な本能にほかならず、職人の腕前や工夫、技巧の発揮を可能とする本能でもあった[(18)]。すなわち、彼の用法では、この本能が見極める効率性は、職人が無駄な動作を省き、社会的有用性に配慮し、そのうえで生産性を向上しようとする産業的な効率性を指していた。したがって、それは、企業家が儲けを求めて追求する金銭的な効率性とは同義ではない[(19)]。ヴェブレンによれば、企業家は利潤を最大化するために費用の最小化を実現しようと努めるが、広告費だけは別である。広告費は果てしなく肥大化する傾向があるからである。広告は「消費者大衆に対して、彼らが欲望を満たし、その購買力を最もよく利用する場合の方法や手段に関する貴重な情報や指針を与える」という意味においては、たしかに「社会に対する一つの奉仕」に違いない（*TBE,* 57 / 訳 48）。だが、広告費は極端な場合には最終生産物の「総生産費の 90％以上に上るかもしれない」[(20)]のであり（*TBE,* 60 / 訳 50）、「現代の企業体制の下での商品の『生産費』は、市場価値を高めるためにかかってくる経費であって、人間の使用のための財貨の有用性を高めるための経費ではない」（*TBE,* 59 / 訳 49）。彼にとって、企業は決して産業と同義ではなかったし、投資も生産とは同義ではなかった（Veblen *EPS,* 145 / 訳 140）。職人がモノ作りの技を極めるさいの巧みさ、派手な広告を打って効能の不確かな薬品を売りつける薬屋の狡猾さ、そして、晩年のヴェブレンが希望を託した効率技術者（efficiency engineer）に期待された素質[(21)]は決して一様ではない。人間のこうした一つ一つの心理が向かう先は、効率性という一概念で表せるほど単純ではないし、その違いは量的に表現しうるものではない。

最後は資産や資本などに関わる「無形」の概念である。ヴェブレンには資産や資本の無形性に力点をおく視点がある。無形であるのだから量的に計測

することは困難であろう。たとえば、営利企業のブランドイメージを形成しているのれん（good-will）の概念があるが、この概念は彼の景気循環論において重要な役割を果たしている。のれんは、彼によれば、無形資産（intangible assets）の一種であり（TBE, 139 ／訳 111）[22]、「確立された慣習的業務関係、正直な取引の評判、営業権や特権、商標、銘柄、特許権、版権、法律や秘密によって守られている特殊工程の排他的な使用、特定の原料資源の排他的な支配」（TBE, 139 ／訳 111）などをもとに形成され、株式会社の予想収益力の査定根拠の一端をなしている。そして、無形資産の評価額をもとに貸付が増大する状態、すなわち信用拡張が引き起こされているのが現代の企業体制の現状であり、諸企業は恒常的に競争的な信用依存の状態に陥っている。だが、企業が信用貸付によりいくら資金を取得できたとしても、上述の広告論から推し量れるように、ヴェブレンは、それによってその企業の物的資本が必ずしも増加するわけではない点を強調する。それは、価格などを基準として計測された取引高を名目上増加させるとしても、直接に産業の物的設備を増大させたり、産業経営の効率性を向上させるとは限らない。このようにして企業資本と産業設備との間の格差は次第に広がっていくが、まもなくして企業資本が実物資本に即して再評価されるにいたると、精算、すなわち恐慌の期間に突入することになる[23]。無形資産であるのれんは、このように景気循環の一原因であるとともに、不況や恐慌の引き金ともみなされた。のれんは、「その所有者に対しては格差利益を与えるが、それは社会に対しては何ら全体的利益を与えるものではない。それらのものは、格差的な富に関わる個人にとっての富であるが、それは決して諸国民の富（the wealth of nations）の一部を形づくることはない」（TBE, 139-140 ／訳 111）。いうまでもなく、資本や費用の質的な範疇に目を向けなければ、こうした側面は決して解明しえないであろう。

　そして、無形の資産や資本に関する議論はのれんの考察にとどまらない。ヴェブレンの視野はずっと広く、それは技術や知識の価値にまで及んでいる。彼は、土地、労働および資本に関わる伝統的な生産要素論において重大な論点が除外されてきたことに注意を促している。「非物質的な装備」（IW, 104 ／訳 89）で

第9章 「経済人」という人間本性概念を乗り越える

ある産業技術は「過去の経験から引き出された知識の共同資本（joint stock）」にほかならず、「社会全体の分割することができない所有物として、保有され、また譲り渡されるもの」であるから、「この共同資本は、特許権や商売上の秘密の中に含まれるある種の小さな部分を除き、誰の個人財産でもない」（*EPS*, 28／訳33）。ヴェブレンは、この産業技術をもう一つの生産要素と位置づけるのである。産業技術という生産要素が誰の個人財産でもないとすれば、それは所得を生み出すとは受け取られないであろう。それどころか、所得として計測されないのだから、量的な範疇の考察からは除外されるであろう。だが、現実はどうかといえば、産業技術を支配しているのは営利企業であり、その予想収益力の重要な査定根拠となっている。それにもかかわらず、無形資産の所有によって得られた資金は必ずしも産業設備の増強や改良に投下されるとは限らないばかりか、その果実が技術や知識の蓄積の担い手に分配されることもない。無形資産が生み出す価値が人々の生活を脅かす景気変動の原因であることが看過されているだけではなく、その同じ価値が本来帰属すべき場所も覆い隠されてしまう[24]。こうした問題群も量的な範疇の視点からは整理しにくい論点である。

　以上、三つの議論を見てきたが、そもそも、ヴェブレンはなぜ因果関係を認識するうえで量的な範疇の分析を質的な範疇によって補完しなければならないと考えたのであろうか。こうした彼の議論が、新古典派経済学に対する批判を念頭においていることはすでに述べた。彼によれば、かつての経済学においては、社会の福祉は「『その社会の労働が一般に適用される場合の熟練、技能および判断力』〔スミス『国富論』〕によって規制される」と考えられてきた（*TBE*, 179／訳143）。それに対して、新古典派の価値論は「価値評価過程の理論」（theory of a process of valuation）であるにもかかわらず、それは価値の金銭的側面しか扱えていない点に欠陥がある。したがって、そこでは福祉の問題は価格の問題とならざるをえないし（*TBE*, 177／訳142）、そのような思考習慣が普及するにつれて、社会の繁栄は「企業の繁栄」と同義になる（*TBE*, 179／訳143）。

生活のあらゆる局面を、損得を基準として企業の観点から見ようとする、このような根深い習慣のせいで、社会全体の事柄の運営は、一般の合意のもとで企業家の手にゆだねられ、企業の考慮によって導かれている。したがって、現代の政治は企業の政治である。　　　　　　　（*TBE*, 268-269 / 訳 213）

　福祉の問題を考える上で、価格、すなわち貨幣尺度は不可欠の指標であろう。だが、これまでに見てきたように、量的な範疇だけでは、快苦の具体的ないし日常的な内容、人間の社会的関係には迫れないばかりか、効率性に関わる産業的性格と金銭的性格を区別することもできない。さらには、無形であるがゆえに容易く見落とされてきた資本や資産の本質、技術や知識の価値、不況や恐慌の原因という極めてクリティカルな諸問題に接近することも困難となる。ヴェブレンにいわせれば、こうした諸問題を正面から扱い、それらを適切に管理する指針を示すことができなければ、経済学は価値について考察したとはいえないということになる。

　質的な範疇ないし目的論的な範疇に属するこうした価値のせめぎ合いを論じられなければ、経済学は新古典派同様、結局は「価値評価の要素が脱落した価値評価の理論」（Veblen [1899-1900] 1919, 144）に堕するほかはないというのがヴェブレンの結論であった。彼は、ダーウィンやボアズに倣って非目的論的世界観に立ち、価値中立的な科学方法論を採ったが、それと同時に、彼は経済学者がある種の価値論を取り戻さなければならないとも考えていた。というのは、たしかに、彼は、真偽や善悪、ないし特定の政治的ないし政策的立場の是非についてはほとんど口を開かなかったが、浪費的であるか否か、あるいは、産業的な意味において効率的であるか否かという、すぐれて経済学的な価値に関しては怯むことなく語り続けたからである。いうまでもなく、こうしたヴェブレンの経済思想の根底にあるのは、人間の経済行動モデルの再考を下敷きにした福祉論的な価値論ともいうべき実践的視点なのである。

第 9 章 「経済人」という人間本性概念を乗り越える

おわりに

　その分厚い研究史において、19～20世紀転換期に示されたヴェブレンの方法論的提案はさまざまに解釈されてきた。冒頭で述べたように、彼の理想的世界像を再構成しようとする一種の社会哲学的な解釈が着々と蓄積されてきたし、ダーウィニズムを媒介にした社会科学方法論の輪郭もずっと明確に描かれるようになってきた。だが、こうした先行研究において、意外にもほとんど考察されてこなかったのは、経済学方法論的な視点から眺めた場合に、ヴェブレンによる経済人モデルの修正案が実際に経済社会のどのような側面を浮き彫りにすることに成功したのかという問題である。この問題に対して、本章は次のように答えることができる。

　ヴェブレンの進化論的経済学の構想——経済学のリハビリテーション・プラン——は、第一義的には、経済学における人間本性論の再構築であった。だが、この彼の方法論的提案は人間観の刷新にとどまらない含意をもっていた。というのは、人間本性論の再考を土台とした経済行動モデルの刷新は、能動的な人間が生きる社会を歴史的に描く道を拓くとともに、西欧至上主義的な世界観からの脱却を可能にしただけではなく、因果関係の認識方法をドラスティックに転換しようとしたからである。そして、そうした経済学方法論上の提案の先に見据えられていたのは、経済現象の質的な側面に光を当てることによって初めて見えてくる、個のみならず社会全体の福祉に関わる諸問題であった。

　たとえば、そこでは、人々の効用や幸福に深刻に関わりながらも、貨幣尺度では測れない価値の問題が浮き彫りにされていた。また、行為主体の心理の内容を吟味することにより、効率性の追求がその根底にある動機によって社会全体にとって有用である場合もあれば、有害である場合もある可能性が示されていた。そして、資本や資産、さらには技術や知識を無形の概念により再定義することによって、新古典派の枠組みでは論じにくい景気循環や恐慌の原因をよりクリアに説明するツールを提供しただけではなく、特定の個人によって私有されるのではなく共同体において管理されるべき産業的な技術や知識の存在も

305

浮き彫りにした。これらはいずれの諸問題も社会全体の福祉にとって切実な問題でありながら、量的な範疇でのみ考察するなら容易に看過されやすい問題群であった。

　上述のようなヴェブレンの経済学方法論を経済学史上に位置づけるなら、それは極めて特殊であり、独特な方法論の提示であったといわざるをえないであろう。また、それは、単なる性急な提案に終わり歴史のなかに埋没してしまい、結局は忘れ去られた過去の思想にすぎないとする評価もありうるであろう。だが、近年の経済行動を主題とする理論的関心の高まりからは次のような事実も浮かび上がるはずである。すなわち、原住民の生活習慣に関する冗長な歴史挿話で溢れかえるヴェブレンの方法論がそのまま通用するわけではないとしても、「経済人」という人間本性概念をいかにして乗り越えるかという彼の発題は今日においてもなお未決であり、依然として経済学者の関心を引き続けているという事実である。

注

*　本章はJSPS科研費JP16K03580の助成を受けた研究成果の一部である。
(1)　イェンセン（Jensen 1987）の検討は、ヴェブレン、J・デューイ、J・R・コモンズにとどまらず、C・E・エアーズ、そして、W・ゴルトン、D・ハミルトン、P・クラインらのテキサス学派やコロラド学派にまで及んでいる。
(2)　メイベリー（Mayberry 1969）によれば、おおむね同様の解釈は、A・L・ハリス、D・アーロン、W・P・メッツガーおよびL・E・ドブリアンスキーらによっても示された。ただし、メイベリーは、ヴェブレンのテキストから抽出できるように見える彼の価値判断の要素を、その理論において機能する指導原理（guiding principle）と解釈する。彼は、そうした価値判断が社会風刺の目的で行われたのではないし、経験的理論として構想されたのでもないと理解するのである。
(3)　なお、ヴェブレンは本能概念に力点をおいたが、この言葉だけを一貫して使用したわけではなく、instinctはpropensity、sense、sentiment、attitude、animusおよびbentなどの用語によりかなり自由に言い換えられていたことも付記しておきたい。ただし、説明上の混乱を避けるために、本文では引用文を除き、細かに書き分けることはしなかった。
(4)　向性（tropism）は一般に屈性とも言い換えられ、たとえば、植物が太陽（刺激源）の

第 9 章 「経済人」という人間本性概念を乗り越える

方向に曲がるような作用を指す。
(5) 本能の連携は、場合によっては汚染（contamination）とも表現された（*IW*, 52 / 訳 43）。
(6) メイソン（Mason 1998）は、ヴェブレンの顕示的消費論を、新古典派的消費理論に対してはるかに厳密で周到な批判を展開した事例であるとともに、対人効果に注目した最初の事例と位置づける。
(7) スプーンの事例は『有閑』の第 6 章「嗜好の金銭的規準」において議論されている。必ずしも価格シグナルだけによらない消費行動の例として、その他、芝生、ペット、J・ラスキンや W・モリスらの不完全さの礼賛、時代後れの手漉き紙のアンカット本の出版、髭文字の印刷、電気普及後のロウソクの使用などが挙げられている。これらの事例がハワイやポリネシアの原住民の事例と並列して分析されるのである。
(8) Cf. けんか好きの本能（instinct of pugnacity）（*IW*, 32 / 訳 27）、略奪本能（predatory instinct）（*TLC*, 29 / 訳 39）。
(9) 静学的なアプローチよりも動学的なアプローチが積極的に評価されている文脈はたくさんある。恩師クラークに対する批判（Veblen [1909] 1919,）、J・E・ケアンズに関する批判（Veblen [1899-1900] 1919,）など。
(10) ヴェブレンは 1910 年に「バルト海およびクレタ島の古文化に関する研究計画」という課題をカーネギー研究所に応募している。そして、この計画書の冒頭で、当時人類最古の農耕集落と考えられたアナウ遺跡と、その発見者 R・パンペリーに言及していることは、ヴェブレンが最新の考古学動向に通じていたことを示している（石田 2017, 35）。ドーフマン（Dorfman 1933）によれば、彼の研究目的は、西洋文明に特徴的な自由な諸制度を構成している諸要因を突き止めることであった。
(11) 高（1991, 58）によれば、「〔ヴェブレンの〕平和愛好的原始社会の想定には、一面でロックやルソー、さらにはマルクスにおけるそれと共通するものがある。だが、ヴェブレンの特徴は、なによりもまず人間を生物学的なレベルで捉えた上で、さらに文化人類学的な視角を導入し、人間社会を『人間性』の累積的発展・変化の過程として描き出そうとした点にあった。」
(12) ヴェブレンの先史時代解釈には明確な裏付けがあるわけではない。Cf. プルータ（Pluta 2012）。
(13) 本能をもつ人間がすぐれて目的論的と形容されたのに対し、描かれる歴史は非目的論的と形容された。目的は、ヴェブレンにとって、人間の行動を説明する概念装置にほかならず、自然的メカニズムの動力ではありえなかったからである。Cf. 石田（2012）。
(14) 人間の同質性と文化や歴史の相対性という二つの論点をどのように調停しうるか、——この方法論的ジレンマは、人類学者ボアズにとっても争点であった。Cf. ボアズ（Boas 1887; 1896）。

(15)　いずれも『有閑』第4章「顕示的消費」に登場する事例である。
(16)　論文「限界効用の諸制約」（Veblen [1909] 1919,）における議論であり、この文脈ではクラークが対象となっている。クラークは1907年に *The Essentials of Economic Theory, as Applied to Modern Problems of Industry and Public Policy* を出版したが、ヴェブレンの関心は非常に高く、1908年には *Quarterly Journal of Economics* に書評論文を寄稿し大々的な批判を行っている。本論文の議論はその延長線上にあると考えられる。1914年の『製作本能』では、パンタレオーニの『純粋経済学』に対する批判的言及も見られる。ちなみに、限界効用経済学（marginal-utility economics）は、neo-classical economics や neo-classical political economy とほぼ同義で用いられている。
(17)　たとえば、J・S・ミルの功利主義の修正に対する彼の評価が高かったことも同じ視点の表明とみなせるであろう。この点については、ヴェブレンによる批判的経済学史（Veblen [1899-1900] 1919,）の第三編を参照。
(18)　ヴェブレンの定義に関しては、『製作本能』の第2章における原始的技術に関する考察などを参照。ただし、workmanship そのものの本来の意味は、必ずしも職人の技巧やその成果物に限られるわけではない。
(19)　産業的な効率性と金銭的な効率性の明確な区別は、たとえば『有閑』の第9章を参照。後者は、ヴェブレンによれば、「経済人」として知られてきた人間本性（*TLC*, 241 / 訳236）であるという。
(20)　この数値の根拠となるデータの参照はない。
(21)　たとえば、効率技術者は、おそらくヴェブレンが構想した「技術者のソヴィエト」のリーダーのモデルであったと考えられるが、そのなかでも顧問経済学者は、「販売術や金融取引および所得や財産の分配に関する理論研究」ばかりに執心するのではなく、「財およびサービスの生産方法および手段と考えられた産業体制の研究」に専心しなければならないとされた（*EPS*, 144-145 / 訳140）。技術者のソヴィエトが「この国の技術者によって管理される職人気質の体制（régime of workmanship governed by the country's technicians）」とも言い換えられたこと（*EPS*, 163 / 訳157）からすれば、技術者に求められる本能的気質の一つが製作本能であったことは想像に難くない。
(22)　「無形資産」は非物質的財産（immaterial properties）や非物質的富（immaterial wealth）とも表現されている（*TBE*, 117, 139 / 訳94, 111）。
(23)　以上の景気循環に関する記述は『営利企業』第5章「貸付信用の用途」において展開されている。この章だけ先行して論文（シカゴ大学の『創立10周年記念論文集』第4巻所収）として発表された経緯がある。
(24)　無形の共同資本としての産業技術の形成とその社会的継承という問題は当時の経済学者の感覚からすれば新しすぎる問題であったのであろうが、極めて現代的な示唆を含んでいる。たとえば、神野（2016, 34-35）はこの問題に対し次のような考察を付け

第 9 章 「経済人」という人間本性概念を乗り越える

加える。「資本がもつ生産性の根拠が、本来、コミュニティが共有してきた知識という無形のコモン・ストックにあるとするなら、資源の効率的利用を錦の御旗に排他的な所有権を設定し、コモンズを分割することは必ずしも望ましい結果をもたらすとは限らない」「コミュニティに共有されるストック」の観点から、知識を活用するあり方が問われているのである。

参考文献

（洋書）

Bloch, M. 1983. *Marxism and Anthropology: The History of a Relationship*. Oxford: Clarendon Press. 山内昶，山内彰訳『マルクス主義と人類学』法政大学出版局、1996 年。

Boas, F. 1884-85. *The Central Eskimo*. Smithsonian Institution, Bureau of Ethnology, 6th Annual Report.

——. 1887. The Study of Geography. *Science* 9: 137-141. 前野佳彦監訳『北米インディアンの神話文化』中央公論新社、10-22。

——. 1896. The Limitations of the Comparative Method of Anthropology. *Science, New Series* 4（103）: 901-908. 前野佳彦監訳『北米インディアンの神話文化』中央公論新社、42-57。

Dorfman, J. 1933. An Unpublished Project of Thorstein Veblen for an Ethnological Inquiry. *American Journal of Sociology* 39（2）: 237-241.

Jensen, H. E. 1987. The Theory of Human Nature. *Journal of Economic Issues* 21（3）: 1039-1073.

Jorgensen, E. and H. Jorgensen 1998. *Thorstein Veblen: Victorian Firebrand*. Armonk, N.Y.: Routledge.

Marshall, A. [1890] 1961. *Principles of Economics*. With annotations by C.W. Guillebaud. Ninth（Variorum）Edition. 2Vols. New York: Macmillan. 永沢越郎訳『マーシャル 経済学原理』全 4 巻、岩波ブックサービスセンター、1985 年。

Mason, R. 1998. *The Economics of Conspicuous Consumption: Theory and Thought Since 1700*. Northampton, MA: Edward Elgar Publishing Ltd. 鈴木信雄・高哲男・橋本努訳『顕示的消費の経済学』名古屋大学出版会、2000 年。

Mayberry, T. C. 1969. Thorstein Veblen on Human Nature. *The American Journal of Economics and Sociology* 28（3）: 315-323.

Pigou, A. C. [1952] 2002. *The Economics of Welfare*. New Brunswick, New Jersey: Transaction Publishers. 気賀健三ほか訳『ピグウ 厚生経済学』全 4 巻、東洋経済新報社、1953-55 年。

Pluta, J. E. 2012. Technology vs. Institutions in Prehistory. *Journal of Economic Issues* 46 (1) : 209-226.

Samuels, W. J. 1990. The Self-referentiability of Thorstein Veblen's Theory of the Preconceptions of Economic Science. *Journal of Economic Issues* 24 (3): 695-718.

Veblen, T. B. [1898] 1919. Why is Economics Not an Evolutionary Science. *Quarterly Journal of Economics* 12 (4). Reprinted in *PS*, 56-81.

――. [1899-1900] 1919. The Preconceptions of Economic Science, Part I-III. *Quarterly Journal of Economics* 13 (2); 13 (4); 14 (2). Reprinted in *PS*, 82-113; 114-147; 148-179.

――. *TLC*: 1899. *The Theory of the Leisure Class: An Economic Study in the Evolution of Institutions*. New York: Macmillan Company. 高哲男訳『有閑階級の理論――制度の進化に関する経済学的研究』増補新訂版、講談社、2015年。

――. *TBE*: 1904. *The Theory of Business Enterprise*. New York: Charles Scribner's sons. 小原敬士訳『企業の理論』勁草書房、1965年。

――. [1909] 1919. The Limitations of Marginal Utility. Reprinted in *PS*, 231-251.

――. *IW*: 1914. *The Instinct of Workmanship and the State of the Industrial Arts*. New York: The Macmillan Company. 松尾博訳『ヴェブレン 経済的文明論――職人技本能と産業技術の発展』ミネルヴァ書房、1997年。

――. *PS*: 1919. *The Place of Science in Modern Civilisation and Other Essays*. New York: B. W. Huebsch.

――. *EPS*: 1921. *The Engineers and the Price System*. New York: B. W. Huebsch. 小原敬士訳『技術者と価格体制』未来社、1962年。

(和書)

石田教子（2012）「ヴェブレンの進化論的経済学における目的論の位置」『経済学論纂』52（3）、111-140。

――（2014）「若きヴェブレンのカント『判断力批判』研究――進化論的経済学のルーツをたどる――」『経済集志』84（2）、43-67。

――（2017）「ヴェブレンの人類学的知見に関するノート」『経済集志』86（4）：31-44。

佐藤方宣（2012）「アメリカと制度経済学」喜多見洋・水田健編、『経済学史』ミネルヴァ書房：227-242。

神野照敏（2016）「コモン・ストックから見た社会の豊かさについて――T・ヴェブレンの資本理論再考――」『社会科学研究』釧路公立大学紀要28、19-37。

高哲男（1991）『ヴェブレン研究――進化論的経済学の世界』ミネルヴァ書房。

第9章 「経済人」という人間本性概念を乗り越える へのコメント

江頭進

　ヴェブレンが、誰にも似ていない経済学者であることは論を待たないだろう。彼の経済学は、同時代の理論経済学者だけでなく、歴史学派の人々とも似ていない。そのヴェブレンの独自性を際立たせているのが、本能論である。

　ヴェブレンの本能論は、『有閑階級の理論』を読んだときに、誰もが疑問を感じる場所である。新古典派経済学の経済人の仮定を批判しながら、なぜ「製作者本能」、「競争心」という二つの単純な行為原理を定義したのか。また、行為原理を設定することで、方法論的個人主義に陥らないのか。そこで多くの研究者はとりあえずこの本能概念の詳細な分析や起源の研究を行う。そのような試みの多くが最初に到達するのが、当時の生物進化論の中での「本能」の取り扱いである。だが、「本能論」自体が19世紀末にはすでに主流な考え方ではなくなっており、実際彼自身も「本能という述語がすでに過去のもの」と認識している。

　それでもこの概念は社会科学では有効とされるとヴェブレンが考えるとき、彼は単に新古典派的経済人の代替概念を提出していたわけではない。石田論文は、ヴェブレンの本能論の本質が「つまり、確かに制度は保守的かつ固定的だが、能動的な人間本性に突き動かされて変化し、適応の機会を新たに提供するだけでなく、諸本能の複合体としての人間本性それ自体のうちにも、変化に応じて変化し再び適応していく原動力が想定されている」ことにあると指摘する。ヴェブレンの議論の基本構造の説明は、この一文にすべて含まれていると言っても過言ではないだろう。快楽計算を否定し、それに代わるいかなる行為原理をおいても、個人の主観的判断を議論の出発点に置くと、それは単なる自動人形の描き出す世界以上のものにはならない。

　それに対して、ヴェブレンは、個と全体の対立の中にあるわけでもなく、個の集合として全体が描かれているわけでもない、人と社会の姿を描き出した。そこでは人はダイナミックに変化する社会の中に埋め込まれており、その中で人の行為原理も各種の本能の発現割合が変わる。しかし、これは個体の持つ遺伝子の発現トリガーが環境要因によって引かれるという現代生物学的な考え方と同じものではない。ヴェブレンにおいて、個と全体は不可分であり、それゆえにその時代の支配的な思考の様式がそのまま制度とされる定義につながる。

　石田論文は、ヴェブレンの本能論が彼の進化論が現代的議論とは異なる全体論的解釈を必要とすることを明らかにしている。方法論的個人主義的思考になれた我々にとってなぜヴェブレンが理解しにくいのかが本論文を通じて明らかになる。

第10章　政府の「なすべきこと」と「なすべからざること」
　──ケインズはムーアとバークから何を学んだのか──

中澤信彦

はじめに

　J・M・ケインズが単なる経済理論家でも単なる政治的実務家でもなかったこと、そして、彼の経済学や経済政策に関する議論の根底に人間や社会や道徳に関する彼独自の哲学的な思索が横たわっていたことは、もはや常識の部類に属する[1]。このことは、別の言い方をすれば、ケインズの経済学や経済政策についての考え方を適切に理解しようとするならば、彼が人間や社会や道徳をどのように見ていたのかという彼の哲学についての理解が不可欠であることを意味する。本章の課題は、ケインズの経済政策観の方法論的特質、とりわけ、経済政策における目的と手段──目指すべき目的を決める道徳的な価値判断と目的を達成するための手段を決める客観的な事実判断──の関係を、彼の哲学という最も根底的な次元にまでさかのぼって考察することにある。具体的には、彼がG・E・ムーアの倫理学とE・バークの政治論・経済論をどのように受容したのかに焦点を当てることによって、この課題に接近したい。

　本章は、青年期のケインズがムーアの倫理学のみならずバークの政治論・経済論にもきわめて高い関心を示した、という歴史的事実をとりわけ重視する。ケインズは、21歳のときに『エドマンド・バークの政治学説（*The Political Doctrines of Edmund Burke*）』（1904、以下『バーク論』と略記）と題する論文を執筆し、ケンブリッジ大学キングズ・カレッジの会員賞を受賞した[2]。「バークの政治学説」を表題に掲げながらも『穀物不足に関する思索と詳論（*Thoughts*

and Details on Scarcity)』（1795、以下『不足論』と略記）をはじめとする彼
の経済論説の考察にもかなりの紙幅を割いたこの論文は、若きケインズの経済
学や経済政策についての考え方を探るうえで、格好の素材である。また、古典
的自由主義を批判的に分析したことで知られる後年の小冊子『自由放任の終焉
（*The End of Laissez-Faire*）』（1926、以下『終焉』と略記）にも、『不足論』か
らの引用が見られる。バークのケインズへの影響が青年時代にとどまらずかな
り長期に及んでいたことは、こうした事実から明白であるように思われる。

　ケインズがバークから受けた影響の大きさについては、R・スキデルスキー
がつとに強調してきたが（Skidelsky 1983, 154-7; 1992, 61-4; 1996, 264-
6; 1997; 2009, 154-60）、スキデルスキー自身、『終焉』にバークの名前と著
作が登場する事実について踏み込んだ考察を行っておらず（Skidelsky 1992,
225-9）、そのため『バーク論』と『終焉』がケインズのバーク解釈をめぐっ
ていかなる関係にあるのかについて何も語っていない。こうした欠落はバーク
のケインズへの影響を過小評価あるいは曲解させかねない。他方で、ケインズ
がバークの政治論・経済論に惹きつけられたのはムーアの倫理学の政治的含意
ゆえであり、ケインズ思想の知的起源は本質的にムーアのほうに求められる
べきであって、バークからの影響を過大評価するべきでない、とするD・R・
アンドリューズ、R・オドンネル、伊東光晴らの異論・反論もある（Andrews
2010, 76-8; O'Donnell 1989, 276; 1991, 8-10; 2012, 11; 伊東 2006, 文献解
説2）。

　本章はこのような錯綜した研究状況に一石を投じたい。ケインズが若き日に
ムーア『倫理学原理（*Principia Ethica*）』（1903、以下『原理』と略記）から
受け取ったインパクトは巨大であり、それを生涯にわたって基本的に持続させ
ていたことは、『若き日の信条（*My Early Belief*）』（1938、以下『信条』と略
記）――ケインズが人間や社会や道徳について青年期に抱いていた基本的なも
のの考え方をかなり晩年になって回顧したエッセイ――などから、容易に知ら
れる。他方、『信条』にバークの名前は登場しない。それにもかかわらず、ケ
インズにとってバークからの影響とムーアからの影響のどちらがより強大で

第10章　政府の「なすべきこと」と「なすべからざること」

より本質的であったのか、という二者択一の問題設定から本章は意識的に距離を置く。後に詳しく論じるように、ムーアの倫理学が「政府のなすべきこと」にほとんど議論を費やさず「個人のなすべきこと」に関心を集中させていた以上、そのインパクトがどんなに巨大であったとしても、それが単独で強力に作用して経済学および経済政策に関する根源的な思索をケインズに促したとは考え難い。それゆえ、以下のような可能性への着目（仮説形成）が本章の考察のスタート地点をなす。すなわち、ケインズは、ムーア受容のみによって十分に解きえない「政府のなすべきこと」という問題を、バーク受容を介してようやく納得のいく形で解き得たのではないか。その意味でケインズにとってムーア思想とバーク思想は相互補完関係にあったのではないか。そして、本章はその考察全体を通じてこの仮説の論証を目指している。

　本章の構成は以下のとおりである。第1節では、ケインズのバーク受容の背景・前提としてのムーアの倫理学について論じる。ムーアの倫理学の超世俗的性格に対するケインズの否定的反応に焦点を合わせながら、ケインズがバークの議論を必要とするにいたった次第を描き出す。第2節では、『不足論』をはじめとするバークの経済論が『バーク論』においてどのように評価されているのかに焦点を合わせながら、ケインズの経済政策観の原風景を再構成する。第3節では、『終焉』における『不足論』の取り扱いに焦点を合わせながら、ケインズの経済政策観の本質的な部分が青年期から事実上不変であったことを確認する。第2節・第3節とも、バークの自由放任主義の経済論の集約的表現と広くみなされる『不足論』に対するケインズの評価が、考察の中心部分をなす。最後に、ケインズの経済政策観の特質をまとめて、その今日的意義を展望することで、本章を結びたい。

　なお、本章は哲学的次元に属しうる議論を多く含んでいるが、それらはあくまでも長期大量失業の解消などの実践的・現実的課題と経済政策の目的と手段という方法論的課題との密接な関係を分析するための予備的な議論にとどまる。それゆえ本章の属する研究諸次元として適切なのは哲学的次元よりも実践的次元のほうであろう。

第1節　ケインズとムーア

1. ムーアの倫理学に対するケインズの肯定的反応

「である」(is) を含む命題（事実命題）から「べき」(ought) を含む命題（当為命題）を論理的に導出できるのか否か、あるいは、事実判断から道徳的（価値）判断を論理的に導出できるのか否かは、倫理学上の一大問題をなしてきた。通説では、ヒューム（『人間本性論』第3巻「道徳について (Of Morals)」第1部第1節最終パラグラフ）がこの問題を先駆的にとりあげて、事実判断から道徳的判断への論理的導出の不可能性を主張した、とされる。それはヒューム自身にとって中心的な論点ではなかったが（伊勢 2005; 古賀 1994, 246-54)、そこに示されている事実と価値の分離という考え方は、20世紀以降の英米のメタ倫理学において大きな注目を集める論点となった。

　メタ倫理学の祖ムーアは、善を定義しようとするあらゆる試みを、非自然的なものを自然的なものによって定義しようとする試みであるとみなして、それを「自然主義的誤謬 (naturalistic fallacy)」と呼んで厳しく批判した。ムーアにとって、欲求という自然的事実のうちに善という価値を求めようとする功利主義の考え方は、この「自然主義的誤謬」の典型例であり、最も厳しく批判されねばならない考え方であった[3]。『原理』における最も有名な命題は、この「自然主義的誤謬」と、それと論理的に密接な関係を有する「善の定義不可能性」である。善そのものは価値（非自然的なもの）であり、いかなる事実や存在（自然的なもの）をもってしても——たとえば、社会にとっての利益になるとか誰かの効用を高めるといった事実に還元して——定義できない。善のような非自然的属性を快楽のような自然的属性によって定義しようとすると、そこに「自然主義的誤謬」が生じてくる。善は、ある対象物がわれわれの心を刺激して快の感情を引き起こしその対象物をわれわれが欲するという自然的事実からまったく独立して、個々の要素に分解できない「有機的統一体 (organic unity)」として非自然的な次元に存在しており、それゆえ、何が善であるかは

第 10 章　政府の「なすべきこと」と「なすべからざること」

「直覚（intuition）」によって把握されるしかない、とされる[(4)]。

　以上はメタ倫理学の次元に関わる議論であるが、倫理学の残りの部分（規範倫理学）に関わる問いである「何が私の義務であるのか」についても、ムーアは一応の解答を与えている。「義務」は、ムーアにおいて、「他のいかなる可能な行動よりも宇宙により多くの善を生み出す行動」（Moore [1903] 1993, 237 ／訳 282）、すなわち、帰結として善の最大量をもたらす行動をなすこと、と定義されている。それでは、われわれが生み出すべき善の具体的内容とはどのようなものであったのであろうか。「理想（The Ideal）」と題された『原理』最終（第 6）章はこの問いに答えようとするものである。ムーアによれば、

> 我々が知っている、あるいは想像することができる、最も価値あるものは、たいていは人格間の交わりからくる喜びや美的対象の享受として記述されうる、ある一定の意識の状態である。おそらく、この問いを自問する人は誰でも、人格間の愛情および芸術または自然における美しいものの鑑賞はそれ自体において善いということを決して疑わない。　　　　　　　　　（*Ibid.*, 237 ／訳 329）

ケインズにとって「善い」とは、「愛している」「美しいと感じている」「知識を追求している」といった言葉で表現できる「心の状態」――ただし三番目の「知識を追求している」はムーアの主張になくケインズが追加したもの――である。「善」それ自体は定義できないけれども、「善い」という性質を備えた事物を見れば、「直覚」によってその性質を認識することができる、というムーアの考えをケインズは基本的に受け入れた（Keynes [1938] 1972, 437 ／訳 115）。

> 大ざっぱに言って、我々はすべて、心の善き状態とは何であるか、すなわち、それが愛と美と真理という対象の統一にあることについては、確信を持っていた。／私は、この信念を宗教と呼んだ……。　　　（*Ibid.*, 438 ／訳 116）

この直覚は一部の人間だけが専有するような特別の能力でなく、万人が平等に有するとされている能力であるが、それを高めようとする知的な努力を怠る場合には、その本来の能力——「善」や「義務」の認識——を十分に発揮できない。その意味でムーアやケインズのいう直覚には知的・エリート主義的な側面が濃厚である。ケインズ自身が所属していたケンブリッジ大学の使徒会のようなすぐれた環境のなかに自らを置くことによって、直覚にもとづく認識の妥当性は高められる、と考えられていた。

2．ムーアの倫理学に対するケインズの否定的反応

　ケインズは、『原理』の出版直後に私信（1903 年 10 月 7 日付）のなかで、「僕はちょうどいま、2、3 日前に出たばかりのムーアの『倫理学原理』を読んでいる——すばらしい、魂を奪うばかりの書物だ。倫理学に関する最も偉大な書物だ」（Harrod [1951] 1969, 75 ／訳上 89、強調は原文）と記し、『原理』から受け取ったインパクトの巨大さを伝えているけれども、ムーアの倫理学説のすべてに賛同し満足したわけではなかった。ケインズ曰く、

　　我々がムーアから手に入れたものは、彼が我々の前に差し出したものの全体
　　ではなかった。……『倫理学原理』のなかには、我々の関心をいささかも惹
　　かない 1 つの章があった。我々は、いわば、ムーアの宗教を受け入れたが、
　　彼の道徳を捨てたのである。　　　　　（Keynes [1938] 1972, 436 ／訳 113）

　我々が受け入れなかったのは、ムーアの著作の第 5 章「行動に関する倫理学（Ethics in Relation to Conduct）」のある部分、すなわち、その時々の善を、将来の全過程を通して因果関係を辿ってみて、可能なかぎりの最高の値に近づけしめるよう行動する義務を取り扱った部分〔その議論は、いくつかの誤りのために、確かに難解な部分であった〕のみでなく、個人の、一般的規範（general rules）に従う義務を論じている部分もまた、受け入れなかった。我々は、一般的規範に従う個人的義務を全く否定し、個々の場合について、それ

第 10 章　政府の「なすべきこと」と「なすべからざること」

それの理非曲直によって判断を下す権利と、そのことに成功するだけの英知と経験と自制とを備えていると主張した。

（Ibid., 446／訳 124-5, 〔　〕の挿入は原文）

ケインズは「善」や「義務」の直覚を「ムーアの宗教」として受け入れたが、未来の不可知性を論拠に（常識が定めている行為の）「一般的規範」の遵守を説く「ムーアの道徳」を退けた。後者においてムーアは直覚でなく頻度説の確率観（経験的方法）を前提としているとされ（伊藤 1999, 62-8）、この方法論上の不徹底は、「慣習的道徳や、因習的、伝統的な知恵を完全に否認」（Keynes [1938] 1972 446／訳 125）しようとしていた当時まだ 20 代のケインズ——もっとも 1938 年の 50 代のケインズはそうしたかつての自分を「不道徳主義者」（Ibid., 446／訳 125）であると反省しているが——の強い反発を招いた。しかし、本章の問題意識に照らしていっそう重要であると思われるムーアの倫理学に対するケインズの否定的反応は、その超世俗的・非政治的性格に対する否定的反応のほうである。ケインズ曰く、

> 先週、私は、ムーアの有名な「理想」に関する章をもう一度読みかえしてみたが、印象的だったのは、現実生活の諸特質と全体としての生活のパターンについて、彼が全く触れていないという点である。いわば、彼は永遠の恍惚のなかに生きていた。……／ムーアの「理想」に関する章の超世俗性に比べると、新約聖書は、政治家向きのハンドブックのようなものである。

（Ibid., 442-4／訳 120-2）

当時のケインズは、「もちろん、実際は、少なくとも私に関するかぎり、外の世界を忘れたり、否認したわけではなかった」（Ibid., 445／訳 124）と記すほどに、すでに後年と同様に世俗的関心のきわめて旺盛な人物であった。そのような性向をもつ若者が、部分（個々の人）にとっての「善」や「義務」のみを扱って全体（社会）にとっての——「外の世界」（社会・政治・経済）における——

—「善」や「義務」を扱わないムーアの倫理学に不満や違和感を抱くのはむしろ当然であったであろう[5]。したがって、世俗的関心のきわめて旺盛なケインズは、ムーアの倫理学を受容したことによって、「私のなすべきこと」に対応する「政府のなすべきこと」という問題の追加的考察へと導かれざるをえなかったのだ、と解釈されるべきであろう。そして、そのような知的状況に直面していたからこそ、ケインズはその追加的考察のための手がかりをバークの議論に求めようとした、と推察されるのである[6]。

そうであるとすれば、果たしてケインズはバークから何を学んだのか。以下、第2節と第3節で詳しく検討してみたい。

第2節　ケインズとバーク――『バーク論』(1904)をめぐって

1.『バーク論』の概要

『バーク論』は、王立経済学会編『ケインズ全集』に収録されていないが、ケンブリッジにある未発表の「ケインズ・ペーパーズ」のマイクロフィルム化等によって容易に接することができるようになって以来、多くのケインズ研究者の関心を集めるようになり、今や、本章の「はじめに」で名前を挙げたスキデルスキーら以外にも少なくない先行研究が内外に存在するにいたっている(Cristiano 2014, 55-61; Dostaler 2007, 87-9 / 訳 205-11; Fitzgibbons 1988, 55-9; Helburn 1991; Moggridge 1992, 125-7; 浅野 2005, 176-9; 齋藤 1997; 末冨 2012; 玉井 1999, 40-55; 松原 2011, 257-61)。

『バーク論』は全10節から構成されている[7]。若きケインズは、第1節においてフランス革命を境にしてバークの思想に転向が見られるのではないかというバーク思想の一貫性問題を扱い、以下バーク思想の倫理的側面(第2節)、経済的側面(第3―4節)、政治的側面(第5―7節)、宗教的側面(第8節)を論じ、第9節でバークのフランス革命論に触れて、最終節の第10節でこの論文の要約および結論を記している。『バーク論』を読み解く際には、当然のことながら、「バークは何を論じたのか」よりも、「ケインズはバークをどのよ

第10章　政府の「なすべきこと」と「なすべからざること」

うに読んだのか」「ケインズはバークの何を評価したのか/しなかったのか」のほうに注目しなければならない。大半の先行研究は、

　①倫理学と政治学との関係について、バークは善を「目的」として扱う学問として倫理学を捉えたのに対して、善を達成するための「手段」を扱う学問として政治学を捉えたこと。

　②「手段」の選択など政治的実践の場面において、バークは「一般的規範」よりも「便宜（expediency）」[8]を優先したこと。

　以上の２点に即してケインズのバークに対する高い評価を整理している。実際、『バーク論』の概要をこのように理解するのは妥当であるように思われる。ケインズ自身の言葉によって確認しておこう。
①に関して、ケインズは以下のように論じている。

　彼〔＝バーク〕の公言するところによれば、統治の究極的で全般的な目的は、人民全体の幸福（the happiness of the people as a whole）である。しかし、上記のもの〔＝人民全体の幸福〕に対しては何らかの制限が認められなければならない。統治は全般的幸福のための手段の・す・べ・て（<u>all</u> the instruments of general happiness）を思うままにできるわけではない。統治が有益に使用できる類いの手段は限られているばかりでなく、全般的幸福——統治の探求対象——へつながる副次的な目的それ自身も特定の型に限定されている。
　　　　　　　　　　　　　　（Keynes 1904 UA/20/3/21、強調は原文）

　バークの考えでは、政治の科学（the science of politics）が関係を有するのは手段の学説であって、目的の学説ではない。……彼は政治的目的を、本質的にそれ自体で善であるものとは信じていなかった。人民の幸福が彼の目的であり、統治の科学（the science of government）は、彼をその目的に導くのでない限り、無価値なものだった。……嗜好や情念、善き感情や正しい判断、これらを統治が何らかの体系や理論に基づいて直接的に育成したり発展させたりできない。外界の平穏、物質的快適さ、知的自由などは、これら善きも

のにとって、最も重要で不可欠の手段である。しかしそれらはまた幸福のための手段でもある。　　　　　　　　　　　　　　(*Ibid.*, UA/20/3/84)

　前節で確認したように、ケインズにおいて、個人にとっての「善い」とは、「愛している」「美しいと感じている」「知識を追求している」といった言葉で表現できる「心の状態」である。このことは、上の引用において、「嗜好や情念、善き感情や正しい判断」が「これら善きもの」と表現されていることに、おおむね対応している。「これら善きもの」を「統治が何らかの体系や理論に基づいて直接的に育成したり発展させたりできない」（強調は中澤）けれども、「これら善きものにとって、最も重要で不可欠の手段」である「外界の平穏、物質的快適さ、知的自由」などを整えること――「これら善きもの」を間接的に「育成したり発展させたり」すること――は統治にとって十分に可能なことであるし、より積極的な言い方をすれば、そのような「手段」を整えることこそが、政治（学）の探求対象である「全般的幸福」へとつながる「副次的な目的」であるといえるのである。また、このようにいってもよい。政治の本来的な目的は、概括的にいえば、「全般的幸福」「人民の幸福」すなわち社会の構成員の満足であるが、善は定義できないので、社会の構成員各々が「善」であると直覚するものを自由に追求できるような手段（前提条件）を可能なかぎり整えることが、政治の――本来的な目的から派生する――「副次的な目的」なのだ、と。
　バークにとって政治（学）およびその一分野である政治経済学（中澤 2009, 198-209）は、このような意味において、善への間接的手段についての学問なのであり、バークのそのような政治（学）観にケインズは賛意を表明しているのである。社会構成員たちによる倫理的善の追求を促進するために、「外界の平穏、物質的快適さ、知的自由」といった前提条件――十分条件でなくあくまで可能的条件であるが――を保障することこそが、政治学および政治経済学の最も重要な役割である、という見解を若きケインズはバークと共有していた、といえよう[9]。
　また、②に関して、ケインズは以下のように論じている。

第10章　政府の「なすべきこと」と「なすべからざること」

　統治の技法についての格言と教訓において、便宜が至上の地位を占めなくてはならない。どのような権利を個々人が持っていようとも、統治は一般的利益のためでない何事をも行う権利を有していないし、有しているはずがない。／……彼〔＝バーク〕の言うところによれば、政府は理論上主権を有しているが、これらの権力を決して前提としてはならないことが、便宜なのである。それ〔＝政府〕には強制力を行使する法的な権利が与えられているが、このことからいつでも行使したい時に強制力を行使できる道徳的な権利を持っていると詭弁を弄して演繹してはならない。我々は「できる」('can') と「すべき」('ought') を決して混同してはならない。すべき (ought) でないことをやろうと思えばできる (can) のが、政府の本質なのだから。

(Keynes 1904, UA/20/3/39-40、強調は原文)

　この引用文の後半部分は、バークがイギリス本国政府にアメリカ植民地との和解を提案したことに対するケインズのコメントである。政治は抽象的な一般的規範——この場合はアメリカ植民地に対するイギリス本国政府の主権の正当性——に反してでも状況に即した便宜的な政策、すなわち和解を提供すべきである、というバークの「便宜」の政治学をケインズはとりわけ高く評価した。以上のような理由から、ケインズはバークを「かつてこの世に存在した最も傑出した人物の1人」「18世紀の最も重要な人物の1人」(*Ibid.*, UA/20/3/39) であると称賛したのである。

2.『バーク論』における「便宜」と「一般的規範」

　歴史上、バークは便宜主義者としての顔と規則主義者としての顔の両面を示してきたのであって、具体的状況のなかでの便宜と一般的規範（あるいは抽象的正義）との二者択一において常にどちらか一方を明白に選択してきたわけではなかった。ケインズ自身は、バークのそのような両面性を踏まえつつ、便宜主義者としてのバークを高く評価した一方で、一般的規範の遵守を説く「ムーアの道徳」を退けたことから容易に予想できるように、規則主義者としてのバー

クを低く評価した。このようなケインズのバーク評価のコントラストは、『不足論』と『「現在の国情」論 (*Observations on the Late State of the Nations*)』(1769) という二つの経済的著作に対する評価において典型的に表出している。

ケインズの生きていた時代には、エッジワースがパルグレイヴ編『経済学事典』に寄稿した「バーク」の項目 (Edgeworth 1894-99) が典型的に示すように、『不足論』こそがバークの経済思想の最も集約的な表現である、と一般的に理解されていた[10]。このパンフレットは、対仏戦争開始 (1793) 後の食糧不足・価格高騰に際して、時の首相ピットから政府の果たすべき役割を求められたバークがその返答として著したもので、穀物市場と労働市場における徹底的な不干渉政策を説くとともに、所有から除外された貧民に対する大規模な公的救済をきっぱりと否定した。この最晩年のパンフレットをケインズは以下のように評した。

> 私的所有の権利の擁護者の大半は、きわめて不平等な分配が弊害をともなうことを進んで認める。しかし、このような困難はバークの心に何らの良心の呵責も引き起こさなかった。彼は、分配関係がどのように変わっても目に見えるほどの財の増加をもたらすことはないと断言し、また不平等が私的所有の本質的な性格であると主張した。これこそ、バークが過度に愛好し、また彼を一度ならず誤った見解へと導いた議論の道筋である。……商業の問題における彼の自由放任擁護は次の一節で最高潮に達する。……。／「我々を苦しめ、我々に迫っている、何かの災厄を取除くために、神の不興をやわらげるという望みを、商業の法則の破棄に託すべきではないということを、我々民衆は教えられなければならない。商業の法則は、自然の法則であり、したがってまた神の法則なのである」[11]。　　(Keynes 1904, UA/20/3/25-6)

ケインズは、バークが貧者の置かれている具体的状況への配慮を欠いたまま「不平等は私的所有の本質的な性格」「自由放任は神の法則に適う」といった抽象

第 10 章　政府の「なすべきこと」と「なすべからざること」

的な一般的規範を重視し過ぎていることを批判しつつも、このようなバークの規則主義者としての側面が彼の政治的・経済的思索の本質的部分をなすとまでは考えなかった。バークは分配関係の変化（富者から貧者への財産の移転）が財の増加をもたらす可能性を認めなかったために、「一度ならず誤った見解へと導」かれたけれども、常に導かれたわけではなかった。『不足論』においてさえ、「政府のなすべきこと」は状況に応じて可変的である、という便宜主義的な考え方が捨て去られていないことに、ケインズは目を向けており、「統治の手段は若干の選択された諸制度（institutions）に制約されている」（Ibid., UA/20/3/22）と記した直後に、以下の一節を『不足論』から引用している。

【引用※】次のことは、立法上の最も微妙な問題の1つであって、私がその職業に従事しているあいだ中、しばしば私の考えを集中させたものである。すなわち、「国家が自ら進んで公共の英知にしたがって指揮監督すべきものは何であり、国家が能うかぎり干渉を排して個々人の分別に委ねるべきものは何であろうか」。たしかに、この問題については、例外――多くは恒常的な、若干は偶然的な――を認めないようなことは、何も決められない。しかし、……私が引くことのできた最も明瞭な区画線は、こうであった。すなわち、国家は、それ自身あるいはそれが作ったものに関することだけに、自己を限定すべきである。言いかえれば、その宗教の外面的施設、その官僚機構、その収入、その陸海軍力、その認許により存在する諸団体、要するに正真正銘公共的なすべてのもの――公共の平和、公共の安全、公共の秩序、公共の繁栄――に、自己を限定すべきである。

(Burke [1795] 1991, 143 / 訳 268-9、強調は原文)

『不足論』でバークが主張した自由放任は、無政府主義とは無縁なことはもちろん、市場万能論を主張するのでもない。むしろ、「商業の法則」の十全な開花、「全般的幸福」の実現のために、その必要不可欠な補完物である（「宗教の

第4部　経済学方法論の実践的次元

外面的施設」＝国教会制度をはじめとする）中間組織の保護・育成を、政府は積極的に担わねばならないことが、この一節には含意されている（中澤 2009、45）。ケインズがこの一節を引用したことは、最晩年の自由放任主義者としてのイメージが濃厚なバークにおいてさえ、便宜主義者としての側面が十分に残されていた――若きバークと比べるとかなり後退していたかもしれないが――ことにケインズが気づいていたことの証左であると解釈できよう。

『「現在の国情」論』は、『不足論』とは対照的に、バークが政界デビュー（1765）後に最初に公にした本格的著作である。それは植民地課税政策のプロパガンディストであるW・ノックスの『現在の国情（The Present State of the Nations）』（1768）の主張――七年戦争後のイギリスの国家財政は危機的な状況にあり、戦勝国イギリスよりも敗戦国フランスのほうが暮らし向きが良い――を反駁するために書かれた。ケインズの生きていた時代のみならず今日でも注目されることが少ないこの初期の経済論に、ケインズは先駆的な高評価を与えた。

多分バーク政治経済学の最も詳細な開陳は、最晩年の著作の1つ『穀物不足に関する思索と詳論』に見られる。しかし、最初期の政治的パンフレット『「現在の国情」論』も重要である。それは『国富論』の7年前、1769年に公刊された。……バークは、『「現在の国情」論』において、おそらくグレンヴィル[12]の意を受けたあるパンフレット作家〔＝ノックス〕への応答に携わっている。その作家はそれ以前に「国家〔＝イギリス〕は破滅しつつある」「輸入が輸出に対して増えてきている」「勤労は朽ち果てつつあり、製造業者はフランスへ移住しつつある」と公言していたのだ。／バークの返答は、数字と理論のきわめて思慮深い合成物であり、実際、1769年当時の統計的情報の不足や経済理論の未発達を考慮すると、驚嘆すべき産物である。バークは、その作家〔＝ノックス〕の告発がいかなる真の根拠も欠いていることを指摘するだけにとどまらず、そうした告発が安易に依拠している偽りの根拠〔の正体を〕を提示することにも成功している。……／〔『「現在の国情」論』

第 10 章　政府の「なすべきこと」と「なすべからざること」

の〕とりわけある一節で彼〔＝バーク〕は、入植者たちがわが国の資力の増大に実質的に貢献していることの根拠として、わが国が規制の強化によって彼らの対外貿易の自然的でなく法的な独占を与えられている事実を強調している。　　　　　　　　　　　　　　　　（Keynes 1904, UA/20/3/33-4)

ここでバークは、ノックスの課税案を批判しつつ、自由貿易が保護貿易よりも常に望ましいという考え方は正しくない、と主張している。ある特定の状況のもとでは、自由放任よりも規制のほうが望ましい場合もある。ここに表明されているバークの経済思想は、状況に即した便宜的な政策を提供すべきである、というバークの「便宜」の政治学の見事な例証であり、だからこそケインズは『現在の国情』論』を非常に高く評価しているのである。

このような『不足論』と『「現在の国情」論』の評価のコントラストは、若きケインズのきわめて特徴的なバーク読解の有り様を表現している。ケインズは、バークの経済学上の主著を『不足論』だけに求める通説――今日でも多くの研究者たちによって支持されている通説――にとらわれず、『「現在の国情」論』も劣らず重要である、と主張している。ケインズが『不足論』に示された自由放任政策を懐疑したことと、『「現在の国情」論』に示された保護貿易政策を支持したこととは、表裏一体なのである。

未来の不可知性という論拠からムーアは過去からもたらされた一般的規範の遵守を説いたが、ケインズは同じ論拠から「一般的規範に反してでも便宜的な政策を提供すべきである」という主張を引き出した。その導きの糸になったのは未来の不可知性に関するバークの議論であった。

我々の予測の能力はあまりにもわずかなものであり、遠く隔たった帰結について我々の知識はあまりにも不確かなものであるので、実現性の疑わしい将来の利益のために現在の利益を犠牲にすることが賢明である場合はほとんどない。バークはずっと一貫して、かなり遠い将来に成立を想定されている千年王国のために一世代の国民の福祉を犠牲にしたり、全共同体を困窮状態に

陥れたり、有益な制度を破壊したりすることは、ほとんどの場合正しくないという正当な意見を主張した。　　　　　　　　　　(Ibid., UA/20/3/17-8)

「政府の重要な義務は、あくまでも現在の状況に照らして共同体の安寧を保持すること」(Ibid., UA/20/3/18) であり、「外界の平穏、物質的な快適さ、知的自由」といった条件が損なわれてしまっている場合には、それを再建することが政治家や立法者の仕事になる。このような目的を達成するための実行可能な手段（およびそれにともなう結果）を「現在の状況に照らして」比較考量する学問が、バークおよびケインズにとっての政治学（および政治経済学）であった。

第3節　ケインズとバーク——『自由放任の終焉』(1926) をめぐって

1.『終焉』の概要

『バーク論』から20余年の歳月が経過し、20代であったケインズも40代になった。『平和の経済的帰結 (The Economic Consequences of the Peace)』(1919) の商業的成功によって、彼は経済学者としての——とくに国際金融の専門家としての——世界的な名声をすでに確立していた。そんな彼がオックスフォード大学とベルリン大学で行った講義（それぞれ1924年11月、1926年6月）にもとづいて1926年7月に小冊子として出版した『終焉』は、内容的に大きく分けて二つの部分からなる。

前半部分（I〜III）は、「自由放任」の思想がいかにして形成されるにいたったのかを歴史的・批判的に展望しているケインズ流の近代イギリス社会経済思想史である（浅野 2005, 174）。ケインズによれば、ロック、ヒューム、バークらの個人的保守主義（私益重視）とルソー、ペイリー、ベンサムらの民主的平等主義（公益重視）という二つの相対立する思想史の流れを、「個人が自分自身の利益のために互いに独立して行動するとき、最大の富を生み出し、その結果公益にも資する」という教義によって調和させたのが「自由放任」

第 10 章　政府の「なすべきこと」と「なすべからざること」

の経済学である。スミス、リカードウ、マルサスといった一流の経済学者たちは、「自由放任」の思想に対して何がしかの批判の目を向けていたが、マンチェスター学派をはじめとする二流の経済学者たちによってそれは普及させられ、さらにダーウィン進化論によって大幅に強化された。このようにして 19 世紀末には「自由放任」の思想がイギリス社会に君臨するにいたった。

　後半部分（Ⅳ～Ⅵ）は、「自由放任」の思想と古典派経済学の思想の知的な結びつきを批判的に描き出すとともに、「自由放任」の思想が放棄された後の社会における経済政策の原理を取り扱っている。ケインズ曰く、

【引用※※】バークが「立法上の最も微妙な問題の 1 つ、すなわち国家が自ら進んで公共の英知にしたがって指揮監督すべきものは何であり、国家が能うかぎり干渉を排して個々人の努力に委ねるべきものは何であるかを決定する問題」と呼んだ問題は、これを抽象的論拠に基づいて解決することはできず、その詳細にわたる功罪の検討に基づいて論じなければならない。ベンサムがかつて、忘れ去られてはいるが有益な用語法において、なすべきこと（Agenda）となすべからざること（Non Agenda）と名づけたものを区別しなければならず、しかもこの区別にあたっては、ベンサムのように「一般的に不要」であり、しかも同時に「一般的に有害」であると、前もって想定することはやめなければならない。今日、経済学者にとっての主要な課題は、おそらく、政府のなすべきこととなすべからざることとを改めて区別しなおすことである。　　　　　（Keynes [1926] 1972, 288 ／訳 344-5、強調は原文）

ケインズによれば、政府が「なすべきこと」のうちでとくに重要なのは、以下の三つである。第一に、危険・不確実性・無知から生まれる経済悪（長期大量失業、合理的な企業の破綻など）を除去するための通貨と信用の慎重な管理と情報公開である。第二に、社会全体に望ましい貯蓄規模を見い出し、どれほどの投資が海外に流れてどれほどが国内にとどまるべきかを調整することである。第三に、人口の規模と国民の先天的素質に注意を払う人口政策である。なぜこ

れら三つなのか。

> 国家のなすべきことで最も重要なのは、私的な諸個人がすでに遂行しつつあるような活動に関係しているのではなく、個人の活動範囲外に属する諸機能や、国家以外には誰ひとりとして実行することのないような諸決定に関係している。……現在最大の経済悪の多くは、危険と不確実性と無知の所産である。富のはなはだしい不平等が生じるのは、境遇とか能力に恵まれている特定の個人が不確実性や無知につけ込んで利益を手に入れることができるからであり、また同じ理由から、大企業も、しばしば、富くじのようなものだからである。しかも、このような同じ諸要因が、労働者の失業や合理的な事業上の期待の破綻、効率性と生産の減退などの原因ともなっている。しかし、その治療法は、個人の手の届かないところにある。（*Ibid.*, 291 / 訳 348-9）

「労働者の失業や合理的な事業上の期待の破綻、効率性と生産の減退」といった「経済悪」は、私的な諸個人の活動によって治療されえない場合が大半であり、それゆえにその治療は国家の仕事になる。国家が自身の活動領域を、個人の活動範囲外に属する諸機能や、国家以外には誰も実行することのないような諸決定に限定する場合には、国家の活動は個人主義と矛盾せず、むしろ個人主義の前提条件を整えることによってその育成・発展に間接的に寄与する。ケインズは国家の活動と個人主義の関係をこのように考えたのである。

2.『終焉』における「便宜」と「一般的規範」

ケインズによれば、スミス、リカードウ、マルサスといった一流の経済学者たちは、自由放任主義の思想に対して何がしかの批判の目を向けていた。そして、状況に即した例外を常に認めていた。

> 自由放任という言葉は、アダム・スミスやリカードウやマルサスの著作のなかには見当たらない。その〔自由放任の〕思想でさえ、これらの著述家たち

第 10 章　政府の「なすべきこと」と「なすべからざること」

は誰ひとりとして、教条的な形では示していない。もちろん、アダム・スミスは自由貿易論者であり、18 世紀の数多くの貿易制限にたいする反対者であった。しかし、航海条例と高利禁止法にたいする彼の態度を見れば、彼が教条主義的な自由放任主義者ではなかったことがわかる。

(*Ibid.,* 279 / 訳 333、強調は原文)

すなわち、一流の経済学者たちは皆、程度の差こそあれ、便宜主義者としての側面を示していた。バークもその例に漏れない。そのことを示すために、ケインズは『終焉』でバークの言葉を引用したのである。【引用※※】の二重下線部分が『不足論』からの引用であるが(13)、これは前節で検討した『バーク論』にも引用されている一節（【引用※の二重下線部分】）であり、ケインズが若い頃から親しんできたバークの言葉であると考えられる。若きケインズが『バーク論』で経済思想家としてのバークに対して示した解釈は、後年の『終焉』においても本質的に変わっていなかった。

　ケインズ以前の偉大な経済学者たちは——スミス、リカードウ、マルサスのみならずバークでさえも——決して教条主義的な自由放任主義者でなかった。教条主義的な自由放任の主張こそが、イギリスの経済政策の伝統からの逸脱にほかならない。そして、ケインズ自身が、スミス以来のそのような伝統の継承者たらんとしていたことを、『終焉』は読者に伝えているのである。ケインズにとって、抽象的な一般的規範たる「自由放任」に拘泥せず、状況に即して「政府のなすべきこと」を「便宜」的に選択していくことこそ、イギリスの経済政策の伝統にかなった思考法なのである。

3.　『終焉』から『一般理論』へ

　『終焉』から 10 年後の 1936 年、世界大不況による大量失業者の発生という状況に直面していたケインズは、『雇用・利子および貨幣の一般理論（*The General Theory of Employment, Interest and Money*）』（以下『一般理論』と略記）を著して、市場経済が自由に放任されると不完全雇用均衡に陥ってしまうこと

を理論的に明らかにし、この新しい理論にもとづいて政府の経済への積極的介入（有効需要創出のための財政・金融政策）の必要性を説いた。いわゆる「ケインズ革命」である。この革命を可能ならしめた重要な知的背景の一つとして、彼が抽象的な一般的規範たる「自由放任」に拘泥しない独自の経済政策観を青年時代から力強く育んできた事実を間違いなく指摘できよう。ただ、見落とされてはならないのは、こうした経済政策観が新しい経済理論の誕生にとっての必要条件であっても十分条件でなかった、ということである。『バーク論』でも『終焉』でも経済分析にもとづく手段（政策）の提示が欠けており、一般的規範に反して別の手段を選択する際の根拠が一般的利益にかなう（＝便宜的である）ときわめて曖昧にしか表現されなかった。それゆえ、『終焉』から『一般理論』へといたる10年間のケインズの知的苦闘は、新しい経済理論の構築によってこうした曖昧さを克服し、経済政策の方法を首尾一貫したものへと洗練させる営みでもあった、と解釈できるであろう。

　それは具体的にどのような営みであったのか。『終焉』と『一般理論』の間（1933年）に公刊された『人物評伝（*Essays in Biography*）』を詳細に読むと、ケインズが現実の世界で起こりうる事象を的確に把握する能力としての「直覚」を重視し、そうした「直覚」を出発点として実際的で有意味な結論を導く推論を「帰納的」と呼んでいることに気づかされる[14]。ケインズの「帰納」志向は、既存の経済理論から結論を演繹するのではなく、与えられた現実〔＝世界大不況による大量失業者の発生〕を出発点として新たな理論の構築を試みる態度を意味しているが（原田 2010）、これは決して「帰納」という言葉の特殊な使用法でない。個別的なもの〔＝世界大不況による大量失業者の発生〕から一般的なもの〔＝新しい経済理論〕を導く推論こそが帰納であるのだから。いずれにせよ、ケインズが新しい経済理論を構築するにあたって、「直覚」が果たした役割は意外なほどに大きい。

　また、すでに見たように、ケインズにとって政治学（および政治経済学）の最も重要な役割は、社会構成員たちによる倫理的善の追求を促進するための前提条件である「外界の平穏、物質的な快適さ、知的自由」を保障することであっ

たが、それらは世界大不況によって消失してしまった。大量失業の解消、完全雇用の再建が望ましいことは、「直覚」によって明らかであった（価値判断にもとづく目的の設定）。ケインズは、市場経済の自由放任が非自発的失業を長期大量に生み出すのに対して、政府の経済への積極的介入が完全雇用達成の手段となることを、『一般理論』で理論的に明らかにした（事実判断＝経済分析にもとづく手段の決定）。したがって、長期大量失業という状況に即した便宜的に望ましい政策とは、自由放任という一般的規則に反してでも政府が経済に積極的に介入することである、という結論が導出される。J・S・ミル『論理学体系（*A System of Logic*）』（1843）に倣うならば、以上のような思考（推論）様式こそがケインズ経済政策観に独自の「実践の論理」の表現である、といえるのではないか。

　結びにかえて

　本章のこれまでの議論をまとめたい。ケインズはムーアとバークから何を学んだのか。A・フィッツギボンズの簡明なまとめ（Fitzgibbons 1988, 62）を援用して記すならば、ケインズはムーアの「宗教」──「善い」とは「愛している」「美しいと感じている」「知識を追求している」といった心の状態──を受け入れてムーアの「道徳」──「一般的規範」に従うことが「義務」である──を拒絶したのに対して、バークの「宗教」──私的所有と国教会──を拒絶して彼の「道徳」──政治的「便宜」の教義──を受け入れた。ケインズは青年期からバークの経済論のきわめてユニークな読み手であり、バークが政府の「なすべきこと」と「なすべからざること」との区別に敏感であった事実を剔抉していた。バークとは対照的に、ケインズの力点は政府の「なすべきこと」のほうにあったけれども、それにもかかわらず、ケインズはバークが両者を明確に区別していた事実──その根底に横たわっている「便宜」の思考──のほうを重視した。ケインズによれば、バークが自由放任主義の準則[15]を支持した場合、それを「目的」として支持したわけでなく、「全般的幸福」という「目的」を達成するための「手段」として特定の状況のなかで「便宜」的に支持したに

すぎなかった。こうしたバーク解釈は、『バーク論』から20余年を経た『終焉』でも基本的に維持されており、ケインズの経済政策観の本質的な部分と重なっている。ただ、『終焉』の段階では、経済分析にもとづく手段（政策）の提示が未完成であり、そのためにケインズが経済政策における目的と手段の関係をどのように考えていたのかについて、曖昧さが残された。この曖昧さは『一般理論』における新しい経済理論の構築によって克服されることになる。

　最後に、以上のように理解されるケインズの経済政策観の今日的意義と思われるものを、1点だけ指摘して、本章を結びたい。ケインズの経済政策観は経済が二次的な役割しか果たさないような世界の到来に関する彼のヴィジョンと密接な関わりを有していた。ケインズにとって政治学や政治経済学は、善への直接的手段でなく間接的手段についての学問であった。ケインズは、人類を経済問題から解放して、愛と美と真理の追究に没頭することを可能にしてくれるような新しい社会を建設することを強く志向しており、このような芸術の経済への従属を批判し拒絶するケインズの視点は、「生活の芸術化」を提唱したラスキンやモリスの視点にかなり近いように思われる[16]。格差社会、派遣切り、生活保護の水際作戦——経済が二次的な役割しか果たさないような世界の到来は、いまだにわれわれの視界から遠いままである。ケインズがその経済政策観にこめた人類社会の未来に対する希望を、今こそわれわれは読み解くべきであろう。

注

(1)　「ケインズの経済学は、ケインジアンの経済学と異なり、哲学的な背景を持っていた」（Skidelsky 1996, 34 / 訳65年）。

(2)　Dostaler（2007, 87 / 訳206）によれば、『バーク論』執筆以前の「1901年にメイナードは、全12巻のバークの著作集を購入した。1902年2月に彼は、弁論大会で時代衣装を着て東インド法案に関するバークの演説を朗読した」。

(3)　実際、ムーアの『原理』第3章は、ミル『功利主義論』第4章「功利性原理の証明」第3パラグラフの議論をとりあげて、「望まれている（desired）」という事実から「望ましい（desirable）」という価値を引き出す「自然主義的誤謬」を犯しているとして、

第 10 章　政府の「なすべきこと」と「なすべからざること」

　　　　その議論を厳しく批判している。
（4）　ムーア『原理』の登場が欧米の思想界にもたらしたインパクトについては、清水（〔1972〕2000）を参照。また、イギリス倫理学における「直覚」対「功利」の歴史的系譜については、児玉（2010）を参照。
（5）　「ムーアの宗教を受け入れたが、彼の道徳を捨てた」と明言しているケインズがムーアの宗教（理想）の超世俗性への不満を示したことは「結局大した問題ではないと思われる」という塩野谷（1983, 79）の解釈に本章は同意できない。ムーアがケインズに及ぼした影響のなかで最大のものの一つとして、「有機的統一体の原理（principle of organic unity）」（Keynes [1938] 1972, 436 / 訳 114）がしばしば指摘される。各部分の価値合計が全体の価値に合致するとは限らないという「有機的統一体の原理」は、部分にとっての善と全体にとっての善が別物であることを含意する。個々の人にとっての善にどれほど関心を集中させても、社会にとっての善の認識にはたどりつけない、ということなのである。したがって、ケインズはムーアの道具を用いてムーアの宗教（理想）の超世俗性に疑問を突きつけた、と解釈されるべきであろう。
（6）　「彼〔＝バーク〕の世俗性が極度に私的な世界に没頭するムーアよりもケインズの気質に適合していたのは当然である」という Helburn（1991, 31）の解釈に本章はおおむね同意する。
（7）　ケインズはその目次（Keynes 1904, UA/20/3/3）において各節の表題とおおまかな内容を以下のように記している。

第 1 節（UA/20/3/4-8）	序論：バークの議論の一貫性について
第 2 節（UA/20/3/9-20）	彼が非難したタイプの一般的原理と彼が承認したタイプの一般的原理との違い：彼の倫理学：こうした考察から引き出される三つの重要な結論：これらとの関連で考察される彼の戦争に対する一般的結論
第 3 節（UA/20/3/21-31）	自由放任主義と個人主義の諸原理に対する彼の態度：財産および時効にもとづく権利に対する彼の考え
第 4 節（UA/20/3/32-7）	彼の経済学
第 5 節（UA/20/3/38-53）	彼が推し進める寛容の主張についての考察：便宜対抽象的諸権利：彼の便宜の教義が収斂していく三つの主要な領域：(i) 被統治者の諸本性についての考察、(ii) 情け深さ、(iii) 保守主義と改革との関連：(iii) から生じる、国制に対する彼の態度、腐敗と闘わんとする改革に対する彼の支持、政党制度に対する彼の信頼
第 6 節（UA/20/3/54-62）	自治の諸要求に対する彼の応答 (1) 抽象的な権利としての自治の要求 (2) 一般的便宜としての自治の要求：民主主義に対する彼の態度

第 4 部　経済学方法論の実践的次元

第 7 節（UA/20/3/63-8）	市民的自由に関する彼の考え：帝国に対して彼が認めた諸目的と諸原理
第 8 節（UA/20/3/69-77）	彼の宗教的見解：英国国教会に対するバークの信仰：寛容に関する彼のさまざまな見解
第 9 節（UA/20/3/78-81）	フランス革命
第 10 節（UA/20/3/82-9）	要約および結論

(8)　「便宜」は明確な定義が難しい言葉だが、シーニアはそれを「コミュニティの一般的受益（the general benefit of the community）」と同義であるとしている（Robbins 1952, 45 / 訳 39）。このように理解される「便宜」は、バークの考える政治の普遍的目的と見事に合致する。ただ、若きケインズはそのようなバークの「便宜」主義を、「修正された政治的功利主義」（Keynes 1904, UA/20/21）とも呼んで賞賛しており、それがムーアにならって功利主義を拒絶したはずのケインズの言葉であるだけに、「便宜」と「功利主義」の関係をどのように考えればよいのか、という新たな問題が浮上してくる。この問題に対して塩野谷祐一は以下のような解答を与えているが、その妥当性の検討は本章の検討範囲を超えており、他日を期したい。「ケインズは倫理学においてはれっきとした直覚主義者であったが、政治制度の分析においては帰結主義的接近をとった。しかし、そこでの目的は、個々人の効用の集計でなく、完全雇用、物価安定、社会正義のような経済的・社会的条件の観点から定義された。このようなわけであるから、ケインズを「政治的功利主義者」と呼ぶことは適切ではない。たとえケインズとバークが全般的幸福を促進するための手段的な便宜（instrumental expediency）を強調しているとしても、このことは功利主義を意味するものではない。……彼〔＝ケインズ〕は公共政策の目的は、直覚的合理性によってとらえられると確信していた」（Shionoya 1991, 27-8）。

(9)　若きケインズが抱いていたこのような政治経済学観は、彼の生涯の晩年まで基本的に不変であったように思われる。1945 年、ケインズが 33 年間にわたる『エコノミック・ジャーナル』誌の編集者の地位を退くにあたって行った演説は、そのことを傍証しているように思われる。ハロッドが伝えるところによると、「最後に彼は〔＝ケインズ〕祝杯をあげる段になった。『私は諸君に乾杯をささげます。王立経済学会のために、経済学のために、ならびに文明の受託者ではなく、……（中略）……文明の可能性の受託者たる経済学者のために。』彼は言おうと欲したことを言ったのである」（Harrod [1951] 1969, 193-4 / 訳上 223）。

(10)　そして、『不足論』を根拠として、バークを教条主義的・原理主義的な自由放任主義者とみなす解釈は、今でも根強い。Barry（1997）、Canavan（1994）、Himmelfarb（1984, 66-73）、Macpherson（1980）、Pappin III（2004）、毛利（2008, 6-10）などを参照のこと。

第10章　政府の「なすべきこと」と「なすべからざること」

（11）　Burke（[1795] 1991, 137 / 訳 262）.
（12）　George Grenville, 1712-70. 政治家・首相（1763-65）。七年戦争で疲弊したイギリス財政を立て直すために、植民地の負担を増加させた。印紙法（1765）は後のアメリカ独立戦争の遠因となった。
（13）　ケインズはこの二重下線部分を、バークの『不足論』から引用せず、マカロクの『経済学原理（*Principles of Political Economy*）』第 5 版（1864）から孫引きしたことを『終焉』の注で断っている。孫引きの理由は定かでないが、多忙なケインズであったから、バーク自身の著作に直接あたることを面倒に感じただけかもしれない。【引用※】と【引用※※】の二重下線部分を比較すると、前者の「個々人の分別（discretion）」が後者では「個々人の努力（exertion）」になっているが、それはマカロクが『不足論』を正確に引用しなかったためである。
（14）　本章では詳しく論じることができなかったが、ケインズとムーアとバークという三者の思考法の結節点の一つとして「直覚」を指摘できよう。ケインズは『バーク論』においてバークの「直覚主義者」（Keynes 1904, UA/20/3/21）としての側面を指摘している（ただし指摘だけで立ち入った分析はない）し、『人物評伝』においてマルサス、ラムゼー、ニュートンらの「直覚」を高く評価していることからもうかがえるように、直覚のもつ重要性を生涯を通じて強調し続けた。第 1 節で論じたように、直覚による「善」や「義務」の認識というムーアの考え方をケインズは受け入れていたし、また、直覚の知的な側面を重視することによって、万人が等しく「善」や「義務」を正しく認識できるわけではない（それが可能なのは知的環境に恵まれたエリートのみ）という考え方も受け入れていた。ケインズがムーアと共有していたこのような「直覚」をめぐる考え方は、大筋において、バークによっても共有されていた。バークは、虐げられている民衆の気持ちに常に理解を示しながらも、民衆は自身にとっての「善」や「義務」を必ずしも正しく認識できないという立場から、生涯を通じて議会の民主主義的改革に消極的であったように思われる。
（15）　平井（2002, 25）は、晩年のケインズが人間の合理性に対する懐疑を深め、他方で「規則」や「慣習」を重視するスタンスを示すようになってきた、と主張する。この論点についての考察を深めようとすると、「慣習」と（自由放任主義などの）「準則」を本章のように同じ「一般的規範」という言葉で表現することは不適切であり、両者は厳密に区別されるべきであろう。
（16）　ラスキンとモリスの経済思想については、さしあたり、伊藤（2011）、大内（2012）、塩野谷（2012）、名古（2004）などを参照。

第 4 部　経済学方法論の実践的次元

参考文献

（洋書）

Andrews, D. R. 2010. *Keynes and British Humanist Tradition: The Moral Purpose of the Market*. Abingdon, Oxon: Routledge.

Barry, N. 1997. The Political Economy of Edmund Burke. In I. Crowe ed. *Edmund Burke: His Life and Legacy*. Dublin: Four Court Press, 104-114.

Burke, E. [1795] 1991. Thoughts and Details on Scarcity. In *The Writings and Speeches of Edmund Burke*, Volume IX. Oxford: Clarendon Press, 119-145. 永井義雄訳「穀物不足に関する思索と詳論」『世界大思想全集　第 11 巻　バーク』河出書房、1959 年: 245-270。

Canavan, F. 1994. *The Political Economy of Edmund Burke: The Role of Property in His Thought*. New York: Fordham University Press.

Cristiano, C. 2014. *The Political and Economic Thought of Young Keynes*. London and New York: Routledge.

Dostaler, G. 2007. *Keynes and His Battles*. Cheltenham : Edward Elgar. 鍋島直樹・小峯敦監訳『ケインズの闘い—哲学・政治・経済学・芸術』藤原書店、2008 年。

Edgeworth, F. Y. 1894-1899. Burke. In R. H. I. Palgrave ed. *Dictionary of Political Economy*, Volume 1 (of 3). London and New York: Macmillan, 194-195.

Fitzgibbons, A. 1988. *Keynes's Vision: A New Political Economy*. Oxford: Clarendon Press.

Harrod, R. F. [1951] 1969. *The Life of John Maynard Keynes*. New York: Augustus M. Kelly. 塩野谷九十九訳『ケインズ伝（上・下）』東洋経済新報社、1967 年。

Helburn, S. 1991. Burke and Keynes. In B. W. Bateman and J. B. Davis eds. *Keynes and Philosophers: Essays on the Origin of Keynes's Thought*. Aldershot: Edward Elgar, 30-54.

Himmelfarb, G. 1984. *The Idea of Poverty: England in the Early Industrial Age*. New York: Alfred A. Knopf.

Keynes, J. M. 1904. The Political Doctrines of Edmund Burke. In *Keynes Papers*, UA/20/3.

—— [1926] 1972. The End of Laissez-Faire. In *Essays in Persuasion, The Collected Writings of John Maynard Keynes*, Volume IX. London: Macmillan for the Royal Economic Society, 272-294. 宮崎義一訳「自由放任の終焉」『説得論集〈ケインズ全集第 9 巻〉』東洋経済新報社、1972 年: 323-353。

—— [1938] 1972. My Early Beliefs. In *Essays in Biography, The Collected Writings of John Maynard Keynes*, Volume X. London: Macmillan for the Royal Economic Society, 433-450. 大野忠男訳「若き日の信条」『人物評伝〈ケインズ全集第 10 巻〉』東洋経済新報社、1972 年: 565-587。

Macpherson, C. B. 1980. *Burke*. Oxford: Oxford University Press. 谷川昌幸訳『バーク—資本

第 10 章　政府の「なすべきこと」と「なすべからざること」

主義と保守主義』御茶の水書房、1988 年。
McCulloch, J. R. 1864. *The Principles of Political Economy: With Some Inquiries respecting their Application.* 5th ed. Edinburgh: Adam and Charles Black. URL: http://oll.libertyfund.org/titles/McCulloch-the-principles-of-political-economy-5th-ed-1864
Moggridge, D. E. 1992. *Maynard Keynes: An Economist's Biography.* London and New York: Routledge.
Moore, G. E. [1903] 1993. *Principia Ethica.* Cambridge: Cambridge University Press. 泉谷周三郎・寺中平治・星野勉訳『倫理学原理』三和書籍、2010 年。
O'Donnell, R. M. 1989. *Keynes: Philosophy, Economics and Politics.* London: Macmillan.
――. 1991. Keynes's Political Philosophy. In *Perspectives on the History of Economic Thought*, ed. by W. Barber, Volume 6, Aldershot: Edward Elgar, 3-28.
――. 2012. Keynes and The General Theory after 75 years. History of Economics Review 54: 1-13.
Pappin III, J. L. 2004. Burke, Edmund (1730-97). In D. Rutherford ed. *The Biographical Dictionary of British Economists*, Volume 1 (of 2). Bristol: Thoemmes Cintinuum, 162-167.
Robbins, L. 1952. *The Theory of Economic Policy in English Classical Political Economy.* London: Macmillan. 市川泰治郎訳『古典経済学の経済政策理論』東洋経済新報社 , 1964 年。
Shionoya, Y. 1991. Sidgwick, Moore and Keynes: a Philosophical Analysis of Keynes's 'My Early Belief.' In B. W. Bateman and J. B. Davis eds. *Keynes and Philosophers: Essays on the Origin of Keynes's Thought.* Aldershot: Edward Elgar, 6-29.
Skidelsky, R. 1983. *John Maynard Keynes: Hopes Betrayed 1882-1920.* London: Macmillan. 宮崎義一監訳 , 古屋隆訳『ジョン・メイナード・ケインズ― 裏切られた期待／ 1883 〜 1920 年』全 2 巻、東洋経済新報社 , 1987-1992 年。
―― 1992. *John Maynard Keynes: The Economist as Savior 1920-1937.* London: Macmillan.
―― 1996. *Keynes.* Oxford: Oxford University Press. 浅野栄一訳『ケインズ』岩波書店、2001 年。
―― 1997. Keynes, The Influence of Burke and Moore on. In T. Cate ed. *An Encyclopedia of Keynesian Economics.* Cheltenham, UK: Edward Elgar, 286-299.
―― 2009. *Keynes: The Return of the Master.* London: Allen Lane. 山岡洋一訳『なにがケインズを復活させたのか？―ポスト市場原理主義の経済学』日本経済新聞出版社、2010 年。

（和書）
浅野栄一（2005）『ケインズの経済思考革命―思想・理論・政策のパラダイム転換』勁草書房。
伊勢俊彦（2005）「ヒューム、その道徳哲学の視野」中才敏郎編『ヒューム読本』法政大学出版局、207-229。

第4部　経済学方法論の実践的次元

伊藤邦武（1999）『ケインズの哲学』岩波書店。
──（2011）『経済学の哲学―19世紀経済思想とラスキン』中公新書。
伊東光晴（2006）『現代に生きるケインズ―モラル・サイエンスとしての経済理論』岩波新書。
大内秀明（2012）『ウィリアム・モリスのマルクス主義―アーツ＆クラフツ運動を支えた思想』平凡社新書。
古賀勝次郎（1994）『ヒューム体系の哲学的基礎』行人社。
児玉聡（2010）『功利と直観―英米倫理思想史入門』勁草書房。
齋藤隆子（1997）「J・M・ケインズの政治哲学―バークとケインズ」田中真晴編著『自由主義経済思想の比較研究』名古屋大学出版会、219-240。
塩野谷祐一（1983）「ケインズの道徳哲学―『若き日の信条』の研究」『季刊現代経済』臨時増刊、52、75-92。
──（2012）『ロマン主義の経済思想―芸術・倫理・歴史』東京大学出版会。
清水幾太郎（〔1972〕2000）『倫理学ノート』講談社学術文庫。
末冨浩（2012）「ケインズとバーク―ケインズ『エドマンド・バークの政治学説』について」『エドマンド・バークの政治思想：『自然社会の擁護』および『崇高と美の観念の起源についての哲学的探求』を中心に』京都大学博士論文、付論、168-83。URL: http://repository.kulib.kyoto-u.ac.jp/dspace/bitstream/2433/157646/3/D_Suetomi_Hiroshi.pdf
玉井龍象（1999）『ケインズ政策の史的展開』東洋経済新報社。
中澤信彦（2009）『イギリス保守主義の政治経済学―バークとマルサス』ミネルヴァ書房。
名古忠行（2004）『ウィリアム・モリス』研究社。
平井俊顕（2002）「『確率論』と「若き日の信条」」『経済学史学会年報』42、18-31。
原田明信（2010）「ケインズの帰納志向」只腰親和・佐々木憲介編『イギリス経済学における方法論の展開―帰納法と演繹法』昭和堂、320-51。
松原隆一郎（2011）『ケインズとハイエク―貨幣と市場への問い』講談社現代新書。
毛利健三（2008）『古典経済学の地平―理論・時代・背景』ミネルヴァ書房。

第10章 政府の「なすべきこと」と「なすべからざること」へのコメント

佐々木憲介

　ケインズがムーアの倫理学から大きな影響を受けたことはよく知られている。ムーアは、何が善であるかは直覚によって把握されるしかないと主張したが、この考えをケインズは基本的に受け入れた。しかし、ムーアの倫理学は「個人のなすべきこと」に集中しており、経済政策を含む「政府のなすべきこと」にはほとんど関心を示していなかった。この欠落を埋めたのがバークであった。善を達成するための手段を研究するのが政治学である、というバークの見解をケインズは高く評価した。バークの考えでは、政治の科学が関係するのは手段の学説であって、目的の学説ではなかった。さらに、この手段について、バークは「一般的規範」だけではなく「便宜」をも重視したが、ケインズはこれも支持した。これらの論点を、バークの『不足論』だけではなく『現在の国情』論にも注目して明らかにした点に、本章の第一の貢献がある。

　興味深いのは、本章の枝道で示唆されていることであるが、一般的規範に対するケインズの態度である。バークと同様に、ケインズもまた、便宜を重視したけれども一般的規範を否定したわけではなかった。「長期大量失業という状況に即した便宜的に望ましい政策とは、自由放任という一般的規範に反してでも政府が経済に積極的に介入することである」というのがケインズの考えであるとすれば、ケインズにとっても自由放任が一般的規範だったことになる。このように考えると、ケインズが『一般理論』の最終章で、「もしわれわれの中央統制によって、できるかぎり完全雇用に近い状態に対応する総産出量を実現することに成功するなら、古典派理論はその点以後再びその本領を発揮するようになる」と述べていることも理解できる。

　しかし、目の前にある状況は自由放任という一般的規範に委ねることができる状態なのかどうか、これを判断することは簡単ではない。それ自身が便宜の観点からの判断かもしれない。ケインズ後の時代に明らかになったのは、政治的な決定という点でも、経済学者間の合意という点でも、その判断が係争点になるということであったと思われるのである。

あとがき

　本書は、研究グループ「経済学方法論フォーラム」の二冊目の出版物である。最初の著作は、只腰親和・佐々木憲介編著『イギリス経済学における方法論の展開──演繹法と帰納法──』（昭和堂、2010 年 6 月）であった。このフォーラムは、経済学方法論に関心をもつ経済学史・経済思想史研究者によって 2006 年に立ち上げられた。したがって、共同研究の期間は、すでに 10 年以上になる。
　序論でも述べたとおり、経済学方法論には、規範的なものと記述的なものとがあるが、このフォーラムが課題としているのは、基本的には記述的方法論であるといってよい。フォーラム参加者は、あるべき方法論についての考えをもたないわけではないが、経済学史・経済思想史を研究する者として、主として現に行われている方法論の分析に従事している。現に行われている実質的な経済学の基礎には何らかの方法論があるはずであるが、それは必ずしも明白ではなく、また著者本人も自覚しているわけではない。多くの場合に暗黙のうちに前提とされている方法論を解明すること、私たちはまずもってこの課題に取り組んできた。
　私たちが最初の著作を刊行したとき、「演繹法と帰納法」という視角からイギリス経済学の基礎にある方法論を分析したのであるが、その過程で明らかになったのは、まさに経済学方法論の多面性であった。経済学においては、演繹と帰納という言葉が、通常の論理学や科学方法論の用法には収まらない使われ

方をしていた。つまり、経済学者たちは、たんに論理学や科学方法論の方法を機械的に適用したのではなく、演繹・帰納という言葉を使いながら、経済学に固有の問題を考察するために苦闘していたのである。私たちに求められたのも、実際の経済学に即して、そこにどのような方法論的な問題があるのかということを分析することだった。

　最初の著作を発行したあとも、私たちのフォーラムは、現に行われている経済学に即して方法論を考察したのであるが、その過程で、さらに多様な問題が浮かび上がってきた。そこで私たちは、そうした問題を分析するために、経済学方法論を四つの次元に分けて考察することにした。それが、本書の各部を構成する「哲学的」「自然科学的」「社会的」「実践的」という各次元であった。この分類が経済学方法論の諸問題を提示する上で最良のものだというつもりはないが、諸問題を整序する一つの仕方にはなると考えている。最初の著作を刊行してから今回の著作に至るまでに、手探りをしながら辿りついたのが、このような編成であった。

　2010年6月に前著を出版したあと、再起動したフォーラムにとって非常に残念だったのは、発足以来のメンバーであった原田明信氏が同年9月に病気のため他界されたことである。享年57歳という早すぎる逝去に、今もって哀惜の念を禁じえない。しかし、新たなメンバーも加わって、ここに本書を刊行できたことは、経済学方法論の研究の発展を目指した原田氏の遺志を継ぐものでもあり、きっと喜んでもらえるものと思う。

　本書ができる過程で、多くの方々からご支援を得た。今回の著作を準備する過程で、私たちのフォーラムは、2010年8月から2017年12月まで、合計23回の研究会を開催したが、これらの研究会にはメンバー以外の方々にも参加していただいた。いちいちお名前を挙げることは控えるが、そこでのご助言に謝意を表したい。また、日本学術振興会から科学研究費補助金の交付を受けた。2013年度から2015年度（基盤研究（B）／研究課題番号25285066／研究課題名「経済学方法論にみる社会科学の多面的構造」、研究代表者：松井名津）、および2017年度以降（基盤研究（B）／課題番号17H02506／研究

あとがき

課題名「哲学なき経済学は可能か―経済学方法論からのアプローチ」／研究代表者：只腰親和）がそれである。2017年6月には、経済学史学会第81回全国大会（徳島文理大学）において、「経済学方法論の哲学的次元」というテーマでセッションを行った。このセッションで討論者になっていただいた中村隆之氏、およびご質問・ご意見をいただいた会員各位にも感謝申し上げたい。

　最後に、本書の企画段階からお世話になった蒼天社出版の上野教信氏に御礼を申し上げたい。なかなか原稿が完成しないのを辛抱強く待っていただき、出揃うとともに迅速・周到な編集作業をしていただいた。記して感謝の意を表したい。

2018年5月20日
佐々木憲介

索　引

人名索引

あ行

アリストテレス
　（Aristoteles, 前384- 前322）9, 17, 43, 231, 232
池上高志（1961- ）163
イングラム
　（John Kells Ingram, 1823-1907）114, 130
ウィックスティード
　（Philip Henry Wicksteed, 1844-1927）129
ウィリアムソン
　（Oliver Williamson, 1932- ）73
ウェイクフィールド
　（Edward Gibbon Wakefield, 1796-1862）219-224, 241
ウェイトリ
　（Richard Whately, 1787–1863）189, 202, 209-216, 218, 219, 221-242, 245
ヴェブレン
　（Thorstein Bunde Veblen, 1857-1929）50, 167, 168, 281-308
浦井憲（1962- ）109
エアーズ
　（Clarence Edwin Ayres, 1891-1972）306
エッジワース
　（Francis Ysidro Edgeworth, 1845-1926）10, 109-111, 118-134, 139, 142, 241, 324
エルステッド
　（Hans Christian Ørsted, 1777–1851）181
エンゲルス
　（Friedrich Engels, 1820-1895）285

か行

カーズナー
　（Israel M. Kirzner, 1930- ）66, 67, 213, 232, 233, 235
ガウス
　（Carl Friedrich Gauss 1777–1855）180
カウツ
　（Gyula Kautz, 1829-1909）130
金子邦彦（1956- ）163
神谷和也（1957- ）109
ガリレオ
　（Galileo Galilei, 1564-1642）132
川越敏司（1970- ）156
カント
　（Immanuel Kant, 1724-1804）207, 282
キケロ
　（Marcus Tullius Cicero, 前106- 前43）231, 232

索 引

キッチャー
 (Phillip Kitcher, 1947-) 66
キャメラー
 (Colin Camerer, 1959-) 157
クーン
 (Thomas Samuel Kuhn, 1922-1996) 5, 10, 53, 147, 148, 212
クォント
 (Richard Emeric Quandt, 1930-) 109
クラーク
 (John Bates Clark, 1847-1938) 114, 298-300, 307, 308
クラマー
 (Arjo Klamer, 1953-) 68, 69, 71, 72
クリーディー
 (John Creedy, 1949-) 111, 129
グリムシャー
 (Paul Glimcher, 1961-) 158
クルーグマン
 (Paul Krugman, 1953-) 73
クルノー
 (Antoine Augustin Cournot, 1801-1877) 113, 115, 129
グレンヴィル
 (George Grenville, 1712-1770) 326
ケアンズ
 (John Elliott Cairnes, 1823-1875) 33, 34, 114, 242, 307
ケインズ
 (John Maynard Keynes, 1883-1946) 11, 12, 116, 142, 152, 247-249, 251-260, 263, 265-274, 278, 313-337, 341
ケインズ
 (John Neville Keynes, 1852-1949) 3, 133
ケトレ
 (Adolphe Quetelet, 1796–1874) 11, 178, 179, 184-194, 196-202, 207
コース
 (Ronald H. Coase, 1910-2013) 73
ゴールトン
 (Francis Galton, 1822-1911) 113
コールリッジ
 (Samuel Taylor Coleridge, 1772–1834) 197
コッサ
 (Luigi Cossa, 1831-1896) 129
コモンズ
 (John Rogers Commons, 1862-1945) 306

さ行

サイクス
 (William Henry Sykes, 1790–1872) 192
サイモン
 (Carl P. Simon, 1945-) 109
サマーヴィル
 (William Somerville, 1771–1860) 192
サミュエルソン
 (Paul Anthony Samuelson, 1915-2009) 78, 150-152, 173, 248, 255, 273
サモン
 (Wesley Salmon, 1925-2001) 67
サリー
 (James Sully, 1842-1923) 132
佐和隆光（1942-) 274
シーニア
 (Nassau William Senior, 1790-1864) 189, 202, 336
シープシャンクス
 (Richard Sheepshanks, 1794–1855) 185
シェイクスピア
 (William Shakespeare, 1564-1616) 130
シェイバス
 (Margaret Schabas, 1954-) 6, 7, 12, 111, 126, 129
ジェイムズ
 (William James, 1842-1910) 44
ジェヴォンズ
 (William Stanley Jevons, 1835-1882) 3, 9, 12, 109-118, 120, 121, 123-126, 128-

347

131, 133, 139, 142, 157, 200
塩野谷祐一
（1932-2015）19, 41, 44-46, 48, 49, 209, 335, 336
シジウィック
（Henry Sidgwick, 1838-1900）118, 119, 121, 123, 124, 132
シュモラー
（Gustav Schmoller, 1838-1917）155
シュンペーター
（Joseph Alois Schumpeter, 1883-1950）9, 17-21, 24-26, 28-47, 50, 211, 213
ジョーンズ
（Richard Jones, 1790-1855）78, 180, 184, 190-192, 194, 200-202
ステュアート
（Dugald Stewart, 1753-1828）217, 218, 235
ストークス
（George Gabriel Stokes, 1819-1903）121
スミス
（Adam Smith, 1723-1790）8, 9, 11, 18, 47, 82, 99, 102, 104, 167, 209, 212, 214-223, 225-231, 233-235, 237, 239-241, 245, 266, 303, 329-331
セー
（Jean-Baptiste Say, 1767-1832）8, 190, 201
セジウィック
（Adam Sedgwick, 1785-1873）183, 184, 193-195, 201, 202
セリグマン
（Edwin Robert Anderson Seligman, 1861-1939）130
ゾンバルト
（Werner Sombart, 1863-1941）298

た行

ダーウィン
（Charles Robert Darwin, 1809-1882）207, 245, 283, 288, 294, 304, 329
タイラー
（Edward Burnett Tylor, 1832-1917）285
竹内啓（1933- ）110
チェンバリン
（Edward Hastings Chamberlin, 1899-1967）155
チャーマーズ
（Thomas Chalmers, 1780–1847）202
チャン
（Alpha Chung-i Chiang, 1927- ）109, 131
チューネン
（Johann Heinrich von Thünen, 1783-1850）115
デューイ
（John Dewey, 1859-1952）306
デルブーフ
（Joseph Rémi Léopold Delboeuf, 1831-1896）119
ドイリー
（George D'Oyly 1778–1846）192
トゥーク
（Thomas Tooke, 1774–1858）189, 202
トービン
（James Tobin, 1918-2002）260, 263, 269, 274
ドリンクウォーター
（John Elliot Drinkwater Bethune, 1801–1851）191, 192, 202, 203

な行

ニュートン
（Sir Isaac Newton, 1643-1727）9, 47, 83- 85, 87-90, 99, 101, 103, 107, 112, 120, 337

索　引

ノイマン
　（John von Neuman, 1903-1957）
　　161
ノックス
　（William Knox, 1732-1810）　326, 327

は行

バーク
　（Edmund Burke, 1729/30-1797）
　　313-315, 320-329, 331-337, 341
ハーコート
　（William Vernon Harcourt, 1789–1871）
　　182, 183
ハーシェル
　（John Herschel, 1792–1871）180, 181
ハートリー
　（David Hartley, 1705-1757）84-87, 90, 102
ハイエク
　（Hayek, Fridrich August 1899-1992）66, 67, 152, 254, 274
ハクスリー
　（Thomas Henry Huxley, 1825-1895）245
バスカー
　（Roy Bhaskar, 1944-2014）51, 68
バックル
　（Henry Thomas Buckle, 1821–1862）200
バベッジ
　（Charles Babbage, 1791–1871）178, 180-184, 189-194, 201-203
バラット
　（Alfred Barratt, 1844-1881）118, 119, 121, 132
パルグレイヴ
　（Ingris Palgrave, 1827-1919）110, 111, 126, 129, 130, 324
ハロッド
　（Roy Forbes Harrod, 1900-1978）336
パンタレオーニ
　（Maffeo Pantaleoni, 1857-1924）308

パンペリー
　（Raphael Pumpelly, 1837-1923）293, 307
ピグー
　（Arthur Cecil Pigou, 1877-1959）297
ヒックス
　（John Richard Hicks, 1904-1989）150, 211-213, 241, 260
ピット
　（William Pitt, the Younger, 1759-1806）324
ヒューウェル
　（William Whewell, 1794–1866）178, 180, 184-186, 188, 189, 191-193, 196-201
ヒューム
　（David Hume, 1711-1776）17, 50, 103, 236, 289, 316, 328
ファンデヴァイヤー
　（Jean-Sylvain Van de Weyer, 1802–1874）189, 202
フィッシャー
　（Irving Fisher, 1867-1947）110, 261
フィッシャー
　（Ronald Aylmer Fisher, 1890-1962）143, 146
フーバー
　（Kevin D. Hoover , 1955- ）264
フェヒナー
　（Gustav Theodor Fechner, 1801-1887）119-121, 132
フォックスウェル
　（Herbert Somerton Foxwell, 1849-1936）133
プラトン
　（Platon, 前427-前347）133, 238
プリーストリー
　（Joseph Priestley, 1733-1804）9, 81-104, 107
フリートウッド
　（Steve Fleetwood, 1955- ）51

349

フリードマン
  (Milton Friedman, 1912-2006) 57, 73,
    78, 146, 150, 152-154, 173, 248-263,
    266-268, 274, 275
フリッシュ
  (Ragner Anton Kittil Frisch, 1895-1973)
    24
ブルースター
  (David Brewster, 1781–1868) 180-183
ブルーム
  (Lawrence E. Blume) 109
フンボルト
  (Alexander von Humboldt, 1769–1859)
    181
ペイリー
  (William Paley, 1743-1805) 328
ベーコン
  (Francis Bacon, 1561-1626) 92, 103,
    120, 180, 200
ベーム - バヴェルク
  (Eugen von Böhm-Bawerk, 1851-1914)
    133
ベッカー
  (Gary Becker, 1930-2014) 73
ベルセリウス
  (Jöns Jacob Berzelius, 1779–1848) 181
ヘルムホルツ
  (Hermann Ludwig Ferdinand von
    Helmholtz, 1821-1894) 119, 132
ベンサム
  (Jeremy Bentham, 1748-1832) 121, 123,
    124, 328, 329
ヘンダーソン
  (James Mitchell Henderson, 1929-2006)
    109
ヘンペル
  (Carl Hempel, 1905-1997) 67
ボアズ
  (Franz Boas, 1858-1942) 285, 293, 295,
    304, 307
ホイティカー
  (John K. Whitaker, 1933-2016) 111
ボーリー
  (Arthur Lyon Bowley, 1869-1957) 116
ポパー
  (Karl Popper, 1902-1994) 5, 12, 53,
    143-147, 150, 166, 236, 257
ポラニー
  (Michael Polanyi, 1891-1976) 144, 147,
    161

ま行

マーシャル
  (Alfred Marshall, 1842-1924) 10, 18,
    109-112, 114-118, 124-126, 129-131,
    133, 139, 261-263, 266, 267, 278,
    285, 297, 298, 309
マートン
  (Robert King Merton, 1910-2003) 54
マカロク
  (John Ramsey McCulloch, 1789-1864)
    219, 337
マキ
  (Uskali Mäki, 1951-) 9, 51, 52, 56-62,
    65-73, 78
マクロスキー
  (Deirdre Nansen McCloskey, 1942-) 5,
    12, 68, 69, 71, 72
マッハ
  (Ernst Mach, 1838-1916) 43, 46, 47, 50
マッハルプ
  (Fritz Machlup, 1902-1983) 19, 45
マルクス
  (Karl Marx, 1818-1883) 10, 142, 285,
    307
マルサス
  (Thomas Robert Malthus, 1766-1834)
    82, 101, 102, 107, 178, 184, 189,
    191-194, 201, 202, 329-331, 337
ミーゼス
  (Ludwig von Mises, 1881-1973) 66, 67,

索 引

209, 241
ミッチェル
　(Wesley Clair Mitchell, 1874-1948) 297
ミル
　(John Stuart Mill, 1806-1873) 3, 8, 114, 123, 124, 210, 211, 213, 219, 233, 234, 241, 242, 308, 333, 334
ムーア
　(George Edward Moore, 1873-1958) 12, 313-320, 323, 327, 333-337, 341
メンガー
　(Carl Menger, 1840-1921) 66, 155
モリス
　(William Morris, 1834-1896) 307, 334, 337

や行

吉川洋（1951- ）269

ら行

ラカトシュ
　(Lakatos Imre, 1922-1974) 5, 12, 54, 148, 211, 212
ラスキン
　(John Ruskin, 1819-1900) 307, 334, 337
ラトゥール
　(Bruno Latour, 1947-) 54
ラムゼー
　(Frank Plumpton Ramsey, 1903-1930) 337
リカードウ
　(David Ricardo, 1772-1823) 8, 11, 178, 188, 189, 254, 266, 329-331
リスト
　(John August List, 1968-) 160

ルーカス
　(Robert Lucas Jr., 1937-) 250-254, 256, 265, 269, 274, 278
ルームズ
　(Graham Looms, 1950-) 156
ルソー
　(Jean-Jacques Rousseau, 1712-1778) 307, 328
レイヨンフーヴッド
　(Axel Leijonhufvud, 1933-) 271, 274
ロェーベンシュタイン
　(George Lowenstein, 1955-) 156, 157
ローソン
　(Tony Lawson, 1944-) 51, 52, 57, 68-72, 78, 155
ロスバード
　(Murray N. Rothbard, 1926-1995) 66
ロック
　(John Locke, 1632-1704) 8, 85, 90, 307, 328
ロッシャー
　(Wilhelm Georg Friedrich Roscher, 1817-1894) 130
ロビンズ
　(Lionel Charles Robbins, 1898-1984) 2, 12, 149, 150, 173, 290

わ行

ワイントロープ
　(Eliot Roy Weintraub, 1943-) 111, 127, 131
ワルラス
　(Marie Esprit Léon Walras, 1834-1910) 23, 117, 118, 129, 130, 151, 260-263, 266, 267

351

事項索引

あ行

as if 152
新しい古典派経済学　250, 252-254, 264-274, 278
アブダクション　68, 154
暗黙的
　——知識　144
　——に知る　144, 154, 161
イギリス科学振興協会　11, 111, 113, 126, 177-184, 186, 188-191, 195, 196, 199-201, 207
　——統計部会　178, 179, 207
一般均衡理論　23, 151, 167, 259, 262, 263, 267, 271
イデオロギー　10
意味論　9, 58, 60, 61, 70-73, 145, 146, 165
因果
　——概念　18, 23, 24, 30, 45, 46, 50
　——関係　9, 17-20, 24, 29-33, 35, 37, 39, 41, 45, 46, 50, 84-87, 89, 94, 99, 101, 103, 187, 284, 297-300, 303, 305, 318
エージェント・シミュレーション　161
演繹・演繹法　11, 52, 53, 115, 119, 120, 123, 128, 133, 145, 148, 149, 150, 152, 323, 332
王立協会　180, 181, 182

か行

概念装置　4, 6, 217, 291, 300, 307
外部史　10
快楽主義　121, 285, 287, 289, 291, 298
科学
　——（研究）プログラム　54, 142, 148, 159
　——史　5-7, 10, 11, 54, 197, 201, 211, 288
　——知識の社会学　11, 54
　——的説明　66, 73, 361
　——的発見　144, 147, 150, 161
　——哲学　2-8, 11, 51, 52, 54, 58, 66, 69, 72, 145, 146, 165, 180, 211, 236
確率論　187, 190, 198
仮説　35, 42, 53, 86-90, 103, 114, 116, 141-150, 152, 153, 155, 156, 158, 161, 165, 166, 169, 187, 257, 259, 263, 293, 315, 361
カタラクティクス　209-216, 229, 234, 235, 236, 239, 241, 245
価値　30, 34, 35, 62, 73, 113, 126, 150, 151, 210, 298, 301, 303-306, 313, 316, 317, 321, 333-335
神の知恵　225-227, 245
環境決定論　288, 296
関数
　——概念　22-24, 45, 46, 50
　——関係　19, 20, 45, 50, 258
観念連合論　85, 87, 103
企業者　9, 32-47
技芸　95, 98, 107
帰納
　——主義　52, 53, 147, 158
　——法　144, 146
協業　220-222
共同資本　303, 308

均衡　22, 23, 26–29, 40–42, 47, 113, 127, 133, 139, 145, 146, 158, 165, 251, 259, 262, 263, 267–269, 271, 274, 292, 331
近代科学　5, 52, 55, 141, 298
景気循環　18, 27, 37–39, 43, 45, 47, 151, 251–253, 266, 267, 302, 305, 308
経験主義　52, 63, 69, 71
経済学クラブ　188–190, 196, 199, 202
経済社会学　36
経済人　281, 282, 296, 305, 306, 308, 311
経済数学　109, 132
経済政策　12, 198, 250, 254, 313–315, 329, 331–334, 341
形而上学　17, 36, 73, 87, 197
ケインズ反革命　247, 248, 252, 254, 255, 268, 269, 278
決定不全性　53
決定論　178, 187, 207
限界革命　142, 150, 151, 212
限界効用　114, 121, 122, 127, 128, 287, 298, 308
顕示性選好の弱公理　151
現実性　52, 57, 58, 62–65, 67, 72, 73, 146, 150, 152, 154
顕示的消費・顕示的浪費　285, 291, 307-309
検証可能性　2
コア　146, 151
厚生経済学　151, 152, 165-168, 170
構成主義
　――アプローチ　163, 164
　――的理論構築　165
　社会――　55, 69
行動経済学　156, 157, 167
幸福　95-97, 99-101, 103, 104, 107, 120, 123, 124, 300, 305, 321, 322, 325, 333, 336
効用の個人間比較　290
功利主義　118, 120, 121, 123, 132, 167-170, 308, 316, 334, 336

合理的期待　250, 264, 269
合理的選択理論　157, 158, 159
古典派経済学　151, 200, 212, 286, 329
コンピュータ・シミュレーション　10, 142, 148, 154, 161, 167, 169, 173

さ行

思惟経済　47
ジェヴォンズ主義　109, 117, 118, 126, 139
事実判断　316, 333
事実問題　289, 292
自然科学的次元　7, 9, 79, 81, 111
自然科学　7, 9, 10, 72, 107, 109, 111, 113, 114, 120, 124, 132, 141–143, 145, 155, 165, 166, 169, 170, 180, 185, 190, 195, 232, 242, 245, 281
自然神学　102, 223, 225, 245
自然選択　288
自然哲学　81-83, 90-93, 99, 101, 104, 180, 197, 245
実験
　――室実験　10, 142, 143, 148, 154–156, 159, 173
　――手法　142, 148, 149, 169
実在論　9, 51, 52, 54–73, 77, 78
実証（的）　143, 146, 151, 152, 159, 166, 168, 169, 173, 177, 179, 187, 207, 248, 249, 251, 255-257, 259-261, 273, 274, 282,
実証主義　52, 64, 144, 145, 154, 268, 274, 298
実践　11, 12, 98, 179, 198, 281-283, 315, 321, 333
実践的次元　7, 12, 281, 315
実物的景気循環（理）論　251, 252, 267
実用主義（的アプローチ）　20, 21, 24, 25, 36, 41, 43–45, 50
事物の自然的なりゆき　95, 97, 99, 100, 101, 107

社会科学　8, 63, 68, 73, 91, 107, 109, 110, 123-125, 133, 142, 162, 163, 165, 169, 170, 173, 179, 190, 201, 232, 242, 245, 286, 297, 305, 311
社会心理学　285
社会的結合　232
社会的次元　7, 10, 11, 179, 209
自由放任　314, 315, 324-333, 335-338, 341
手段と目的（経済政策における）　12, 313, 322, 332-334, 341
循環　24-29, 31, 46, 47
進化論　173, 245, 281, 289, 291, 295, 305, 311, 329
神経経済学　154, 157, 158, 159, 167, 173
新結合　32, 38, 41
新古典派（経済学）12, 142, 150, 151, 273, 281, 291, 296, 299, 303-305, 307, 311
新古典派総合　248-250, 254, 255, 259, 260, 261, 263, 267, 268, 278
真実　56-58, 60-64, 69, 72, 88, 89, 97, 102, 123, 168
信用　32, 39, 302, 308, 329
真理　43, 44, 69, 143, 144, 146, 166, 298, 317, 334
心理学　33, 36, 119, 132, 151, 169, 170, 285-287, 289, 291, 294, 299
人類学　12, 284, 285, 291, 295, 299, 307
推論　5, 47, 83, 87-89, 90, 93, 99, 101, 103, 107, 112, 113, 115, 116, 122, 123, 128, 129, 132, 133, 144, 195, 197, 282, 332, 333
数学的
　――推論　111, 121-123, 125, 128, 129, 131, 139
　――方法　110, 111, 114, 115, 121, 124, 126, 130-132, 134
数理経済学　109-111, 131, 139
数理物理学　111, 122, 123, 125, 126, 127, 131
スケールフリーネットワーク　162
スコットランド啓蒙　231
スタグフレーション　11, 248, 249, 255
静学　9, 21-25, 28, 29, 36, 37, 39, 45, 46, 266, 307
政治学　8, 102, 122, 232, 234, 235, 237, 238, 242, 313, 321-323, 327, 328, 332, 334, 341
静態　27-29, 31, 46
制度化　10, 11, 154, 200, 215
制度派経済学　50, 282, 283
精密科学　114, 117, 128, 130, 131
摂理　81, 89-91, 94, 96, 98-101, 103, 104, 225, 281, 295
相互依存関係　18-20, 23, 24, 29, 37, 41, 45, 46, 50
存在論　9, 51, 52, 54, 55, 57-72, 78, 173

た行

第一原因　50, 298
対応説　43
代表的経済主体　264, 271-273
抽象化　64, 281
直覚　317-319, 322, 332, 333, 335-337, 341
ツイスト　152, 257
定義　25, 26, 73, 84, 102, 132, 145, 149, 153, 158, 210, 211, 214, 229, 230, 232, 233, 241, 242, 281, 286, 288, 289, 305, 308, 311, 316, 317, 322, 336
ディシプリン　2, 6, 7, 11, 232-236, 240
定常　27, 28, 265
データ　114, 122, 128, 130, 132, 133, 139, 146, 147, 151, 152, 154, 158-161, 165, 166, 177, 190, 191, 194, 196, 207, 259, 282, 284, 285, 308
哲学的次元　8, 17, 51, 239, 315
哲学的必然論　81, 83-87, 89, 90, 93, 95, 97, 99-101, 103, 104, 107

索　引

頭蓋計測学　285
動学　9, 21, 22, 24-26, 28, 29, 46, 266, 268, 285, 287, 307
道具　35, 36, 41-44, 47, 50, 109, 111, 114, 115, 117, 127, 134, 154, 165, 270
道具主義　18, 41-44, 47, 55, 57, 64, 78, 145, 154, 257
統計　28, 145, 159, 170, 187, 188, 190-192, 194-196, 198, 199, 201, 297
統計学　110, 111, 113, 141, 143, 146, 177-179, 183, 184, 186, 188, 190-194, 196, 198, 199, 202, 207
動態　28, 29, 46, 50, 267, 284, 289, 292, 295
道徳科学　110, 121-123, 125, 131, 139, 195
道徳哲学　81-83, 90, 91, 93, 94, 99, 101, 104, 107, 178, 199, 200, 207, 218, 231, 245
動物行動学　285, 287
奴隷制・貿易　83, 99, 100, 104, 219, 241

な行

内観　35, 150
内部史　10
人間本性　8, 34, 90, 114, 230, 231, 242, 281, 283-289, 292, 294, 296, 297, 305, 306, 308, 311, 316
認識論　19, 34, 50, 55, 73, 236, 239, 269, 282

は行

パラダイム（論）　53, 107, 148, 169, 207
反証
　── 可能性　2, 147, 149, 156, 159, 165, 169
　── 主義　12, 53, 64, 143, 145, 146, 147, 257, 268
　── テスト　147, 154
批判的実在論　51, 68, 69, 71, 72, 78
非目的論　295, 304, 307
表象　60, 61, 71
フィールド実験　10, 142, 143, 154, 159, 160, 164, 165, 168, 173
フェヒナー法則・疑似フェヒナー法則　119, 120, 121
物質論　86, 87
文化人類学　285, 295, 307
文化相対主義　295
分業（論）　3, 4, 11, 98-100, 104, 209, 213, 214, 216-223, 227-231, 234-242, 245
分配　31, 97, 98, 120, 121, 123, 124, 133, 210, 224, 233, 281, 303, 308, 324, 325
便宜　321, 323, 325-327, 330-333, 335, 336, 341
貿易の嫉妬　96, 97, 100
防御帯　151
法則　8, 34, 43, 52, 81, 84-89, 91, 92, 97, 103, 107, 113, 119, 122, 127, 131, 141, 143, 186-188, 195, 210, 211, 225, 227, 233, 236, 242, 245, 260, 273, 295, 324, 325
方法論争　20, 46, 50, 78, 282
方法論的個人主義　167, 168, 264, 268, 269, 271, 273, 274, 278, 311
ポトラッチ　285, 296

ま行

マーシャル主義　109, 111, 117, 118, 126, 139
マネタリズム　248-250, 252, 254, 256, 257, 259-262, 267, 268, 274
見えざる手（見えない手）　223, 224, 281
モデル　42, 57, 58, 62, 65, 67, 70, 121, 139, 152-155, 157-162, 165, 166,

355

168, 169, 225, 227, 249-252, 261, 262, 264-267, 270, 271, 277, 278, 281-285, 289, 292, 296, 300, 304, 305, 308

や行

有閑階級　283-285, 310, 311
予測可能性　146, 152, 154

ら行

randomized controlled trial　160

利己主義　121, 132
リトロダクション　68
理論負荷性　53, 142
倫理学　118, 119, 121, 122, 131, 132, 234, 242, 313-321, 335, 336, 341
類推　88, 112, 115, 121-126, 130, 131, 290
ルーカス批判　265
歴史学派　50, 130, 198, 281, 285, 311
レトリック　52, 56, 68, 69, 72, 78
論理学　3, 4, 8, 147, 236, 239, 333
論理実証主義　2, 5, 9, 52, 55, 146, 152, 268

執筆者一欄

只腰　親和　（序、第7章担当）　中央大学経済学部 教授
佐々木憲介　（第1章、あとがき担当、第10章コメント）
　　　　　　　北海道大学経済学研究院 教授
原谷　直樹　（第2章担当、第5章コメント）
　　　　　　　群馬県立女子大学国際コミュニケーション学部 准教授
松本　哲人　（第3章担当、第7章コメント）　徳島文理大学短期大学部 講師
上宮　智之　（第4章担当、第8章コメント）　大阪経済大学経済学部 准教授
江頭　進　（第5章担当、第9章コメント）　小樽商科大学商学部 教授
久保　真　（第6章担当、第4章コメント）　関西学院大学経済学部 教授
廣瀬　弘毅　（第8章担当、第2章コメント）　福井県立大学経済学部 准教授
石田　教子　（第9章担当、第1章コメント）　日本大学経済学部 准教授
中澤　信彦　（第10章担当、第6章コメント）　関西大学経済学部 教授
松井　名津　（第3章コメント）　松山大学経済学部 教授

【編著者】

只腰親和（ただこし ちかかず）

1950 年生まれ。
東京大学大学院経済学研究科博士課程単位取得退学。
中央大学経済学部教授。
単著：『「天文学史」とアダム・スミスの道徳哲学』多賀出版、1995 年。
共編著：『イギリス経済学における方法論の展開』昭和堂、2010 年。

佐々木憲介（ささき けんすけ）

1955 年生まれ。
東北大学大学院経済学研究科博士課程単位取得退学年。
北海道大学経済学研究院教授。
『経済学方法論の形成―理論と現実との相剋 1776-1875』北海道大学
　図書刊行会、2001 年。
『イギリス歴史学派と経済学方法論争』北海道大学出版会、2013 年。

経済学方法論の多元性―歴史的視点から

2018 年 7 月 20 日　初版第 1 刷発行
編著者　只腰親和・佐々木憲介
発行者　上野教信
発行所　蒼天社出版（株式会社　蒼天社）
　　　　101-0051　東京都千代田区神田神保町 3-25-11
　　　　電話　03-6272-5911　FAX 03-6272-5912
　　　　振替口座番号　00100-3-628586
印刷・製本所　シナノパブリッシング

©2018　Tadakoshi Chikakazu　and Kensuke Sasaki ed.
ISBN 978-4-909560-25-4　Printed in Japan
万一落丁・乱丁などがございましたらお取り替えいたします。
Ⓡ〈日本複写権センター委託出版物〉

本書の全部または一部を無断で複写複製（コピー）することは、著作権法上での例外を除き、禁じられています。本書からの複写を希望される場合は、日本複写センター（03-3401-2382）にご連絡ください。

蒼天社出版の経済関係図書

日本預金保険制度の経済学　大塚茂晃	定価（本体 3,800 円＋税）
日本茶の近代史　粟倉大輔	定価（本体 5,800 円＋税）
経営史の再構想　スクラントン、フィリップ / フリダンソン、パトリック著　　粕谷誠 / 矢後和彦訳	定価（本体 2,800 円＋税）
日本財政を斬る　米沢潤一	定価（本体 2,400 円＋税）
発展途上国の通貨統合　木村秀史	定価（本体 3,800 円＋税）
アメリカ国際資金フローの新潮流　前田淳著	定価（本体 3,800 円＋税）
中小企業支援・政策システム　金融を中心とした体系化　村本孜著	定価（本体 6,800 円＋税）
元気な中小企業を育てる　村本孜著	定価（本体 2,700 円＋税）
米国経済白書 2017　萩原伸次郎監修・『米国経済白書』翻訳研究会訳	定価（本体 2,800 円＋税）
揺れ動くユーロ　吉國眞一・小川英治・春井久志編	定価（本体 2,800 円＋税）
国立国会図書館所蔵 GHQ/SCAP 文書目録・全 11 巻　　荒敬・内海愛子・林博史編集	定価（本体 420,000 円＋税）
カンリフ委員会審議記録　全 3 巻　春井久志・森映雄訳	定価（本体 89,000 円＋税）
システム危機の歴史的位相　ユーロとドルの危機が問いかけるもの　　矢後和彦編	定価（本体 3,400 円＋税）
国際通貨制度論攷　島崎久彌著	定価（本体 5,200 円＋税）
バーゼルプロセス　金融システム安定への挑戦　渡部訓著	定価（本体 3,200 円＋税）
現代証券取引の基礎知識　国際通貨研究所糠谷英輝編	定価（本体 2,400 円＋税）
銀行の罪と罰　ガバナンスと規制のバランスを求めて　野﨑浩成著	定価（本体 1,800 円＋税）
国際決済銀行の 20 世紀　矢後和彦著	定価（本体 3,800 円＋税）
サウンドマネー　BIS と IMF を築いた男ペールヤコブソン　吉國眞一・矢後和彦監訳	定価（本体 4,500 円＋税）
多国籍金融機関のリテール戦略　長島芳枝著	定価（本体 3,800 円＋税）
HSBC の挑戦　立脇和夫著	定価（本体 1,800 円＋税）